Andreas Drouve

Südwestfrankreich – Atlantikküste und Hinterland, mit Bordeaux

» **Was man von einer schönen Meeresansicht erwarten kann, findet sich hier vereint, malerische Gestalten eines felsigen Ufers in der Nähe und ein unbeschränkter Blick auf die ungeheure Fläche.** «

Wilhelm Freiherr von Humboldt, preußischer Universalgelehrter und Schriftsteller (1767–1835), über Biarritz

Impressum

Andreas Drouve
Reise Know-How Südwestfrankreich – Atlantikküste und Hinterland, mit Bordeaux

erschienen im
Reise Know-How Verlag Peter Rump GmbH
Osnabrücker Str. 79
33649 Bielefeld
Deutschland
+49-521-946490
info@reise-know-how.de

8., neu bearbeitete und aktualisierte Auflage 2024

ISBN 978-3-8317-3861-8

Gestaltung und Bearbeitung
Umschlag: Peter Rump, der Verlag
Inhalt: Günter Pawlak, Wayan Rump, der Verlag
Fotonachweis: Andreas Drouve, Ana Drouve, Sonia Drouve, Cristina Drouve-Doria (ad); www.fotolia.de; www.stock.adobe.com (Autorennachweis jeweils am Bild)
Karten: Thomas Buri
Lektorat: Elfi H. M. Gilissen, Caroline Tiemann
Lektorat (Aktualisierung): red.sign GbR, Stuttgart

Druck und Bindung
mediaprint solutions, Paderborn

Bibliografische Information der Deutschen Nationalbibliothek
Die Deutsche Nationalbibliothek verzeichnet diese Publikation in der Deutschen Nationalbibliografie; detaillierte bibliografische Daten sind im Internet über http://dnb.dnb.de abrufbar.

Bildlegende Umschlag und Vorspann
Titelfoto: Blick auf das Bassin d'Arcachon (Adobe Stock © Eric Cowez)
Vordere Umschlagklappe: Abendstimmung auf der Gironde (ad), kleines Bild: Maritime Pflanzenpracht (ad)
S. 1: Der wilde Atlantik bei Saint Jean-de-Luz (ad)
S. 2/3: Romantische Dämmerung an der französischen Atlantikküste (ad)

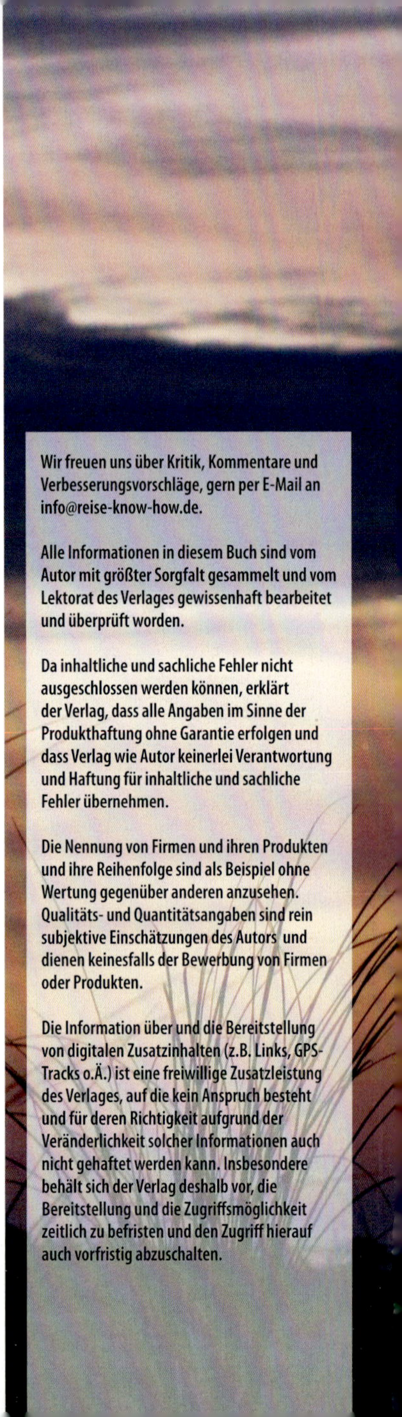

Wir freuen uns über Kritik, Kommentare und Verbesserungsvorschläge, gern per E-Mail an info@reise-know-how.de.

Andreas Drouve

SÜDWESTFRANKREICH – ATLANTIKKÜSTE UND HINTERLAND, MIT BORDEAUX

Vorwort

Strände ohne Ende. Das leuchtende Blau des Atlantiks. Der salzige Seewind. Herrliche Rad- und Wanderwege. Surferreviere. Grüne Weiten und tief im Süden die ersten Bergriesen der Pyrenäen. Dazu ein paar Superlative: die Gironde, Europas größter Flussmündungstrichter, und die Düne von Pilat, die größte Wanderdüne auf unserem Kontinent. Alleine das sind schlagende Argumente für **Naturfans,** zu denen auch ich zähle. Und alleine deswegen verbringe ich so viel Zeit wie möglich in der Region, habe hier seit Jahren meinen zweiten Wohnsitz.

Die urwüchsige Natur, darauf bleibt es natürlich nicht beschränkt in Frankreichs Südwesten. In einer der landesweit beliebtesten Urlaubsregionen wechseln sich Burgen, Sport- und Fischerhäfen mit dem Charme von Dörfern und einer kosmopolitischen Stadt par excellence ab: **Bordeaux.** Die Metropole an der Garonne hat nach ihrem Facelifting der jüngeren Zeit ein sagenhaftes Comeback gefeiert. Da macht es einfach Spaß, auf den Promenaden am Flussufer entlang zu schlendern, die Viertel und Märkte zu entdecken, die Museen und allerneuesten Adressen aufzuspüren, ob kulinarisch oder kulturell. Bordeaux ist gleichzeitig ein klasse Ausgehpflaster, um das Savoir-vivre auszukosten und den Franzosen mit ihrer südländischen Lebensart nachzueifern. Bei einem entspannten Drink kann man sich nicht oft genug die Weisheit „Arbeiten, um zu leben“ vor Augen halten, anstatt „Leben, um zu arbeiten.“

Liebhaber edler Tropfen tauchen vielerorts ins Reich der weltberühmten **Bordeauxweine** ein. Im Inland und an den Seiten der Gironde breiten sich Rebgärten aus, ein Weingut folgt aufs nächste. Beim Kauf vom Erzeuger gibt‘s eine Kostprobe und einen Plausch gratis dazu. Andernorts lassen fangfrische Fische und Austern das Wasser im Munde zusammenlaufen – für den, der’s mag. Die Austernzucht im Becken von Arcachon gilt als Paradies für Austerngourmets.

Warum ich mich hier so gerne aufhalte, abgesehen von all den genannten Vorzügen? Die Region ist wie geschaffen für **Individualisten!** Pardon, da musste ich jetzt extra ein Ausrufezeichen setzen. Der Pauschaltourismus fehlt glücklicherweise ebenso wie dampfende Schlote von Großindustrien, entstellenden Apartementblocks und Bettenburgen. Natürlich mag es Ausnahmen geben, dies aber selten. Im Gegenzug bieten die Gegenden „all-inclusive“ auf ihre Art: romantische Landsträßchen, duftende Pinienwälder, gut ausgestattete Campingplätze an Seen. Keine Frage, voll wird es im August, dem Hauptferienmonat der Franzosen, aber selbst dann bleiben an vielen Stränden die Sardinendoseneffekte zum Glück aus.

Die Region ist denkbar **einfach zu bereisen.** Öffentliche Verkehrsmittel, ob

☒ Bootsfahrt durch das Becken von Arcachon

Züge oder Busse, verbinden wichtige Orte miteinander. Aber Hand aufs Herz: Für eingehendere Erkundungen braucht man einen fahrbaren Untersatz, ob den eigenen oder gemietet. Damit erreicht man auch die allerletzten versteckten Winkel, die ich in dieses Reisehandbuch aufgenommen habe. Für umfassendere Hintergründe und Informationen habe ich in Exkursen einen bunten Themenmix zusammengestellt: vom Volk der Basken über den Jakobsweg und die Thalassotherapie bis hin zu typischen Rezepten. Natürlich gibt es auch wertvolle Tipps für Reisende mit Kindern sowie Freizeitsportler.

Wer Frankreichs Südwesten auf eigene Faust entdecken möchte, liegt mit diesem Handbuch goldrichtig. Auf Reisende warten 250 sandige Strandkilometer, skandinavisch anmutende Seenplatten, Klippen, Naturparks, Höhlen. Für mich ist klar: Diese Region steckt voller Überraschungen! Selbst eingefleischte Frankreichreisende werden vor Ort und auch in diesem Buch noch viel Neues entdecken. Dabei viel Energie und Spaß wünscht Ihnen

ANDREAS DROUVE

Andreas Drouve

700swf ad

Inhalt

Die Atlantikküste bei Biarritz

Karten

Groß- und Kleinschreibung

Eingängige Begriffe wie „Rue" (Straße) und „Place" (Platz) werden in diesem Buch groß geschrieben. Dies zielt auf ein einheitlicheres Druckbild ab und wahrt den Zusammenhang: So liest sich eine Rue de Condé weniger holprig als eine rue de Condé, eine Place du Palais besser als eine place du Palais. Bei Adressen und stichpunkthaften Angaben wurde die übliche französische Kleinschreibung vorgezogen.

Hinweise zur Benutzung

Preiskategorien der Unterkünfte

Die Preiskategorien in diesem Buch gelten jeweils für zwei Personen im **Doppelzimmer.**

① unter 100 €
② 100–150 €
③ über 150 €

Preiskategorien der Restaurants

① Menü unter 30 €
② Menü 30–50 €
③ Menü über 50 €

Nicht verpassen!

Die Highlights der Region erkennt man an der **gelben Markierung.**

MEIN TIPP: ...

... steht für spezielle Empfehlungen des Autors: abseits der Hauptpfade und nach seinem persönlichen Geschmack.

Der Schmetterling ...

... zeigt an, wo man besonders gut Natur erleben kann oder Angebote im Bereich des nachhaltigen Tourismus findet.

Kinder-Tipps

Das Symbol kennzeichnet Sehenswürdigkeiten und Aktivitäten, an denen auch kleine Frankreich-Urlauber ihre Freude haben.

Verweise auf die Stadtpläne

1 Die **farbigen Nummern** in den „Praktischen Tipps" der Ortsbeschreibungen verweisen auf den jeweiligen Karteneintrag.

Updates nach Redaktionsschluss

Auf der Produktseite dieses Reiseführers in unserem Internetshop finden Sie zusätzliche Informationen und wichtige Änderungen.

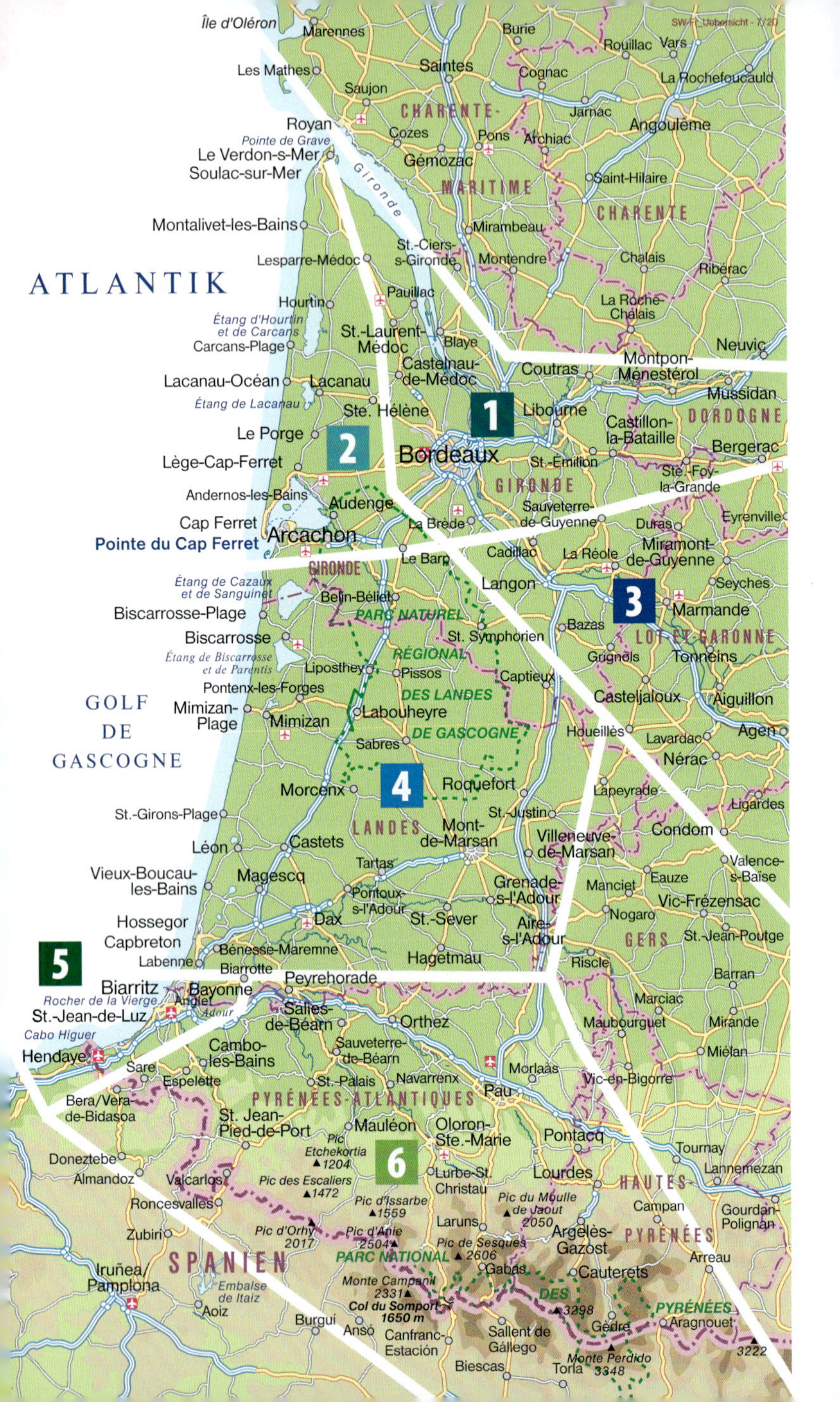

ATLANTIK
GOLF DE GASCOGNE
SPANIEN
CHARENTE-MARITIME
CHARENTE
DORDOGNE
GIRONDE
LOT-ET-GARONNE
LANDES
GERS
PYRÉNÉES-ATLANTIQUES
HAUTES-PYRÉNÉES
PARC NATUREL RÉGIONAL DES LANDES DE GASCOGNE
PARC NATIONAL DES PYRÉNÉES
1
2
3
4
5
6
Île d'Oléron
Marennes
Les Mathes
Saujon
Saintes
Burie
Cognac
Rouillac
Vars
La Rochefoucauld
Jarnac
Angoulême
Royan
Pointe de Grave
Le Verdon-s-Mer
Soulac-sur-Mer
Cozes
Pons
Archiac
Gémozac
Gironde
Saint-Hilaire
Montalivet-les-Bains
Mirambeau
St.-Ciers-s-Gironde
Montendre
Chalais
Ribérac
Lesparre-Médoc
Pauillac
La Roche-Chalais
Hourtin
Étang d'Hourtin et de Carcans
Carcans-Plage
St.-Laurent-Médoc
Blaye
Neuvic
Castelnau-de-Médoc
Coutras
Montpon-Ménestérol
Mussidan
Lacanau-Océan
Lacanau
Étang de Lacanau
Ste. Hélène
Libourne
Castillon-la-Bataille
Le Porge
Bordeaux
Bergerac
Lège-Cap-Ferret
St.-Émilion
Ste.-Foy-la-Grande
Andernos-les-Bains
Audenge
Sauveterre-de-Guyenne
Eyrenville
Cap Ferret
Arcachon
La Brède
Duras
Pointe du Cap Ferret
Le Barp
Cadillac
La Réole
Miramont-de-Guyenne
Langon
Seyches
Étang de Cazaux et de Sanguinet
Belin-Béliet
Marmande
Biscarrosse-Plage
Bazas
Biscarrosse
St. Symphorien
Grignols
Tonneins
Étang de Biscarrosse et de Parentis
Liposthey
Pissos
Captieux
Casteljaloux
Aiguillon
Pontenx-les-Forges
Mimizan-Plage
Mimizan
Labouheyre
Houeillès
Lavardac
Agen
Sabres
Nérac
Morcenx
Roquefort
Lapeyrade
St.-Girons-Plage
St.-Justin
Ligardes
Léon
Castets
Mont-de-Marsan
Villeneuve-de-Marsan
Condom
Tartas
Valence-s-Baïse
Vieux-Boucau-les-Bains
Magescq
Manciet
Eauze
Grenade-s-l'Adour
Pontoux-s-l'Adour
Vic-Frézensac
Hossegor
Dax
St.-Sever
Nogaro
Aire-s-l'Adour
Capbreton
St.-Jean-Poutge
Labenne
Bénesse-Maremne
Hagetmau
Riscle
Biarrotte
Peyrehorade
Barran
Biarritz
Bayonne
Anglet
Rocher de la Vierge
Adour
St.-Jean-de-Luz
Salies-de-Béarn
Orthez
Marciac
Maubourguet
Mirande
Cabo Higuer
Hendaye
Cambo-les-Bains
Sauveterre-de-Béarn
Miélan
Sare
Espelette
St.-Palais
Navarrenx
Morlaàs
Vic-en-Bigorre
Bera/Vera-de-Bidasoa
Pau
St. Jean-Pied-de-Port
Mauléon
Oloron-Ste.-Marie
Pontacq
Tournay
Pic Etchekortia 1204
Doneztebe
Lurbe-St.-Christau
Lourdes
Lannemezan
Almandoz
Valcarlos
Pic des Escaliers 1472
Pic du Moulle de Jaout 2050
Campan
Roncesvalles
Pic d'Issarbe 1559
Gourdan-Polignan
Laruns
Zubiri
Pic d'Orhy 2017
Pic d'Anie 2504
Argelès-Gazost
Pic de Sesques 2606
Arreau
Iruñea/Pamplona
Gabas
Cauterets
Monte Campanil 2331
Embalse de Itaiz
Col du Somport 1650 m
3298
Aoiz
Burguí
Ansó
Canfranc-Estación
Sallent de Gállego
Gèdre
Aragnouet
3222
Biescas
Torla
Monte Perdido 3348

1 Bordeaux und Umgebung | 20

Die kosmopolitische Metropole Südwest-Frankreichs besticht durch ihre Vielgesichtigkeit. Die **Flusspromenaden an der Garonne** gehören ebenso dazu wie die verschiedenen Viertel und die reichhaltigen Kulturgüter, bei denen die **Kathedrale (S. 40), La Cité du Vin (S. 29)** und das **prunkvolle Theater (S. 37)** Sonderstellungen einnehmen. Bordeaux ist auch ein klasse Ausgeh- und Shoppingpflaster.

Weltruhm hat sich das Umland von Bordeaux durch seine einzigartigen, hochklassigen **Weine** erworben. Es gibt Weingüter wie Sand am nicht weit entfernten Meer. Besuche verdienen auch **Blaye (S. 63)** mit seiner Zitadelle und das mittelalterlich geprägte **Saint Émilion (S. 69).**

2 Nördliche Atlantikküste | 80

Die Besucher der französischen Atlantikküste – unabhängig vom Alter – verbindet vor allem eines: der Spaß an Aktivitäten *im, auf* und *am* Wasser. Der nördliche Küstenabschnitt mit **Arcachon (S. 86)** als Epizentrum touristischer Urlaubsfreude, aber auch die kleineren Destinationen wie **Carcans-Plage (S. 109)** oder **Lacanau-Océan (S. 105)** versprechen nahezu unbegrenztes Strandvergnügen. Doch schon ein kleiner Abstecher ins nahe Umland zeigt, dass die Region viel mehr zu bieten hat, so z. B. den **Vogelpark in Le Teich (S. 99).**

3 Am Oberlauf der Garonne und Umgebung | 116

Im weniger touristischen, vom Weinanbau geprägten Hinterland erwarten Sie Orte wie **Cadillac (S. 122),** Schlösser, Burgen und Abteiruinen wie **La Sauve-Majeure (S. 124).** Zwischendurch lässt sich in den Gegenden um **Créon (S. 126)** und **Castets-en-Dorthe (S. 133)** wunderbar radeln. Ein freundliches Flair pflegt die Kleinstadt **Agen (S. 134).**

4 Südliche Atlantikküste | 142

Feinsandige Strände bietet der südliche Teil der französischen Atlantikküste. Hochburgen sind hier die Orte **Biscarrosse (S. 148)** und **Mimizan (S. 158).** Im Hinterland gilt es den **Naturpark Landes de Gascogne (S. 153)** mit seinen ausgedehnten Pinienwäldern zu erkunden. Besuchenswert sind außerdem Ziele wie das **Thermalbad Dax (S. 180)** und der **Hafen von Capbreton (S. 174)** mit einer Tausendschaft Liegeplätzen für Sport- und Fischerboote.

5 Baskisches Küstenland | 186

„BAB" steht als Abkürzung für das baskische Städte trio Bayonne, Anglet und Biarritz, das Besucher auf ganz unterschiedliche Art begeistert. **Bayonne (S. 192)** zieht mit Altstadt und Kathedrale in den Bann, **Anglet (S. 200)** gilt als Wassersportparadies, **Biarritz (S. 203)** blickt auf eine bewegte Geschichte als **Seebad** zurück. An den dortigen Promenaden und um den Hauptstrand kann es – wie zu alten Zeiten – feudal, aber auch bodenverhaftet zugehen. Nicht minder sehenswert ist das Städtchen **Saint Jean-de-Luz (S. 216)** mit Strandbucht und Hafenflair.

6 Pyrénées Atlantiques | 230

Ob im Pyrenäen-Vorland oder im Hochgebirge: Die Landschaften sind wie geschaffen für Naturliebhaber. Das malerische Städtchen **Saint Jean-Pied-de-Port (S. 249)** liegt am Jakobsweg und ist traditionell auf Fremdenverkehr eingestellt. Südlich von **Oloron-Sainte-Marie (S. 259)** geht es dem Pyrenäen-Hochland um den magischen **Pilgerpass Somport (S. 263)** entgegen, der auch mit dem Fahrzeug erreichbar ist. Zum Facettenreichtum der Gegend gehören **Sare (S. 240)** mit seiner Höhle und nette Orte wie **Espelette (S. 244)** und **Salies-de-Béarn (S. 258).**

Reiserouten und Touren

Kurztrip (3 bis 4 Tage)

Falls man nur Zeit für ein verlängertes Wochenende hat, bietet sich das zum Weltkulturerbe der UNESCO erhobene **Bordeaux** als Einstiegspunkt an. Es gibt internationale Flüge, Züge und Busse dorthin. Die Museen, Altstadt, Märkte, Flusspromenaden, Radwege, Ausgehkultur bieten Reisenden ein fantastisches Entdeckungspotenzial. Für diesen Kurztrip braucht man nicht mal einen Mietwagen, denn das gleichfalls lohnende **Arcachon** ist per Zug erreichbar. Ab Arcachon kann man die nahe Düne Pilat angehen, im Boot über die Weiten der Bucht von Arcachon schippern, die lokalen Austern kosten.

Südwestfrankreich (eine Woche)

Auch hier ist **Bordeaux** der Startpunkt, für den man mindestens zwei volle Tage einplanen sollte. Alles Weitere kann man mit einem Mietwagen angehen. Besonders lohnend: **Saint Émilion** mit dem historischen Kern und den Weingegenden im Inland, ab dort ins Festungsstädtchen **Blaye** und mit der Fähre über die Gironde nach **Lamarque.** Das gibt Gelegenheit, weitere Weingebiete westlich der Gironde kennenzulernen und an die nördlichsten Strände unseres Zielgebiets anzubinden: **Lacanau-Océan, Carcans, Hourtin, Soulac-sur-Mer.** Bonusmaterial, auch für Wassersportler, geben die **Binnenseen Lacanau** und **Hourtin-Carcans.** Auf dem Rückweg nach Bordeaux kann man **Arcachon** und Umgebung erkunden (→ „Kurztrip“).

Ganz Südwestfrankreich erleben (zwei bis drei Wochen)

Bordeaux ist bei diesem längsten Tourenvorschlag ungebrochen der Dreh- und Angelpunkt. Ein Abstecher ostwärts ins Inland lohnt nach **Saint Émilion** mit der Felsenkirche, den Altstadtgassen, den umliegenden Weinbauzonen. Nordwestwärts geht es weiter ins Festungsstädtchen **Blaye** und an der Ostseite der Gironde entlang bis **Royan.** Dies gibt Gelegenheit, den denkmalgeschützten Ortskern von **Talmont-sur-Gironde** und die schönen Strände von Royan selber kennenzulernen.

Ab Royan geht's per Fährverbindung über die breite Gironde-Mündung nach **Le Verdon-sur-Mer** und dann südlich an der „Silberküste" entlang. **Soulac-sur-Mer** und **Lacanau-Océan** stehen in der Reihe der ersten Küstenklassiker, trefflich ergänzt durch die dortigen Binnenseen. Das Cap Ferret schließt das Becken von Arcachon ab, das man nun bis **Arcachon** weiträumig umfährt. Danach geht es weiter zur Düne von Pilat und zum südlichen Teil der Silberküste. Dort fährt man gern den Superlativ der „größten zusammenhängenden Sandstrandküste Frankreichs" auf. Hinzu gesellen sich weite Pinienwälder, Strandorte wie **Biscarrosse-Plage** und **Mimizan-Plage,** Binnenseen. Südlich des Hafenorts **Capbreton** folgt der Übergang ins Baskenland. Schick geht es im mondänen Seebad **Biarritz** an der Hauptpromenade und um den einstigen Kaiserpalast zu, bodenständiger um den Fischerhafen. Biarritz ist ein Surfermekka, ebenso wie das benachbarte **Anglet.** Nicht weit entfernt liegt **Bayonne** mit einer sehenswerten Altstadt und pompöser Kathedrale. Die Schlusspunkte zur Grenze nach Spanien setzen die attraktiven Strand- und Hafenstädtchen **Saint-Jean-de-Luz** und **Hendaye.** Ausflüge ins Pyrenäen-Hinterland führen zu den **Grotten von Sare** und ins pittoreske **Saint Jean-Pied-de-Port,** von wo aus Jakobs pilger die Bergwelt angehen. Noch tiefer landeinwärts stecken das geschichts trächtige **Pau,** der weltberühmte Wallfahrtsort **Lourdes** und der **Pyrenäen-Nationalpark.** Die gute Infrastruktur macht es möglich, bei einer Fahrt durchs Hinterland problemlos nach **Bordeaux** zurückzukehren.

Ergänzende Infos
Im Kapitel „Praktische Reisetipps A–Z" befinden sich unter „Reisevorschläge – Zusatztipps" ergänzende Infos zu diesem Kapitel.

LEGENDE

- Winter
- Frühling/Herbst
- Sommer

Wein- und Flussfest
Im Juni findet in Bordeaux entweder ein großes Weinfest (gerade Jahre) oder ein großes Flussfest (ungerade Jahre) statt.

Lohnende Nebensaison
In den Monaten Januar, Februar und März kann man durchaus über eine Reise nach Bordeaux und sogar an die Küste nachdenken, da man diese Orte dann nicht mit allzu vielen Besuchern teilen muss. An manchen Tagen kann es erstaunlich warm werden – und ein *Beach Walking* erfrischt so richtig Körper und Geist.

Skisaison in den Pyrenäen
Von Dezember bis Februar ist in den Pyrenäen Wintersport möglich.

Ideale Reisemonate
Die Zeit von April bis Juni ist ideal für Reisende, die nicht auf Schul- oder Semesterferien angewiesen sind.

JAN | FEB | MÄR | APR | MAI | JUN

Unbeständiges Wetter
Von Oktober bis April herrscht eher unbeständiges Wetter, aber für Naturfans sollte das kaum eine Rolle spielen. Viele Campingplätze und auch andere Unterkünfte außerhalb der großen Städte sind dann allerdings geschlossen.

Ungewöhnliche Feste
Wer zu dieser Jahreszeit anreist, mischt sich bei ungewöhnlichen Festen unter die Locals, z. B. Ende Januar beim Pferdemarkt in Espelette und etwa Mitte Februar beim „Fest der fetten Ochsen" in Bazas.

Schinkenfest
Ende März oder Anfang April findet in Bayonne jährlich das große Schinkenfest „Foire au Jambon" statt.

Sommerferien in Frankreich
Im Juli und August machen die meisten Franzosen Urlaub im eigenen Land. In Ferienorten finden Sommerprogramme mit Märkten, sportlich-kulturellen Aktivitäten, Musik/Unterhaltung sowie kulinarischen Festen statt. Die Übernachtungspreise sind in dieser Zeit auf dem Höchststand.

Indoor-Programme
In den Monaten unbeständigen Wetters kann man auf Indoor-Programme umswitchen: Museums- und Ausstellungsbesuche, Höhlen, Weinproben, auch Weinkurse wie in der Cité du Vin in Bordeaux.

Ideale Reisemonate
September und Oktober sind ideal für Reisende, die nicht auf Schul- oder Semesterferien angewiesen sind.

Skisaison in den Pyrenäen

JUL | AUG | SEP | OKT | NOV | DEZ

Bestes Badewetter, Feste und Festivals
Von Juni bis September herrscht das verlässlichste Badewetter, wobei im Einzugsbereich der Pyrenäen jederzeit mit Niederschlägen gerechnet werden muss. Die wärmere Jahreszeit steht auch im Zeichen vieler Feste und Festivals.

Nationalfeiertag
Am 14. Juli feiert Frankreich seinen Nationalfeiertag.

Wellness und Weihnachtsmärkte
Herrscht gegen Ende des Jahres atlantisches Schmuddelwetter, bietet sich Wellness in Form einer Thalassotherapie an. Stimmungsvoll im Dezember sind die Weihnachtsmärkte, u. a. in Bordeaux..

Fünf attraktive Aktivitäten

702swf ad

Biken durch Bordeaux | 46, 34

Bordeaux ist wunderbar radlerfreundlich und bietet ein weit verästeltes Wegenetz. Einfach ein Bike mieten – und los geht's. Größte Gefahren sind die Rillen der Straßenbahnen, die immer schräg angefahren werden müssen! Man sollte unbedingt einmal zum innerstädtischen See **Le Lac** mit seinem Sandstrand radeln. Oder zum einstigen **U-Boot-Bunker,** in dem heute Kunstausstellungen angesetzt sind.

701swf ad

Bootsfahrt durch das Becken von Arcachon | 91

Die Luft schmeckt salzig, feucht. Voraus steigen Vogelschwärme auf. Langsam schippert der Ausflugskatamaran durch die Bucht von Arcachon, ein Meer in Kleinformat mit Wattflächen, Häfen, Austernparks. Segler kommen entgegen, traditionelle Watthütten halten sich auf Holzstelzen. Der Leuchtturm von Cap Ferret setzt eine Landmarke – und der Dünenriese von Pilat erst recht.

703swf ad

Surfen an der baskischen Küste | 203, 200

Seit Jahrzehnten beliebter Surferspot an der baskischen Küste ist **Biarritz** – annähernd 20 Schulen haben sich auf die Nachfrage eingestellt. Sie bieten Kursefür Anfänger und Fortgeschrittene oder auch nur Materialverleih an. Biarritz trägt das höchstmögliche Surf-Label, das die französische Surfvereinigung zu vergeben hat. Auch Wettbewerbe werden hier oft ausgetragen. Die Alternative zu Biarritz liegt nicht weit entfernt: ein Stückchen nordwärts in **Anglet.**

704swf ad

Flusstour auf der Garonne | 31

Bordeaux von der Flussseite her erleben, das gibt ganz andere Einblicke. Dazu fährt man unter dem modernen Brückenriesen Chaban-Delmas hindurch, nimmt den belebten Uferzonen mit den einstigen Lagerhäusern die Parade ab, lässt an Bord die Silhouetten aus Kirchtürmen auf sich wirken. Bootstouren gibt es auch mit Weinverkostung oder Dinner – je nachdem, wieviel man ausgeben möchte.

705swf ad

Aufstieg auf die Düne von Pilat | 96

Die Düne von Pilat, Europas größter Dünenbuckel seiner Art, spielt in einer eigenen Liga der Extreme: über 100 Meter hoch, 500 Meter breit, 2700 Meter lang. Wer zu Fuß zum Sturm auf den Giganten bläst, braucht ein gewisses Maß an Kondition – und wird mit Sandmaserungen und Panoramen belohnt, die im Netz zahlreich gepostet werden. Hier thront man über dem Grün von Pinienweiten, dem tiefen Blau des Meeres – einfach fantastisch!

Fünf Spots zum Staunen

706swf ad

Saint Émilion | 69
Dieser Ort ist ein Gedicht aus Stein und thront weithin sichtbar auf einem Kalkplateau, umzogen von Weinbaugebieten. Mauern, Plätze, Arkaden, Häuserschachtelwerke und gepflasterte Gassen komponieren die Bilder. Der Höhepunkt steckt in der Erde: die Felsenkirche. Oberirdisch haben sich Gastro-Adressen und Shops auf den Zulauf eingestellt. Saint Émilion ist gewiss ein Ort zum Staunen, lässt sich aber nicht mehr als Geheimtipp etikettieren.

707sw ad

Das „Darwin" in Bordeaux | 44
Wie aus einem Areal abgewrackter Militärbaracken das alternative **Kulturzentrum** *Darwin* entstand, ist eine spannende Geschichte des 21. Jahrhunderts. Heute hat sich das *Darwin* als kultureller Fixpunkt in Bordeaux etabliert, es gibt abwechslungsreiche Programme. Hier ist quasi immer etwas los, was man vorsorglich online checken sollte. Außerdem kann man hier auch skaten oder gut essen (Biokost).

708swf ad

Der Vogelpark von Le Teich | 99
Vogelfans hüpft das Herz hier höher: kein Zoo oder Vogelhaus, sondern ein natürlicher Lebensraum zwischen Leyre-Delta und der Bucht von Arcachon. Gut, Menschenhand hat im 110 Hektar umfassenden Park Wege, Brückchen und Unterstände angelegt – doch die Vögel kommen ganz von allein, vor allem Zugvögel auf Hin- und Rückweg zu oder von ihren warmen Winterquartieren in Südwesteuropa und Afrika. Es lohnt, überall Ausschau zu halten.

709swf ad

Biarritz | 203
Wie es diese recht kleine Stadt zu Weltruhm gebracht hat und welche Facetten sie auffährt – das ist höchst bemerkenswert. Biarritz ist für ihren einstigen Kaiserpalast bekannt, die Strände, als Shoppingpflaster und Surfermekka. Meerwärts geht es zum „Jungfraufelsen", Rocher de la Vierge. Auf den Aussichtsvorsprung führt eine von *Gustave Eiffel* konzipierte Eisenbrücke. Dort zeigt sich Biarritz plötzlich von anderen Seiten: rau, wild, ungezähmt.

710swf ad

Die Zitadelle von Blaye | 63
Gebieterisch erhebt sich die Zitadelle von Blaye über den Wassern der Gironde und ist Teil eines ausgeklügelten Verteidigungssystems aus dem 17. Jh. Dahinter stand der berühmte Festungsbaumeister *Vauban*. Mauern, Türme und Kanonen formen eine Art Freilichtmuseum, doch die Zitadelle ist gleichzeitig ein Wohnort – deswegen ist der Eintritt frei. Es gibt sogar einen Campingplatz, ein Hotel und Künstlerateliers.

Fünf Orte mit Aussicht

711swf ad

Turm der Basilika Saint-Michel | 46

Dieses Gefühl in Bordeaux ist erhebend, ganz wörtlich genommen. Stufe um Stufe geht's auf der Wendeltreppe aufwärts, am metallenen Handlauf längs, bis man zwischendurch ins Glockenwerk schaut und einem die Stadt schlussendlich zu Füßen liegt: vom Turm der Basilika Saint-Michel aus. In 47 m Höhe schweift der Blick über die Ziegeldächer stolzer Fassaden, die weite Flussschleife der Garonne.

712swf ad

„Belvedere" im Weinmuseum | 30

Das ist in Bordeaux die Bequemlichkeits-Variante zum vorgenannten Eintrag – denn zum „Belvedere" im achten Stock des Weinmuseums **Cité du Vin** bringt eine rasche Aufzugfahrt hinauf. Das schmälert nicht die Aussicht durch die Scheiben oder kleine Freistücke, umgeben von avantgardistischer Architektur. Fast in Nachbarschaft strömt die Garonne dahin, erhebt sich das Pfeilerquartett der Brücke Chaban-Delmas.

Adobe.Stock ©Alexis BORG

Zahnradbahn La Rhune | 237

Eine Fahrt mit echter Zugkraft: Zur wärmeren Jahreszeit ruckelt am Pyrenäenrand, etwa zehn Kilometer östlich von Saint-Jean-de-Luz, eine historische Zahnradbahn auf den Berg La Rhune. Bis zum 905-m-Gipfel sind es 740 m Höhenunterschied, wozu das Vehikel im Schnitt 35 Minuten benötigt und lange Schleifen und Steilpassagen im Schneckentempo passiert. All das kann man in rollenden Großraum-Holzabteilen genießen.

006sf ad

Pyrenäenpass Somport | 263

So richtig frische Gebirgsluft schnappt man um den Pyrenäenpass Somport, der mit über 1600 m seit alters her nicht nur eine Marke für Jakobswegpilger setzt. Hier befindet man sich im französisch-spanischen Grenzgebiet und kann in aller Ruhe die Bergpanoramen in sich aufnehmen. Die Anfahrt geht man von Oloron-Sainte-Marie an – aber bitte nicht im Winter. Denn dann ist die Passhöhe oft gesperrt.

Adobe.Stock ©bart47

Leuchtturm Phare de Cordouan im Atlantik | 114

Falls das Wetter zur wärmeren Jahreszeit mitspielt, bringen Bootstrips diverser Veranstalter ab Royan und Le Verdon-sur-Mer hinaus zum Phare de Cordouan, einem 67,5 m hohen Leuchtturm im Atlantik. Das hat seinen Preis, garantiert aber auch einen Erlebniseffekt – und verlangt danach, ab dem Ausstieg bei Ebbe hinüberzuwaten. Auf den Leuchtturm führen 301 Stufen.

Fünf Orte, die Appetit machen

713sw ad

Austern an der Bucht von Arcachon | 92

In der weit ausgreifenden Bucht von Arcachon reift der Nachschub für Austerngourmets heran, unterfüttert von Nährstoffen durch die erheblichen Wechsel von Ebbe und Flut. Der Austernhafen **Port de Larros** östlich von Arcachon gibt Gelegenheit, das museale Austernhaus *(Maison de l'Huître)* zu besuchen oder frische Austern zu schlürfen.

714swf ad

Espelette | 244

Im baskischen Inland kommt man ins freundliche Espelette. Dank seiner Paprikaschoten, der *Piments d'Espelette,* genießt der Ort einen hohen Bekanntheitsgrad. Die aromatischen Schoten tragen eine geschützte Herkunftbezeichnung. Erntezeit ist im September, dann werden sie zum Trocknen ausgehängt – und geben gute Fotomotive ab.

715swf ad

Bayonne und der Schinken | 192

Falls man nicht zu den Fraktionen von Veganern und Vegetariern gehört, wird man den Bayonner Schinken *(Jambon de Bayonne)* als „köstliche Sauerei" empfinden. Gut Ding will Weile haben – der alte Spruch gilt auch hier, denn die Keulen reifen gewöhnlich zwischen sieben und zehn Monaten. Schritte sind u.a. Pökelung, Klima- und Trockenkammer. Kenner rühmen die milde Würze und das ausgewogene Salzaroma.

716sw ad

Der „Magen" von Bordeaux | 50

In Bordeaux gibt es eine traditionelle Markthalle, die gerne als „Magen" der Stadt tituliert wird: der **Marché des Capucins,** übersetzt „Markt der Kapuziner". Ordensmänner sieht man hier nicht, dafür himmlische Auslagen an regionalen Erzeugnissen. Ob Tomaten, Birnen, Porree, Käse, Wachteln, Austern, Fisch, Pasteten, Bauernbrote. Hier decken sich auch Einheimische liebend gern mit Frischeprodukten ein – oder treffen sich auf einen Espresso.

717swf ad

Weinland | 62

Die Neutralität gebietet es, keine Werbung zu machen für eine spezifische Kellerei – doch das Weinland von Bordeaux zu entdecken, dazu kann man nicht oft genug animieren. Die Ländereien mit Rebgärten erstrecken sich beidseits des Einschnitts der Gironde, aber auch tiefer im Inland bis Saint Émilion hin. Überall laden Kellereien zu Kostproben und zum Direktkauf ein.

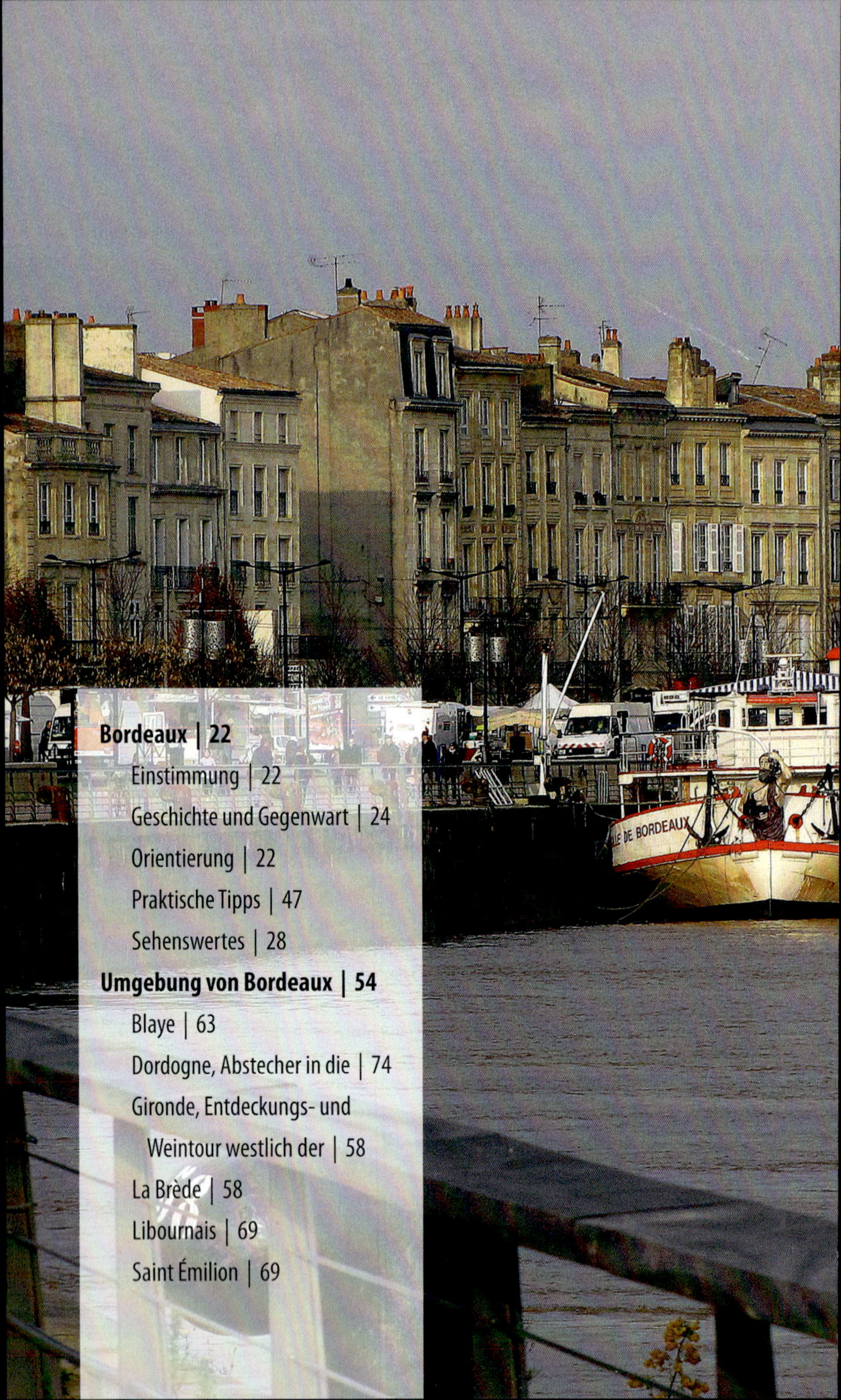
DE BORDEAUX

182sf ad

1 Bordeaux und Umgebung

» Weingärten ohne Ende, dazwischen die Universitätsstadt Bordeaux als politisches, wirtschaftliches und kulturelles Zentrum des französischen Südwestens. Überall spielen die weltweit geschätzten Bordeaux-Weine eine prägnante Rolle, nicht zuletzt in der Cité du Vin in Bordeaux.

‹ Flussufer in Bordeaux

BORDEAUX

Großstadtflair herrscht in Bordeaux, dem Dreh- und Angelpunkt mit seiner langen Geschichte als Zentrum des südwestfranzösischen Weinhandels. *Neu-Aquitaniens Hauptstadt* sticht als einzige und einzigartige Metropole in Südwestfrankreich hervor und bietet alles, was das Städterherz begehrt: Museen und Monumente, Shoppingpflaster und Altstadtwinkel, Nachtleben, Märkte und Restaurantadressen für jeden Geldbeutel. In manchen Vierteln herrscht eine regelrecht dörfliche Atmosphäre. Das macht Bordeaux, die Stadt an der Garonne, umso abwechslungsreicher.

NICHT VERPASSEN!

- An den **Flussufern** | 29, 34
- Architektur und Wein – **La Cité du Vin** | 29
- **Bootstrip über die Garonne** | 31
- Einstiger U-Boot-Bunker als kurioses Kunstzentrum: **Base sous-marine/Bassins des Lumières** | 34
- Kulturelle Höhenflüge im **Grand Théâtre** | 37
- Bummel durch die **Fußgängerzonen** | 38
- Besichtigung der **Cathédrale Saint-André** | 40
- Aufstieg in den Glockenturm – **Tour Pey-Berland** | 41
- Gemälde großer Meister im **Musée des Beaux-Arts** | 41
- Eintauchen in die bewegende Geschichte der Region im **Musée d'Aquitaine** | 42
- **Basilique Saint-Michel** mit 114 m hohem Glockenturm | 46
- **Lac de Bordeaux** – mit Strand | 46

Diese Tipps erkennt man an der gelben Markierung.

Einstimmung

Die Metropole an der Garonne wurde einst in sumpfigem Gebiet auf einem subterranen Wald aus Eichenpfählen erbaut und ist heute enorm weit ausgeufert. Noch heute pflegt man hier die geflügelten Sätze bekannter Literaten. „Nehmen Sie Versailles, fügen Sie Antwerpen hinzu und Sie haben Bordeaux", so zitiert man gerne *Victor Hugo* (1802–85). Und *Henry James* (1843–1916) schrieb über die Weinmetropole: „Als Umschlagplatz des besten Weines der Welt ist es wahrhaftig eine heilige Stadt – geweiht dem Kult des Bacchus in diskretester Form."

Orientierung

Für Autofahrer gestaltet sich die Orientierung in Bordeaux nicht allzu schwierig, da die Stadt von einem weitläufigen **Autobahnring** (ausgeschildert als „ro-

507sf ad

cade") umschlossen wird. Auf dem Weg Richtung City orientieren sich Autofahrer am besten am Lauf der **Garonne.** (Vorsicht: Die zentrale Flussbrücke Pont de Pierre ist für den normalen Durchgangsverkehr gesperrt.) Tagesausflügler mit eigenem fahrbaren Untersatz sollten einen **Parkplatz im Uferbereich** nahe der Esplanade des Quinconces wählen, Übernachtungsgäste nach Möglichkeit eine Unterkunft mit hauseigenem Stellplatz oder Garage buchen.

Auch wenn es auf den ersten Blick nicht den Anschein hat, lassen sich die maßgeblichen städtischen Highlights durchaus **zu Fuß** ansteuern (vereinzelt unterstützt von einer Straßenbahnfahrt). Als Mindestaufenthalt empfehlen sich zwei volle Tage; alles Wesentliche an einem Tag anzugehen ist unmöglich. Hilfreich kann eine Fahrt im **Sightseeing-Bus** sein.

Ein Teil der bekannten Sehenswürdigkeiten liegt in einem weiten Viereck mit folgenden Begrenzungen: Jardin Public im Norden, Garonne im Osten, Cours Victor Hugo im Süden und Hôtel de Ville (Palais Rohan) im Westen der Innenstadt. Im engeren Zentrumsbereich durchstreift man **traditionsreiche Stadtviertel** *(quartiers):* das Quartier des Chartrons (altes Weinhändlerviertel zwischen Jardin Public und Garonne), das Quartier de Saint-Michel (um die Basilique Saint-Michel), das Quartier Sainte-Croix (um die Abteikirche Sainte-Croix), das Quartier Saint Eloi (Bereich Rue Saint James) und das Quartier des Grands Hommes (um die Place des Grands Hommes), das Quartier de l'Hôtel de Ville (um das Rathaus).

Doch das ist längst nicht alles! Das Viertel **Bacalan**, ein Stück stromabwärts, ist zu einem weiteren Aushängeschild für Besucher erwachsen. Blickfänge der Moderne sind dort die *Cité du Vin,* das *Musée Mer Marine* und die Flussbrücke Jacques Chaban-Delmas; an den inne-

⌃ Das neuere Wahrzeichen von Bordeaux, fast an der Garonne gelegen: La Cité du Vin

ren Bassins liegen Boote bzw. Hausboote und die *Base sous-marine* (einst U-Boot-Bunker, heute Ausstellungszentrum). Und auch das **gegenüberliegende Ufer der Garonne** ist für Einheimische wie für Reisende interessant geworden, angeführt von dem alternativen Multikulti-Zentrum *Darwin.*

Bordeaux wird oft etikettiert als Tummelplatz des wohlsituierten Bürgertums vergangener Zeiten. Oder als moderne Kultur-, Kongress- und Weinmetropole. Allerdings sei nicht verschwiegen, dass es auch triste Straßenzüge und Häuserzeilen mit bröckelndem Putz gibt.

Seitdem der Hochgeschwindigkeitszug **TGV** nur noch etwas mehr als zwei Stunden bis Paris braucht, sagen manche scherzhaft, Bordeaux sei so etwas wie eine Vorstadt der französischen Hauptstadt geworden. Scherz beiseite: Es gibt tatsächlich Pendler!

An Ortsunkundige richtet sich ein kleiner Survivaltipp für den Reisealltag: **Vorsicht, Straßenbahnen!** Ob von links oder rechts. In Bordeaux hat das Transportmittel Straßenbahn *(tramway)* eine ausgiebige Wiederbelebung erfahren.

Bordeaux ist aber auch eine Stadt der begeisterten **Radler;** diverse Radwege laden auch Auswärtige zur Erkundung ein. Dazu dient nicht zuletzt das System der städtischen Leihfahrräder, es gibt aber auch andere Verleiher.

Zur kleinen **„Gebrauchsanweisung Bordeaux"** gehört ferner der Tipp, immer mal nach oben zu sehen: Es gibt zahlreiche dekorative Schnörkel und insbesondere Kopfreliefs *(mascarons)* an den Fassaden.

[>] Blick über die Innenstadt von Bordeaux vom Tour Pey-Berland

Geschichte und Gegenwart

Die Fäden der Historie des antiken **Burdigala** – später Bordeaux, abgeleitet von *bord d'eaux* (Wasserufer) – spinnen sich in keltische Zeiten zurück. Strategischer Pluspunkt war stets die Garonne, über die sich Waren problemlos Richtung Atlantik transportieren ließen.

Ab 56 v. Chr. brachte die römische Herrschaft einen maßgeblichen Aufschwung des Handelszentrums mit sich; auf die alten Römer soll der Beginn des lukrativen Weinbaus zurückgehen. Zu römischen Zeiten war Bordeaux als „kleines Rom" Kardinalpunkt der Provinz Aquitanien, später auch **Hauptstadt des gleichnamigen Herzogtums.** 848 war das Jahr eines großen Normanneneinfalls.

Im Jahre 1137 heirateten in der Kathedrale König *Ludwig VII.* und *Eleonore von Aquitanien.* Zwischen Mitte des 12. Jh. und Mitte des 15. Jh. zählte die Garonne-Stadt zu den französischen Besitzungen Englands;: Schuld war Eleonores zweite Ehe mit *Heinrich Plantagenet,* als *Heinrich II.* später König von England. Im 14. Jahrhundert startete der englische „Schwarze Prinz" von hier aus zu seinen Beutezügen. Erst das **Ende des Hundertjährigen Krieges** (1453) brachte Bordeaux wieder in ruhigeres politisches Fahrwasser, obgleich die Engländer den Ortsansässigen zuvor zahlreiche Privilegien zugestanden hatten. Ende des 16. Jahrhundert bekleidete der Schriftsteller und Philosoph *Michel de Montaigne* (1533–92) einige Jahre lang das städtische Bürgermeisteramt.

Im Mittelalter hatte die Jakobswegvariante **„Via Turonensis“** für Aufschwung im Pilgerbusiness gesorgt. Viele Wallfahrer Richtung Santiago de Compostela (Nordwest-Spanien) machten im Hospital Saint-James Station und bewunderten die Portale der Kathedrale Saint André. Allerdings kam nur den höchsten Gästen die Ehre zu, die Kathedrale durch das Königsportal zu betreten. Anziehungspunkte der Gläubigen waren ferner die Abtei Sainte-Croix, die Basilika Saint-Seurin und die in gotischem Stil begonnene Basilika Saint-Michel mit ihrem 114 m hohen Glockenturm.

„Wir sind in Bordeaux angekommen, der Luxus ist enorm“, berichtete *Rochefoucauld* in seiner „Voyage en France“ (1781–83). Kein Wunder, denn im Laufe des 18. Jh. hatte man das Stadtbild ohne Unterlass verändert und an allen Ecken und Enden herausgeputzt: mit prachtvollen Plätzen, Alleen und Herrenhäusern. Für kontinuierlichen Wohlstand sorgten Hafen und (Übersee-)Handel. **Reeder und andere Finanzmagnaten** gaben sich ein munteres Stelldichein, an den Ufern der Garonne machten stolze Dreimaster fest, stattliche Flotten liefen in die Kolonien aus. Für ein ungewollt tragisches Intermezzo sorgten Abgeordnete der Girondisten, gemäßigte Republikaner der Französischen Revolution, von denen rund zwei Dutzend hingerichtet wurden.

Zwischen dem Ende des 18. Jh. und Beginn des 20. Jh. stieg die **Einwohnerzahl von Bordeaux** von rund 80.000 auf 250.000, in unseren Tagen kann man im Großraum von etwa 800.000 ausgehen (Kerngebiet etwa 260.000). Junges Leben hauchen der Garonne-Stadt zahlreiche Studenten und auch Künstler ein; die Musikszene zählt aktuell zu den lebendigsten in Frankreich. Natürlich lockt das boomende Bordeaux auch Investoren und Neu-Siedler an; jedes Jahr steigt die Einwohnerzahl in Bordeaux um einige tausend an.

In jüngerer Zeit hat Bordeaux mehr und mehr auf den **Tourismus** gesetzt. Mit Erfolg. Renommierte Zeitungen und Magazine haben die Stadt schon zur „besten europäischen Destination“ oder

506sf ad

Rundgänge und der „Bordeaux Métropole CityPass"

MEIN TIPP: Franzosen haben eine sichere Hand für die Vermarktung ihrer Errungenschaften und Stätten. Die Bordeauxweine (laut einer statistischen Erhebung der Stadt werden weltweit jede Sekunde 23 Flaschen Bordeauxwein verkauft) sind eine, die Aktivitäten des Fremdenverkehrsamtes von Bordeaux eine andere Geschichte. Regelmäßig und unter verschiedenen Leitmotiven werden vom lokalen *Office de Tourisme* **Rundgänge** bzw. **Rundfahrten** angeboten, um Besuchern die Schönheiten der Stadt näherzubringen. Gute Kompaktprogramme zu fairem Preis. Darüber hinaus gibt es **Boots- und Radtrips, Fahrten im Sightseeing-Bus, Gastro-Touren, Angebote für Familien** sowie **Ausflüge in die Umgebung** mit Besuchen von Weingütern, inklusive Verkostung.

Tipp für Reisende, die es individueller und unabhängig mögen: Man besorge sich am besten den **„Bordeaux Métropole CityPass"**, den es zum Preis von 34/44/50 € für 24/48/72 Stunden gibt. Enthalten sind unbegrenzte Fahrten in **öffentlichen Verkehrsmitteln** (Busse, Straßenbahnen und Flusstransportboote, *navettes fluviales*), **Eintritte** in gut 15 wichtige Monumente und Museen (Achtung: *Cité du Vin* nur bis 12 Uhr, sonst Aufschlag) sowie eine Stadtbesichtigung nach Wahl, z.B. die Teilnahme an einer **Stadtführung**; hinzu kommen Preisnachlässe bei anderen Sehenswürdigkeiten und Ausflügen.

■ **Alle weiteren Informationen im Office de Tourisme,** 12 cours du XXX Juillet, Tel. 05 56 00 66 00, www.bordeaux-tourisme.com, www.bordeaux-tourismus.de.

„Best City" erhoben bzw. in die Top 3 der weltweit „unumgänglichen Städte" katapultiert. Besuchern bietet sich ein kontrastreiches Miteinander. Zwischen Altstadt- und Promenadenbummel, Shopping, Flussausflügen, Nachtleben und Besuchen von Museen und Kulturzentren ist alles möglich. Überall präsent ist das *Savoir-vivre;* Cafés und Brasserien bürgen für typisch französischen Lebensstil. „Bordeaux ist cool, entspannt. Überall kannst du gute Momente haben, die oft mit Essen und Trinken verbunden sind", sagt Stadtführerin *Aurélie Chopy.*

Kaum zu übersehen ist, welch polyglotten Charakter die Stadt trägt. Schwarz- und Nordafrikaner haben hier ebenso eine Heimat gefunden wie Portugiesen und Spanier. Für Beschäftigung sorgen der Dienstleistungssektor und die Industrien von Chemie über Nahrungsmittelproduktion bis Apparate- und Maschinenbau. Im weit nördlich der Innenstadt gelegenen Viertel Le Lac konzentriert sich ein modernes Kongress- und Messegelände mit adäquatem Hotelangebot. Insgesamt bietet Bordeaux rund 200 Hotels und diverse weitere Unterkünfte; über 15.000 Gästebetten stehen zur Verfügung (ganz abgesehen von Privatanbietern).

Der Erfolg und das touristische Wachstum kommen nicht von ungefähr. Ein besonderes Augenmerk haben die Stadtsanierer auf die Kais und das dortige Großreinemachen von städtebaulichen Altlasten gelegt – was Bordeaux ein beeindruckendes Gepräge beschert hat. Die **Flusspromenaden** sind längst wahre Vorzeigeansichten, parallel rollt die Straßenbahn, man radelt, promeniert und skatet hier nach Herzenslust.

Etwa sechs Millionen Besucher kommen jährlich nach Bordeaux, das in die Liste des **Weltkulturerbes** der UNESCO aufgenommen worden ist: die Anerkennung für den Wert und die Einheit des Kulturerbes einer Stadt, die auf einen Reichtum von annähernd 350 historischen Bauwerken blickt.

Zum Alten hat sich das Neue gesellt, angeführt von der architektonisch spektakulären, 2016 eröffneten **Cité du Vin** an den Garonne-Ufern nahe der ebenfalls modernen Brücke Jacques Chaban-Delmas. Der Bau in Form eines Turms mit runden Formen versteht sich als Symbol der tausendjährigen Weinkultur und Weinzivilisation.

Weitere **Projekte** waren die Wiedereröffnung des Naturkundemuseums, die Eröffnung des *Musée Mer Marine* und das Kulturzentrum MÉCA des dänischen Architekten *Bjarke Ingels*. Ebenso liegt das Augenmerk auf der Infrastruktur mit dem Ausbau des Straßenbahnnetzes und dem ambitionierten Großrenovierungsprojekt *Euratlantique*. Bordeaux ist auch als Kreuzfahrthafen relevant geworden (etwa 60 Schiffe pro Jahr) und hat die Passagierzahlen am Flughafen kontinuierlich gesteigert; es gibt diverse Flugverbindungen auch aus Deutschland.

☑ Glasfenster der Église Saint-Louis des Chartrons

356sf ad

Sehenswertes

Quartier des Chartrons

Nördlich der historischen Altstadt taucht man ins Viertel **Chartrons** ein, wo sich die Grossisten einst am Bordeaux-Wein gesund stießen und ihren Wohlstand mit Fassaden und kunstvollen Balkonen herauskehrten. Der Name dieses Viertels geht auf Kartäusermönche (Chartreux) zurück, die Ende des 14. Jh. auf der Flucht vor Kriegswirren aus dem Périgord kamen und sich in Bordeaux niederließen.

MEIN TIPP: Im Bereich der Rue Notre Dame stehen 3 **Antiquariate** (vgl. Karte im vorderen Buchumschlag) in den Fußstapfen der geschäftigen Weinhändler von einst. Hier sollte man sich – auch ohne Kaufabsicht – ruhig hineinwagen, den Muff der Jahre einatmen und die Angebote sichten: von der Registrierkasse bis zu Spazierstöcken. Nur eines bekommt man hier nicht: Schnäppchen.

Bedeutendes Bauwerk an der Rue Notre Dame ist die **Église Saint-Louis des Chartrons,** ein neogotischer Kirchbau, der die Handschrift des Bordelaiser Architekten *Pierre-Charles Brun* trägt und 1880 geweiht wurde. Im Innern des weiten Kirchenraums fällt der Blick auf die Glasfenster, die Szenen aus dem Leben Jesu (in der Apsis) sowie zahlreiche Heilige zeigen, darunter den Namensgeber des Gotteshauses, Frankreichs König *Ludwig IX. den Heiligen.* Eine der Darstellungen zeigt ihn auf Kreuzzug. Gleich bei der Kirche liegt die 5 **Village Notre-Dame,** eine Ballung von Antiquariaten mit 1500 m^2 Präsentationsfläche. Die historische Viertelsmarkthalle, **Halle des Chartrons,** datiert aus dem Jahr 1869. Sie liegt an der Place du Marché des Chartrons und gibt den Rahmen für Kulturveranstaltungen wie Ausstellungen und Konzerte ab.

Um beim Wein im Bilde zu bleiben: Es gibt auch ein kleines **Museum des Weins und des Weinhandels** in der Rue Borie 41 (*Musée du Vin et du Négoce*

508sf ad

Die bislang spektakulärste Brücke über die Garonne: Pont Jacques Chaban-Delmas *de Bordeaux,* täglich 10–18 Uhr; Eintritt 10 € inkl. Kostprobe *(dégustation)* von zwei Weinen am Ende des Besuchs, Eintritt im City Pass inklusive, www.museeduvinbordeaux.com). Die kleine Sammlung ist stimmungsvoll in Kellergewölben präsentiert.

Nördliche Flussuferzone

Die vorbildlich aufbereiteten Flussuferzonen zählen zu den Dauerbrennern in Bordeaux, auch unter den Einheimischen. Jogger sind unterwegs, Radler, Inlineskater, Flaneure sowieso. Manchmal wird es recht eng für alle zusammen.

Auf Höhe des **Chartrons-Viertels** setzen sich die von Süden her zulaufenden Garonne-Promenaden in Richtung *Cité du Vin* und Brücke Jacques Chaban-Delmas fort (wer nicht alles ablaufen möchte, kann auch die parallel verlaufende Straßenbahn nehmen).

Hinter dem ansprechend aufgemachten **6** **Skatepark** (kostenlos) beginnt die Zone der historischen Lagerhallen, aus denen in den Hangars 15–19 der Shoppingkomplex **6** **Quai des Marques** (Karte S. 32) erwachsen ist. Viele Geschäfte, angeführt von Boutiquen, haben sich auf Outlet-Ware spezialisiert. Cafés und Restaurants bieten sich für eine Einkehrpause an.

Schließlich ist in Hangar 20 das **Cap Sciences** erreicht, ein wissenschaftlich-technologisches Zentrum, das den Rahmen für Wechselausstellungen abgibt und auf interaktive wie pädagogische Elemente setzt (Quai de Bacalan, Di.–Fr. 14–18, Sa./So. 14–19 Uhr; Eintritt 10 €; im *City Pass* inklusive; www.cap-sciences.net). Ein klassisches Highlight von Bordeaux ist das allerdings nicht ...

Kurz hinter Cap Sciences bäumt sich die **Brücke Jacques Chaban-Delmas** mit ihren vier hellen, himmelsstürmenden Pfeilern auf. Die Maximalhöhe liegt bei 77, die Länge bei über 430 Metern. Das 2013 eröffnete Bauwerk, benannt nach dem einstigen Stadtbürgermeister und französischen Premierminister Jacques Chaban-Delmas (1915–2000), ist eine Hebebrücke, die die Durchfahrt größerer Schiffe erlaubt. Zu diesen Zeiten kommt es zu einer längeren Verkehrssperrung der Straße, welche hinüber ins Grün auf der Ostseite der Garonne führt, ein beliebtes Revier auch für Radler, Spaziergänger und Jogger.

La Cité du Vin

Es ist eine schillernde Hülle aus Glas und Aluminium, die die *Cité du Vin* – das Weinmuseum – ummantelt. Die spektakuläre Architektur mit ihren ausgewulsteten Formen geht auf *Anouk Legendre* und *Nicolas Desmazières* vom französischen Architekturbüro *XTU* zurück; Eröffnung war 2016.

Im Innern haben die englischen Designer von der *Vasson Marin Ltd* eine innovative Multimedia-Szenografie entworfen, die die neuesten digitalen Technologien einschließt. Dabei steht die Welt des Weins in all ihren Dimensionen im Fokus. In der **Dauerausstellung** führt der Besichtigungsparcours durch 18 thematische Module, angereichert durch audiovisuelle Einspieler.

Hier geht es – auch interaktiv – um Wein in der Welt, Wein und Wirtschaft, Weingebiete in Frankreich, neueste

718swf ad

Image-Trends im 21. Jh. Schön, dass im Eintrittspreis eine kleine **Kostprobe** enthalten ist; dazu fahren Sie per Aufzug in den achten Stock zur Aussichtsetage, **Belvédère**, und genießen aus 35 m Höhe nebenbei den Blick über die Garonne, die Brücke Jacques Chaban-Delmas und Teile von Bordeaux. Eine intensivere Einkehr ist in der siebten Etage im **Panoramarestaurant Le Sept** möglich (tägl. Lunch, zusätzlich Do., Fr. und Sa. auch Abendessen), während ebenerdig eine Brasserie-Weinbar zum Halt einlädt. Sehenswert ist auch die **Vinothek „Latitude20"**, wo man Edeltropfen aus der ganzen Welt kaufen kann.

MEIN TIPP: Wechselnde Tagesprogramme verlocken in der *Cité du Vin* (gegen Zusatzgebühr) an detailreichen Workshops zum Thema Wein teilzunehmen. Dabei erfährt man viel Wissenswertes und Überraschendes und wird mit einer Verkostung (allerdings nicht allzu üppig) versorgt. Die hinterliegenden **Gärten** und kleine Teile des Innern mit der Vinothek sind kostenlos zugänglich.

Verkostung bei einem Workshop in der Cité du Vin

■ **La Cité du Vin,** 134–150 quai de Bacalan; Anfang April bis Anfang September tägl. 10–19 Uhr, sonst werktags 10–18 und an Wochenenden ebenfalls 10–19 Uhr; da sich die Zeiten ändern können, empfiehlt sich vorab eine Prüfung auf der Website; Eintritt 22 €; der *Audioguide* ist inklusive und lässt sich auch auf Deutsch einstellen. Eintritt bis 12 Uhr im City Pass inklusive. Ab 34,60 € gibt es Kombitickets für das Museum und die Teilnahme an einem Workshop; www.laciteduvin.com.

Viertel Bassins à flot/Bacalan

Dank des Schubs durch die *Cité du Vin* sind diese Gegenden zu Modevierteln zum Wohnen und Ausgehen geworden, die auch reichlich Besucher anlocken. Und das beginnt gleich gegenüber der *Cité du Vin* mit 4 **Les Halles de Bacalan** (Karte S. 32), was eigentlich „Markthalle" bedeutet. Es gibt zwar auch Stände (z.B. mit Fisch), aber eher handelt es sich um einen großen Gastrotreff. Die Weinbars sind dicht umlagert, zu einem guten Tropfen ordert man gerne ein Tellerchen Schnecken oder eine Portion Schinken. Zur wärmeren Jahreszeit verlagern sich Teile des Geschehens nach draußen.

■ **Les Halles de Bacalan,** quai du Maroc, Di. und Mi. 8–14.30 und 16.30–23, Do. 8–14.30 und 16.30–23, Do./Sa. 8–23, So. 8–16 Uhr; http://biltoki.com/hallesbacalan.

Orientierung in der Gegend geben zwei große Binnenbassins, die kleinen Seen gleichen: die **Bassins à flot 1 und 2**. Am und auf dem Wasser der Südwestseite des Bassin à flot n° 1 liegen Einkehradressen wie z.B. 3 **Café Maritime Bordeaux 1-2** (www.cafemaritime.fr, Karte

Bootsfahrten über die Garonne

Wechseln Sie die Perspektive, erleben Sie Bordeaux von der Mitte des Flusses her – das verhilft zu ganz neuen Ansichten. Es ist eine Panoramatour der besonderen Art. Lehnen Sie sich entspannt zurück, um einen Blick auf die belebten Uferzonen und die *Cité du Vin* zu werfen, das Grün, die Kirchen und andere Monumente. Baukräne stehen für den ständigen Wandel von Bordeaux. Fahren Sie unter der Brücke Jacques Chaban-Delmas hindurch, dahinter beginnt das Gebiet der Verladekräne und Lager an der Garonne. Halten Sie unterwegs Ausschau nach Schwänen, Möwen.

Es gibt verschiedene **Anbieter** von organisierten Bootsfahrten auf der Garonne. Ebenso unterschiedlich wie die Bootsgrößen sind Preise und Leistungen. Je nach Anbieter gibt es Live-Erklärungen (Franz., Engl.), ist eine Weinverkostung enthalten. Es gibt auch Flussfahrten mit Lunch oder Dinner und längere Trips bis zur Gironde. Zu den größten Anbietern zählen *Les Bateaux Bordelais* (http://lesbateauxbordelais.com) und *Croisières Burdigala* (www.croisieres-burdigala.fr).

Startpunkte von Bootstouren finden Sie u.a. am Ponton der Cité du Vin oder zentrumsnäher am Quai des Chartrons bzw. am Ponton d'Honneur/Quai Richelieu.

Die **Preise** bewegen sich zwischen 15 € für eine 1½-stündige Bootsrundfahrt bis zu 65 € inklusive Dinner. Normale Touren werden gerne von Familien mit Kindern gebucht.

Eine preisgünstigere Möglichkeit, die Garonne zu entdecken, ist auf **Linienbooten** *(navettes fluviales)*; diese Fahrten sind sogar im CityPass (→ Exkurs: Rundgänge und der „Bordeaux Métropole CityPass") enthalten.

Wer gerne länger auf dem Fluss unterwegs sein möchte, kann ab Bordeaux auch zu mehrtägigen **Flusskreuzfahrten** mit dem Fokus auf der Gironde aufbrechen, → Exkurs: Leinen los – Flusskreuzfahrten ab Bordeaux.

Viertel Bassins à flot/Bacalan und Garonne-Ufer

719swf ad

S. 32). Blickfang im Bassin à flot 1 ist außerdem eine **UFO-Skulptur,** die aus dem Wasser ragt: „Le vaisseau spatial" von *Suzanne Treister.*

Musée Mer Marine

Ein Stückchen hinter der breiten Nordostseite des Bassin à flot 1 erhebt sich der Museumsbau des *Musée Mer Marine,* ein **Meeresmuseum,** das auf privater Initiative beruht und auch einen Abriss zur Seeschiffahrtsgeschichte und der Entwicklung des Atlantikhafens von Bordeaux gibt. Architektonisch hat man es mit einer Blockstruktur mit Rundeinlässen zu tun, ein Werk des Franzosen *Olivier Brochet.* Die Ausstellungsfläche umfasst 7500 m². Zur Sammlung zählen Boote, teils Replikate, aus aller Welt, sowie zahlreiche Schiffsmodelle, die jetzt von der Decke hängen. Wer dafür ein Faible hat (eventuell auch für Kinder interessant), dem wird hier das Herz aufgehen. Ebenso Buddelschiffe (in der Flasche) und Modelle aus Knochenstückchen sind vertreten, alte Stiche und Gemälde, Filmeinspieler.

Die Museumsmacher ehrt es, dass auch ein unliebsames Thema wie der Sklavenhandel nicht ausgespart geblieben ist. Gut nachvollziehbar wird hier, wie Bordeaux durch den Kolonialhandel zu Reichtum und Prachtbauten gelangte – wovon die Besucher bis heute profitieren.

■ **Musée Mer Marine,** 89 rue des Étrangers, Di.-Fr. 13–18, Sa./So. 10.30–18 Uhr; Eintritt in die Ständige Sammlung 14 €, Kinder und Jugendliche 6–17 Jahre 10 €; im *City Pass* inklusive; www. mmmbordeaux.com.

Außenansicht des Musée Mer Marine

An das weitläufige Bassin à flot n° 2, wo kleine Jachten und Hausboote liegen, stößt eines der vielleicht ungewöhnlichsten Bauwerke in Bordeaux: die **Base sous-marine/Bassins des Lumières,** ein riesiger U-Boot-Bunker der Deutschen aus dem Zweiten Weltkrieg. Heute bilden die Hallen ein ungewöhnliches Kunst-Szenario für Wechselausstellungen in Form von Installationen, Video Art und dergleichen (Impasse Brown de Colstoun; Ausstellungen saisonal zu wechselnden Zeiten, die Website www.bassins-lumieres.com gibt aktuell Aufschluss, Eintritt je nach Ausstellung bis zu 15 €, Eintritt im City Pass inklusive). Dieses historische Zeugnis ist durchaus auch als Familienausflug mit dem Rad geeignet.

Abstecher zur Destillerie Moon Harbour – Whisky aus Bordeaux

Ein Stück nordwärts der Bassins à flot führt ein Abstecher zur Destillerie Moon Harbour, die in einem Bunker aus dem Zweiten Weltkrieg untergebracht ist und heute den ersten Whisky aus Bordeaux produziert. Der Schotte John McDougall lieferte eine entsprechende Expertise für das gewagte Projekt.

- **Moon Harbour,** 492 boulevard Alfred Daney, Tel. 05 56 29 86 60, http://moonharbour.fr. Führungen inkl. Kostprobe gewöhnlich Di.–Fr. 11, 16.30 und 18 Uhr sowie Sa. 11 und 14.30 Uhr; 15 €, im City Pass inklusive. Der Shop öffnet Di.–Sa. 11–13 und 14–19 Uhr.

Zentrale Flussuferzonen

Bordeauxs innerstädtische Flussuferzonen erstrecken sich von der Höhe des Chartrons-Viertels (Quai des Chartrons) bis zum **Pont de Pierre,** einer langgestreckten und vielbogigen Steinbrücke vom Beginn des 19. Jh. Dazwischen, an der Uferstraße, liegen zwei große Plätze, die dem Stadtbild ihren Stempel aufdrücken und an wichtige Citybereiche anbinden: die säulenflankierte **Esplanade des Quinconces** und die **Place de la Bourse.** In den künstlichen flachen Wassergärten, bekannt als **Miroir d'Eau** („Wasserspiegel"), und zur Flusspromenade hin gelegen, steht bei Windstille das Spiegelbild der Place de la Bourse – schön auch bei Dunkelheit. Der *Miroir d'Eau* nimmt eine Fläche von 3450 m² ein, gilt als weltweit größter seiner Art und ist das populärste und meistfotografierte Besuchsziel in Bordeaux. Dem „Spiegel" zugrunde liegt eine Granitplattenstruktur, das Wasser ist maximal zwei Zentimeter tief und läuft auch ab; gelegentlich steigen Wasserdampfschwaden auf. Auch Kinder haben hier ihren Spaß.

Esplanade des Quinconces

Die Esplanade des Quinconces öffnet sich zwischen den Allées de Bristol und Allées de Munich als 12 ha umfassendes Freiplatzrechteck, das auf das **Monument aux Girondins** zuläuft. Das monumentale Denkmal ist von Wasserbecken und Bronzeskulpturen umzogen, wurde 1894 bis 1902 errichtet und erinnert an die zu Zeiten der Französischen Revolution ermordeten Girondisten. Die zentrale Säule steigt rund 50 m in den

Himmel von Bordeaux. Die Freiheitsstatue sprengt symbolisch die Ketten, im Unterbereich stiebt Pferden das Wasser aus den Nüstern. Das Skulpturenwerk auf der Esplanade runden Statuen des Literaten und Philosophen *Michel de Montaigne* (1533–92) sowie des Aufklärers und Staatstheoretikers *Charles de Montesquieu* (1689–1755) ab, beide bildhauerische Werke von *Louis Maggesi.*

Erbaut an der Stelle eines vormaligen Schlosses, bietet die Esplanade des Quinconces heute eine günstige Anbindung als Kreuzungspunkt von Straßenbahnlinien zum Cours du XXX Juillet mit der **Touristeninformation** und weiter zur Place de la Comédie mit dem Grand Théâtre. Und an der Promenade entlang der Garonne ist man in ein bis zwei Gehminuten. Die Esplanade ist des Öfteren Schauplatz von Jahrmärkten mit Fahrgeschäften.

Place de la Bourse

Die Place de la Bourse, der Börsen-Platz, ist ein architektonisches Glanzstück aus dem 18. Jh. und wurde später mit dem Brunnen der drei Grazien versehen. Sein vormaliger Name Place Royale, „Königlicher Platz", verweist auf die monarchistisch geprägte Ideologie, auf der seine Anlage fußte. Väter der Idee waren Stadtchef *Claude Bouchet* und der Architekt *Jacques Gabriel.* Der *Marquis de Tourny* und Gabriels Sohn *Jacques-Ange* setzten das Werk fort. Das Börsen- und das einstige Zollgebäude klammern den Platz ein, verleihen ihm ein geschlossenes Bild und eine fast majestätische Ansicht.

☑ Place de la Bourse mit dem Miroir d'Eau

Adobe.Stock ©LabbePhotography

Musée National des Douanes

An der Place de la Bourse Nr. 1 befindet sich der Eingang zum Musée National des Douanes, dem **Zollmuseum,** das die Geschichte des französischen Zollwesens anschaulich aufbereitet.

■ **Musée National des Douanes,** Di.–So. 10–18 Uhr; Eintritt 4 €, bei Wechselausstellungen 5 €, im *City Pass* inklusive; www.musee-douanes.fr.

Porte Cailhau

Zwischen Place de la Bourse und Pont de Pierre gelangt man an die Porte Cailhau, ein einstiges Stadttor, dessen baulicher Ursprung auf das Ende des 15. Jh. zurückgeht. Die Skulptur in der Außenansicht zeigt König *Charles VIII.* Aus einer Höhe von über 20 m bietet sich ein prägnanter Ausblick.

■ **Porte Cailhau,** April bis Oktober tägl. 10–12 und 13–18 Uhr, während des übrigen Jahres gewöhnlich nur Sa./So. zu denselben Zeiten, Eintritt 5 €, im *City Pass* inklusive; http://monumentsdebordeaux.com

Rund um den Jardin Public

Einer von vielen grünen Orten in Bordeaux öffnet sich zwischen Cours de Verdun und Rue de la Course: in Gestalt des *Jardin Public,* eines rund 11 ha großen **Parks,** der sich zum vielbefahrenen Cours de Verdun mit einem Zaungitter abschirmt, dem goldene Spitzen aufsitzen. Die Anlage dieses nett aufbereiteten Kleinods geht auf die Mitte des 18. Jh. zurück. Hier lässt sich der Großstadttrubel rasch vergessen, große Bäume spenden Schatten. Jogger drehen ihre Runden, der Nachwuchs tobt sich beim Fußball auf den Wiesen aus, Einheimische und Auswärtige legen auf Bänkchen und Wiesenflächen eine wohlverdiente Pause ein. Ein ausgedehnterer Streifzug durchs Grün führt an den zentralen **Enten- und Schwanenteich.** Hier nehmen Kinder Wippen und Klettergerüste in Angriff.

Eingegliedert in das unregelmäßig geformte Parkfünfeck sind ein kleiner, bereits 1858 angelegter **Botanischer Garten,** der *Jardin Botanique de Talence,* und das **Muséum Bordeaux – Sciences et Nature.** Dieses Museum steht ganz im Zeichen von Naturkunde und Wissenschaft und ist umfangreich renoviert worden.

Der Park ist zwischen den Morgen- und Abendstunden frei zugänglich (tägl. ab 7 Uhr bis 18/19/20/21 Uhr, abhängig von der Jahreszeit) und zählt zu den *Jardins Remarquables de France,* den „Bemerkenswerten Gärten Frankreichs".

■ **Muséum Bordeaux – Sciences et Natur,** 5 place Bardineau, Oktober bis März Di.–So. 10.30–17.30 Uhr, , April bis September Di.-So. 10.30-18 Uhr; Eintritt 8 € während einer Wechselausstellung, ansonsten 6 €, im *City Pass* inkl.; www.museum-bordeaux.fr.

Palais Gallien

Etwas abseits des Stadtparks, bei der Rue du Docteur Albert Barraud, liegt

> Grand Théâtre de Bordeaux

der Palais Gallien, der Relikte aus dem römischen Burdigala bewahrt. Das Amphitheater brachte es auf eine Länge von 130 m und eine Breite von 110 m und konnte bis zu 15.000 Besucher fassen.

■ **Palais Gallien,** besuchbar im Rahmen einer Führung zum gallorömischen Bordeaux („Le Bordeaux gallo-romain"); Online-Reservierungen unter www.visiter-bordeaux.com/fr/decouvrir-bordeaux/le-bordeaux-gallo-romain.html; nur ausgewählte Termine, Preis 12 €.

Musée d'Art Contemporain

Zwischen Stadtpark und Garonne gelangt man in der Rue Ferrère Nr. 7 zum Musée d'Art Contemporain (CAPC), dem **Museum für Zeitgenössische Kunst.** Den vorbildlich restaurierten Museumsrahmen bildet ein riesiges Lager *(Entrepôt Réel des Denrées Coloniales),* in dem sich noch im 19. Jh. Kolonialwaren stapelten. Der Fundus des Museums konzentriert sich auf die Zeit seit den 1970er Jahren und umfasst facettenreiche Werke aus den Bereichen Malerei, Bildhauerei, Installationen und Video. Vertreten sind zahlreiche internationale Künstler. In ständig neuen Zusammensetzungen werden Teile der Sammlung bzw. Wechselausstellungen gezeigt. Treffpunkt ist das Café.

■ **Musée d'Art Contemporain,** Di.–So. 11–18 Uhr, an jedem zweiten Mittwoch im Monat bis 20 Uhr; Eintritt 8 €; im *City Pass* inkl., www.capc-bordeaux.fr.

Herzstücke der City

Grand Théâtre

Innenstädtischer Nabel und idealer Ausgangspunkt für einen Bummel durch einen Teil der weitläufigen Fußgängerzonen ist die **Place de la Comédie,** an der sich die prächtige Säulenfront des Grand Théâtre erhebt. Bordeauxs großes

720swf ad

Theater, kulturelles Aushängeschild par excellence, geht auf das Ende des 18. Jh. und einen Entwurf des Architekten *Victor Louis* zurück; im April 1780 wurde das Haus mit einer Aufführung von *Jean Racines* biblischem Drama „Athalie" eingeweiht. Die Kolonnaden erinnern an einen griechischen Tempel, nicht fehlen darf reiches Skulpturenwerk in Form der neun Musen und der drei Göttinnen Venus, Juno und Minerva. Hinter der neoklassizistischen Fassade hält sich die gute alte Epoche mit entsprechendem Dekor lebendig.

MEIN TIPP: Im Grand Théâtre finden – vom Ballett über die Oper bis zur Komödie – zahlreiche, vielfältige Aufführungen statt. Eine Aufführung in diesem Hause zu erleben, ist wirklich ein Ereignis. Gelegentlich sind geführte Theaterbesuche möglich (etwa 50 Minuten, Französisch, Spanisch oder Englisch; dazu reserviert man online seinen Wunschtermin unter www.visiter-bordeaux.com/fr/decouvrir-bordeaux/visite-guidee-du-grand-theatre.html; Preis 10 €).

An den Theaterplatz grenzt das in historischen Gemäuern untergebrachte *Grand Hôtel* (heute: *Intercontinental*), moderne Akzente setzt die vorbeilaufende Straßenbahn der Linie B.

Église Notre-Dame und Place des Grands Hommes

An der Place de la Comédie verlaufen die breiten, Mitte des 18. Jh. angelegten Allées de Tourny nordwestwärts Richtung Place de Tourny. Die unscheinbarere Rue Mautrec hingegen leitet auf den Vorplatz der Église Notre-Dame, einer zwischen 1684 und 1707 errichteten Kirche mit skulpturenreicher Fassade und reich ausstaffierten Seitenkapellen (unregelmäßig zugänglich).

Von dort aus ist es nicht weit bis zur Place des Grands Hommes mit dem modernen Einkaufscenter **14** **Galerie des Grands Hommes** im Quartier des Grands Hommes. Ein Blickfang im Einkaufszentrum (www.lesgrandshommes.com) ist die verglaste Kuppel.

Fußgängerzonen

Zurückgekehrt auf die Place de la Comédie, geht es geradewegs hinein in die geschmackvoll aufbereiteten Fußgängerzonen: entweder auf dem Cours de l'Intendance Richtung Place Gambetta oder hinein in die extrem langgestreckte **Rue Sainte Catherine,** die wichtigste Fußgängerzone der Stadt. Hier reihen sich Cafés und Boutiquen auf; Straßenmusiker haben es auf die klingende Münze der Passanten abgesehen. Beim weiteren Bummel dient die Schneise der Rue Sainte Catherine als Orientierungsachse, wenn man sich in der Altstadt in einem munteren Rechts- und Links-Hopping ergeht. Was immer wieder auffällt, sind originelle, ausgefallene Schaufenster-Dekorationen, ob es beim Sportgeschäft ist oder beim Coiffeur. Dafür haben Franzosen, in diesem Fall: Bordelaiser, einfach ein Händchen.

Von der Rue Saint Catherine lohnt ein Schlenker zur **Place du Parlement** mit stimmungsvoller Einkehrzone und

[>] Straßenbahnschienen laufen auf die Kathedrale zu

Anbindung flusswärts an die hufeisenförmig angelegte Place de la Bourse; etwas abseits liegt die Église Saint-Pierre (15./16. Jh.). In diesen Bereichen lernt man die typisch altstädtischen Gassengeflechte kennen. Zu den freundlicheren Plätzen im Altstadtbunde gehört die **Place Camille Jullian,** über die man sich wieder der Rue Sainte Catherine nähert. Ein Stück weiter kreuzt die Rue Sainte Catherine den Cours d'Alsace et Lorraine und schließlich den Cours Victor Hugo, bis die Geschäftigkeit an der 1748–1769 unter *André Portier* gestalteten Place de la Victoire verebbt. Die **Porte d'Aquitaine,** ein freistehender Torbogen, markiert am Platz den Austritt der Jakobspilger aus der Innenstadt. Der Verlauf des Weges wird auch in Bordeaux immer wieder durch Jakobsmuschelsymbole angezeigt.

Nette kleine Plätze

Zurück auf dem nördlichen Teil der Rue Sainte-Catherine, dort, wo diese den Cours d'Alsace et Lorraine kreuzt, liegt wenige Straßenzüge entfernt ein nettes Plätzchen, das sich samt der abgehenden Rue Saint-James zur Einkehr anbietet: die **Place Fernand Lafargue.**

Wer auf der Rue Sainte-Catherine in Richtung Place de la Comédie bleibt, erreicht auf direktem Weg die Place Saint Projet und kann in die kleine Shoppingzone um die **Rue des Trois Conils** abzweigen, bis man bald dar-

721swf_ad

auf die **Cathédrale Saint-André** erreicht. Im Vorbereich, bei der Place Jean Moulin, ruft das *Centre National Jean Moulin* die schweren Zeiten des Zweiten Weltkriegs und vor allem die französische Widerstandsbewegung *(Résistance)* ins Gedächtnis (wegen Renovierung bei Redaktionsschluss geschlossen).

Palais Rohan

Im Bereich der **Place Pey-Berland** eröffnet sich ein **monumentales Ensemble:** mit der Cathédrale Saint-André, dem Tour Pey-Berland und dem 1772–84 erbauten Palais Rohan, dem einstigen Erzbischofspalast mit seinem großen Vorhof und dem majestätischen Grand Salon, seit dem 19. Jh. Sitz des **Hôtel de Ville** (Rathaus). Hier stehen sich kirchliche und weltliche Macht gegenüber.

■ **Palais Rohan,** Führungen (auf Französisch) gewöhnlich Fr.-vormittags nach Reservierung unter www.visiter-bordeaux.com/fr/decouvrir-bordeaux/visite-du-palais-rohan-hotel-de-ville-de-bordeaux.html; Eintritt 8 €, im *City Pass* inklusive

510sf ad

Cathédrale Saint-André

Die Cathédrale Saint-André, Ende des 11. Jh. geweiht, ist romanischen Ursprungs und wurde im Laufe der Zeit kontinuierlich erweitert und verändert. Der massige Baukörper erreicht Maße von 124 m Länge und 44 m Breite, gotische Spitzentürmchen nehmen der Außenansicht die Schwere. Im Jahre 1137 war die Kathedrale Schauplatz der legendären Heirat von Frankreichs König *Ludwig VII.* und *Eleonore von Aquitanien*. Sehenswert sind die beiden wichtigsten und mit reichlich Skulpturenschmuck ausstaffierten Portale: das Nordportal und das Königsportal mit seiner Darstellung des Jüngsten Gerichts. Im Innern fühlt man sich warm aufgenommen, das Licht fällt durch viele schöne Glasfenster. Im Sommer finden gelegentlich Orgelkonzerte statt.

■ **Cathédrale Saint-André,** wechselnde Öffnungszeiten, in der Regel täglich: Mo. 14–19, Di., Do./Fr. 10–12 und 14–18, Mi., Sa. 10–12 und 14–19, So. 9.30–12 und 14–18 Uhr; Eintritt frei.

◁ ▷ Eine Wendeltreppe führt auf den Tour Pey-Berland mit schöner Aussicht auch auf die Cathedrale Saint-André

Tour Pey-Berland

Zur Kathedrale gehört der separat stehende **Glockenturm** Tour Pey-Berland, der über 233 Stufen atemschwer besteigbar ist und eine hervorragende Aussicht erlaubt. Der Turm ist in gotischem Stil gehalten, sein Bau geht auf die Jahre 1440 bis 1466 zurück. Die Turmspitze mit dem Bildnis der Notre Dame d'Aquitaine datiert aus dem 19. Jh. Der Zutritt in den Kathedralturm ist begrenzt, es kann zu Wartezeiten kommen. Die Wendeltreppe ist ein echtes Nadelöhr und nichts für Klaustrophobiker oder stark Übergewichtige.

■ **Tour Pey-Berland,** Juni bis September tägl. 10–18 Uhr, während des übrigen Jahres tägl. 10–12.30 und 14–17.30 Uhr; Eintritt 6 €, im *City Pass* inkl., unter 18-Jährige frei; www.pey-berland.fr.

Musée des Beaux-Arts

Im näheren Umkreis der Kathedrale liegen das *Musée des Beaux-Arts,* das *Musée des Arts Décoratifs et du Design,* die *Galerie des Beaux-Arts* (Ausstellungszentrum an der Place du Colonel Raynal; bei Ausstellungen Mi.–Mo. 11–18 Uhr) und die Place de la République mit ihrem alten **Palais de Justice.**

Kunstfreunde sollten unbedingt einen Besuch des *Musée des Beaux-Arts* einplanen, des an einen kleinen Park stoßenden **Museums der Schönen Künste.** Die Säle splitten sich in Großbereiche mit der auf Süd- und Nordflügel verteilten Ständigen Sammlung auf. Darüber hinaus werden immer wieder Wechselausstellungen initiiert.

Das Museum gibt europäischen Meistern des 15. bis 18. Jh. Raum, darunter *Luca Giordano, Bartolomé Esteban Murillo* und *Peter Paul Rubens.* Besonders schön: eine Fluss- und Hafenansicht Bordeauxs von dem aus Bordeaux stammenden Maler *Pierre Lacour le Père* (1745–1814). Die Wände in den Sälen wirken teils etwas überfrachtet, andererseits ist alles bestens präsentiert. Zu sehen sind außerdem Werke aus dem 19. und 20. Jh.; vertreten sind u.a. *Henri Matisse, Pierre-Auguste Renoir* und *Oskar Kokoschka* sowie die Bordelaiser Maler *Alfred Smith* (1854–1936) und *André Lhote* (1885–1962). Zur Sammlung gehört auch ein Ölbild von *Pablo Picasso* („Olga lesend").

513sf ad

■ **Musée des Beaux-Arts,** 20 cours d'Albert, Mi.–Mo. 11–18 Uhr; Eintritt 8 €, inklusive Wechselausstellungen in der Galerie, im *City Pass* inklusive; unter 18-Jährige haben freien Eintritt; www.musba-bordeaux.fr.

Musée des Arts Décoratifs et du Design

Das Musée des Arts Décoratifs et du Design ist das **Kunstgewerbe- und Designmuseum.** Interessant ist schon allein der Rahmen, der den Besuchern das Leben der Bordelaiser Aristokratie von einst vor Augen hält: das Hôtel de Lalande, ein privater Prunkbau von 1779, Werk des lokalen Architekten *Etienne Laclotte.* Auftraggeber war der Parlamentarier *Pierre de Raymond de Lalande,* nach dessen Tod das Haus von Besitzer zu Besitzer wanderte und schließlich von der öffentlichen Hand gekauft wurde. Zu den ständigen Exponaten zählen Mobiliar, Keramik und Porzellan. Schwerpunkte liegen auf dem Bordeaux des 18. und 19. Jh. sowie auf den 1930er und 1950er Jahren. Bei Redaktionsschluss schritt ein ausgiebiges Facelifting des Museums nach einem Projekt des Architekturbüros Antoine Dufour voran, weshalb es für Besucher vorerst geschlossen blieb.

■ **Musée des Arts Décoratifs et du Design,** 39 rue Bouffard, http://madd-bordeaux.fr.

Grosse Cloche

Die südliche Altstadt sieht sich durch die Rue de Cursol und den Cours Victor Hugo abgeschlossen. Fast unmittelbar am Cours Victor Hugo öffnet der klobige, alte **Rathausturm** *Grosse Cloche* seinen Schlund und gibt den Weg frei in die Rue Saint James.

MEIN TIPP: Bummeln Sie ab hier bis zur nahen Place Fernand Lafargue; nette, typische Möglichkeiten zur Einkehr.

Die Ursprünge des Turms Grosse Cloche reichen ins Mittelalter zurück, die Glocke stammt aus dem Jahr 1778 und bringt annähernd 7800 kg auf die Waage. Gleich unterhalb des Turms betreten Sie die Pfarrkirche Saint-Eloi mit ihren schönen Buntglasfenstern.

■ **Grosse Cloche,** 2 rue de Guienne; Online-Reservierungen unter: www.visiter-bordeaux.com/fr/decouvrir-bordeaux/visite-de-la-grosse-cloche.html, Eintritt 6 €.

■ **Die Synagoge von Bordeaux** Kreuzt man vom Grosse Cloche den Cours Victor Hugo, erreicht man nach wenigen Gehminuten die Synagoge von Bordeaux (6 rue du Grand Rabbin Joseph Cohen; Besuchereingang: 213 rue Sainte Catherine; Mo.–Do. 14–16 Uhr, Eintritt 5 €). Das Bauwerk datiert vom Ende des 19. Jh. und wurde vom Architekten Charles Durand im Stil des Eklektizismus geschaffen.

Musée d'Aquitaine

Wenige Straßenblocks westlich von der *Grosse Cloche*, am Cours Pasteur Nr. 20, erreicht man das museale Aushängeschild der Region, untergebracht in der einstigen Fakultät für Literatur und Wissenschaften: das Musée d'Aquitaine. Der bauliche Rahmen datiert vom Ende des 19. Jh. und geht auf den Architekten *Pierre-Charles Durand* zurück. Auf archäologischer, historischer und ethnografischer Schiene macht das Museum mit der **Geschichte Aquitaniens** zwischen Prähistorie und 20. Jh. vertraut. Es ist über-

514sf ad

sichtlich aufgebaut, sehr weitläufig und informativ, die Ausstellungsfläche nimmt nicht weniger als 5000 m^2 ein (planen Sie für den Besuch also mehr als nur ein Stündchen ein). Über die Regionalbezüge hinaus sind gesonderte Räumlichkeiten dem historischen Überseehandel (inklusive dem unliebsamen Thema Sklaverei) gewidmet. Zu den Prunkstücken der Sammlungen zählen folgende: die Venus von Laussel (prähistorisches Bas-Relief), der Schatz von Tayac, eine Diana-Statue, das Grabmonument von *Michel de Montaigne*, der Schatz von Pauilhac sowie eine Marmorbüste von *Montesquieu*.

Insgesamt ist die Präsentation schlüssig und übersichtlich, je nach Sektion aufgelockert mit Filmeinspielern. Bei der Reise durch die Vergangenheit ist die Römer-Abteilung sehr umfangreich. Breiten Raum nimmt auch die Entwicklung der Handels- und Hafenstadt Bordeaux ein, zum Thema werden u.a. Gemälde und Bootsmodelle gezeigt. Wechselausstellungen runden die Eindrücke ab.

⌃ Römische Exponate im Musée d'Aquitaine

■ **Musée d'Aquitaine,** Di.–So. 11–18 Uhr; Eintritt 8 €, im *City Pass* inklusive; Besucher bis 18 Jahre frei www.musee-aquitaine-bordeaux.fr.

Südliche Flussuferzonen

Die Flussuferbereiche und Wiesenflächen südlich des Pont de Pierre (in Richtung Pont Saint-Jean) sind Treffpunkte vieler junger Sportfans; dort gibt es den **Parc des Sports**. Was bedeutet: Bordeaux zeigt sich einmal mehr von der grünen Seite.

Die nächsten Brücken sind die **Pont Saint-Jean** und die **Passerelle Eiffel.** Abseits vom Fluss schließt sich das Bahnhofsviertel mit dem großen **Bahnhof Saint-Jean** an. Zum Fluss hin dagegen gewinnt die moderne Architektur mit dem **MÉCA-Komplex** die Oberhand. MÉCA, das „Haus der kreativen Wirtschaft und der Kultur in Neu-Aquitanien", versteht sich als eine offene Tür zur Stadt und setzt mit der Architektur ein symbolträchtiges Zeichen. Treppen und Rampen führen zum Haupteingang des 120 Meter langen und 37 Meter hohen Werks des dänischen Architekten *Bjarke*

Ingels. Relevant für Besucher sind die Panoramaterrasse, das Café-Restaurant „Le Crem" und Kunstausstellungen im **FRAC Nouvelle-Aquitaine Méca**. FRAC steht als Abkürzung für Fonds Regional d'Art Contemporain, also für „regionaler Fundus zeitgenössischer Kunst".

■ **FRAC Nouvelle-Aquitaine Méca,** 5 parvis Corto Maltese; bei Ausstellungen Mi.–So. 13–18 Uhr, Eintrittsspende Minimum 2 €, im City Pass inklusive; http://fracnouvelleaquitaine-meca.fr

Weitere Ziele außerhalb des Stadtkerns

Viertel La Bastide – das andere Garonne-Ufer

Zwei Brücken, die **Pont de Pierre** (Zentrum; passierbar mit Rädern, aber nicht mit dem Privatfahrzeug) und die **Pont Jacques Chaban-Delmas** (bei der *Cité du Vin*), führen hinüber auf die andere, weitgehend naturbelassene Seite der Garonne mit dem Viertel La Bastide, das touristisch eher im Abseits liegt. Umso schöner sind kleine Entdeckungen, für die das Fahrrad ein ideales Fortbewegungsmittel ist.

Am anderen Garonne-Ufer treten die grünen Ansichten von Bordeaux hervor, u.a. am Fluss entlang im **Parc aux Angéliques** und ein Stückchen zurückversetzt, im eher mageren Botanischen Garten, dem **Jardin Botanique.**

Das frei zugängliche Großareal **„Darwin"** (quai des Queyries; www.facebook.com/darwin.ecosysteme, täglich geöffnet), Treffpunkt einer alternativeren Szene mit Kulturveranstaltungen, Öko-Restaurant, chilligen Zonen, Bioladen, Co-Working, ökologischen Start-ups, ist unbedingt einen Besuch wert. Hervorgegangen ist der Komplex, der ungewöhnliche Lebens-, Schaffens- und Kreativräume gibt, aus einem vormaligen Kasernengelände, was einmal mehr belegt: Die Bordelaiser legen viel Energie an den Tag bei der Rückgewinnung bzw. Neunutzung alter Territorien. Dahinter stand hier eine Privatinitiative, die ohne Unterstützung der öffentlichen Hand ein echtes Erfolgsmodell geschaffen hat. „Alte Gebäude können cool und modern sein", lautet eine der Botschaften von Gründer *Philippe Barre*. Und eine weitere, die auch hier erfolgreich praktiziert wird: „Recyceln ist kein Mist. Wir können alte Möbel aufarbeiten, wir brauchen keine neuen von Designern

722swf ad

Der weithin sichtbare Turm der Église Sainte Marie de la Bastide

und produziert in China." Im *Darwin*-Areal gibt es zudem einen großen **Skatepark** und diverse Zeugnisse von **Street Art.** Nicht weit vom *Darwin* liegen zwei beliebte Treffpunkte am Fluss: 8 **La Guinguette chez Alriq** (Karte S. 32, quai des Queyries; Mai bis Sept; Essen, Trinken, Tanz, Konzerte; www.laguinguettechezalriq. com; solidarische Eintrittsgebühr von 6–8 € nach 19 Uhr) und 7 **Les Chantiers de la Garonne** (Karte S. 32, 21 quai des Queyries; gastronomischer Treff, meist nur Do.–So., http://leschantiersdelagaronne.camp). Der Abschluss sehenswerter Uferzonen ist auf Höhe der Pont de Pierre erreicht. Kurz davor liegt die historische **Gare d'Orléans,** ein einstiger Bahnhof aus dem 19. Jh., heute mit Restaurants, Cafés, Kino.

Die Verlängerung der Pont de Pierre ist die Avenue Thiers, die zur **Église Sainte Marie de la Bastide** führt. Man erkennt sie an ihrem neobyzantinischen Turm, der eine Höhe von 49 m erreicht. Architekt des 1883 geweihten Baus war der renommierte *Paul Abadie* (1812–1884), der auch für die Sacré-Coeur de Montmartre in Paris verantwortlich zeichnete. Im Innern sind die schönen Buntglasfenster interessant.

Basilique Saint-Seurin und Crypte Archéologique

Ein Stück nordwestlich der Place Gambetta, an der Place des Martyrs de la Résistance, liegt die Basilique Saint-Seurin, in deren Vorhalle interessante Kapitelle aus dem 12. Jh. zu sehen sind. Ebenfalls beachtenswert sind die romanische Krypta (11. Jh., Sarkophage) und die Kapelle Notre-Dame de la Rose, die im Jahr 1444 erbaut wurde. Zur Basilika (nur unregelmäßig geöffnet, gelegentlich Konzerte; fragen Sie vorab im Office de Tourisme nach) gehört die **Site Archéologique de Saint Seurin.** Im Umfeld einer unterirdischen Nekropole sieht man Ausgrabungen, ein interessantes Zeugnis des uralten Bordeaux und gewissermaßen die Lokalwiege des Christentums.

Vom Quartier Saint Seurin aus kehrt man über die verkehrsumflossene Place Gambetta (kleines Teichgelände im Grün) in die geschäftigeren Zonen zurück (Einstieg Fußgängerzone). Folgt man der netten Rue des Remparts, ist bald wieder die Kathedrale erreicht.

■ **Site Archéologique de Saint Seurin,** besuchbar im Rahmen einer Führung zum gallorömischen Bordeaux („Le Bordeaux gallo-romain"); Online-Reservierungen unter www.visiter-bordeaux.com/fr/decouvrir-bordeaux/le-bordeaux-gallo-romain.html; nur ausgewählte Termine, Preis 12 €

Quartier Saint-Michel

Bewegt man sich von der City zum Bahnhofsviertel Saint-Jean, kommt man nahe dem Garonne-Ufer automatisch durch das Viertel Saint-Michel mit seinem **prägnanten Vielvölkercharakter** und umherfliegenden Sprachfetzen afrikanischer, asiatischer und portugiesischer Einwanderer.

Im Mittelpunkt des Stadtteils – und selbst aus weiter Entfernung nicht zu übersehen – ist der *Bordelaiser Michel.* Hier schaut man auf zur himmelsstürmenden Flèche Saint-Michel, der 114 m hohen Spitze des gotischen Glocken-

723swf ad

turms, der zur nebenliegenden **Basilique Saint-Michel** gehört. Der Bau des riesigen Gotteshauses geht auf das 14. bis 16. Jh. zurück, rundherum breitet sich ein großer Freiplatz aus. Vom Turm (Flèche) bietet sich aus 47 m Höhe ein lohnendes Panorama über Stadt und Fluss. Allerdings war der Turm bei Redaktionsschluss geschlossen, offiziellen Angaben zufolge für mehrere Jahre.

Stimmungsvoll sind die Freiluftmärkte vor der Basilika. Und bis zum *Marché des Capucins,* einer Markthalle, die gerne als „Magen" von Bordeaux bezeichnet wird, ist es nur ein kurzer Spaziergang.

■ **Basilique Saint-Michel,** ggf. wechselnde Öffnungszeiten (Standard ist täglich 8–12 und 13–18 Uhr), freier Zugang

Kirche Sainte-Croix

Gegen das vorgenannte monumentale Ensemble wirkt die weiter Richtung Quartier Saint-Jean an der Place Renaudel gelegene **Église Sainte-Croix** (nur wechselnd und spärlich geöffnet, im Hochsommer gelegentlich Orgelkonzerte) wie ein Zwerg. In der Kirche geht die Reise quer durch die Epochen: vom Portal aus dem 12. Jh. bis zum angesetzten Glockenturm aus dem 19. Jh. Die Seitenschiffe sind mit wertvollen Werken sakraler Malerei dekoriert, die Orgel datiert aus dem Jahre 1744.

Quartier Le Lac/Lac de Bordeaux

Einige Kilometer nördlich der City stoßen Sie ins Quartier Le Lac vor: ein modernes Viertel mit **großem See,** Hotels und dem Messegelände *(Parc des Expositions)* sowie dem Palais des Congrès (Kongresspalast).

Entspannen kann man herrlich an den südlichen Seeufern am **Strand** (Plage de Bordeaux-Lac). Das ist auch ein nettes Ziel für Familien mit Kindern! Am besten, man radelt hierher. Das tut einem selbst und der Umwelt gut.

⌃ Im Viertel Saint-Michel

› Am Strand des Sees von Bordeaux

Praktische Tipps

Informationen

■ **Office de Tourisme,** 12 cours du XXX Juillet, Tel. 05 56 00 66 00, www.bordeaux-tourisme.com, www.bordeaux-tourismus.de. Auf der Internetseite Informationen zu Führungen und organisierten Stadtrundfahrten, ebenfalls zu Besichtigungstouren von Weingütern in der näheren und weiteren Umgebung. Das Büro hat täglich geöffnet: Mo.-Sa. 9–18.30 Uhr, So. 9.30–17 Uhr. → Exkurs: Rundgänge und der „Bordeaux Métropole CityPass".

■ **www.bordeaux.fr,** die Homepage der Stadt bietet viele Informationen (nur auf Französisch).

Diplomatische Vertretung

■ **Deutsches Generalkonsulat,** 35 cours de Verdun, Tel. 05 56 17 12 22, http://allemagneenfrance.diplo.de.

Unterkunft

13 **Grand Hôtel/Intercontinental**③, 2–5 place de la Comédie, Tel. 05 57 30 44 44, http://bordeaux.intercontinental.com. In exponierter Lage genau gegenüber dem Stadttheater, gepflegte Eleganz mit Palastambiente, Ballsaal mit schweren Kristall-

724swf ad

leuchtern. Das Innendesign geht auf *Jacques Garcia* zurück. Ausgefeiltes Frühstücksbüffet, Spa-Bereich. Eine ideale Adresse für all jene, die es sich leisten können. Ein beliebter Treffpunkt ist die Bar, eine gastronomische Spitzenadresse das Restaurant.

23 Grand Hôtel Français ②-③, 12 rue du Temple, Tel. 05 56 48 10 35, www.bestwestern.com. Ein weiteres stilvolles Haus, drei Sterne, in einem Stadtpalais aus dem 18. Jh. 35 Zimmer, Komfort der *Best-Western*-Kette. Recht breites, schwankendes Preisgefüge.

16 Hôtel La Cour Carrée ②-③, 5 rue de Lurbe, Tel. 05 57 35 00 00, www.lacourcarree.com. Ein nettes Boutiquehotel in einem Stadthaus, geprägt von minimalistischer Moderne. Die Lage ist zentral, doch in einer unscheinbaren Seitengasse – da ist der Großstadtdschungel gleich verschwunden. 16 Zimmer, hilfsbereites Personal.

9 Hôtel Majestic ③, 2 rue de Condé, Tel. 05 56 52 60 44, http://hotelmajestic-bordeaux.com. In idealer Lage im Zentrum. Vier Sterne-Hotel, erst kürzlich modernisiert, mit 45 Zimmern und Suiten. Am besten, man wählt ein Zimmer zur ruhigeren rue de Condé hin.

15 Hôtel Konti②, 10 rue Montesquieu, Tel. 05 56 52 66 00, http://hotel-konti.com. Gute Zentrumslage nahe dem Einkaufszentrum *Grands Hommes*. Nett und stylish mit Vintage-Details, vier Sterne. Mehrere Zimmerkategorien.

31 Staycity Aparthotel①-②, 45 rue Leyteire, Tel. 05 33 52 08 54, www.staycity.com oder über www.booking.com. Appartements mit moderner Ausstattung und Wohlfühl-Effekt, das Flussufer liegt etwa einen halben Kilometer entfernt. Viele Sehenswürdigkeiten erreicht man problemlos zu Fuß.

32 Les Séraphines Bed n Business③, 26 rue Séraphin, Tel. 07 72 30 40 22, www.les-seraphines.fr Freundliches, kleines Gasthaus, das in einschlägigen Bewertungsforen vollkommen zurecht meist gute Noten bekommt. Nur fünf Zimmer, rechtzeitige Reservierung dringend anzuraten.

19 Aparthotel Adagio Bordeaux Gambetta②, 40 rue Edmond Michelet, Tel. 05 57 30 47 47, www.adagio-city.com. Appartements und Studios, zentrale Lage. Gut für jene, die mehrere Tage bleiben und sich selbst versorgen wollen; voll ausgestattete Küche, auch mit Mikrowelle. Das kommt sicher auch z. B. für Familien mit Kindern in Betracht.

28 Hôtel Bleu de Mer ①-②, 12 rue Saint Rémi, Tel. 05 56 81 66 58, www.hotel-bleudemer.com. Einfaches Haus, zwei Sterne. In der Nähe liegen viele Restaurants, auch der Börsenplatz und das Flussufer sind in nächster Reichweite. Ideal also für alle, die richtig zentral absteigen wollen. Fairer Preis auch für das Frühstück.

24 Ibis Bordeaux Centre Mériadeck①-②, 35 cours du Maréchal Juin, Tel. 05 56 90 74 00, http://all.accor.com. Im Geschäftszentrum gelegen und wegen der Größe des Gebäudes nicht zu übersehen! Altstadt fußläufig erreichbar.

1 Ibis Lac ①, rue du Petit Barail, quartier du Lac, Tel. 05 56 50 96 50, http://all.accor.com. Gewohnt solide Qualität der *Ibis*-Kette beim modernen Ausstellungs- und Kongressbereich weit im Norden der City. In etwa 20 Minuten sind Sie mit der Straßenbahn im Zentrum. Pluspunkt für Motorisierte ist der Parkplatz.

Camping

2 Camping Le Village du Lac①, boulevard Jacques Chaban-Delmas, Bordeaux-Bruges, Tel. 05 57 87 70 60, www.camping-bordeaux.com. Vier-Sterne-Platz im Grünen ca. 8 km nördlich des Stadtzentrums. Außer Stellplätzen werden diverse Hütten (Cottages, bis ②) vermietet. Ganzjährig geöffnet, Sommerpool.

Essen und Trinken

12 Le Pressoir d'Argent③, 2–5 place de la Comédie, Tel. 05 57 30 43 42, http://bordeaux.inter

continental.com, www.gordonramsayrestaurants.com. Dank der Kreativität und Raffinesse eine (fast) sichere Wahl für die Spitzengruppe der Bordelaiser Restaurants. Dahinter steht der sterngekrönte Chef *Gordon Ramsay.* Im *Grand Hôtel/Intercontinental,* ausschließlich Abendtisch (Di.–Sa. 19–21.30 Uhr; Dresscode „casual").

29 Lume ③, 3 rue de Faussets, Tel. 05 57 79 47 56, www.ristorantelume.fr. Gilt als mit Abstand bester Italiener in Bordeaux. Zeitgenössische Küche, ausgefeiltes Menü, nur Abendtisch (ab 19.30 Uhr. Di. und Mi. geschl.)

11 Restaurant L'Entrecôte②, 4 cours du XXX Juillet, Tel. 05 56 81 76 10, www.entrecote.fr. Der Name ist treffend gewählt – Paradies für kulinarische „Fleischeslust". Von Gästen wird die butterzarte Qualität des *Entrecôte* gerühmt.

4 Chez Dupont②, 45 rue Notre-Dame, Tel. 05 56 81 49 59, www.chez-dupont.com. Alles, was frisch vom Markt oder vom Fleischer kommt. Schmackhaft, mit Pfiff. Eine bewährte, verlässliche Adresse. So. und Mo. geschl.

25 Le 428 ②, 42 rue du Maréchal Joffre, Tel. 05 56 81 79 92, www.le428.com. Eine vielgerühmte Spitzenadresse. Da ist jeder Bissen ein Genuss. So. und Mo. komplett geschlossen, außerdem Mi.-abends und Sa.-mittags. Mittagsmenü Preiskategorie 1, Dinner Preiskategorie 3.

8 La Belle Époque①-②, quai Louis XVIII, Ecke allées d'Orléans, Tel. 05 56 79 14 58. Eines der angenehmsten Traditionsrestaurants, seit 1865. Im Innern sind Wände und Decken mit Schmuckkacheln dekoriert, es gibt aber auch Terrassenplätze.

30 Restaurant Arcada②**,** 13 rue de la Rousselle, Tel. 05 56 23 08 61, www.arcada-restaurant.fr. Ein kleines Gastro-Juwel, wo Engagement und Raffinessen einfach Freude bereiten. Geöffnet Di.–Sa.

27 L'autre Petit Bois①, 12 place du Parlement, Tel. 05 56 48 02 93, www.facebook.com/lautrepetitbois. In zentraler Lage. Eigentlich eine Weinbar, und eher für den kleinen Hunger. Fröhliche, junge Stimmung. Es gibt Tartines in zahlreichen Variationen, dazu passt bestens ein Bordeaux-Tropfen.

073sf ad

4 Brasserie Familia②, Karte S. 32, gehört zu *Les Halles de Bacalan,* 149 Quai de Bacalan, Tel. 05 56 07 36 15, www.familia-brasserie.fr. Ein Plätzchen, wenn man vor oder nach dem Besuch der benachbarten *Cité du Vin* etwas verschnaufen will. Es gibt viele Innen- und Außenplätze.

⌃ Vor dem Restaurant: handschriftlicher Anschlag des Tagestellers (plat du jour)

Märkte und Shopping

MEIN TIPP: Sesam- und Senfkörner, Schwämme und Ledergürtel, Honig, Käse und Würste, Austern, Blumen und getragene Schuhe – **Bordeauxs Märkte** lassen kaum Wünsche offen. Wer nichts kaufen möchte, sollte zumindest einmal hineinschnuppern und in Form von Geräuschen und Gerüchen Bekanntschaft mit den geschäftigen Seiten der Multikulti-Metropole machen. Freunde von Märkten zieht es z.B. auf den **Marché des Capucins** (s. u.); dank der authentischen Atmosphäre kommt man als Besucher gleich in Urlaubsstimmung.

Über das lebendige Marktgeschehen hinaus finden Sie beim Shopping eine breite Auswahl an Boutiquen und Juwelieren, Schuhgeschäften und kleinen Weinlagern, Delikatessen- und Süßwarenshops, Parfümerien und Lederwarengeschäften. Antiquitäten gibt's im Viertel Chartrons an der Rue Notre Dame.

Märkte

Marché Biologique des Quais, kleiner Biomarkt unter freiem Himmel, Do. am Quai des Chartrons, in der Regel 7–13 Uhr.

■ **Les puces de Saint-Michel,** Allerleimarkt, Di., Do., Fr. und So. 6–16 Uhr auf der Place Saint-Michel/ Place Canteloup et Meynard im Quartier Saint-Michel. Ein echter Klassiker.

■ **Marché Royal,** lebhafter Freiluftmarkt immer Sa. 7-13 Uhr, quai des Salinières / Place Canteloup et Meynard.

■ **Marché des Bouquinistes,** Place Jean Moulin, Di. und Mi. 9.30–19 Uhr. Die Schwerpunkte liegen auf Kunst, Postkarten und Büchern.

■ **Marché des Quais,** einer der beliebtesten Open-air-Märkte So. zwischen 7 und 13 Uhr (dann schließen die Stände mit Nahrungsmitteln, während andere Stände oft bis 16 Uhr geöffnet haben), Quai des Chartrons.

■ **Marché Gaviniès,** frisches Obst und Gemüse gibt es Sa. etwa 7–13 Uhr an der Place Gaviniès.

■ **Marché des Capucins,** Wochenmarkt an der place des Capucins, Außenstände und Markthalle Di.–Fr. 6–14 Uhr, Sa./So. 5.30–14.30 Uhr.

Geschäftszentren

6 Reizvoll ist der **Quai des Marques** mit seinen Outlets an den Ufern der Garonne (Karte S. 32, quai de Bacalan, Hangars 15–19.

14 Die **Galerie des Grands Hommes,** ein Geschäftsrund in moderner Architektur, erstreckt sich an der Place des Grands Hommes über mehrere Ebenen.

Wein

11 **La Vinothèque,** 8 cours du XXX Juillet, Tel. 05 57 10 41 41, http://vinotheque-bordeaux.com; die Vielzahl der Tropfen macht die Auswahl schwer.

Käse

26 **Fromagerie Deruelle,** 66 rue du Pas-Saintes-Georges, http://fromageriederuelle.fr. Edelstinker in reicher Auswahl, So. und Mo.-vorm. geschl.

Süßwaren

22 **Chocolatier Darricau,** 7 bis rue de la Vieille Tour, www.darricau.com; schon im Jahr 1915 gegründet, ein Sündenbabel der kalorienreichen Versuchungen. Mo.–Sa. 10–19.30 Uhr.

Nicht weit ist es von hier zu einem anderen Shop der Verführungen: **Hasnaâ Chocolats** (4 rue de la Vieille Tour, http://hasnaa-chocolats.fr); Mo.–Sa. 10–19 Uhr.

Das alternative Kulturzentrum „Darwin" ist tagsüber und abends ein beliebter Treffpunkt

Ausgehen, Nachtleben und Veranstaltungen

Die Epizentren des Bordelaiser Nachtlebens verteilen sich über die Bereiche Bassins à flot, Bahnhofsviertel oder das kleine Ausgehdreieck zwischen Place du Parlement, Place Camille Jullian und Place Saint Pierre. Im Bereich der **Place da la Victoire** geht man gerne einen trinken, ebenso um die Rue de Saint Rémi. Das alternative **Multikulti-Zentrum „Darwin"** (quai des Queyries, auf Facebook vertreten) ist auch für abends eine gute Adresse. Ausdauernde Nachtschwärmer beenden ihren Streifzug frühmorgens auf dem **Marché des Capucins** (Sa./So. ab 5.30 Uhr): bei einer Portion Austern oder Kaffee oder beidem.

10 **Le Monseigneur,** 42 allée d'Orléans, www.lemonseigneur.com. Diskothek in der Innenstadt, findet über die Generationen hinweg ihren Zulauf. Mi.–So. ab 23.30 Uhr.

■ **Cinéma Utopia,** 5 place Camille Jullian, www.cinemas-utopia.org. Alternatives Kino in einer einstigen Kirche.

■ **Bereich Bassins à Flot:**

2 **I.BOAT,** Karte S. 32, 1 cours Henri Brunet, www.iboat.eu und auf Instagram. Auf einer einstigen Fähre ein Club auf dem Wasser, Konzerte und mehr.

1 **The Base Bordeaux,** Karte S. 32, 287 boulevard Alfred Delaney, auf Facebook vertreten. Gastronomie, Cocktails, Nightclub nahe dem U-Boot-Bunker.

5 **Le Theatro,** Karte S. 32, K24 rue de la Faïencerie, www.theatro -bordeaux.com. In der Diskothek bringt der Resident-DJ von House bis Hip-Hop in Schwung, der Bereich „Theatro Plus" richtet sich an die Generation 30+.

■ Sommertreffs am anderen **Garonne-Ufer in La Bastide**, quai des Queyries:

515sf ad

8 **La Guinguette chez Alriq** (Karte S. 32, www.laguinguettechezalriq.com) und
7 **Les Chantiers de la Garonne,** (Karte S. 32, http://les chan tiersdelagaronne.camp.)

Beliebte **Weinbars im Zentrum** sind u.a.
20 **Chez Le Pépère** (19 rue Georges Bonnac, www.chezlepepere.com) und
17 **The Wine Bar** im feudalen *Boutique Hotel* (3 rue Laufaurie de Monbadon).

Theater

■ Bordeaux trumpft mit reichhaltigen Kulturangeboten auf, die sich nicht allein auf das **Grand Théâtre** an der Place de la Comédie und auf Sprechtheater beschränken. Beliebte Adressen sind auch das **Théâtre Fémina** (10 rue de Grassi, www.theatrefemina.com), das **Théâtre du Pont Tournant** (13 avenue Charlevoix de Villers, www.theatrepont-tournant.com), das **Théâtre des Salinières** (4 rue Buhan, www.theatre-des-salinieres.com) und die **Arkéa Arena** (etwas außerhalb: 48–50 avenue Jean Alfonséa, Floirac, www.arkeaarena.com; große Konzerte, manchmal mit internationalen Stars).
■ Veranstaltet von der **Ópera National de Bordeaux,** werden im genannten Grand Théâtre und im Auditorium (9–13 cours Georges Clémenceau) alljährlich zahlreiche Termine mit Konzerten aller Art, Ballett, Oper, Operette etc. angesetzt. Infos unter www.opera-bordeaux.com, Tel. 05 56 00 85 95.

Konzerte

■ **Rockschool Barbey** (18 cours Barbey, Tel. 05 56 33 66 00, www.rockschool-barbey.com), **Salle des Fêtes Bordeaux Grand Parc** (cours de Luze) und **Thélonious Café Jazz Club** (18 rue Bourbon, Les Chartrons, Tel. 06 85 99 32 42, http://thelonious-jazz-club-bordeaux.com).

Sport und Freizeit

6 **Skatepark:** am Quai des Chartrons, freier Zutritt.
■ **Fahrradverleih:** 21 **Pierre qui Roule,** 16 rue Castelnau d'Auros, Tel. 05 57 85 80 87, www.pierrequiroule.fr. Zu den weiteren Adressen zählen 18 **Esprit Cycles** (27 rue du Dr Nancel Penard, www.espritcyclesbordeaux.com bzw. direkte Online-Vorbuchung unter http://location-velo-bordeaux.lokki.rent/en) und 7 **Cool Bike** (77 quai des Chartrons, http://cool-bike.fr).
■ **Kanutouren** auf der Garonne während der wärmeren Jahreszeit mit *Le Club des Marins de la Lune* im *Parc d'Activités des Queyries,* quai de Queryies, http://lesmarinsdelalune.fr. Auch Stand Up Paddle.
■ **Schwimmbäder:** *Piscine du Grand Parc* (60 cours de Luze; Do. und an Feiertagen geschl.), *Piscine Georges Tissot* (46 rue Léon Blum; Di. und an Feiertagen geschlossen), *Piscine Judaïque* (164 rue Judaïque; Mo. und an Feiertagen geschl.) Von Anfang Juni bis Ende August September hat folgendes Freibad geöffnet: *Piscine Stéhelin* (200–288 avenue Maréchal de Lattre de Tassigny). Außerdem gibt es den bewachten Sommerstrand am See (Plage de Bordeaux-Lac, boulevard Jacques Chaban Delmas).
■ **Fußballmatches** im *Stadion des Clubs Girondins Bordeaux.*
■ Außerdem finden in der sportbegeisterten Stadt Veranstaltungen wie **Rugby, Pferde- und Radrennen statt.** Aktuelle Infos online oder über das *Office de Tourisme.*

Feste und Events

■ Im Februar **Karneval.**
■ Mitte/Ende März **Festival Swing-Art.**
■ Im Juni (gewöhnlich Monatsende) das **Flussfest** (*Fête de Fleuve;* ungerade Jahre, www.bordeaux-fete-le-fleuve.com) oder das **Weinfest** (*Fête de Vin;* gerade Jahre; www.bordeaux-fete-le-vin.com).

- Im Frühjahr und Herbst Termine der **Kirmes** (*Foire aux plaisirs; Termine unter http://foireaux plaisirs.com*) auf der Place des Quinconces.
- Bunte **Sommerprogramme** mit Gratiskonzerten auf verschiedenen Plätzen; im Sommer auch **Musikfestival Relâche** (http://relache.fr) mit Open-Air-Events.
- Im September **Climax Festival,** Ökofest auf dem Gelände des Kulturzentrums „Darwin", http://climaxfestival.fr
- **Weihnachtsmarkt** (www.marche-de-noel-bordeaux.com) auf den Allées de Tourny, Beginn mitunter schon Ende November.

Weitere Reisetipps

Autoverleih

- **Mietwagen** werden am Flughafen und am Gare Saint-Jean verliehen.

Parken

- Zahlreiche **öffentliche Parkplätze** mit insgesamt 10.000 Plätzen u.a. am Ufer der Garonne (nahe Esplanade des Quinconces) und noch zentraler beim Place Les Grands Hommes. Außerdem: Allées de Tourny und Place de la Bourse.

Verkehrsanbindung

- **Flughafen:** etwa 12 km von der Innenstadt entfernt im westlichen Vorort Mérignac, saisonal wechselnde nationale und internationale Verbindungen, auch in diverse deutsche Städte, www.bordeaux.aeroport.fr. Airport Shuttle *(navette)* u.a. ab/bis Gare Saint-Jean; Infos und aktuelle Fahrpläne unter http://30direct.com.
- **Bahnhof:** *Gare Saint-Jean,* etwa 2 km südöstlich der Innenstadt nahe der Pont Saint Jean, rue Charles Domercq. Verbindungen u.a. nach Bayonne, Biarritz, Dax, Hendaye und Paris. Anbindung an die City mit der Straßenbahnlinie C.
- Innerstädtischer Verkehr mit **Bussen** und **Tramway** (Straßenbahn).
- **Flussrundfahrten:** Die Schiffe legen an diversen Startpunkten ab, u.a. am Quai des Chartrons, am Ponton d'Honneur/Quai Richelieu, am Ponton der *Cité du Vin* und am anderen Garonne-Ufer am Quai des Queyries.

⊡ Der Hochgeschwindigkeitszug TGV hält auch im Bahnhof von Bordeaux

Adobe.Stock ©katatonia

197sf ad

UMGEBUNG VON BORDEAUX

In der näheren und weiteren Umgebung von Bordeaux erwarten Sie herrliche *Weingärten* und stattliche *Monumente*. Optional kommt ein Abstecher in die Dordogne in Betracht, wo sich Dörfer malerisch verwinkeln und Höhlen auf die Spur der Vorgeschichtler bringen. Der Abstecher in die *Dordogne* (die einen eigenen Reiseführer wert wäre!) ist nur als kleiner Zusatzservice in diesen Band aufgenommen worden und beschränkt sich daher in aller Kürze auf das Allerwichtigste.

⌃ Die Franzosen sind stolz auf ihre Weine

NICHT VERPASSEN!

- Das Prachtschloss **Château de La Brède** ist der Geburtsort des Philosophen Montesquieu | 58
- Die **Citadelle de Vauban** in Blaye – dort können Sie auch in die Unterwelt eintauchen | 63
- **Saint Émilion** versetzt den Besucher ins Mittelalter zurück | 69
- **Périgueux b**ietet beim Abstecher in die Dordogne viele historische Bauwerke | 76
- Höhlenbesuche in **Les-Eyzies-de-Tayac** | 77
- **Domme** liegt hoch über dem Flusstal der Dordogne | 78
- **Sarlat-la-Canéda:** Stein in Stein, der pure Charme | 79

Diese Tipps erkennt man an der gelben Markierung.

Überblick

Unter den Ausflugszielen der Umgebung lockt Saint Émilion vollkommen zurecht die Besuchermassen an. Dieser malerische Ort liegt ebenso im Bordeaux-Weinanbaugebiet wie das von seiner Zitadelle beherrschte Blaye. Die Festung des Städtchens formt zusammen mit dem Fort Pâté und dem Fort Médoc den sogenannten „Vauban-Riegel“ (Verrou Vauban), benannt nach Festungsbaumeister *Vauban* (1633–1707); dieser historische Sperr-Riegel gehört zum **Weltkulturerbe der UNESCO.**

Eine sehr interessante Wein- und Entdeckungstour führt an der Westseite der Gironde durch Teile des Médoc, wo Weingüter *(châteaux)* ein ums andere Mal ihre Tore für Besichtigungen öffnen. Hier können Sie die erlesenen Tropfen gewissermaßen direkt an der Quelle kosten und sich gleich mit Flüssignahrung eindecken. An Entdeckungsfreudige, die etwas mehr Zeit zur Verfügung haben, richten sich rund um Saint Émilion Touren durch den Landstrich Libournais, ein umfangreicher Abstecher in die

Bordeaux und Umgebung

0
5 km
© Reise Know-How
SW-FrK2 8/24
La Roche-Chalais
Grand Étang de la Jemaye
St.-Vincent-de-Connezac
St.-André-de-Double
St.-Germain-du-Salembre
Echourgnac
Dronne
Les Églisottes-et-Chalaures
D730
D708
D708
Beauronne
D674
St.-Christophe-de-Double
St. Berthélemy-de-Bellegarde
Douzillac
D21
Les Peintures
Eygurande-Gardedeuil
St.-Michel-de-Double
Isle
Le Fieu
D3
76
Périgueux
St.-Antoine-s-l'Isle
St.-Médard-de-Guizières
Le Pizou
Ménestérol
N89
Mussidan
St.-Martial-d'Artenset
E70
St. Seurin-s-l'Isle
Moulin-Neuf
Montpon-Ménestérol
A89
D38
Issac
73
Petit-Palais
Puynormand
St.-Géry
Les Lèches
73
Lussac
Villefranche-de-Lonchat
D20
D709
St.-Cibard
St.-Rémy
DORDOGNE
73
Puisseguin
D9
73
Parsac
Montpeyroux
Fraisse
St.-Médard-de-Gurçon
77
Grotte de Lascaux,
77
Les-Eyzies-de-Tayac,
78
Montignac
St.-Étienne-de-Lisse
74
Castillon-la-Bataille
St.-Michel-de-Montagne
Fougueyrolles
Le Fleix
Vélines
St.-Antoine-de-Breuilh
D30
La Force
75
Lamothe-Montravel
D936
Bourg-d'Abren
Bergerac
Ste. Foy-la-Grande
D936
Gardonne
Lamonzie-St. Martin
Eynesse
Ste. Radegonde
78
Bastide Domme,
79
Sarlat-la-Canéda
Pujols
Gensac
D71
D15
D708
GIRONDE
D672
Monestier
Riocaud
Marguerон
132
Blasimon
Sigoulès
132
Pellegrue
Landerrouat
D672
Soussac
Cleyrac
D933
St.-Astier
D933
LOT-ET-GARONNE
131
Sauveterre-de-Guyenne
132
St. Ferme
D237
Lac de Castelgaillard
Soumensac
Fonroque
127
Duras
D230
D25
D968
132
Monségur
La Sauvetat-du-Dropt
Eymet
D670
Taillecavat
D968
Moustier
Lévignac-de-Guyenne
Bagas
Roquebrune
Allemans-du-Dropt
Lauzun

Dordogne und die Route von Libourne über Blaye bis hinauf nach Marennes in die Charente-Maritime.

Und außerdem: Ab Bordeaux binden Sie recht rasch an die populären Feriengebiete an der nördlichen Atlantikküste an (Schwerpunkt um Lacanau-Océan, rund 60 km nordwestlich) und erreichen auf dem Kurs Westsüdwest über Autobahn und Nationalstraße nach etwa 65 km das Städtchen Arcachon am Bassin d'Arcachon. Südöstlich von Bordeaux führt eine weitere Tour entlang der Garonne über Cadillac und Langon nach Agen, unterwegs kommen Abstecher zu lohnenden Monumenten wie der Stiftskirche von Uzeste und dem Schloss von Roquetaillade in Betracht.

La Brède

Parkanlage und Wassergräben komponieren das Umfeld des **Château de La Brède,** eines Prachtschlosses, dessen historische Wurzeln ins Mittelalter reichen. Im Jahre 1689 wurde hier *Charles de Secondat Montesquieu* geboren, das Schloss bewahrt bis heute seine Erinnerungen an den Baron. *Montesquieu* begann seine Karriere als Parlamentsrat, bekleidete 1716 bis 1726 das Amt des Senatspräsidenten in Bordeaux und trat bis zu seinem Tod 1755 als Schriftsteller und Staatsphilosoph hervor. Sein Hauptwerk „Vom Geist der Gesetze" datiert aus dem Jahr 1748. La Brède liegt knapp 20 km südlich von Bordeaux.

- **Château de La Brède,** stark wechselnde, uneinheitliche Zugangszeiten, die Sie am besten auf der Website des Schlosses checken (www.chateaulabrede.com). Hier Anhaltspunkte: Anfang März bis Ende Mai Mi.–So. 14–18, Juni Mi.–So. 14–18.30, Juli und August Di.–So. 10–18.30, September Mi.–So. 10–18.30, Oktober bis etwa 12. November Mi.–So. 14–17.30 Uhr, während des restlichen Jahres geschl., Schlossführung 11 €, (inkl. Parkzugang), nur Parkbesuch 5 €.

Information

- Das für die Gegend maßgebliche **Office de Tourisme** findet man im nahen Martillac: 3 place Marcel Vayssière, Tel. 05 56 78 47 72, www.sud-bordeaux-tourisme.com.

Entdeckungs- und Weintour westlich der Gironde

Lassen Sie sich durch die Welten der Weingärten treiben, lernen Sie kleine Orte und Weingüter oder Weinhäuser kennen, machen Sie sich mit dem Landleben vertraut! Vielerorts locken die Weingüter (Châteaux) mit Kostproben, Direktverkauf, gegebenenfalls auch organisierten Führungen. Je nach Saison steigen kleine Wein- und Ortsfeste.

Eine empfehlenswerte Route führt nördlich von Bordeaux über **Blanquefort** (mittelalterliche Festung, netter kleiner Parc de Majolan mit See) zunächst nach Lamarque, wo Sie sich bereits 35 Kilometer von Bordeaux wegbewegt haben und die Westufer der Gironde erreichen. Fortan geht es mehr oder minder parallel zur Gironde durch Teile des **Médoc,** des „Landes der Mitte“ zwischen dem Atlantik im Westen und dem geschützten, immer breiter werdenden Mündungsgebiet der Gironde im Osten.

Der kleine Hafen von **Lamarque** ist strategisch wichtig, denn hier kommen nach etwa 20-minütiger Passage die Auto- und Personenfähren aus der Zitadellenstadt **Blaye** (→ Blaye) an; insofern können Sie auch gut ab Blaye an diese Route anbinden. Rebgärten bleiben fortan die Wegbegleiter – und der Abzweig zum ersten Highlight ist nicht weit. Er führt zum **Fort Médoc** aus dem 17. Jahrhundert, einem Werk des berühmten Festungsbaumeisters Vauban (Mai–Sept. tägl. 10–19 Uhr, April und Okt. tägl. 10–18 Uhr, Feb./März und Nov. nur Sa./So. 13–17 Uhr, Dez./Jan. geschl.; Eintritt 4 €).

Die D 2, die Hauptachse durch das Gebiet, ist beidseitig flankiert von Rebgärten und führt nach **Cussac-Fort Médoc,** wo sich ein heller, spitzer Kirchturm abzeichnet. Das Christusbildnis im

☐ Prachtbau an der Strecke: das Château Cos d’Estournel

516sf ad

Rund um die Gironde

©Reise Know-How 0 — 10 km SW-Fr15 8/24

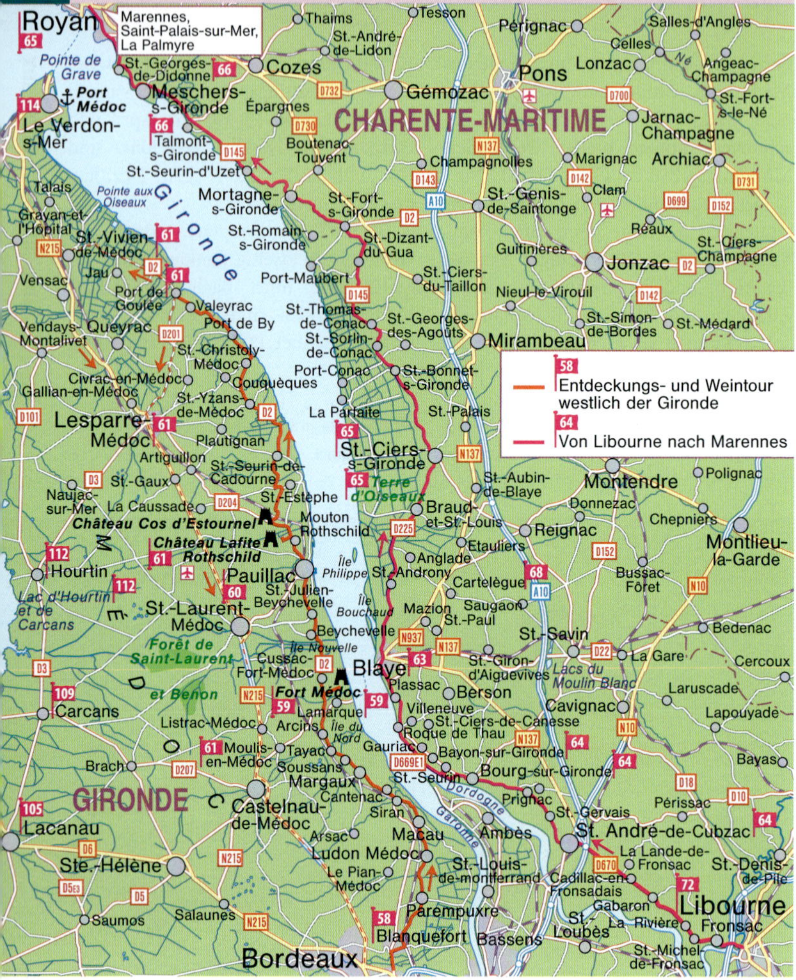

Ort datiert aus dem Jahr 1901, es gibt viele Hinweisschilder auf kleine Weingüter.

Hinter dem Ort geht es weiter mit Weingärten, dazwischen liegen Wiesen, Rinderweiden, Mischwaldstücke. Ein bekanntes, großes Weingut rechter Hand ist das **Château Beychevelle** (http://beychevelle.com). Über dem nächsten Ort **Saint-Julien-Beychevelle** erhebt sich der nächste Kirchenspitzturm über Weingärten, während der oktogonale Turm des Gotteshauses von **Pauillac** fast wie abgesägt wirkt; Saint-Martin heißt diese aus dem 19. Jh. datierende Kirche, wie so viele in Frankreich ist sie Sankt-Martin geweiht. Anlaufstelle in Pauillac ist das *Maison du Tourisme et du Vin,* wo Sie sich nach besuchbaren Weingütern erkundigen können.

Es gibt außerdem einen **Sporthafen,** an dessen Mole man entlang bummeln kann und von einem riesigen Weinflaschenmodell an der Hafeneinfahrt begrüßt wird – damit ist gleich klar, um was es in der Gegend geht. Bei Ebbe sitzen manche Boote im Hafen in dickem Schlick fest. Eine Erinnerungstafel der französisch-chilenischen Gesellschaft Neu-Aquitaniens ruft ins Gedächtnis, dass im August 1939 hier das Passagierschiff *Winnipeg* in Richtung Chile ablegte – mit 2465 spanischen Emigranten an Bord. Bananenpflanzen an der Promenade belegen ein mildes Klima.

Nordwärts geht die Fahrt weiter durchs Weinland, wo selbst noch winzigste Parzellen gefüllt sind. Ein Linksabzweig führt zum berühmten **Château Lafite Rothschild** (Besichtigung nur nach Voranmeldung, Tel. 05 56 73 18 18, www.lafite.com); bei Redaktionsschluss waren Besuche wegen Renovierungsarbeiten nicht möglich. Ein palastartiger Weinprachtbau direkt an der Strecke ist das **Château Cos d'Estournel** (www.estournel.com) – da lohnt ein Stopp allein wegen der dekorativen Schnörkel und der wunderbar geschnitzten Holztür. Weingärten prägen den weiteren Weg, der nach **Saint-Seurin de Cadourne** führt, wo es aufs Neue ein Maison du Tourisme et du Vin gibt. **Saint-Yzans-de-Médoc** empfängt mit einem Kirchenspitzturm und der Colonne à la Vièrge, einer etwa zehn Meter hohen Säule mit einer Marienskulptur. In **Saint-Christoly-Médoc** kommt man ganz nah an die Gironde heran, ebenso im nächsten Ort, **Port de By.** Typisch am Fluss sind die großen Fischerhütten auf Stelzen. In **Valeyrac** ziehen sich die Weingärten bis in den Ort hinein, **Port de Goulée** überzeugt mit einem besonders idyllischen Hafeneinschnitt. Dort heißt es Abschied nehmen von der Gironde. Es gibt nun mehrere Möglichkeiten der Weiterfahrt, als da wären:

Nordwestwärts über **Saint-Vivien-de-Médoc** (Mi. vormittags bekannter Wochenmarkt) und Anbindung an die Feriengebiete am Atlantik, z. B. Soulac-sur-Mer (→ Nördliche Atlantikküste und Hinterland).

Südwestwärts auf der Inlandsroute ins ca. 6000 Einwohner große **Lesparre-Médoc** (11 km; mittelalterlicher Tour de l'Honneur), dann über die gut ausgebaute Nationalstraße zurück nach Bordeaux. Von Lesparre-Médoc nach Bordeaux sind es etwa 70 km, unterwegs geht es auch durch Waldgebiete. Die Straße ist recht stark befahren und führt über **Moulis-en-Médoc** (dort: romanische Wehrkirche; besuchbares Château Maucaillou).

Wer nicht nach Bordeaux zurückkehren will, hat auf der Höhe von Moulis-en-Médoc die Möglichkeit, wieder den Fährhafen von Lamarque anzusteuern und über die Gironde nach **Blaye** überzusetzen.

Praktische Tipps

Information

- **Maison du Tourisme et du Vin,** Wein- und Infohaus, jeweils in **Pauillac** (La Verrerie, Tel. 05 56 59 03 08, www.medocvignoble.com) und **Saint-Seurin de Cadourne** (Tel. 05 56 59 84 14, ebenfalls www.medocvignoble.com). Ein **Office de Tourisme** gibt es außerdem in **Lesparre-Médoc** (7 bis place du Maréchal Foch, Tel. 05 56 41 21 96, www.lesparre-medoc.fr).

Im Reich der Spitzentropfen

In und um Bordeaux herum liegt der – in französischer PR-Prosa: – „größte und älteste Weingarten feiner Weine dieser Welt". Wobei das Wort „Garten" ein wenig untertrieben scheint, denn die kultivierte Fläche nimmt rund 110.000 ha ein. Die **Anbaugebiete** der Spitzentropfen liegen dort, wo es Flüsse gibt: nördlich von Bordeaux und dort wiederum westlich der Gironde (z.B. Médoc, Haut-Médoc, Listrac Médoc) und östlich der Gironde (z.B. Côtes et Premières Côtes de Blaye) bzw. südlich von Bordeaux im Einzugsgebiet der Garonne (z.B. Premières Côtes de Bordeaux, Bordeaux Supérieur). Im Süden reichen die Anbaugebiete Vignoble de Bordeaux bis hinter Langon und östlich von Bordeaux bis auf die Höhe von Castillon-la-Bataille.

Die Trauben werden von der Sonne reich verwöhnt, erfreuen sich eines durchweg milden Klimas und der kalk-, kies- und lehmhaltigen Böden. Zu unterscheiden gilt es zwischen knapp 60 kontrollierten **Herkunftsbezeichnungen** *(Appellation d'Origine Contrôlée)*. Pro Jahr beläuft sich die **Produktion** im Weinanbaugebiet Bordeaux auf über fünf Millionen Hektoliter, die Zahl der Winzer liegt bei rund 10.000 und jene der direkt und indirekt im Weinbau Beschäftigten bei 56.000. Genug der Zahlenspiele. Die allgemeine **Weinpalette** umfasst gleichermaßen trockene Rote wie liebliche Rosés und trockene Weiße, die Rebsorten reichen von *Merlot* bis *Cabernet-Sauvignon*. In Bordeaux gibt es eine eigene **Weinschule** (*École du Vin*, www.ecoleduvindebordeaux.com), Studien füllen ganze Bände und Listen mit Produzenten ganze Broschüren. Internetseiten auch internationaler Weinhändler machen mit den guten Tropfen vertraut – doch kosten muss man sie natürlich selbst! Allerdings ist die Lage im Weinbausektor nicht ausnahmslos rosig und profitabel. Die Reben laufen Gefahr, von Pflanzenkrankheiten wie dem Falschen Mehltau befallen zu werden. Gravierend war das Jahr 2023. Nach der Lese mussten diverse Weinberge gerodet werden, um die weitere Ausbreitung von Krankheiten zu verhindern.

Die **Weingüter** *(châteaux)* wirken manchmal wie kleine Prunkschlösser und öffnen Besuchern zuweilen ihre heiligen Hallen. Zum Teil liegen die Güter seit Generationen in Familienhand, manchmal kann auch nach diversen Besitzerwechseln eine Versicherungsgesellschaft die neue Besitzerin sein.

Bei Führungen geht es in die Lager *(chais)* hinein, hier steht die obligatorische **Verkostung** *(dégustation)* an – natürlich geknüpft an den Anspruch, etwas zu verkaufen. Einfach probieren und sich verabschieden, nein, das zählt in Frankreich nicht zum guten Ton. Während der Weinlese im Herbst haben nur wenige Weingutverantwortlichen Zeit für Besucher. Das *Office de Tourisme* in Bordeaux arrangiert **Weinguttrips.** Zu beachten ist, dass manche Weingüter eine Vorab-Reservierung für den Besichtigungstermin verlangen.

Unterkunft/ Essen und Trinken

Pauillac

■ **Hôtel Château Cordeillan-Bages**③, route des Châteaux, Tel. 05 56 59 24 24, www.cordeillanbages.com. Haus aus dem 18. Jh., 28 Zimmer, Spitzenrestaurant. Im Winter geschlossen.

■ **Hôtel des Vignes et des Anges** ①-②, 3 quai Albert Pichon, Tel. 05 56 59 01 20, http://desvignesetdesanges.com. Drei-Sterne-Haus mit Charme. 44 Zimmer. Mit Bistro und kleinem Wellness-Bereich.

Blaye

Blaye, ein 5000 Einwohner kleines Städtchen am Ostufer der Gironde, trumpft mit einem der prächtigsten Beispiele südwestfranzösischer Militärarchitektur auf: mit der **Citadelle de Vauban**, jener Zitadelle, die unverkennbar die Handschrift des berühmten Festungsbaumeisters *Sébastien le Prestre de Vauban* (1633–1707) trägt. Sie wurde zwischen 1685 und 1689 erbaut und formte zusammen mit dem Fort Pâté und dem Fort Médoc ein ausgeklügeltes Verteidigungssystem an der Gironde. Vauban selbst soll, so heißt es, hier allerdings nur zwei Wochen vor Ort gewesen sein, um Studien anzustellen – er wurde allerorten gebraucht.

☑ Zugang zur Zitadelle von Blaye

Am besten, man stellt sein Fahrzeug auf dem Großparkplatz unweit der Mauern ab und betritt von dort aus den Festungsring. Da sich im Innern der Zitadelle ein richtiger kleiner Wohnort befindet (wobei sich die Zahl der jahresdurchgängig hier Lebenden an zwei Händen abzählen lässt), ist der Eintritt frei und jederzeit möglich. Man sollte die Passagen über die Burggräben in Angriff nehmen, sich von den Festungstoren Porte Dauphine oder Porte Royale schlucken lassen und die Welten der alten Mauern und Wachtürme erkunden, die sich über dem Fluss erheben.

Das Gassen- und Wegenetz führt an die **Plaçe d'Armes** heran, an den Couvent des Minimes und an die **Tour de l'Eguillette.** Das weitläufige Areal verschmilzt mit dem Burgvorläufer aus dem Mittelalter, dem Château des Rudel. Rundherum bietet sich eine gute Aussicht auf die Gironde, die als breites, braunes Band vorbeizieht. Blaye vorge-

518sf ad

Zwischen Inland und wildem Atlantik: Route von Libourne nach Marennes

Libourne, eine 25.000-Einwohner-Stadt mit mittelalterlicher Vergangenheit als Bastide und einem markanten Hauptplatz mit Arkaden, bildet den Auftakt zu dieser landschaftlich und überhaupt sehr abwechslungsreichen Route (Verlauf → Detailkarte S. 60), die sich 167 km nordwestwärts bis nach Marennes an der Atlantikküste zieht und bedeutsame Städte wie Blaye und Royan durchläuft.

Von Libourne nach Blaye

Auf dem ersten, knapp 50 km langen Teilstück von Libourne nach Blaye geht es durch üppige Weinanbauzonen mit folgenden Stationen (mitunter ein wenig abseits der Hauptstrecke):

- **Fronsac,** Château de Fronsac.
- **La Rivière,** romanische Kirche, Château de La Rivière aus dem 16. Jh.
- **Cadillac-en-Fronsadais,** Château Branda aus dem 14. Jh.
- **La Lande-de-Fronsac,** romanische Kirche.
- **Saint André-de-Cubzac,** Geburtsort des französischen Meeresforschers und Dokumentarfilmers *Jacques Cousteau* (1910–97); romanische Kirche (geht auf den Orden der Benediktiner zurück); Cloître des Cordeliers aus dem Jahre 1626; Château Robillard aus dem 16. Jh., prachtvolle, von Architekt *Victor Louis* entworfene Schlossanlage des Château du Bouilh (18. Jh.).
- **Saint Gervais,** romanische Kirche, Rathaus (vormals Château Julie).
- **Prignac-et-Marcamps,** Prähistorische Gravuren von vor mehr als 30.000 Jahren in der Grotte de Pair-non-Pair, die außerdem eine wichtige archäologische Fundstätte war (alleine 6000 Knochenfunde von 60 unterschiedlichen Tieren); hier geht es nur im Rahmen von Führungen hinein, die Besucherzahl ist begrenzt, Reservierungen über den Kontakt auf der Homepage www.pair-non-pair.fr; Eintritt 8 €, Besucher unter 18 Jahren bzw. EU-Bürger unter 25 Jahren frei, wobei das Mindestalter für den Besuch grundsätzlich bei 7 Jahren liegt.
- **Bourg-sur-Gironde,** geteilt in Ober- und Unterdorf; gefälliger Zentralplatz Place de la Libération; Kirche Saint Géronce (19. Jh.); winziger Flusshafen; Altes Waschhaus *(Vieux Lavoir);* Stadtmauern; Museum der Zitadelle mit unterirdischen Strukturen und Kutschen; Führungen Anfang Juni bis Ende September täglich, März bis Mai sowie Oktober nur an den Wochenenden, 6 €). Freier Zugang in den Garten der Zitadelle. Weinhaus, *La Maison des Vins des Côtes-de-Bourg* (1 place de l'Éperon, Tel. 05 57 94 80 20, www.cotes-de-bourg.com; gewöhnlich nur April–Sept.).

Mein Tipp: Etwa 1,5 km hinter Bourg-sur-Gironde können Sie von der D-669 auf die D-669E1 bzw. das Gironde-Randsträßchen (Corniche de la Gironde) abbiegen. Diese Nebenroute bringt Sie auf dem Weg in Richtung Blaye über **Bayon-sur-Gironde** (romanische Kirche, 12. Jh.; Marienskulptur auf der Turmspitze, Buntglasfenster), dann fällt das Sträßchen ab an den Fluss und führt durch eine kleine Abfolge von Dörfern. Es geht zuweilen nah ans Wasser heran. Hinter Roque de Thau Rückkehr auf die D-669.

- **Plassac,** Gallo-römische Villa, dokumentiert seit dem 1. Jh.; Mai bis Aug. tägl. 10–12.30 und 14–18 Uhr, März/April/Sept./Okt. tägl. 10–12.30 und 14–17.30 Uhr; Eintritt 5 €; http://villagalloromaine-plassac.fr.
- **Blaye** mit der Zitadelle, einem architektonischen Schmuckstück, verdient einen längeren Stopp, dort am besten Übernachtung (→ Blaye).

> In Bourg-sur-Gironde, Blick vom Unter- auf das Oberdorf

520sf ad

Von Blaye nach Marennes

Weiter nördlich löst sich die Route von der unmittelbaren Flussumgebung und bindet erst wieder bei Mortagne-sur-Gironde an die Gironde an. Wegbegleiter durch seichtes Hügelland bleiben die Weingärten, auf dem fruchtbaren Boden gedeihen auch Mais und Sonnenblumen. Nördlich von **Saint Ciers-sur-Gironde** verlässt man das Département Gironde und fährt in die Charente-Maritime ein, zu deren Strandaushängeschildern Saint Georges-de-Didonne und die Urlaubshochburg **Royan** zählen. In und um das an der Gironde-Mündung gelegene Royan findet man zahlreiche Übernachtungsmöglichkeiten in Hotels und auf Campingplätzen. Unterwegs stehen gelegentlich Wein, Käse und *Pineau des Charentes* (ein Mix aus Traubenmost und Cognac) direkt vom Erzeuger zum Verkauf. Ebenfalls angenehm: Der zwischen Blaye und Royan verlaufende Streckenabschnitt der Route ist normalerweise touristisch nicht allzu stark frequentiert.

Streng genommen gehört die Charente-Maritime nicht mehr in diesen Reiseführer, der Vollständigkeit halber seien nachfolgend alle wesentlichen Stationen der Route auf den verbleibenden 120 km von Blaye bis Marennes erwähnt.

- **Saint Ciers-sur-Gironde,** an der Gironde Port des Callonges; **Terre d'Oiseaux,** kleiner Naturpark mit Möglichkeiten zur Vogelbeobachtung (www.terresdoiseaux.fr; März bis Okt. tägl., sonst nur Mo.–Fr. geöffnet; Eintritt 6 €, Kinder und Jugendliche 5–15 Jahre 4 €).
- **Saint Bonnet-sur-Gironde,** Kirche romanischen Ursprungs.
- **Saint Thomas-de-Conac,** Moulin de la Croix von 1820 (Windmühle); Château de Conac.
- **Saint Dizant-du-Gua,** Château de Beaulon (15. Jh.); Naturquellen Fontaines Bleues.
- **Saint Fort-sur-Gironde,** Église Saint-Fortunat aus dem 12.–15. Jh.; Port Maubert.
- **Mortagne-sur-Gironde,** netter Flusshafen; Ermitage Monolithe.

■ **Les Monards,** Flusshafen.

MEIN TIPP: **Talmont-sur-Gironde,** einer der malerischsten Orte der Charente-Maritime, denkmalgeschützt und für Fahrzeugverkehr gesperrt (Parkplatz am Ortsrand). Die beeindruckende romanische Kirche Sainte Radegonde thront auf einem Felsplateau über dem Wasser, zum Gassengeflecht gehören üppige Rosenstöcke vor kalkweißen Häusern.

■ **Meschers-sur-Gironde,** *Grottes du Régulus et des Fontaines* (Anfang April–Nov.), in Eigenregie oder Teilnahme an 45-minütigen Führungen; Eintritt 8,20 €, http://grottesduregulus.com.

Saint Georges-de-Didonne, Conche de Saint Georges und weit geschwungener Sandstrand mit schöner Promenade; Kiefernhaine des Fôret de Suzac, mehrere Campingplätze.

Royan, Traditionsziel an der Mündung der Gironde mit ausgedehnten Sandstrandarealen an der Hauptbucht Grande Conche. 1945 verheerende Kriegszerstörungen, 18.000 Einwohner. Weitere und etwas verstecktere Stadtstrände wie Foncillon und Pontaillac, reges Sommer-Nightlife, ausgedehnter Hafen, Markthalle, moderne Kirche, viele Restaurants und Hotels. Ausflugsmöglichkeit per Boot zum *Phare de Cordouan,* einem 67 m hohen Leuchtturm (Infos zu Ausflügen: www.phare-de-cordouan.fr). Regelmäßige Autofähre *(bac)* über die Gironde-Mündung nach Pointe de Grave/Le Verdon-sur-Mer, ab dort Anbindung an Feriengebiete wie Soulac-sur-Mer und Carcans-Maubuisson.

■ **Saint Palais-sur-Mer,** Feriengemeinde der „Fünf Strände".

La Palmyre, Gebiet der „Wilden Küste" (Côte Sauvage), Sandstrand Bonne Anse, Hafen; modern aufbereiteter Zoologischer Garten (www.zoo-palmyre.fr) mit 1600 Tieren, tägl. geöffnet 9–18 Uhr, im Sommer abends bis 19 Uhr, Eintritt 19 €, Kinder 3–12 Jahre 15 €; Promenaden, Kiefernwälder, in der Umgebung gute Radtourmöglichkeiten und Ausflug zum 64 m hohen Phare de la Coubre (Leuchtturm).

■ **Marennes,** regionale „Austern-Hauptstadt", Anbindung an die lohnende Insel Oléron und weiter nordwärts nach Rochefort und La Rochelle.

Information

■ **Offices de Tourisme** an der Route unter anderem in **Blaye** (→ Blaye), **Bourg-sur-Gironde** (1 place de l'Eperon, Tel. 05 57 68 31 76, www.bbte.fr), **Libourne** (42 place Abel Surchamp, Tel. 05 57 51 15 04, www.tourisme-libournais.com), **Royan** (1 boulevard Grandière, Tel. 05 46 08 21 00, www.royanatlantique.fr) und **Saint André-de-Cubzac** (9 allée du Champ de Foire, Tel. 05 57 43 64 80, www.grand-cubzaguais.fr).

Royan überzeugt mit seinen Stränden und seinem Sporthafen

080sf ad

521sf ad

lagert sind die Flussinseln Île Sans Pain, Île Nouvelle und Île Bouchaud. Heute sind die kriegerischen Zeiten passé. Das Innenleben der Zitadelle bietet friedlich-beschauliche Bilder. Mittendrin gibt es das *Hôtel La Citadelle* und den örtlichen Mini-Campingplatz (nur Saisonbetrieb), während der Saison geöffnete Kunsthandwerkerläden bzw. -ateliers und das Archäologisch-Historische Museum im vormaligen Gefängnis (Eintritt 4 €, Ende März bis Ende September tägl. 11–12.30 und 13.30–19 Uhr, sonst deutlich eingeschränkter).

Gegen Ende August findet ein **Theaterfestival** in der Zitadelle statt, jederzeit interessant ist ein Besuch der **unterirdischen Festungsanlagen.** Und genau da wird es in versteckten Winkeln und Gewölben und Gängen mit eingelassenen Belüftungsschächten besonders spannend. Das ist auch für Familien mit Kindern ein Erlebnis. Die Einblicke sind nur im Rahmen von Führungen möglich, die das in der Zitadelle gelegene *Office de Tourisme* veranstaltet; im Sommer drei Führungen pro Tag, gewöhnlich um 11, 14.30 und 16 Uhr (7,50 €, Kinder 5–12 Jahre 5,50 €).

Im näheren Einzugsbereich von Blaye erstrecken sich weite **Weinanbaugebiete.** Kenner schätzen die Rot- und Weißweine *Premières Côtes de Blaye.* Aufschluss geben Besuche einzelner Weingüter (Infos im *Office de Tourisme* von Blaye) und Blayes örtliches Weinhaus.

Unterirdische Gewölbe in der Zitadelle von Blaye

Information

- **Office de Tourisme,** 1 place de la Citadelle, Tel. 05 57 42 12 09, www.bbte.fr.
- **Weinhaus:** *Maison du Vin de Blaye,* 12 cours Vauban, Tel. 05 57 42 94 20, www.vin-blaye.com.

Unterkunft

- **Hôtel La Citadelle** ②, 5 plaçe d'Armes, Citadelle de Blaye, Tel. 05 57 42 17 10, www.hotellacitadelleblaye.com. Im Innern der Zitadelle, 21 Zimmer, Sommer-Schwimmbad, Restaurant mit Spezialitäten der Region. Autofahrer benötigen bei der Anfahrt den Zugangscode in die Zitadelle.
- **Clos Réaud de la Citadelle** ②-③, 8 rue des Maçons, Tel. 06 11 13 13 34, www.closreaudcitadelle.com. Exklusives Quartier, mehrere Suiten. Mit Garten, privatem Parkplatz und Pool (beheizt in der Saison).

Camping

- **Camping Municipal,** Citadelle de Blaye, Tel. 05 57 42 00 20, www.blaye.fr/tourisme/camping-municipal. Sehr klein, im Innern der Zitadelle, geöffnet Anfang Mai bis Mitte Oktober.

Essen und Trinken

- **Le Gavroche** ①-②, 14 rue Neuve, Tel. 05 57 58 21 03, auf Facebook vertreten. Kleines und sympathisches Restaurant mit kreativer Küche sowie guten Menüs.

Einkaufen

- Mi. und Sa., jeweils von 8.30 bis 12.30 Uhr, findet auf den Allées des Soupirs ein **Markt** statt.

Verkehrsanbindung

- Ab Blaye regelmäßige **Fahrzeugfähre** *(bac)* über die Gironde nach Lamarque, die letzte Fähre verlässt Blaye meist um 18 Uhr (im Sommer meist 19.30 Uhr bzw. Sa./So. um 20.30 Uhr). Aktuelle Fahrpläne und Tarife unter: www.bernezac.com/passages_eau_blaye_lamarque.html. Auf der Lamarque-Seite lässt sich nord-nordwestwärts eine interessante Route angehen, die sich mehr oder minder parallel zur Gironde hält. Preisbeispiele für die Fährüberfahrt: in der Saison Apr.–Okt. 25 € für ein Auto, 30 € für ein Wohnmobil und 4,50 € für einen Erwachsenen; Nov.–März 11 € für ein Auto, 20 € für ein Wohnmobil und 2 € für einen Erwachsenen.

In der Umgebung

Blaye liegt rund 45 km nordwestlich von Bordeaux und ist an die touristisch interessante **Route** von Libourne nach Marennes angeschlossen, die im Wesentlichen parallel zur Gironde verläuft (→ Exkurs: Zwischen Inland und wildem Atlantik).

In der näheren Umgebung führen **Bootstouren inklusive Inselstopps** über die Gironde (Auskunft im *Office de Tourisme*) und Über-Land-Ausflüge u.a. zur Lamafarm *Les Lamas de Brandacot* (www.elevagelama.com) nach **Saint-Paul** sowie zur gallo-römischen Villa von **Plassac,** deren älteste Bauteile aus dem 1. Jh. stammen (Mai bis Aug. tägl. 10–12.30 und 14–18.30 Uhr, März/April/Sept./Okt. tägl. 10–12.30 und 14–17.30 Uhr; Eintritt 5 €; http://villagalloromaine-plassac.fr). In **Cars** (östlich) gibt es den Glockenturm der Église Saint-Pierre mit farbglasierten Ziegeln zu bewundern, und **Cartelègue** (nordöstlich) wartet mit dem romanischen Schmuckstück Église Saint-Romain auf, eine historische Station von Jakobswegpilgern. Naturliebhaber besuchen hoch im Norden von Blaye den von Feuchtgebieten geprägten Naturpark **„Terre d'Oiseaux"**, wo sich Möglichkeiten zur Vogelbeobachtung bieten (Port des Callonges, www.terresdoiseaux.fr; März–Okt. tägl., sonst nur Mo.–Fr. Eintritt 6 €, Kinder und Jugendliche 5–15 Jahre 4 €.)

Nochmals verwiesen sei auf das schöne kleine Streckenstück südostwärts von Blaye an der Gironde entlang, die **Corniche de la Gironde,** bis man schließlich hinauf nach **Bayon-sur-Gironde** mit der romanischen Kirche gelangt. Ab dort ist es nicht weit nach **Bourg-sur-Gironde** mit seinem Weinhaus (→ Exkurs: Zwischen Inland und wildem Atlantik).

Etwa 15 bis 20 Fahrminuten ostwärts von Blaye liegt ein kleines Seegebiet, **Lacs du Moulin Blanc** – noch schöner wäre es, wenn man dort nicht das Dauerrauschen der Autobahn nach Bordeaux hören würde.

Saint Émilion und das Libournais

Eines der schönsten **mittelalterlichen Städtchen** im Südwesten Frankreichs, eingefasst in ein weitläufiges Weinbaugebiet, mittendrin ein Traumgeflecht aus Gassen und Plätzen – das ist Saint-Émilion, rund 35 km östlich von Bordeaux gelegen. An Sommertagen kann es jedoch vorkommen, dass sich Menschenmassen in den Gassen stauen; übers Jahr verteilt kommen zwischen 800.000 und einer Million Besucher in den Ort aus Stein. Die pittoresken Ansichten des einstmals stark befestigten Fleckens sind halt kein Geheimnis und lassen sich auch in diesem Buch nicht als Geheimtipp etikettieren. Türme und Mauern, Ziegeldächer und ineinander verschachtelt wirkende Häuser komponieren die typischen Bilder von Saint Émilion.

In der kleinen **Altstadt** haben sich Weinshops wie Restaurants auf die Nachfrage eingestellt. Insbesondere die Bereiche um Place de l'Église Monolithe und Place du Clocher laden zur Einkehr ein. Nicht verschwiegen sei allerdings, dass in der lokalen Gastronomie und Hotellerie so mancher Preis überzogen scheint, da die Betreiber einfach davon ausgehen, dass die Leute ohnehin nach Saint Émilion kommen. Womit sie nicht Unrecht haben, das Ziel ist quasi ein Selbstläufer.

Die Lokalgeschichte reicht bis ins 8. Jh. zurück, als sich ein Eremit namens *Émilion* hier niederließ und sein bescheidenes Dasein in einer Grotte fris-

tete – doch schon er hatte keine dauerhafte Ruhe. Dem Einsiedler folgten im Laufe der Jahrhunderte zahlreiche Glaubensgenossen wie Augustiner und Franziskaner. Mit Fakten belegbar ist allerdings nicht, dass *Émilion* jemals lebte und im Jahre 767 verstarb …

Sehenswertes

Gassen und Plätze mögen malerisch sein – doch nicht minder interessant zeigen sich die **unterirdischen Denkmäler,** die einzig bei organisierten Führungen über das Fremdenverkehrsamt zugänglich sind. Hinter der Dreifaltigkeitskapelle (Chapelle de la Trinité, 13. Jh.), die ihrerseits an die Place de l'Église Monolithe stößt, führen 25 Stufen hinab in die **Einsiedlergrotte des Émilion** *(Grotte de l'Ermitage),* über die sich ein niedriges Felsendach wölbt. Das Licht ist gedämpft, es gibt einen Brunnen, Moos hat sich über die Steine gelegt. Zurückgekehrt ans Tageslicht, geht es in die Dreifaltigkeitskapelle, die in romanisch-gotischem Übergangsstil gehalten und mit

www.fotolia.de © sablin

Gewölbemalereien über den Glasfenstern ausgeschmückt worden ist.

Ein separater Zugang nahe der Dreifaltigkeitskapelle führt in die **Katakomben** *(Catacombes)*, die nach dem Tod *Émilions* geschaffen wurden. Seile wurden verwendet, um die Verstorbenen hinunterzutransportieren. In schummerigem Licht sind heute zwar noch an den Seiten die Reste der Nischengräber, aber keine Gebeine mehr zu sehen.

Zwischen den Galerien der Katakomben und der imposanten **Felsenkirche** *(Église Monolithe)* liegt ein Verbindungszugang. Das Besondere: Die Kirche wurde gegen Ende des 11. Jh. nicht in herkömmlichem Stil „erbaut", sondern im Wesentlichen innerhalb von zwei Jahrzehnten in schier übermenschlicher Kraftanstrengung aus dem Fels ausgehöhlt. Wegen Einsturzgefahr und des Drucks durch den Glockenturm sah man sich gezwungen, die massigen Kirchbögen in moderne Metallkorsette zu fassen. Von den Kirchenverzierungen vergangener Zeiten hat sich – bis auf einige Basreliefs, die den Kampf des Guten gegen das Böse thematisieren – nichts erhalten. Die Felsenkirche dient heute gelegentlich als Rahmen für Konzerte und religiöse Zeremonien.

Zum monumentalen Gepräge des Ortes zählen weiterhin: der über annähernd 200 Stufen besteigbare Glockenturm der Felsenkirche **Clocher de l'Église Monolithe,** der romanisch-gotische Kreuzgang der Stiftskirche *(Cloître de l'Église Collégiale)* und die Stiftskirche selber, in der die schönen Glasfenster über dem Altarbereich hervorstechen. Etwas abseits des Ortskerns um die Place du Clocher liegen der mittelalterliche Turm des Château du Roy und der im 14. Jh. begonnene Kreuzgang des Franziskanerklosters **Cloître des Cordeliers.** Ebenfalls interessant: die Bogenstrukturen der alten Markthalle, die an die Place de l'Église Monolithe stoßen.

Ordensgemeinschaften findet man heute nicht mehr in Saint Émilion, doch es gibt nicht nur bauliche Hinterlassenschaften. Den Ursulinen verdankt man das Rezept der Makronen *(macarons)*, die in vielen Geschäften verkauft werden.

⌃ Saint Émilion ist eines der romantischsten Städtchen in ganz Südwestfrankreich

■ **Église Monolithe, Catacombes, Chapelle de la Trinité,** nur im Rahmen von organisierten Führungen, die über das *Office de Tourisme* arrangiert werden (15 €).

Information

■ **Office de Tourisme,** place des Créneaux, Tel. 05 57 55 28 28, www.saint-emilion-tourisme.com. Auch Infos zu Fahrradverleih, organisierten Weingutbesichtigungen, Privatunterkünften auf Weingütern und Wandermöglichkeiten im Umland.

Unterkunft

■ **Hôtel Au Logis des Remparts** ②-③, 18 rue Guadet, Tel. 05 57 24 70 43, http://logisdesremparts.com. Komfortabel, 20 Zimmer. Verschiedene Zimmertypen, große Preisspanne. Absolutes Schmuckstück des Boutiquehotels ist der Garten, Erfrischung zur wärmeren Jahreszeit garantiert der kleine Pool.

■ **Auberge de la Commanderie**②, 2 rue de la Porte Brunet, Tel. 05 57 24 70 19, www.aubergedelacommanderie.com, 17 Zimmer mit moderner, gepflegter Note.

■ **Hôtel de Pavie**③, 5 place du Clocher, Tel. 05 57 55 07 55, http://hoteldepavie.com. Wer sich diesen Luxus leisten will, wird wahrscheinlich nicht enttäuscht werden. Aufmerksamer Service. Den Aufenthalt rundet das Gourmet-Restaurant ab (s.u.).

Camping

■ **Camping Yelloh!,** *Domaine de la Barbanne,* Tel. 05 57 24 75 80, www.yellohvillage.de/camping/ yelloh_saint_emilion, 105 Stellplätze, Anfang Mai bis Mitte September, kleine Poollandschaft; auch Cottages.

▷ Arkaden des Hauptplatzes in Libourne

Essen und Trinken

■ **La Table de Pavie**③, 5 place du Clocher, Tel. 05 57 55 07 55, http://hoteldepavie.com. Edles Tafeln zu edlem Preis. Dafür legen sich Küchenchef *Yannick Alléno* und sein Team mächtig ins Zeug. Reservierung dringend anzuraten, die Plätze sind begrenzt. So., Mo. und Do.-mittag geschlossen.

■ **Restaurant Amelia Canta** ①-②, 2 place de l'Église Monolithe, Tel. 05 57 74 48 03, www.ameliacanta.com. Im Herzen des Ortes, sommerlicher Terrassenservice.

■ **La Table 38**①, 38 rue Guadet, Tel. 05 57 74 42 72. Hausmannskost in modernem, funktionalem Design. Mo geschlossen. Das Preis-Leistungs-Verhältnis passt.

Verkehrsanbindung

■ **Bahnhöfe** in Saint Émilion und Libourne mit Verbindungen nach Bordeaux.

In der Umgebung

Nimmt man Saint Émilion als Ausgangspunkt, kann man im (Wein-)Landstrich **Libournais** zu weiteren Entdeckungstouren starten. Die Gegend ist reich an **Baudenkmälern.** Über einen Umkreis von etwa 20 km um Saint Émilion verteilen sich weit mehr als 40 Kirchen, einige Schlösser und Windmühlen sowie Spuren der Vorgeschichtler in Form von Dolmen, Megalithen und Menhiren.

Westlich von Saint Émilion

■ **Libourne** mit Ursprung als bewehrter Ort im 13. Jh., Tour Richard, Porte du Grand Port, Église Saint-Jean (14./15. Jh.), Hauptplatz mit Rathaus, Arkaden, Fußgängerzone Rue Gambetta, Zusammenfluss von Isle und Dordogne. *Office de Tourisme* Libourne, 42 place Abel Surchamp, Tel. 05 57 51 15 04, www.tourisme-libournais.com.

- **Vayres** an der Dordogne mit dem Besuchspunkt Schloss; Ursprünge des Schlosses im Mittelalter und Erweiterungen bis zum 17. Jh., einstmals Besitztum von König *Heinrich IV.*, mit herrlichen Parkanlagen ausstaffiert; im Juli und August tägl. nachmittags, wechselnd 14–18.30 und 13.30–19.30 Uhr, erste Septemberhälfte tägl. 14.30– 17.30, Frühjahr und Herbst nur sonn- und feiertags Führungen 15, 16 und 17 Uhr, Anfang Nov. bis Ostern geschl.; Führungen meistens zur vollen Stunde; Eintritt 13 €; www.chateaudevayres.com.

Nordöstlich von Saint Émilion

- **Saint Georges** mit Château Saint Georges (18. Jh., Ursprung im Mittelalter) und kleiner romanischer Kirche.
- **Montagne** mit romanischer Kirche.
- **Parsac** mit romanischer Kirche und mittelalterlichen Burgruinen *(Ruines de Malagin)*.
- **Lussac** mit vorgeschichtlichem Mégalithe de Picampeau.
- **Petit-Palais** mit romanischer Kirche und Glockenturm.
- **Puisseguin** mit romanischer Kirche.

725swf ad

Südöstlich von Saint Émilion

■ **Castillon-la-Bataille** mit Flusslandschaft der Dordogne; Barockkirche; Mitte Juli bis Mitte August, etwa 15 Termine mit spätabendlichen Aufführungen des **Historienschauspiels „Bataille de Castillon"** in Erinnerung an die hiesige Schlacht und das damit verbundene Ende des Hundertjährigen Krieges im Jahre 1453 (www.batailledecastillon.com). Dann stehen scharenweise Laiendarsteller im Einsatz. Je nach Geschmack kann das auch für Familien mit Kindern interessant sein – sofern einen nicht die Müdigkeit übermannt, denn Beginn ist erst um 22 oder 22.30 Uhr. Es empfehlen sich Reservierungen über das *Bureau de la Bataille,* Tel. 05 57 40 14 53, Kontaktformular auf der Homepage.

Weinbaugebiete

Einen Besuch lohnen die Weinbaugebiete um Saint Émilion, auf denen meist die Rebsorten *Merlot, Carbernet-Franc* und *Cabernet-Sauvignon* kultiviert werden. Einen besonderen Reiz verströmt der Herbst, wenn die Zeit der Weinlese ansteht. In der Gegend finden Sie zahlreiche besuchbare **Weingüter,** u.a. in und um Saint Émilion selbst, um Saint Sulpice-de-Faleyrens, Saint Pey-d'Armens, Libourne, Montagne, Saint Christophe-des-Bardes, Saint Laurent-des-Combes und Saint Étienne-de-Lisse. In besuchbaren Anlagen sind **Führungen** gewöhnlich nur nach Voranmeldung *(avec rendez-vous)* möglich und erlauben den Einblick in Fässerlager *(chais à barriques).* Nicht fehlen darf die abschließende Verkostung; Infos über das Office de Tourisme in Saint Émilion bzw. die gut aufgebaute Homepage www.saint-emilion-tourisme.com. Beachten Sie, dass ein exklusiver Besuch durchaus 30 € kosten kann. Als gute Besuchsadressen gelten das Château Villemaurine (Lieu dit Villemaurine, Tel. 05 57 74 74 36, www.villemaurine.com) und das *Château Franc Mayne* (Tel. 05 57 24 62 61, www.chateaufrancmayne.com; auch Übernachtungen, Preiskategorie 3).

Eine besondere wirtschaftlich-soziale Rolle fällt der seit dem Mittelalter dokumentierten **Winzerzunft** *(jurade)* des Bezirks Saint Émilion zu, die sich zu feierlichen Anlässen nach wie vor in rote Roben kleidet, während des Frühlingsfestes ihr Urteil zum neuen Weinjahrgang proklamiert und im Herbst die Weinlese eröffnet.

Abstecher in die Dordogne

Urzeitliche Höhlen und mittelalterliche Städte, Klöster und Mauerringe, Birkenwälder und Walnussbäume, romantische Gärten und Flüsse – dies und vieles mehr erwartet Sie in der Dordogne, die im weiten Osten von Bordeaux beginnt und eigentlich abseits der in diesem Reisehandbuch vorgestellten Ziele liegt. Trotzdem: hier ein Abstecher-Tipp in der gebotenen Kürze! Zwischen Bordeaux und der Département-Hauptstadt **Périgueux lie**gen rund 120 Straßenkilometer.

Auch ein zweiter markanter Begriff geistert durch die Landschaft: **Périgord.** Denn wer von der Dordogne spricht, meint das Périgord und umgekehrt. Richtig ist beides, denn Dordogne bezeichnet das ebenfalls zur Großregion Neu-Aquitanien gehörige Département im nordöstlichen Aquitanischen Becken, das aus dem historischen Gebiet Périgord um die Flüsse Vézère, Dordogne und Isle hervorgegangen ist. Einheimische hören den Ausdruck Périgord lieber. Der Name weist Jahrhunderte zurück auf jene Grafschaft, die – wegen ihrer Lage im Grenzland – zwischen England und Frankreich hart umkämpft war und unter *Heinrich IV.* mit der französischen Krone vereint wurde.

Spezialisten unterscheiden heute vier Lokalregionen: das vom Weinbau geprägte **Périgord Pourpre** (Purpurrotes Périgord) im Süden und Südwesten, das an Wäldern und Wasser reiche **Périgord Vert** (Grünes Périgord) im Norden, das zentrale **Périgord Blanc** (Weißes Périgord) der Kalksteinplateaus und das von dunklen Höhlen durchlöcherte **Périgord Noir** (Schwarzes Périgord) im Südosten. Über den gesamten Landstrich verteilen sich Dutzende sehenswerter Schlösser, z.B. das Château des Milandes (mit Wurzeln im späten 15. Jh. und vorübergehend einer besonders berühmten Besitzerin, der 1975 verstorbenen Tänzerin und Chansonsängerin *Josephine Baker;* www.milandes.com), das Château de Castelnaud (http://castelnaud.com) oder das Château de Biron. Zu den kulinarischen Schätzen zählen Trüffel und Gänseleber. Das Périgord ist durchweg ländlich-bäuerlich geprägt. Außer Weingärten findet man vornehmlich Gemüse-, Getreide- und auch Tabakfelder. Als größte Städte weit und breit stechen Bergerac und Périgueux hervor. Gute Tipps gibt die Seite www.guide-du-perigord.com (auf Französisch oder Englisch).

Bergerac

Das etwa 27.500 Einwohner zählende Bergerac wartet auf mit einer kleinen Altstadt, der Markthalle, dem schönsten Stadtplatz Pélissière, dem **Cloître des Récollets** (Struktur aus dem 17./18. Jh.) sowie dem Angedenken an *Cyrano de Bergerac* (1619–1655). Jenen Vorreiter der Aufklärung und Meister der Satire ließ der Dramatiker *Edmond Rostand* als Bühnenfigur aufleben, Frankreichs Filmstar *Gérard Depardieu* hauchte der langnasigen Gestalt unnachahmliches Leben auf der Kinoleinwand ein.

Die Kulturgeschichte des Tabaks bringt in Bergerac an der Place du Feu das **Musée du Tabac** näher (nur Mi.–Sa. Eintritt 5 €). Einen Abstecher wird Schlossliebhabern das Château Monbazillac (http://chateau-monbazillac.com, Anfang April bis etwa 12. November tägl., Eintritt 11 €) wert sein.

Östlich von Bergerac liegen das **Schloss von Lanquais** (http://chateaudelanquais.fr) und die im 12. Jh. begründete **Abtei von Cadouin** mit einem prächtigen Kreuzgang. Richtung Norden lässt sich die Weiterfahrt nach Périgueux mit einem Schlenker zum stolzen **Château de Montréal** bei Isaac kombinieren. 12 km südlich von Bergerac liegt das **Château de Bridoire,** ein weiteres Schmuckstück der Renaissance (www.chateaudebridoire.com).

■ **Informationen** im *Office de Tourisme,* quai Cyrano, rue des Récollets, Bergerac, Tel. 05 53 57 03 11, www.pays-bergerac-tourisme.com.

Unterkunft

■ Recht günstig und einfach kommt man in Bergerac im **Europ'Hôtel**① (20–22 rue du Petit Sol, Tel.

05 53 57 06 54, www.europ-hotel-bergerac.com) unter. Ebenso, ein Stück außerhalb im Südwesten, im **Hôtel Le Miroir des Étoiles** ①-② Le Bas Faget, D 14 / Route de la Ferrière, Pomport, Tel. 05 53 58 14 81, www.lemiroirdesetoiles.com.

Verkehrsverbindung

- Bergerac ist mit seinem **Flughafen** (route d'Agen, www.bergerac.aeroport.fr) ans internationale Flugnetz angeschlossen, Verbindungen mit Ryanair u.a. nach Charleroi (Belgien; saisonal) und London Stansted (ganzjährig).

Périgueux

Wesentlich mehr zu bieten als Bergerac hat das unwesentlich größere Périgueux (ca. 30.000 Einwohner), dessen Geschichte sich zurück bis in die Römerzeit spannt. Nicht weit von der Isle entfernt liegt die geschäftige Altstadt, in der man sich warm aufgenommen fühlt und lohnende Ziele ansteuert: Renaissancehäuser im Bereich der Rue des Farges sowie die weithin von ihrem Glockenturm überragte **Cathédrale Saint-Front** samt Kuppeln und Ziertürmchen. Zweites großes Sakralbauwerk ist die im 11. Jh. begonnene **Église Saint-Etienne-de-la-Cité.** An die Ära der Römer erinnern der Tempelturm **Tour de Vésone** und die Reste des **Amphitheaters.** Die Stadt ist überdies für ihre zahlreichen Märkte bekannt und Sitz des Périgord-Museums für Archäologie und Schöne Künste (Musée d'Art et d'Archéologie du Périgord; 22 cours Tourny; www.perigueux-maap.fr; Di. geschl.; Eintritt 6 €).

- **Informationen** im *Office de Tourisme*, place du Coderc, Périgueux, Tel. 05 53 53 10 63, www. tourisme-grandperigueux.fr.

Unterkunft

- In Périgueux kommt man im Kettenhotel **Mercure** ② (7 place Francheville, Tel. 05 53 06 65 00, http://all.accor.com) gut und zentral unter. Solide und erschwinglich ist auch das **Hôtel Bristol** ① (37 rue Antoine Gadaud, Tel. 05 53 08 75 90, http://bristolfrance.com).

726swf ad

◁ In der Altstadt von Périgueux

Ausflüge in alle Himmelsrichtungen

Périgueux dient bei Ausflügen als Sprungbrett in alle Himmelsrichtungen. Über einen allerdings recht weiten Umkreis verteilen sich wichtige Baudenkmäler und Höhlen. Nordwestwärts erheben sich die **Schlossanlagen von Bourdeilles** und die **Abtei von Brantôme,** in den hohen Norden geht es zur **Grotte de Villars** (http://grotte-villars.com), in den Nordosten zum **Château de Laxion** (16./17. Jh.; Corgnac sur-l'Isle) und zum **Château de Jumilhac** (Wurzeln im 12., erweitert bis ins 18. Jh.; Jumilhac-le-Grand), in den Südwesten zum **Château de Neuvic** (16. Jh.), weit im Osten zum **Château de Hautefort** und zur **Grotte de Tourtoirac** (www.grotte-de-tourtoirac.fr). Tief im Südosten – kombinierbar mit einer Weiterfahrt nach Domme – liegen die **Grottes de Maxange** (http://lesgrottesdemaxange.com).

Weitere sehenswerte Orte

Weit in Richtung Südosten ab Périgueux stößt man weiter ins Tal der Vézère und zur **Wiege des Cromagnon-Menschen** vor. Hier zeigt sich nachdrücklich: Schon die Vorgeschichtler wussten in der Dordogne zu leben und verwandelten eine Grotte in eine Kunstgalerie, indem sie dort monumentale Stiermotive auf die Wände auftrugen: in der erst 1940 entdeckten **Grotte von Lascaux,** die ebenso zum **Weltkulturerbe** der UNESCO gehört wie die Grotten Font-de-Gaume, Combarelles und Rouffignac. Wermutstropfen: Die Weltattraktion Lascaux ist längst für den Publikumsverkehr geschlossen; Infos, Hintergründe und eine Replik im *Lascaux IV Centre International de l'Art Pariétal* in **Montignac**; www.lascaux.fr/fr.

In **Les-Eyzies-de-Tayac** bieten sich Besuche der Höhlen **Font de Gaume** und **Combarelles** an, für die beide eine strikte Besuchergrenze gilt. Ein Besuch empfiehlt sich auch für Familien mit Kindern. Die faszinierenden Karstformationen und Höhlenbilder bekommt man nur in kleinen Besuchergruppen zu Gesicht (Reservierungen unter Tel. 05 53 06 86 00, www.sites-les-eyzies.fr, Eintritt jeweils 11,50 €). Ergänzend dazu: das Nationalmuseum der Vorgeschichte (*Musée National de Préhistoire;* im Juli/Aug. tägl., sonst Di. geschl., http://musee-prehistoire-eyzies.fr, Eintritt 6 €, unter 18 Jahren frei).

Ein lohnendes Ausflugsziel in der Umgebung ist das **Château de Commarque** (www.commarque.com), das sich erhaben aus dem Landschaftsgrün abzeichnet und zwischen April und Anfang November seine Pforten für Besucher öffnet, Eintritt 9,80 €. Das dürfte auch jüngere Burgentdecker begeistern; für Kinder und Jugendliche (6–17 Jahre) fällt ein Eintrittsgeld in Höhe von 6,50 € an.

- Weitere Infos über das **Fremdenverkehrsamt in Les-Eyzies-de-Tarnac:** *Office de Tourisme,* 19 avenue de la Préhistoire, Tel. 05 53 51 82 60, www.leseyzies.fr
- Eine äußerst komfortable, charmante Unterkunft in Les-Eyzies-de-Tayac bietet das Vier-Sterne-Hotel **Les Glycines**③ (Tel. 05 53 06 97 07, www.les-glycines-dordogne.com; mit Gärten, Spa und Restaurants). Im selben Ort befindet sich das **Hôtel Le Centenaire**② (2 avenue du Cingle, Tel. 05 53 06

68 68, www.hotelducentenaire.fr; mit Restaurant und kleinem Außenpool; Anfang Februar bis Ende November).

Im tiefen Südosten des Périgord warten mit Domme und Sarlat-la-Canéda zwei Ziele mit besonders schönem mittelalterlichem Gepräge auf. Die Ende des 13. Jh. begründete Bastide **Domme** erhebt sich hoch über dem Flusstal der Dordogne; das Geflecht aus Mauern und Gassen sowie die herrlichen Ausblicke rechtfertigen einen Abstecher von weither.

Unterhalb der Bastide liegt die größte natürliche Grotte im Périgord Noir, die Grotte de Domme (deren Besuch auch für Familien mit Kindern zu empfehlen ist; Erw. 9 €, Kinder und Jugendliche 5–14 Jahre 6,50 €). Ein Besuchsziel ist auch das mittelalterliche Gefängnis der Tempelritter, *Prison aux Templiers*, wo Steingravuren die Aufenthalte der Inhaftierten bezeugen.

Ein weiterer interessanter Ausflug führt westwärts zum majestätischen **Château de Castelnaud** in Castelnaud-la-Chapelle (http://castelnaud.com, Eintritt April bis Mitte November 12,90 €, sonst 11,90 €).

- **Informationen in Domme** im *Office de Tourisme,* place de la Halle, Tel. 05 53 31 71 00, www.perigordnoir-valleedordogne.com.
- Übernachtung in Domme im ansprechenden **Hôtel L'Esplanade**② 2 rue Pontcarral (Tel. 05 53 28 31 41, www.esplanade-perigord.com), mit Restaurant.

Les Eyzies-de-Tayac im Périgord Noir

Adobe.Stock ©Jimjag

Sarlat-la-Canéda ist auf malerischste Weise verwinkelt und zieht Besucher mit Plätzen und efeuumrankten Häuserzeilen in seinen Bann – ein Gedicht in Stein, in dem es nicht an Einkehrmöglichkeiten mangelt. Zusätzliche Anreize für einen Besuch geben der Mittwochs- und der Samstagsmarkt.

- Alle maßgeblichen Informationen erhält man im **Office de Tourisme von Sarlat-la-Canéda:** 3 rue de Tourny, Tel. 05 53 31 45 45, http://de.sarlat-tourisme.com.
- Eine gepflegte Unterkunft etwas außerhalb, nordwestlich von Sarlat-la-Canéda, findet man im **Hôtel Meysset**①-② (62 route d'Argentouleau, Tel. 05 53 59 08 29, http://hotel-meysset.com), mit Panoramaterrasse, Sommerpool, Restaurant (wechselnde Zeiten).
- Wer lieber im Ort bleibt und ein größeres Budget hat, quartiert sich hier unter vier Sternen ein: **Hôtel Plaza Madeleine** ②-③, 1 place de la Petite Rigaudie, Tel. 05 53 59 10 41, www.plaza-madeleine. com; mit Spa.

Sport und Freizeit

- Auch ohne direkten Kontakt zum Meer hat die Region im Bereich Sport und Freizeit eine ganze Menge zu bieten: allein etwa 5000 km **Wanderwege,** 1000 km **Mountainbikewege,** Hunderte Kilometer empfohlener Strecken zum **Reiten** bzw. für mehrtägige **Pferdewagentouren** *(roulotte à cheval)* sowie gute Möglichkeiten des **Kanuwanderns** auf der Dordogne und der Vézère.

2

Nördliche Atlantikküste

» Dies sind ideale Urlaubsgegenden für Anhänger von Sonne, Strand und pulsierendem Leben. Arcachon und die Feriengemeinden Le Porge, Lacanau-Océan und Hourtin bieten eine Fülle von Sportangeboten und Freizeitaktivitäten für ausgehfreudige Gäste und Familien. Außerhalb der Saison verläuft das Leben in ruhigen Bahnen.

Adobe.Stock ©guitou33

‹ Dünen- und Wasserlandschaft des Bassin d'Arcachon

NÖRDLICHE ATLANTIK-KÜSTE UND HINTERLAND

Markant setzt das *Becken von Arcachon* einen geografischen Schnitt, süd- und nördlich davon erwarten Sie herrliche, lange *Strände.* Nicht zu vergessen das *Hinterland* mit seinen Seen, Wander- und Radwegen; der Fernradweg „Vélodyssée" führt durch das Gebiet. Kulinarisch befinden Sie sich in der Hochburg der *Austernzucht.*

NICHT VERPASSEN!

- Schlendern auf den **Promenaden** in Arcachon | 90
- **Bootstour** durch das **Bassin d'Arcachon** | 91
- Aus 60 Mio. Kubikmetern Sand besteht die **Dune du Pilat** | 96
- Imposant: der **Leuchtturm von Cap Ferret** | 102
- Bei Wassersportlern beliebt: der Binnensee **Lac de Lacanau** | 107
- Pralles Leben in **Carcans-Plage** | 109
- Strandaktivitäten aller Art in **Hourtin-Plage** | 112
- 2600 Sonnenstunden pro Jahr bietet **Soulac-sur-Mer** | 113
- Der 67 m hohe **Phare de Cordouan** ragt einsam aus dem Wasser | 114

Diese Tipps erkennt man an der gelben Markierung.

Am Abend auf der Düne von Pilat

198sf ad

Überblick

In Arcachon werden Urlaubsträume wahr, hier erwartet Sie **eine der lebhaftesten Städte der Atlantikküste** – vorausgesetzt, man reist während der wärmeren Jahreszeit an. In der Wintersaison zeigt Arcachon ein gänzlich anderes Gesicht, ausgestorben bis mausetot. Oder, positiv formuliert: ein ideales Umfeld für Ruhesuchende und eine gute Gelegenheit, die Einsamkeit im nahen Vogelpark von Le Teich oder auf den Wanderwegen zu genießen. Von klirrender Kälte kann im Winter keine Rede sein. Im Dezember und Januar halten sich die Mittelwerte um 10 °C und im Februar um 12 °C. Etwa zu dieser Zeit setzt die Mimosenblüte ein. Im Juli und August erreichen die Temperaturen **Spitzenwerte von 25 bis 30 °C.** Insgesamt verzeichnet das Becken von Arcachon ein angenehmes Jahresmittel von 2000 Sonnenstunden.

Im Sommer gibt es an der nördlichen Atlantikküste ein **riesiges Freizeitangebot.** Man sollte also wissen, auf was man sich einlässt, und sich nicht beklagen, wenn einem eine Urlaubshochburg wie Lacanau-Océan an manchen Tagen

Nördliche Atlantikküste

0 5 km
© Reise Know-How
SW-FrK1b 8/24
Royan
Soulac-s-Mer
ATLANTIK
Carcans-Plage
Lacanau-Océan
Arcachon
105 Lacanau-Océan
Le Moutchic
105 Lac de Lacanau
105 Lacanau
La Grande-Escourre
106
60
D6
D5E3
D3
D5
Saumos
GIRONDE
105 Le Porge-Océan
D5E4
Le Temple
105 Le Porge
Canal de Lège ou du Porge
D5
Plage Grand Crohot Océan
102 Grand Crohot Océan
Lège-Cap-Ferret
Militär
Forêt Domaniale de Lège et Garonne
D106
102 Arès
RÉSERVE NATURELLE PRÈS SALÉS
GOLF DE GASCOGNE
102 Andernos-les-Bains
D3
D5
Petit Piquey
Grand Piquey
PARC NATUREL RÉGIONAL DES LANDES DE GASCOGNE
102 Lanton
Plage du Truc Vert
Île aux oiseaux
Domaine des Certes
102 Audenge
BASSIN D'ARCACHON
Plage l'Horizon
86 Arcachon
D3
N250
Maison de l'Huître
Port de Larros
Réserve Ornithologique
101 Biganos
Cap Ferret
96 Pyla-Sur-Mer
101 Gujan-Mestras
99 Le Teich
Facture
102 Pointe du Cap Ferret
92 La Teste-de-Buch
A660
Relais Nature
Mios
RÉSERVE NATURELLE DU BANC D'ARGUIN
96 Dune du Pilat
Canal des Landes
Zoo du Bassin d'Arcachon
GIRONDE
Eyre
D216
Pointe d'Arcachon
D218
98 Cazaux
D652
La Caplanne
153 PARC NATUREL RÉGIONAL DES LANDES DE GASCOGNE
98 Étang de Cazaux et de Sanguinet
Forêt de Lagnereau
Port Maguide
Sanguinet
Lugos
149 Biscarrosse-Plage
Forêt de Biscarrosse
Ispes
D652
Gare de Lugos
Navarrosse
D146
D46
Petit Étang de Biscarrosse
148 Biscarrosse

überfüllt vorkommt. Genau das Richtige ist es für jene, die pulsierendes Leben suchen. Nicht ganz so ausschweifend geht es dagegen in kleineren Orten wie Maubuisson zu.

Zum Glück für alle dehnen sich die sandigen **Strände** zwischen Soulac-sur-Mer – im Norden nahe der Gironde-Mündung – und Cap Ferret, Südzipfel und Westbegrenzung des Bassin d'Arcachon, angenehm weit aus, sodass sich die Wasserratten und Sonnenanbeter verteilen. Sardinendoseneffekte bleiben in der Regel aus.

Alternativen zu den Atlantikstränden bilden die dicht hinter der Küste gelegenen **großen Binnenseen** Lac de Lacanau und Lac d'Hourtin et de Carcans, die beide bei Wassersportlern hoch im Kurs stehen. Wer in den See- und Strandgemeinden des nördlichen Küstenabschnitts Station macht, hat es nicht weit bis zu den **Weinbaugebieten** des Médoc (→ „Bordeaux und Umgebung").

Arcachon

„Es gibt auf der ganzen Welt wohl kaum einen anderen Ort, der faszinierender ist als die Bucht von Arcachon", heißt es in einer lokalen Broschüre. Dieses Loblied ist natürlich übertrieben, doch Arcachon und das **Bassin d'Arcachon** verströmen wirklich ihre Reize.

Arcachon liegt quicklebendig auf der Höhe der Zeit, ein **traditioneller Ferienkracher,** den die ausgehfreudige Jugend ebenso in ihren Bann zieht wie Familien mit Nachwuchs. Ob sandige Strände oder breite Promenaden, Kinderclubs oder Nachtleben, Bootstouren oder kulinarische Genüsse mit frisch geernteten Austern – für jeden Geschmack hält das Städtchen samt Umgebung sein Angebot bereit: für Wassersportfreunde wie Sonnenhungrige, für Jogger wie Gourmets. Spazier-

200sf ad

500sf ad

gänger und stramme Wanderer können die Wege um die ausgedehnte und wegen ihrer Austernzucht berühmte Bucht angehen, die 155 km^2 einnimmt und bei Ebbe reichlich Wasser ablässt. Der Buchtrandweg erstreckt sich 80 km bis Cap-Ferret, der Radweg dorthin ist etwas länger (ca. 100 km). Einzig geschichtliche Spurensucher dürften enttäuscht sein, denn Arcachon fährt wenig historische Substanz auf und hat keine imposanten Monumente oder Museen zu bieten. Als Ausnahmen mag man die Basilique Notre-Dame und die geschichtsträchtigen Villen in der „Winterstadt" *(Ville d'Hiver)* anführen.

Die Orientierung vor Ort ist denkbar einfach. Der kleine Stadtkern breitet sich zwischen der Place Roosevelt/Esplanade Georges Pompidou und dem Ufer aus, wo Promenaden und Sandstrände warten. Die Hauptstrände werden von den beiden Molen Eyrac und Thiers unterteilt, Startpunkte von **Bootsausflügen.** Der große **Sporthafen** liegt etwa 1,5 km östlich der City, während man westlich der Innenstadt zu weiteren **Stränden** vorstößt: Plage Pereire, Plage des Abatilles, Plage des Arbousiers und Plage du Moulleau. Diese Gebiete leiten in den **Vorort Pyla-sur-Mer** über, an den sich südwärts der Sandgigant der Dune du Pilat (auch: Dune du Pyla) anschließt. Der Aufstieg auf **Europas mächtigste Düne** (→ „Pyla-sur-Mer und die Düne von Pilat") ist ein Erlebnis, das man allerdings oft mit vielen anderen Besuchern teilt.

MEIN TIPP: Nehmen Sie aus der Stadt den Linienbus, das erspart die Parkplatzsuche auf dem gebührenpflichtigen Areal vor dem Dünenzugang; eine Alternative ist die Anfahrt mit dem Fahrrad.

Südlich von Arcachon bricht man Richtung Biscarrosse und Mimizan zu den Strandschätzen der Côte d'Argent auf (→ „Südliche Atlantikküste"), während man auf dem Weg gen Norden das weite Becken von Arcachon umfährt. Wer sich mit einer dosierten Ration Großstadt begnügt, kann Bordeaux durchaus als Tagesausflug ab Arcachon angehen und sich dort auf das Allerwichtigste beschränken (hin und zurück

⌃ Bei Ebbe mitten in der Bucht von Arcachon

‹ An der Jetée d'Eyrac, einer der beiden zentralen Molen von Arcachon

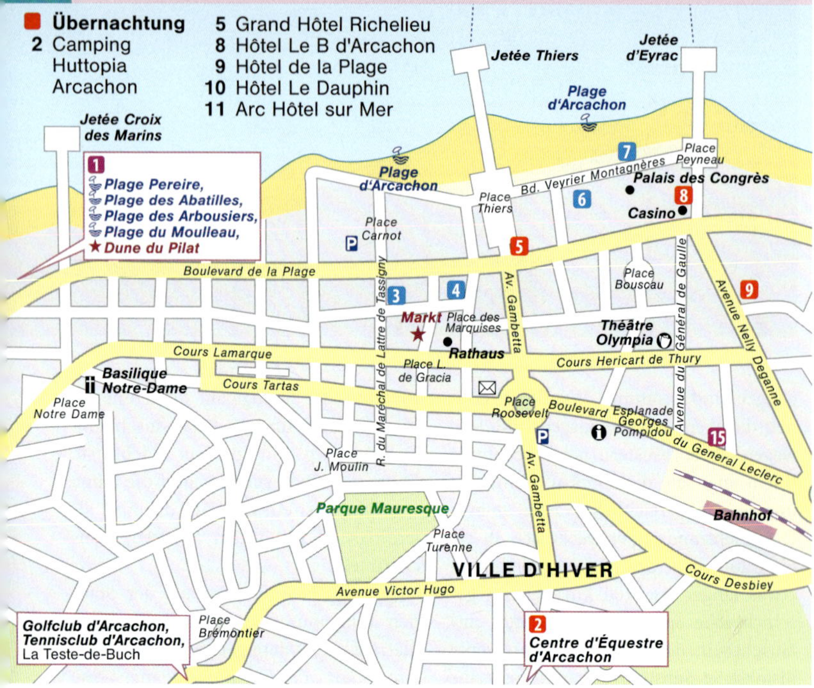

etwa 130 km, auch per Bahn). Als Standort im Bassin d'Arcachon bieten sich neben dem Ort Arcachon auch Gujan-Mestras und Cap Ferret an; Arès, Lanton und Andernos-les-Bains sind unter Campingfreunden beliebt (→ „Rund um das Bassin d'Arcachon").

Geschichte und Gegenwart

Eine **Legende** führt ins frühe 16. Jh., als *Thomas Illyricus* auf seinen apostolischen Reisen in Frankreich unterwegs war. Ursprünglich stammte er aus Illyrien an der Adriaküste, war dem Ruf Gottes gefolgt und dem Orden der Franziskaner beigetreten. Während seines Wirkens predigte er mit Eifer und wählte die Einsamkeit der Wälder von Arcachon als Hort für sein Eremiten-Dasein. Als der Einsiedler eines Tages entlang der Küste spazierte, zog plötzlich ein schwerer Sturm auf. In der Ferne sah er zwei Schiffe, die Wind und Wellen ausgeliefert waren und immer weiter auf die Sandbänke zugetrieben wurden. Ein Unglück schien unabwendbar. Da kniete sich *Thomas Illyricus* nieder, zeichnete ein Kreuz in den Sand und rief Gott um Hilfe für die bedrohten Seeleute an. Der Sturm flaute ab, die Wellentäler glätteten sich, die Schiffe steuerten zurück aufs offene Meer. Der fromme Mann dankte dem Allmächtigen, als er plötzlich vor seinen Füßen

Essen und Trinken
3 La Cabane du Breton
4 Brasserie des Marquises
6 Restaurantzone
7 Chez Pierre
16 La Cabane de l'Aiguillon

Nachtleben
12 Café Théâtre Le Zèbre
13 Metropolitain Club
14 Wine Not

Sport- und Freizeitaktivitäten
1 Skatepark
15 Fahrradverleih 2 Roues Loc

ein Bildnis der heiligen Jungfrau Maria entdeckte – **das Wunder von Arcachon,** das sich um 1519 ereignet haben soll.

Bruder *Thomas,* so berichtet die Legende weiter, errichtete der Madonna zu Ehren eine schlichte Holzkapelle und betete voller Ehrfurcht vor der Statue. So entstand das **Sanctuaire Notre-Dame d'Arcachon,** das „Heiligtum Unserer Lieben Frau von Arcachon", das später von zahlreichen Gläubigen verehrt wurde. Die erste Kapelle des *Thomas Illyricus* fiel 1624 einem neuerlichen Sturm zum Opfer, der steinerne Nachfolgebau versank 1721 im Sand – in beiden Fällen konnte das Marienbildnis auf wundersame Weise gerettet werden. Im Jahr 1722 wurde mit der **Chapelle des Marins,** der „Kapelle der Seeleute", das dritte kleine Gotteshaus errichtet, das bis heute Wallfahrer aus nah und fern anlockt. Seit Mitte des 19. Jh. wird die Kapelle von der großen Basilique Notre-Dame ummantelt.

Sieht man einmal vom Marienheiligtum ab, gab es in der Gegend nicht viel. Erst Mitte des 19. Jh. begann sich Arcachon an der weit ausgreifenden Bucht selben Namens herauszubilden. Was mit ein paar dahingewürfelten Villen für die wohlbetuchten Schichten und als Ort der Austernzucht begann, ist heute auf die 11.500-Einwohner-Marke geklettert – eine Zahl, die während der Sommermonate mit den Besuchern um ein Vielfaches ansteigt.

Von den guten alten Zeiten legt die ein Stück landeinwärts versetzte **Ville d'Hiver,** die Winterstadt, Zeugnis ab. Sie ist heute nichts weiter als ein Viertel, das sich im Grün ausbreitet und etwa 200 Villen und Ferienhäuser umfasst. Manche haben kunstvoll gestalteten Fassaden und halten die Erinnerung an die Bourgeoisie des 19. Jh. und beginnenden 20. Jh. lebendig.

Fremdenverkehr, Austernzucht und Fischfang formen in unserer Zeit die Stützpfeiler der regionalen Wirtschaft. Überall sind Ferienwohnkomplexe und Villen zu sehen. Im Sommer machen Hotels, Restaurants, Bars, Brasserien und Campingplätze das Geschäft des Jahres – kein Wunder, dass im Winter viele Einrichtungen ihre Pforten schließen.

Tipp für die Fortbewegung im Stadtgebiet: die umweltfreundlichen Elektrobusse.

501sf ad

Sehenswertes

Promenaden, Hauptstrände und City

Arcachons praller Sommertrubel konzentriert sich auf die Flaniermeilen nahe der Strände, also den **Boulevard de la Plage** und den verkehrsfreien Bereich um Place Thiers und Boulevard Veyrier Montagnères. Rund um die Bucht spürt man die sommerliche Leichtigkeit des Seins am besten, hier wehen einem verführerische Restaurant- oder simple Frittendüfte um die Nase. An Sommerabenden heißt es „Bühne frei" für Performancekünstler, Musiker, Maler, Henna-Tätowierer. Man sollte sich Zeit nehmen, sich ein Päuschen oder einen Terrassendrink gönnen, die Blicke auf die Bucht genießen und das bunte Boulevardtreiben, das nach den immer gleichen Regeln vom Sehen und Gesehenwerden abläuft, an sich vorbeiziehen lassen.

Wer sich ein Gläschen oder eine Mahlzeit genehmigt, sollte wissen, dass das Ambiente seinen Preis hat. In den hiesigen Lokalen ist es nicht gerade günstig, manches wirkt schlicht überteuert.

An den **Molen** *(jetées)* stechen Ausflugs- und Linienboote in See, die zentral gelegenen Stadtstrände sind zum Baden und Sonnenbaden akzeptabel. Im Rücken der Strandpromenade liegen das **Casino** und der moderne **Palais des Congrès,** der Kongresspalast.

Von der Place Thiers fließt die **Avenue Gambetta** ab und schiebt sich an Cafés und Boutiquen vorbei bis zur Place Roosevelt. Im Anschluss an den Schaufensterbummel auf der Avenue

Gambetta lohnt sich ein Streifzug über den **Markt** in der *Halle Baltard* an der Place des Marquises, einem modern gestalteten Platz mit einer orientalischen Nuance. Eine gute Gelegenheit, um Frischwaren und Käse zu kaufen und in der *Brasserie Le Bouchon du Marché* einzukehren.

Eine weitere betriebsame Zone eröffnet sich um die **Rue du Maréchal de Lattre de Tassigny.**

Basilique Notre-Dame

Abseits des sommerlichen Strand- und Citytrubels erhebt sich die spitztürmige Basilique Notre-Dame auf einem kleinen Plateau am Ende der Allée de la Chapelle an der Place Notre Dame. In den Baukörper der Basilika eingefasst ist die **Chapelle des Marins,** in der die Gläubigen und Wallfahrer der heiligen Jungfrau für dargebrachten Schutz danken und mitunter symbolische Gaben hinterlassen. In ihren historischen Ursprüngen gründet sich die Seefahrerkapelle auf den Einsiedler *Thomas Illyricus* und seinen wundersamen Fund eines Marienbildnisses (→ Arcachon: „Geschichte und Gegenwart“). Die jetzige Kapelle datiert aus dem Jahr 1722 und wurde nach einem Brand 1986 erneut geweiht. Der Bau der dreischiffigen Basilika erfolgte 1856 bis 1861. Das Auge bleibt an den schönen Glasfenstern hängen. Gelegentlich sind in der Basilika **Konzerte** angesetzt. Der Eintritt in die Basilika bzw. die Seefahrerkapelle ist frei.

☒ Typische historische Villa in der „Winterstadt“ von Arcachon

Hafenbereich

Über den Boulevard de la Plage erreicht man ca. 1,5 km östlich der Innenstadt den großen Hafenbereich, auf den der **Petit Port** ein Vorspiel gibt. Ganzjährig arrangiert das *Office de Tourisme* nach Reservierung an ausgewählten Tagen (Mo. und Do. ab 6.15 Uhr, der Preis hängt von der Teilnehmerzahl ab und kann beträchtlich sein, denn der Tarif beträgt 210 € für maximal 25 Personen) Besuche der Fischauktion *(criée)* in der Fischerhafenzone. Wenn man die Kosten und in den Ferien frühes Aufstehen nicht scheut, könnte das ein Ziel sein, das Abwechslung ins Urlaubsleben bringt.

Der eigentliche **Sporthafen** (Port de Plaisance) bietet rund 2600 Liegeplätze und zählt damit zu den größten an der französischen Atlantikküste. Von hier aus kann man sich zu organisierten Segeltörns, Tauchtrips und zum Hochseefischen aufmachen.

Bootsausflüge – Bassin d'Arcachon

Von den beiden Zentralmolen **Jetée Thiers** und **Jetée d'Eyrac** legen sowohl Linienboote (z.B. nach Cap Ferret) als auch Ausflugsboote zu Fahrten durch die Bucht ab. Insgesamt umfasst das Bassin d'Arcachon eine Fläche von 155 km^2 und erlebt bei jedem Wechsel von Ebbe und Flut einen Wasseraustausch von 230 Mio. m3 – ein richtiges Binnenmeer, allerdings auch mit Sandinselzonen bei Ebbe. Die üppigen **Austernparks** bilden das ökonomische Rückgrat für viele Menschen. Insgesamt gibt es heute 330 Austernzucht-Konzessionen, und jeder Austernpark gibt Arbeit für zwei bis fünf Personen.

Während der Buchttrips steuern die Boote – mit Abstand, was nicht zuletzt am tidenabhängigen Tiefgang liegt – auf die mitten im Becken gelegene **Vogelinsel** *(Île aux oiseaux)* und auf die typischen **Watthütten** *(cabanes tchanquées)* zu. Die auf einem stabilen System aus hölzernen Stelzen ruhenden Hütten dienten ursprünglich als Unterschlupf für das Wachpersonal der Austernparks.

An den Rändern der Bucht reihen sich zahlreiche kleine Häfen auf, die sowohl Freizeitsportlern als auch den Austernfischern dienen. Allein auf die Gemeinde Gujan-Mestras entfallen sieben Häfen, angeführt vom **Port de Larros** mit seinem „Austernhaus" *(Maison de l'Huître)*. Während manche Segler auf stolzen Schiffen unterwegs sind, setzen die Austernzüchter nach wie vor auf ihre *pinasses*, traditionelle **Arbeitskähne** mit zuweilen farbenfrohem Anstrich und sehr geringem Tiefgang. Das ist angesichts des Tidenhubs auch nötig: Bei Ebbe herrscht vielerorts wirklich Ebbe, und die Boote liegen unweigerlich auf dem Trockenen. Wohl dem, der das verästelte Kanalrinnensystem der Bucht kennt.

Südwärts führt ein vergleichsweise schmaler Auslauf zwischen dem Kap **Pointe du Cap Ferret** und Pyla-sur-Mer von der Bucht hinaus aufs offene Meer. Als markante Anhaltspunkte dienen das Leuchtturmörtchen Cap Ferret an der West- und die **Düne von Pilat** an der Ostflanke. Dem Sandriesen vorgelagert ist die Sandbank Banc d'Arguin.

Bei **organisierten Ausfahrten** ist zu bedenken, dass eine zweistündige Tour zwar deutlich teurer ist (Richtpreis: 22 € für Erwachsene, 17 € für Kinder 3–12 Jahre) als eine einstündige Blitztour, jedoch auch abwechslungs- und erlebnisreicher. Wer länger unterwegs ist, bekommt allein schon eine bessere Fernsicht auf den Dünengiganten Pilat. Von April bis Oktober starten auch zweieinhalbstündige Ausfahrten (30 € für Erw.), von Mai bis September wahlweise mit Essen unterwegs an Bord (69 €).

■ **Union des Bateliers Arcachonnais,** http://bateliers-arcachon.com, Abfahrt und Ticketbuden an den Molen. Großes Angebot an verschiedenen Ausflugsfahrten dieser Bootschiffer-Vereinigung.

■ Eine Alternative zu einem organisierten Ausflug bietet der zwischen Arcachon und der Westflanke des Beckens (Cap Ferret, Le Canon) pendelnde **Linienbootverkehr,** der allerdings von der Saison abhängt. Eine Übersicht über die Strecken und stark wechselnden Fahrzeiten sowie die Preise findet sich unter http://bateliers-arcachon.com. Weitere Strecken sind z.B. Arcachon–Andernos, Le Moulleau–Cap Ferret und Dune du Pilat–Cap Ferret. Die klassische Strecke Arcachon – Cap Ferret dauert 30 Minuten und kostet einfach 9 € für Erwachsene, 7 € für Kinder 3–12 Jahre. Fahrradtransport ist möglich, was auf der Strecke Arcachon – Cap Ferret 6 € kostet. Kauft man gleich ein Hin- und Rückfahrtticket, gibt es einen Preisnachlass.

La Teste-de-Buch

MEIN TIPP: In Arcachons südöstlicher Nachbargemeinde La Teste-de-Buch spielt sich nahe der Kirche das Marktgeschehen der Gegend ab, besonders lebhaft Do., Sa. und So. jeweils von 8 bis 13 Uhr beim **Straßenmarkt.**

Zur Gemeinde gehört auch der **Zoo du Bassin d'Arcachon** mit über 600 Tieren, darunter Elefanten, Affen und Giraffen.

■ **Zoo du Bassin d'Arcachon,** route de Cazaux; http://zoodubassindarcachon.com, Anfang April bis Anfang September tägl. 10–19 Uhr, ansonsten wechseln die Öffnungszeiten im Laufe des Jahres mindestens sechs mal (Aufschluss gibt die Homepage, telefonischer Kontakt 05 56 54 71 44); zwischen Anfang November und Anfang Februar ist der Zoo gewöhnlich komplett geschlossen. Eintritt 26,90 €, Kinder 3–11 Jahre 19,90 €; zu beachten ist, dass die Kassen 2 Std. vor der offiziellen Schließzeit schließen.

Praktische Tipps

Information

■ **Office de Tourisme,** 22 boulevard du Général Leclerc, Tel. 05 57 52 97 97, www.arcachon.com. Hier auch Infos zu Führungen zur Source des Abatilles und zu den Fischauktionen im Hafen.

Unterkunft

8 Hôtel Le B d'Arcachon②-③, 4 rue du Professeur Jolyet, Tel. 05 56 83 99 91, www.hotel-b-arcachon.com. Sympathisches Vier-Sterne-Haus in zentraler Lage, gutes Preis-Leistungs-Verhältnis, erfrischend modernes Interieur.

11 Arc Hôtel sur Mer②-③, 89 boulevard de la Plage, Tel. 05 56 83 06 85, www.arc-hotel-sur-mer. com. Ein komfortables Haus über der kleinen Plage d'Eyrac, zwischen City und Sporthafen gelegen. Drei Sterne, privater Parkplatz, kleiner Pool, kleine Sauna, Terrasse. Zimmer wahlweise zur Garten- oder Meeresseite hin (mit den entsprechenden Preisunterschieden).

503sf ad

Bootstour durch die Bucht von Arcachon

5 Grand Hôtel Richelieu②-③, 185 boulevard de la Plage, Tel. 05 56 83 16 50, www.grand-hotel-richelieu.com. Zentraler geht's nicht, 45 Zimmer, Promenaden und Strände direkt vor der Tür – mit allen Vor- und Nachteilen! Zimmer mit Meer- oder Seiten-/Parkplatzblick. Hoteleigener Parkplatz, geöffnet in der Regel Mitte März bis Anfang Nov. Die Kategorie Budget-Zimmer (franz.: *Chambre économique*) beschränkt sich auf 15 m^2, ein Standard-Zimmer ist 17 m^2 groß.

9 Hôtel de la Plage②, 10 avenue Nelly Deganne, Tel. 05 56 83 06 23, www.hotelarcachon.com. Heißt zwar „Strandhotel", liegt aber nicht am Strand, sondern ca. 300 m von der Meerespromenade entfernt und damit sehr gut. Die Zimmer sind recht klein, aber mit Balkon ausstaffiert. 51 Zimmer, ordentliches Frühstücksbüffet. Die hauseigenen Parkplätze für Formate großer Autos sind sehr knapp bemessen. Wiedereröffnet im Frühjahr 2024.

10 Hôtel Le Dauphin①-②, 7 avenue Gounod, Tel. 05 56 83 02 89, http://dauphin-arcachon.com. Eingerichtet in einer Villa aus dem 19. Jh. Strategisch günstig gelegen, allerdings sind die Zimmer eher klein. Mit kleinem Sommerpool. Diesem Durchschnittshaus entsprechen die – für eine Destination wie Arcachon – recht zivilen Preise.

Camping

2 Camping Huttopia Arcachonn, 5 allée de la Galaxie, Tel. 05 64 09 10 13, http://europe.huttopia.com. In Grünzonen eingefasstes Areal etwa 2 km außerhalb der Innenstadt landeinwärts. Mit Poolbereich, Vermietung von Bungalows und *Mobile Homes*. Für bis zu 4 oder 6 Personen geeignet. In Holzstil gehalten sind die sogenannten Pferde oder Schindelwagen *(roulottes)*– eine Option für Romantiker zu zweit oder für Familien mit Kindern. Mit Café. Frühstücksservice tägl. von Juni bis September.

Essen und Trinken

3 La Cabane du Breton①, 4 rue Maréchal de Lattre de Tassigny, Tel. 06 37 13 69 51, www.lacabanedubreton.fr. Das Reich der Crêpes und Galettes (salzig, mit Buchweizenmehl gemacht). Leckeres Essen in fast familiärer Atmosphäre. Leider sind die Öffnungszeiten begrenzt: Mi./Do./So. 12–14, Fr. und Sa. 12–14 und 19–21 Uhr. Da es hier bretonisch zugeht, darf der Apfelwein (*Cidre*) nicht fehlen.

6 Arcachons klassische **Bar- und Restaurantzone** befindet sich hinter dem Strand, dort ebenfalls:

7 Restaurant Chez Pierre②, 1 boulevard Veyrier Montagnères, Tel. 05 56 22 52 94, http://cafedelaplage.com/restaurant-chez-pierre. Fisch und anderes Meeresgetier gehören zum Standard, im Sommer Terrassenservice. Trotz des zeitweiligen Massenbetriebs sind die meisten Gäste zufrieden.

4 Brasserie des Marquises②, rue Roger Expert, Tel. 05 56 83 80 06, www.brasserie-des-marquises.com. Beliebter Einkehr-Spot im Zentrum. Auf der Karte halten sich Fleisch und Meeresgetier die Waage, die Auswahl reicht von Klassikern wie *Austern und Foie gras* bis zu Salat mit geschmolzenem Ziegenkäse. Es gibt auch Crêpes und Waffeln oder das ausgefeilte Menü (Preiskategorie 3). Ansonsten kann man sich hier auch mal auf einen Cocktail treffen.

16 La Cabane de l'Aiguillon①, 51 boulevard Pierre Loti, Tel. 05 56 54 88 20, http://lacabanedelaiguillon.com. Diese Adresse liegt weit südöstlich der City, ist für Freunde von Austern aber den Abstecher wert. Nette Lage mit Blick aufs Becken von Arcachon, einfache Ausstattung. Nur während der wärmeren Jahreszeit geöffnet, täglich außer Mo. Verkauf ganzjährig.

Die zentrale Place des Marquises in Arcachon

Markt

■ **Les Halles d'Arcachon,** Place des Marquises, Di.–So. 7.30–13 Uhr. Mitte Juni bis Mitte Sept. tägl. 7.30–13 und außerdem Fr.–Sa. 17–20 Uhr. Auf Facebook vertreten.

Markt in La Teste-de-Buch, Do., Sa. und So. jeweils 8–13 Uhr Straßenmarkt nahe der Kirche, Fr. 8–13 Uhr Marché Bio, der übrige Markt öffnet immer Di.–So. 8–13 Uhr.

12 Beliebt ist auch das **Café Théâtre Le Zèbre,** 24 avenue de la République; Tel. 06 85 96 59 87, www.zebrearcachon.fr. Comedy (und somit etwas für Französisch-Versteher).

■ Im modernen **Théâtre Olympia** (21 avenue du Général de Gaulle, Tel. 05 57 52 97 75) vielfältiges Programm von Tanz und Theater bis zu Oper und klassischen Konzerten. Gelegentlich auch Chansonabende.

■ **Casino,** 163 boulevard de la Plage.

Nachtleben

13 Im Sommer ist der **Metropolitain Club** (4–6 boulevard Mestrezat) populär bei Nachtschwärmern.

14 **Wine Not,** 46 boulevard Mestrezat, Tel. 05 57 15 37 78 www.winenot-arcachon.com. Gefällige Weinbar, aber auch Restaurant. Do. und So.-mittags geschlossen.

Sport und Freizeit

■ **Fahrradverleih:** 15 **2 Roues Loc,** 29 boulevard du Général Leclerc (strategisch günstig beim Bahnhof gelegen), Tel. 05 57 16 58 15, http://2rouesloc.godaddysites.com.

Oder bei: *Dingo Vélos,* 1 rue Grenier, Tel. 05 56 83 44 09, http://dingovelos.bike.

502sf ad

- **Fallschirmspringen:** *Arcachon Parachutisme, Aérodrome de Villamarie,* La Teste-de-Buch, Tel. 06 52 91 80 96, http://arcachon-parachutisme.fr. Tandemsprünge aus 4200 m Höhe, wahlweise auch mit Foto- und/oder Videoaufnahmen.
- **Golf International d'Arcachon,** 35 boulevard d'Arcachon, La Teste-de-Buch, 18-Loch-Anlage, Tel. 05 56 54 44 00, www.golfarcachon.org.
- **Reiten:** *Centre Équestre d'Arcachon,* 25 rue Pierre Frondaie, Tel. 06 38 22 63 14, www.centreequestre arcachon.com. Kurse für Anfänger/Fortgeschrittene, Erwachsene und Kinder, Ausritte.
- **Segeln:** *Cercle de la Voile d'Arcachon,* quai de Goslar, Port de Plaisance, Tel. 05 56 83 05 92, www. voile-arcachon.fr. Weitere Segelclubs verteilen sich über die ganze Bucht.
- 1 **Skatepark,** avenue du Parc/Parc Pereire. Ein 600-m²-Areal.
- **Surfen:** *Surf en Buch,* Plage des Arbousiers, Tel. 06 80 05 46 95, www.ecoledesurf-arcachon.com. Kurse an diversen Stränden. *Surf'n Paddle,* diverse Reviere für SUP und Surfen (u. a. Plage Pereire), Tel. 06 08 11 00 05, www.surfnpaddle-location.fr.
- **Tauchen:** *VSM/L'Océana,* 14 rue du Capitaine Allègre, Port de Plaisance (Sporthafen), Tel. 05 56 83 98 95, www.oceana.fr, www.arcachonplongee-plaisir.fr, Padi-Zertifikate, Einzel- und Gruppenkurse.
- **Tennis:** *Tennisclub d'Arcachon,* 7 avenue du Parc, Tel. 05 57 72 09 50, http://tennis-club-arcachon.com, über 20 Plätze, Privat-/Gruppenstunden; hier lassen sich auch stundenweise Padel-Tennis-Courts mieten. *Tennis Club de la Source des Abatilles,* 163 boulevard de la Côte d'Argent, Tel. 06 48 00 14 40.
- **Thalassotherapie:** *Thalazur Arcachon,* 9 avenue du Parc, Tel. 05 57 72 06 66, www.thalazur.fr.

Feste und Veranstaltungen

- **Karneval, Fête d'Arcachon** (Stadtfest) um den 25. März; meist in der zweiten Maihälfte oder Anfang Juni **Jumping des Sables** *(Springreiten im Sand; bei Ebbe an der Plage Pereire);* am 14./15. August **Fêtes de la Mer** (Meeresfest), im September **„Cadences"-Festival** mit Tanzaufführungen; im Dezember **Weihnachtsdorf** auf der place des Marquises.

Verkehrsanbindung

- **Bahnhof:** boulevard du Général Leclerc, regelmäßig Züge nach Bordeaux.
- **Bootsverbindungen:** ganzjährig über die Bucht zwischen Arcachon und Cap Ferret entweder ab der Jetée Thiers oder der Jetée d'Eyrac.

Pyla-sur-Mer und die Düne von Pilat

Südlich von Arcachons Vorort Pyla-sur-Mer bäumt sich eine der spektakulärsten Sehenswürdigkeiten Frankreichs auf: die **Dune du Pilat** (auch: Pyla), ein sandiger Riese von 104 m, der eine Breite von 500 m und eine Länge von 2700 m einnimmt, aus 60 Millionen m3 Sand besteht und als **„höchste Düne Europas"** vermarktet wird. Der blühende Dünenkommerz beginnt schon vor dem kräftezehrenden Anstieg: Abzweig auf den gebührenpflichtigen Parkplatz (950 Plätze; in der Hauptsaison 4 Std. 6 € für Pkw), dahinter durch ein Nadelöhr aus Snackbars und Souvenirshops an die weißgelbe Sandwand heran. Der Zugang zur Düne ist jedoch kostenlos und jederzeit möglich. Mitunter sind es regelrechte Menschenkarawanen, die dem Gipfel entgegenziehen. Von den oberen Rückenpartien des Riesen bieten sich grandiose Aussichten über den

Ozean und das Bassin d'Arcachon, auf das **Naturschutzgebiet Banc d'Arguin** und Cap Ferret mit seinem Leuchtturm. In der Ferne punktieren Segelboote das Meeresblau weiß, landeinwärts breitet sich ein grünes Meer aus Pinien aus und setzt sich zum größten derartigen Waldgebiet Frankreichs zusammen. Leider ist das Areal chronisch von Waldbrandgefahr betroffen, was im Juli 2022 bedrohlich deutlich wurde.

Auf der Düne gibt es keinen Gipfel im klassischen Sinne und keine festen Wanderrouten, sondern ein **Ensemble aus sandigen Buckeln.** Immer wieder wechseln die Bilder, verändert sich je nach Windrichtung und Jahreszeit sogar die Höhe der Düne (was abweichende Höhenangaben erklärt). Bis zu welchem Punkt man den Streifzug durch den tiefen Sand ausdehnt, ist nicht zuletzt Konditionssache (oder abhängig von Sehnenbeschwerden ...). Platz und Auslauf sind auf alle Fälle genug da. Man sollte sich Zeit für eine Rast lassen, die Panoramen in sich aufsaugen.

Eine Ausflugstour zur Dune du Pilat lässt sich gut mit einem Abstecher zu den südlichen **Stränden** Arcachons verbinden: zur Plage Pereire, der Plage des Abatilles, der Plage des Arbousiers und der Plage du Moulleau. Südlich der Düne schließen sich mit der Plage du Petit Nice, der Plage de la Lagune und der Plage de la Salie Nord weitere Strände an; letztgenannte liegen bereits auf dem Weg nach Biscarrosse (→ „Südliche Atlantikküste").

Information

- **www.dunedupilat.com** (auch auf Deutsch).

Blick über die Dune du Pilat

Adobe.Stock ©SpiritProd33

Unterkunft

■ **Hôtel Ttiki-etchea**②, 2 place Louis Gaume, Pyla-sur-Mer (Pilat Plage), Tel. 05 56 22 71 15, www.hotel-ttiki-etchea.com. Nahe am Meer, von Pinien umstanden, zweckmäßige Zimmer, geöffnet Mai–Ende Sept.

Camping

■ **Camping Village Panorama du Pyla,** route de Biscarrosse, Pyla-sur-Mer, Tel. 05 56 22 10 44, www.yellohvillage.de/camping/panorama.com.de. Auf diesem Vier-Sterne-Platz lassen sich auch kleine Holzbungalows, Chalets und Cottages mieten. Geöffnet Mitte Juni bis Ende September. Mit Pinienbeständen, Pools. Neugestaltung nach Brandkatastrophe, wie auch der nachfolgende Campingplatz.

■ **Pyla Camping,** route de Biscarrosse, Pyla-sur-Mer, Tel. 05 56 22 74 56, www.pyla-camping.com. Direkter Strandzugang, im Sommer vielfältige Sportangebote, geöffnet Anfang April bis Ende September. Sommerpool, Restaurant, Vermietung von *Mobile Homes* und Lodge-Zelten.

Essen und Trinken

■ **Restaurant La Co(o)rniche**③**,** 46 avenue Louis Gaume, nahe der Düne, Tel. 05 56 22 72 11, www.lacoorniche-pyla.com. Schöne Blicke auf die See von der angenehmen Terrasse, das Tafeln mit Fisch und Meeresfrüchten hat natürlich seinen Preis. Auch **Hotel**③.

Cazaux

Ab Arcachon erreicht man südwärts im Inland das Örtchen Cazaux am Nordufer des **Étang de Cazaux et de Sanguinet.** Das rund 5600 ha große Binnengewässer ist über den Canal des Landes mit dem Becken von Arcachon verbunden, bietet einen Strand und einen Sporthafen, Tretbootverleih sowie Campingplätze. In seinen südlichen Ausläufern stößt der Étang an die Feriengemeinde Biscarrosse (→ „Südliche Atlantikküste").

Die Gegend um Cazaux ist eingefasst in ein über 10.000 ha großes **Forstgebiet,** in dem Pinienbestände vorherrschen.

Camping

■ **Camping du Lac,** 74 rue Osmin Dupuy, Cazaux, Tel. 09 75 40 03 19, www.campingdulacdecazaux.fr. Kleines, einfaches Areal mit einigem Grün und Fahrradverleih, geöffnet April bis September.

Camping La Pinèda, boulevard de Cazaux, Cazaux, Tel. 05 56 22 23 24, www.campinglapinede.net, www.capfun.de. Allein die Aqualandschaft ist auch bei Familien mit Kindern ein schlagkräftiges Argument. Unterbringung u.a. in verschiedensten Hüttenmodellen. Geöffnet April bis September.

▷ Kleiner Hafen nahe dem Eingang zum Vogelpark von Le Teich

Le Teich

Kleiner Ort ganz groß – zumindest, was die Naturvielfalt angeht. In Le Teich, knapp 15 km östlich von Arcachon an den südöstlichsten Ausläufern des Bassin d'Arcachon gelegen, kann man sich als Ziele den vorzüglichen Vogelpark und das für Kanuten geeignete **L'Eyre-Delta** vormerken. Kanutouren bieten sich auch für Familien mit (größeren) Kindern an. Außerdem führt der Wanderweg *Sentier Littoral* vorbei. Außerhalb des Ortskerns sind **Wandertouren** durch die Sumpf- und Flusslandschaften des verästelten Deltagebiets der L'Eyre (auch: Leyre) möglich, auch geführt (Infos im *Office de Tourisme*). Nach einer Reise von rund 90 km mündet das Flüsschen ins Becken von Arcachon, das Delta gehört zu den nordwestlichen Ausläufern des *Parc Naturel Régional des Landes de Gascogne*. Der kleine **Hafen** von Le Teich liegt ganz in der Nähe des Eingangs zum Vogelpark.

Réserve Ornithologique

Der ganzjährig geöffnete **Vogelpark** von Le Teich steht für pures Naturerleben, wobei der Terminus *Réserve* ein einzigartiges **Naturreservat** bezeichnet. Dank Zugvögeln, Jahreszeiten und Tidenhub wechselt die Natur ständig ihr Gesicht in diesem Areal, das sich über eine Fläche von 110 ha ausbreitet und die flachen Feuchtgebiete zwischen dem L'Eyre-Delta und dem Bassin d'Arcachon umfasst. Überall bieten sich vorzügliche Chancen, Vögel in freier Wildbahn zu beobachten; insgesamt sind über 320 Arten nachgewiesen. Die Entdeckungen erfolgen ausschließlich zu Fuß, die maximale Rundweglänge beläuft sich auf 6 km (wobei man abkürzen und zurückwandern kann). Alles ist bequem begehbar, es geht an insgesamt mehr als 20 Beobachtungsplätze heran, z.T. erhöhte Ausgucke.

Mit etwas Glück – und je nach Nist- bzw. Zugsaison – bekommt man Löffler und Uferschnepfen zu Gesicht, Krähenscharben (Kormorane), Kuh-

204sf ad

reiher, Alpenstrandläufer, Blässhühner, Haubentaucher, Wasserrallen, Kraniche, Wildgänse, Fisch- oder Seidenreiher. Von den Unterständen aus kann man in aller Ruhe Ausschau halten (Fernglas mitbringen!). Ruhe lautet dort das oberste Gebot. In manchen Jahren werden im Park bis zu 300.000 **Zugvögel** registriert. Auch der Sumpfbiber ist hier heimisch.

Frühjahr und Herbst sind die besten Jahreszeiten. Die Wege sind im Winter jedoch nicht minder interessant, während der Juli als magerster Beobachtungsmonat gilt.

■ **Réserve Ornithologique,** am Ende der Rue du Port, täglich geöffnet; Juli/August 10–20, April bis Juni sowie September 10–19, Oktober bis März 10–18 Uhr, Eintritt 9,80 €, Kinder ab 5 Jahre 7,60 €. Ideale Besuchszeiten sind morgens oder spät nachmittags, am Eingang Möglichkeit zur Einkehr in die Brasserie Le Delta, www.reserve-ornithologique-du-teich.com.

Information

■ **Office de Tourisme,** 1 place Pierre Dubernet, Tel. 05 56 22 80 46, http://leteich-ecotourisme.fr.

Camping

■ **Camping Ker Helen,** avenue de la Côte d'Argent, Tel. 05 56 66 03 79, www.kerhelen.com. Strategisch günstige Lage, ausgewiesene Zufahrt direkt von der Hauptstraße. Im Sommer Pool und abendliches Entertainment, Restaurant-Bar, Sportturniere, *Pétanque,* Vermietung von Chalets, Lodges und *Mobile Homes.* Geöffnet Mitte April bis etwa Mitte Oktober.

Sport und Freizeit

■ **Maison de la Nature du Bassin d'Arcachon,** rue du Port, Le Teich, Tel. 05 24 73 37 33, www.mnba-leteich.fr. Infos zu Kanutouren durch das L'Eyre-Delta. Kanuverleih im Sommer beim **Canoë Kayak Club Le Teich** (1 avenue de la Côte d'Argent, Tel. 06 78 97 73 62, http://ckct.fr). Kanutrips, Fahrradverleih und Ausritte über **Villetorte Loisirs,** 30 rue du Pont Neuf, Tel. 05 56 22 66 80, http://villetorteloisirs.com.

Rund um das Bassin d'Arcachon

Rings um die Bucht von Arcachon spannen sich Urlaubs- und Austernzuchtorte mit ihren kleinen Häfen und großen Angeboten an Sport- und Freizeitgestaltung. Wanderer setzen sich ebenso in Bewegung wie Radler, Kanuten und Segler. Auch Tennisspieler und Reiter finden ausreichend Betätigungsfelder, mancherorts stechen Ausflugsboote in See. Als Wanderroute ist der Küstenweg *Sentier du Littoral* ausgeschildert. Angereichert wird das ganze Erleben durch umfangreiche Festprogramme der Gemeinden, vor allem zwischen Mai und September.

Mögen Besiedlung und sommerliches Urlauberaufkommen auch hoch sein und manche Orte unmittelbar miteinander verschmelzen, ist gleichwohl nicht alles dicht bebaut und zwangsläufig vermarktet um das Bassin d'Arcachon mit seiner über 80 km langen Küstenlinie. Pinienwälder breiten sich bis ans Wasser aus, zwischen den Ansiedlungen eröffnen sich Naturschutzareale wie das am Ostrand des Beckens von Mooren und Lagunen durchsetzte L'Eyre-Delta bei Le Teich sowie im äußersten Norden die *Réserve Naturelle des Prés Salés d'Arès-Lège*. Insgesamt haben Ornithologen weit über 300 verschiedene Vogelarten gezählt, darunter viele Durchzügler auf dem Weg zu den warmen Winterquartieren in Afrika.

Östlich von Arcachon beginnt eine Tour um das Becken mit **La Teste-de-Buch** (→ „Arcachon"); der Hafen ist von der Hauptstraße D 650 einsehbar.

MEIN TIPP: Eine besondere Rolle fällt fortan der **Austernzucht** zu. Glibbergourmets folgen immer wieder den Stichsträßchen zu kleinen Austernhäfen wie dem zur Gemeinde **Gujan-Mestras** gehörigen **Port de Larros,** wo sich Austern direkt bei den Produzenten einkaufen oder kosten lassen. Bei den Proben kommen ein halbes oder ein ganzes Dutzend Austern auf den Tisch, begleitet von Brot, Zitrone und einem Gläschen Weißwein. Port de Larros sticht nicht nur als kleiner malerischer Hafen mit einem tiefen Längseinschnitt hervor, sondern auch als Sitz des Austernhauses. Das museal aufgezogene **Maison de l'Huître** macht mit Geschichte und Zuchttechniken vertraut, es gibt auch einen Film zu sehen. Ein kleiner Hafenbummel führt Sie in Eigenregie an den Holzhausreihen der Austernzüchter entlang bis zu einer winzigen Promenade mit einem Christuskreuz.

■ **Maison de l'Huître,** rue du Port de Larros, www.maison-huitre.fr, Sept. bis Juni Mo.–Sa. 10–12.30 und 14.30–18 Uhr, Juli und August täglich 10–13 und 14.30–18.30 Uhr, Eintritt 6,20 €.

Familien mit Kindern zieht es in Gujan-Mestras an den **Lac de la Magdeleine** und an den während der Saison bewachten Strand von **La Hume**. Hier lockt der Tier- und Vergnügungspark **La Coccinelle** mit „Minifarm", Rutschen, diversen Aktivitäten sowie Zaubershows in der Hauptsaison. Weitere Freizeitspaß-Attraktionen, vor allem für jüngere Besucher, sind der Wasserpark **Aqualand** mit diversen Rutschen, der Abenteuerpark **Bassin Aventures** mit seinen Baumparcours sowie der **Kid Parc** mit diversen Fahrgeschäften. Im grünen Gujan-Mestras lohnt der mit Wegen und Baumbeständen gut aufgezogene **Parc de la Chêneraie** nahe dem Hafen von La Hume einen Besuch.

■ **La Coccinelle,** La Hume, www.la-coccinelle.fr, Mitte April bis Anfang November mit vielerlei wechselnden Zeiten (Jahreskalender auf der Homepage), Eintritt 16,50 € für Erw., Kinder 2–11 Jahre 15 €.

■ **Aqualand,** route des Lacs, Gujan-Mestras, www.aqualand.fr/bassin-d-arcachon, Mitte Juni bis Anfang September, Eintritt 32 € für Erw., Kinder 4–10 Jahre 25 €.

■ **Bassin Aventures,** avenue des Loisirs, Gujan-Mestras, www.bassinaventures.com, ab etwa Ende März bis Anfang November, Aufschluss über die wechselnden Zeiten gibt der Jahreskalender auf der Homepage. Eintritt für Erw. und Kinder ab 10 Jahre 21 €, jüngere Kinder je nach Größe und Alter 8–16 €.

■ **Kid Parc,** route des Lacs, Gujan-Mestras, www.kidparc.com, ab Ostern bis Anfang November, auch hier sollte man wg. der wechselnden Zeiten den Jahreskalender auf der Homepage checken. Eintritt zum Einheitspreis Erw./Kinder 16 €; Kinder unter 85 cm Körpergröße frei.

Vorbei an **Le Teich** (→ „Le Teich") mit der *Réserve Ornithologique* geht es nach **Biganos**, wo sich Wanderwege und die Kartstrecke *Top-Gun Evasion* finden. Über Biganos kann man auf dem Radweg bis Lège-Cap Ferret fahren und an den dortigen Forêt Domaniale de Lège et Garonne anbinden. Die nahe Zellulosefabrik dämpft allerdings die Eindrücke.

An der Ost- bzw. Nordostflanke der Bucht von Arcachon reihen sich in einem Wiesen- und Villenland weitere typische Gemeinden auf, so **Audenge** mit seinem Austernfischerhafen und den von Deichen umgebenen Salzmooren, die als Naturschutzgebiete fungieren: *Domaine de Graveyron* und *Domaine de Certes*. Darauf folgt **Lanton** mit seinen Austernhäfen Cassy und Taussat sowie der im 12. Jh. begonnenen Kirche Notre-Dame de Lanton.

Treffpunkte in **Andernos-les-Bains** sind die Plage des Quinconces, der Hafen der Austernfischer (Port Ostréicole), die Fußgängerzone und die Strandpromenade mit der Place Louis David. Die Mole bringt es auf eine Länge von 232 m. Ende Juli steigt das bekannte Jazzfestival (www.andernos-jazz-festival.fr).

In **Arès** kann man ebenfalls beim Austernhafen vorbeischauen. Die einstigen Salzgärten sind als **Réserve Naturelle des Prés Salés d'Arès-Lège** ausgewiesen, ein Naturschutzreservat mit artenreicher Vogelwelt. Nordwestlich von Arès führt ein Abstecher zur **Plage Grand Crohot Océan** – hier wartet ein ungeschützter Atlantikstrand!

Bei Arès und Lège-Cap-Ferret stoßen Landstraßen aus Richtung Bordeaux und Le Porge hinzu, je nach Saison nicht gerade das erfreulichste Erleben. Im Sommer können sich die Verkehrsströme trotz gut ausgebauter Straße fortan ziemlich zäh abwärts wälzen bis zur äußersten Landspitze **Pointe du Cap Ferret;** Waldgebiete wechseln sich mit zugebauten Zonen und verstreuten Ferienvillen ab. Die Halbinsel verengt sich kontinuierlich, es geht durch Dörfer wie Claouey, Les Jacquets und Le Canon. Überall lassen sich Austern kosten, Rad- und Wanderstrecken ziehen sich bis zum Kap.

Südlich der Bootsablegestelle Bélisaire erreicht man das von einem Landsaum von der Bucht getrennte Quartier Ostréicole du Mimbeau und den 1947 erbauten **Leuchtturm von Cap Ferret** mit 53 m Höhe, dessen Licht es auf eine Reichweite von 50 km bringt. Eine Besteigung über atemschwere 258 Stufen ist möglich, ein Ziel auch für Familien mit Kindern. In den Wintermonaten gewinnt die Gegend ihre reizvolle Beschaulichkeit zurück.

■ **Phare du Cap Ferret,** http://phareducapferret.com, tägl. Juli/August 10–19.30 Uhr, April bis Juni, September 10–12.30 und 14–18.30 Uhr, Oktober bis März (wobei Anfang Nov. bis etwa Weihnachten geschlossen ist) Mi.–So. 14–17 Uhr, Eintritt 7 €, Kinder 4–12 Jahre 4 €.

Der Leuchtturm stößt an Kiefer- und Villenzonen, die sich bis zum äußersten Südzipfel der Halbinsel fortsetzen; man folgt den Schildern bzw. dem GPS nach „La Pointe". Die Landspitze trennt das ruhige Becken von Arcachon von den rauen, ungeschützten Atlantikstränden, auf die das unter Naturschutz stehende Dünengebiet von Cap Ferret einen Vorgeschmack gibt. Der Blick schweift von dort hinüber bis zum Dünenriesen von Pilat. Hinter dem grünen Gürtel des **Forêt Domaniale de Lège et Garonne** wendet sich die Westflanke der Halbinsel über 25 Strandkilometer dem Atlantik zu. Die Strände heißen **Plage l'Horizon** (nordwestlich von Cap

Ferret), **Plage du Truc Vert** (etwa auf der Höhe von Grand Piquey) und **Plage Grand Crohot Océan** (nordwestlich von Arès). Der Anmarsch ab den Parkplätzen an der Straße führt teils mühsam und lang durch tiefen Sand, was es für manche Besucher natürlich umso spannender macht.

Information

Offices de Tourisme

■ **Andernos-les-Bains,** esplanade du Broustic, Tel. 05 56 82 02 95, http://andernos-tourisme.fr/de.

■ **Arès,** place Weiss, Tel. 05 56 60 18 07, www.ares-tourisme.com.

■ **Audenge,** 20 allées de Boissière, Tel. 05 57 70 67 56 (Einheitsnummer für mehrere Touristeninformationen der Gegend), http://tourisme-coeurdubassin.com.

■ **Biganos,** 1 rue Jean Zay, Tel. 05 57 70 67 56, http://tourisme-coeurdubassin.com.

■ **Gujan-Mestras,** 37 avenue de Lattre de Tassigny, Tel. 05 56 66 12 65, www.gujanmestras.com.

■ **Lanton,** 1 route du Stade, Tel. 05 57 70 67 56, http://tourisme-coeurdubassin.com.

■ **Lège-Cap Ferret,** 1 avenue du Général de Gaulle, Tel. 05 56 03 94 49, www.lege-capferret.com.

Unterkunft

■ **Hôtel La Maison du Bassin**③, 5 rue des Pionniers, Lège-Cap Ferret, Tel. 05 56 60 60 63, www.lamaisondubassin.com. Kultivierter und vielleicht etwas überteuerter Charme, dafür qualitätsbewusst und eben keine Unterkunft von der Stange. Mit **Restaurant.**

■ **Hôtel des Dunes**③, 119 avenue de Bordeaux, Lège-Cap Ferret, Tel. 05 56 60 61 81, www.hoteldesdunes.com. Charmantes Haus, dessen Name hält, was er verspricht: Es liegt in Nachbarschaft der Dünen. Drei Sterne, 14 ansprechende Zimmer. Geöffnet Mitte Februar bis Mitte November. Auch dieses Haus unterstreicht: Man kommt nicht hierher, um zu sparen – wobei die Gestaltung kein Luxus ist.

■ **Hôtel La Frégate**②, 32–34 avenue de l'Océan, Lège-Cap Ferret, Tel. 05 56 60 41 62, www.hotel-lafregate.net. Drei-Sterne-Hotel mit kleinem Sommerpool und Parkplatz. Die Zimmer sind unterschiedlich ausgestattet, die Preise variieren entsprechend, auch saisonale Schwankungen. Die Kategorie ② entspricht dem Durchschnittspreis. Geöffnet etwa 8 Febr. bis 11. November.

■ **Hôtel Villa Teranga**②-③, 20 avenue Thiers, Andernos-les-Bains, Tel. 05 57 17 50 30, http://villaterangahotel.com. 14 Zimmer, mit freundlichen Noten der Moderne eingerichtet.

■ **La Cabane du Ferret**①-②, route d'Ignac, Lège-Cap Ferret, Tel. 06 20 32 36 97, www.lacabaneduferret.com. Der rustikale Holzstil ist ein Hingucker, freundliche Gästezimmer, engagiert geführt. Der winzige Sommerpool dient allenfalls der Erfrischung (aber nicht, um Bahnen zu ziehen).

Camping

■ **Camping Le Truc Vert** → Exkurs: „Schöne Campingplätze".

Camping Le Coq Hardi, avenue de la République, Cassy Lanton, Tel. 05 56 82 01 80, www.camping-bassin-d-arcachon.com. Spielgeräte, Pool und Rutschen ziehen besonders Familien mit Kindern an. Vermietung von *Mobile Homes* und fest installierten Wohnwagen. Etwa Anfang April bis Anfang/Mitte Oktober.

■ **Camping Fontaine Vieille,** 4 boulevard du Colonel Wurtz, Andernos-les-Bains, Tel. 05 56 82 01 67, www.fontainevieille.fr. Drei-Sterne-Platz mit kleinem Sommerpool, Fahrradverleih, Vermietung von *Mobile Homes*. Geöffnet Ende März bis Anfang November.

Essen und Trinken

- **Cap Olivier – La Baraque a Huîtres**①, Village Ostréicole de l'Herbe, Lège-Cap-Ferret, Tel. 06 13 12 09 86, http://labaraqueahuitres.com. Wer keine Austern mag, kommt vielleicht hier auf den Geschmack. Frischer geht's nicht. Für Fans unverzichtbar, dazu der Hauswein. Auf die rosa Crevetten sollte man eher verzichten – da isst man sich hungrig.
- **Restaurant Le Mirador**②, 2 avenue de l'Océan, Cap Ferret, Tel. 05 56 60 64 19, auf Facebook vertreten. Gelegen am Dünengebiet von Cap Ferret, großer Terrassenbereich. Die Umgebung mag die eher mittelprächtige Qualität des Essens aufwiegen.
- **Restaurant L'Escale**②, 2 avenue de l'Océan, Lège-Cap Ferret, Tel. 05 56 60 68 17, http://lescale-restaurant.com. Fisch, Meeresfrüchte, Aussicht auf die Bucht. Auch Cocktails.

Sport und Freizeit

- **Fahrradverleih:** *Western Flyer,* allée du Débarcadère, Lége-Cap Ferret, Tel. 05 56 03 77 48, http://westernflyer.fr. Da Radfahren in der Gegend sehr populär ist, haben sich in Cap Ferret weitere Anbieter auf die Nachfrage eingestellt, darunter: *Cycles Océan* (56 boulevard de la Plage, Lége-Cap Ferret, Tel. 05 56 03 75 35) und *Gyrocap* (7 boulevard de la Plage, Tel. 05 56 60 64 79, www.gyro-cap.com).
- **Karting:** *Circuit de Biganos, Top Gun-Évasion,* 310 avenue de la Côte d'Argent, Tel. 05 56 26 75 20, www.topgun-evasion.fr. Der *Circuit de Biganos* ist 1,1 km lang und hat im Juli/August tägl. 10–21, sonst Mi.–Mo. 10–12 und 14–19 Uhr geöffnet, 10 Minuten 19 – 40 €.
- **Wandermöglichkeiten:** sowohl rund um Le Teich als auch auf dem markierten Küstenrandweg *(Sentier du Littoral),* der sich um das Bassin d'Arcachon windet und bei Arès mit dem Fernwanderweg GR-8 vereint. An der Westflanke des Beckens von Arcachon führen Wander- und Fahrradwege durch den Forêt Domaniale de Lège et Garonne.

Feste und Veranstaltungen

- 23./24. Juni **Sonnenwendfeste** u.a. in Andernos-les-Bains und Arès
- Ende Juli großes **Jazzfestival** in Andernos-les-Bains
- Mitte August **Austernfest** in Arès
- Im Dezember **Weihnachtsmärkte** in Audenge und Gujan-Mestras

Verkehrsanbindung

- **Linienboote** ab Cap Ferret *(Jetée Bélisaire)* ganzjährig über die Bucht hinüber nach Arcachon. Übersicht über die Fahrpläne unter http://bateliers-arcachon.com.

Le Porge

Le Porge ist eine typische **Feriengemeinde** zwischen dem Bassin d'Arcachon und Lacanau, die dem üblichen Muster entspricht: landeinwärts der Hauptort Le Porge und an der Küste (rund 10 km entfernt) die weiten sandigen Strandbereiche von **Le Porge-Océan,** im Sommer populär und im Winter wie leergefegt. Im Sommer kämpft man sich von den Riesenparkplätzen im Piniengürtel durch eine **Bar- und Restaurantmeile** und durch Dünen ans trubelige Strandleben heran. Außerhalb der Saison kann man den Küstenstrich (fast) ganz für sich allein genießen und zu ausgedehnten **Strandwanderungen** aufbrechen.

Über die Gemeinde verteilen sich nicht weniger als 13.000 ha bewaldetes Gelände, das zu **Rad- und Wandertouren** einlädt. Der Hauptort bietet mit seiner im 19. Jh. erbauten Kirche Saint-Seurin einen kleinen Kulturzusatz. Eine direkte Küstenstraße von Le Porge-Océan ins nördlich gelegene Lacanau-Océan gibt es nicht, der Weg führt unweigerlich durchs Inland über Le Porge.

Camping

■ **Camping La Grigne,** 35 avenue de l'Océan, Le Porge-Océan, Tel. 05 56 26 54 88, http://camping-leporge.fr. Eingefasst in Pinienforst. Anfang April bis Anfang Nov. Vermietung von Holzhütten und Zeltbungalows. Ein wirklich guter Stützpunkt zur Erkundung der Gegend.

Rund um Lacanau

Süß- oder Salzwasser, See- oder Meeresstrand, Waldwege oder Promenaden – die Gegend um Lacanau bietet viele Facetten mit allen erdenklichen Sport- und Freizeitmöglichkeiten und steht in der Urlaubergunst zurecht obenan. Alljährlich zur Sommerzeit rollt eine riesige Ferienwelle über die Pinien-Dünen-Strandgebiete hinweg. Der Hauptort **Lacanau** interessiert dabei eher am Rande. Die Epizentren der saisonalen Beben liegen in **Lacanau-Océan,** dem stimmungsvollsten Ausgehziel weit und breit, sowie am landeinwärts gelegenen **Lac de Lacanau.** Hinter den Dünengürteln erstrecken sich breite Sandweiten, die Gemeinde nennt immerhin 14 km Strände ihr Eigen. Unterkunftsuchende sollten während der Hauptsaison vorbuchen, denn auch die Franzosen selbst schätzen die Gegend.

In Lacanau-Océan laufen alle Fäden zusammen, es mangelt schlichtweg an nichts: Cafés und Crêpes-Tempel, Boutiquen und Restaurants, Eissalons und Spielhallen. In der Hochsaison fahren die städtischen Organisatoren ein umfangreiches Sport- und Entertainmentprogramm auf, das einer Immer-was-los-Garantie gleichkommt und **Konzerte** und **Zirkus** ebenso umfasst wie **Straßentheater** und vielfältige **Sportturniere.**

Jederzeit kann man eine Flanierrunde über den **Boulevard de la Plage** bzw. über die Holzstegwege oberhalb des Strands einschieben, sich ins Getümmel der Fußgängerzone oder eine Stufe tiefer an den Strand stürzen. Der Haupt-

Lacanau Umgebung
0 2 km
©Reise Know-How
SW-Fr10 8/24
Fernwanderweg GR-8
Weg
Radweg
schöne Radstrecke
Strand
Wald
GOLF DE GASCOGNE
Hourtin-Plage
Réserve Naturelle de la Lagune de Contaut
Montalivet, Soulac
Forêt d'Hourtin
Plage de Piqueyrot
D3
GR-8
Hourtin Port
Hourtin
Lac d'Hourtin et de Carcans
Forêt de Carcans
Réserve Naturelle Rive Est
Bombannes
Carcans-Ville
Carcans-Plage
Maubuisson
Forêt de Lacanau
Réserve Naturelle de l'Étang de Cousseau
P
Parkplatz Marmande
Plage Nord
Plage Central
Lacanau-Océan
Le Moutchic
Plage de Moutchic
Plage Sud
Plage Super Sud
Lacanau
Lac de Lacanau
Hafen
D6
La Grande-Escoure
Arcachon, Bordeaux
Forêt de Lacanau
Le Porge, Cap Ferret

strand heißt **Plage Centrale,** weiter nördlich liegt die **Plage Nord** (vom Inland her recht weiter Zugangsweg durch die Dünen), südlich schließen sich die **Plage Sud** und die **Plage Super Sud** an. Wie stets am Atlantik, ist auch hier beim Baden angesichts von Wind und Wellen Vorsicht geboten.

Natur- und Sportfans kommen in Lacanau und Umgebung ganz gewiss auf ihre Kosten. Neben Wassersport sind beispielsweise Reiten, Tennis und Golf im Angebot. Der **Fernwanderweg GR-8** verläuft ebenso durch die Wald- und Dünengebiete wie herrliche Fahrradstrecken. Das **Radwegenetz,** inklusive der Streckenabschnitte des Fernradwegs *Vélodyssée,* bringt es auf eine beachtliche Länge von insgesamt rund 100 km. Mit dem Rad bindet man von Lacanau-Océan aus unter anderem nordwärts an Carcans-Plage und den Lac d'Hourtin et de Carcans an, nordöstlich an Maubuisson und gen Osten an den Lac de Lacanau.

Binnensee

Der **Lac de Lacanau** breitet sich zwischen Lacanau und Lacanau-Océan über eine Fläche von 2000 ha im Grün aus und steht bei Wassersportlern hoch im Kurs, inklusive Stand-Up-Paddlern und Wasserskifans. **Le Moutchic,** das Örtchen an der Nordflanke, lädt am Plage de Moutchic zum Bad ein und hat einen Tretbootverleih. Ein schöner Strand liegt in **La Grande-Escoure** am Westufer des Sees.

Information

■ **Office de Tourisme,** place de l'Europe, Lacanau-Océan, Tel. 05 56 03 21 01, www.medoc-atlantique.de.

Unterkunft

■ **Hôtel Vitalparc**②-③, route du Baganais, Lacanau-Océan, Tel. 05 56 03 91 00, www.vitalparc.com. Vier-Sterne-Haus mit Spa, Außenpool, Restaurant.

■ **Hôtel Côte d'Argent**①-②, 3 boulevard de la Plage, Lacanau-Océan, Tel. 05 56 03 21 58, www.hotel-lacanau.fr. Sicher kein Luxus (was sich erfreulicherweise auch im Preis widerspiegelt), dafür meernah am

094sf ad

☒ Baden, Sonnenbaden, Surfen – die Strände um Lacanau bieten alle Möglichkeiten

Hauptboulevard gelegen. 22 Zimmer. Verschiedene Ausstattungen und Preiskategorien der Zimmer.

Camping

■ **Camping-Caravaning Airotel de l'Océan,** 24 rue du Repos, Lacanau-Océan, Tel. 05 56 03 24 45, www.airotel-ocean.com. Großer Platz der Luxusklasse mit Restaurant, Bar, Aquapark (mit überdachtem Bereich), Spa, Mini & Kids Club, Vermietung von verschiedenen Modellen an Wohnmobilen. Geöffnet etwa Ostern bis Anfang November.

■ **Yelloh! Village Les Grands Pins,** Plage Nord, Lacanau-Océan, Tel. 05 56 03 20 77, www.lesgrands pins.com. Spitzenareal in jeder Hinsicht, für über 1800 Personen, Zugang zum nahen Ozean, Poollandschaft, Wellnessangebote, Restaurant, Vermietung von *Mobile Homes,* Fahrradverleih. Inmitten von großen Kiefernbeständen, insgesamt zwölf Hektar. Die nächste Sanitäranlage kann einen etwas weiteren Weg erfordern. Geöffnet Anfang Mai bis Mitte September.

Essen und Trinken

■ **Le Bistrot des Cochons**②, 1 rue du Docteur Darrigan, Lacanau-Océan, Tel. 05 56 03 15 61, auf Facebook vertreten. Ein sympathischer Klassiker mit breiter Auswahl. Beschränkt, wie vielerorts, auf Saisonbetrieb.

■ **Restaurant Le Kayoc**①-②, über dem Strand, 2 allée Pierre Ortal, Lacanau-Océan, Tel. 05 56 03 20 75, www.restaurant-lacanau.com. Unschlagbarer Pluspunkt ist die große Freiluftterrasse, schöne Blicke übers Meer.

■ **Eat and Juice**①, 4 rue du Lieutenant Durand, Tel. 06 27 22 26 88, http://eat-and-juice-lacanau.eatbu.com/. Säfte, Sandwiches, eine einfache Alternative in der lokalen Gastro-Szene. Irreführend sind

205sf ad

allerdings die Fotos auf der Homepage mit dem Blau des Ozeans im Hintergrund – das schlichte Restaurant liegt nicht am Meer.

Sport und Freizeit

- **Fahrradverleih:** *Bicycool Lacanau,* 15 avenue Poincaré, Tel. 05 47 43 02 10, http://location-velo-lacanau.com. Oder *Locacycle,* 11 avenue de l'Europe, Tel. 05 56 26 30 99, www.locacyclelacanau.fr. Es gibt noch mehr Verleiher.
- **Reiten:** Anfängerreiten und organisierte Ausritte im Landesinnern bei: *Lacanau Equi-Passion,* 1873 avenue de Bordeaux, Méjos Ouest, Tel. 06 77 75 97 28, http://lacanau-equipassion.fr.
- **Stand-Up-Paddling:** *Évolution 2 Lacanau,* Plage du Moutchic, Tel. 06 08 34 59 07, http://evolution2.com. Und auch in der Kombination mit Yoga bei: *Tengo Frio,* 59 rocade de la Dune, Tel. 06 26 45 67 86, http://lacanau-sup.com.
- **Diverse Surfschulen** in Lacanau-Océan, u.a.: *Lacanau Surf Club* (Kurse für Kinder ab 5 Jahren), 20 boulevard de la Plage, Tel. 05 56 26 38 84, http://lacanausurfclub.com; *HCL Lacanau Surfcamp,* 1 rue Pierre Loti, Tel. 06 87 57 95 28, www.lacanausurfcamp.fr; auch Bodyboard.
- **Wasserski:** *Ski Nautique Lacanau Guyenne,* allée du Club de Voile, Grande Escoure, Tel. 06 71 24 29 05, www.skinautiquelacanau.sitew.com.

☒ Historische Villa in Lacanau-Océan

Rund um Carcans

Nördlich von Lacanau-Océan setzen sich die endlos scheinenden Pinien- und Strandgebiete in der Gemeinde Carcans-Maubuisson fort. Die sommerlichen Zuströme kanalisieren sich vor allem in den Feriendörfern und auf den Campingplätzen. Der nächste Küstenzugang ist **Carcans-Plage** (auch: Carcans-Océan), wo die Zufahrtstraße vom Inland her endet und nur während der Sommersaison das pralle Leben herrscht. Je nach Monat findet man Bar- und Restaurantbetrieb, Fahrrad- und Bodyboardverleih. Hinter den Parkplätzen spannen sich Holzstege durch den Dünengürtel zum Sandstrand, ein ausgesprochen schönes Areal. Auch hier sollte man den Atlantik nicht unterschätzen und trotz eines flachen Einstiegs ins Wasser und der Sommerpräsenz der Lebensretter beim Baden Vorsicht walten lassen. Da es keinen Schatten gibt, ist bei Bedarf ausreichend Sonnenschutz mitzubringen.

MEIN TIPP: Im Hinterland von Carcans-Plage führt ein Sträßchen nach **Maubuisson,** ein gefälliges Ferienörtchen an den Südufern des **Lac d'Hourtin et de Carcans.** Der See ist knapp 20 km lang und bis zu 4 km breit, er umfasst eine Fläche von über 6000 ha – das Dreifache des Lac de Lacanau. Im Herzen von Maubuisson bündelt sich alles auf leicht überschaubarem Raum: die kleine Café- und Restaurantzone, die Uferpromenade und der Seestrandbereich mit Schwimmareal und Tretbootverleih.

Weiter nördlich schließt sich **Bombannes** an. Auch hier locken ein Strand

727swf ad

am See und zahlreiche Sport- und Freizeitangebote. Ostwärts geht es nach **Carcans-Ville,** über das sich einige weitere Campingplätze verteilen.

Das Sportangebot in der Gegend ist reichhaltig und umfasst Segeln und Surfen ebenso wie Wasserski und Paragliding. Radler finden traumhafte Verhältnisse in Form von 120 Wegekilometern vor, viele Strecken führen durch Pinienwälder. Das **Radwegenetz** erstreckt sich nordwärts nach Hourtin-Plage und südlich in die Gemeinde Lacanau, die in Maubuisson abgehende Südroute Richtung Lac de Lacanau ist besonders schön.

Wanderer können einen Teil des an der Westflanke des Sees vorbeiführenden **Fernwanderwegs GR-8** unter die Schuhsohlen nehmen, während sich das südlich von Maubuisson gelegene Naturschutzgebiet um den kleinen **See von Cousseau** (Réserve Naturelle de l'Étang de Cousseau) als kürzere Etappe eignet.

Surfen an der Küste

Information

■ **Office de Tourisme,** 125 avenue de Maubuisson, Maubuisson, Tel. 05 56 03 21 01 (einheitliche Nummer für Touristeninformationen der Gegend), www.medoc-atlantique.com, www.medoc-atlantique.de. Im Büro Infos zum Sommerprogramm, zu Wandermöglichkeiten und naturkundlichen Führungen.

Unterkunft

■ Ein gutes Bed & Breakfast in der Gegend ist **Jeff-les-Pins**① (18 rue des Genêts d'Or, Carcans-Maubuisson, Tel. 06 05 45 48 66, http://jefflespins.com).

Camping

■ **Camping de Maubuisson** → Exkurs: „Schöne Campingplätze".

■ **Camping Les Pins,** 20 route Barrade, Carcans-Ville, Tel. 05 56 03 38 72, www.campinglespins-carcans.com. Drei-Sterne-Platz, Anfang Juni bis Ende Oktober. Beheiztes kleines Freibad von Mai bis September. Auch Vermietung von *Mobile Homes.*

■ **Flower Camping Le Médoc Bleu,** 35 route de Lacanau, Carcans,Tel. 05 56 03 37 12, www.clicochic.com (über die Suchfunktion gelangt man zur Buchung). Vier-Sterne-Platz, auf dem sich auch naturverbundene Familien gerne einfinden. Vermietung von *Mobile Homes,* Hütten und großen *Free Flowers*-Zelten. Das beheizte Freibad ist von Mitte Juni bis Mitte September geöffnet.

Sport und Freizeit

■ **Fahrradverleih:** in der Saison bei *Funbike,* 109 avenue de Maubuisson, Tel. 05 56 82 96 74, www.funbike.fr.

Skatepark, nahe dem Rathaus von Carcans im Ortszentrum, rue du Lavoir.

■ **Surfen:** *École de surf La Sud,* 8 avenue des Sables, Carcans-Plage, Tel. 06 20 29 23 71, www.lasud-surf-carcans.com

Carcans Océan Surf Club, 5 place Marcel Prévot, Carcans-Plage, Tel. 06 32 03 20 63, www.carcansoceansurfclub.com.

■ **Wasserski:** *Ski Nautique Club Carcans Bombannes,* Domaine de Bombannes (Saison von Mai bis Oktober Mo.–Fr. 10–13 und 15–18 Uhr sowie Sa. nur 10–13 Uhr), Tel. 06 62 74 76 49, www.sncb33.com.

■ **Wassersport:** Wassersportzentrum in Maubuisson: Tel. 06 07 26 71 75, www.maubuisson-nautic.com; Tretboote, Kanus, Stand-Up-Paddling.

Wanderung am Étang de Cousseau

Ausgangspunkt für eine ca. 7 km lange Rundwanderung ist der Parkplatz „Marmande" an der Landstraße zwischen Maubuisson und dem Lac de Lacanau. Unter den schattigen Nadelschirmen der Pinien dringt man tief in den Forst ein. Die Wälder sind Lebensraum von Rot- und Schwarzwild, mit Glück erspäht man eine Smaragdeidechse. Abseits von Motorenlärm flankieren Stechginster und Erika den Weg, der sich in Teilen mit einem Radweg *(piste cyclable)* und auch einer Jakobswegstrecke deckt. Sandige Passagen rühren von der befremdlich wirkenden **Binnendüne L'Espéron** her. Über einen etwas schmaleren Waldpfad federt man dem Étang de Cousseau entgegen. Ein **Aussichtspunkt** erlaubt den Seeblick, auffällig ist der ufernahe Schilfgrasgürtel. Zur Vegetation gehören auch Seerosen, Eichen, Birken und Farne. Für den Rückweg wendet man sich später wieder vom See ab; der letzte Abschnitt zum Parkplatz Marmande deckt sich mit dem Hinweg. Diese Tour eignet sich auch für Familien mit (wanderbegeisterten) Kindern.

Rund um Hourtin

Strände, Dünen, Pinienforst und der Nordteil des **Lac d'Hourtin et de Carcans** – das sind überzeugende Argumente für die 3000-Einwohner-Gemeinde Hourtin, die sich in den gleichnamigen Hauptort Hourtin und die Strandzonen von **Hourtin-Plage** splittet.

Hier finden sich diverse Campingplätze, ein reich gefülltes Sommerprogramm und eine Vielzahl an Sportmöglichkeiten von Kanu und Kajak über Segeln bis Surfen. In Hourtin herrscht ein lebhaftes Treiben, der am nordöstlichen Seeufer gelegene Sporthafen **Hourtin-Port** bietet mehrere hundert Anlegeplätze. Auf der sogenannten **Kinderinsel** *(Île aux Enfants)* kann sich der Nachwuchs nach Lust und Laune austoben. Zwischen Hourtin und Hourtin-Plage führen gut ausgebaute Radstrecken und der Fernwanderweg GR-8 an der **Réserve Naturelle de la Lagune de Contaut** vorbei, im Ortsteil Piqueyrot findet man einen weiteren Seestrand.

Information

- **Office de Tourisme,** 1 rue de Lachanau, Hourtin, Tel. 05 56 03 21 01 (einheitliche Nummer für Touristeninformationen der Gegend), www.medoc-atlantique.com.

Unterkunft

- **Hôtel Les Pins**①, 22 rue de Mauricet, Hourtin, Tel. 05 56 09 18 07, www.hotel-hourtin.com. Kleine, zweckmäßige Bleibe mit Sommerpool von Juni bis September; 18 Zimmer. Bodenständige Preise.

Camping

- **Camping de la Côte d'Argent,** 134 route de Contaut, Hourtin-Plage, Tel. 05 56 09 10 25, www.camping-cote-dargent.com. Platz der obersten Kategorie auf 20 ha mit Pinienwald wenige Hundert Meter vom Strand entfernt. Bar, Restaurant, Beachvolleyball, Tischtennis, Fitnessraum, Kinderspielplatz. Vermietung von Cottages. Ende Mai bis Angang September. Seit 2024 neuer Aquakomplex (9000 m^2), der vollständig beheizt ist und u.a. zwei große Pools, Rutschen, einen Gegenstromfluss und eine Kinderlagune umfasst. Der Wasserpark ist ein schlagkräftiges Argument für Familien mit Kindern.
- **Camping Les Ourmes,** 90 avenue du Lac, Tel. 05 56 09 12 76, www.lesourmes.fr. Vier-Sterne-Platz etwa 500 m vom See entfernt. Sieben-Hektar-Areal mit Haupt- und Planschpool (beide beheizt) sowie Wasserspielplatz. Vermietung von diversen *Mobil-Home*-Modellen. Ab Ende April bis um den 22. September geöffnet.

Sport und Freizeit

- **Fahrradverleih:** *Le Garage à Vélos,* 108 avenue du Lac (nahe dem Hafen), Tel. 05 56 09 69 60, www.legarageavelo.com. Wirbt mit den besten Preisen der Gegend.
- **Reiten:** *Centre Equestre du Cardin, Ferme de la Mariflaude,* Pey Blanc, Tel. 05 56 09 20 75, http://ceducardin.ffe.com.
- **Surfen:** *Hourtin Surf Club,* rue des Sables, Tel. 05 56 09 24 16, www.hourtin-surf-club.com.
- **Stand Up Paddling:** *Plein R' Loc,* 47 avenue de la Marine, Pointe de Piqueyrot, Hourtin, Tel. 06 61 57 09 78, www.pleinrloc.com. Auch Kanus, Air Wing, Tretboote.

Soulac-sur-Mer und Gironde-Mündung

Sandige Strände ohne Ende, Dünen, Pinien im Hinterland, Sportmöglichkeiten von Wandern und Radeln über Surfen bis Reiten: In altgewohnter bester Komposition der nördlichen Atlantikküste zeigt sich auch Soulac-sur-Mer, eine 3000-Einwohner-Gemeinde, die im Sommer beträchtlich anwächst und sich mit 2600 Sonnenstunden pro Jahr den Vorzügen eines Mikroklimas erfreut. Über die 7 km lange Strandlinie verteilen sich saisonal bewachte Großabschnitte, und mit Hotels und Campingplätzen zeigt man sich auf den sommerlichen Ansturm gerüstet. Bedeutendstes Bauwerk ist die **Basilique Notre Dame de la Fin des Terres,** deren Wurzeln ins Mittelalter und somit in die Boom-Epoche des Jakobuskultes reichen; Soulac-sur-Mer lag am historischen Küstenweg ins spanische Santiago de Compostela. Die im Laufe der Zeit versandete Basilika wurde im 19. Jh. wieder instand gesetzt. Historisch wertvoll sind auch die Villen der „Village Ancien", die „Soulacaises" genannt werden und im 19. Jh. in neokolonialem Stil erbaut wurden; das Fremdenverkehrsamt organisiert während der Saison Rundgänge.

Südlich von Soulac-sur-Mer schließen sich der Ortsteil **L'Amélie-sur-Mer** und

☑ Basilique Notre Dame de la Fin des Terres

Adobe.Stock ©mattcardinal

die Feriengemeinde Vendays-Montalivet mit **Montalivet-les-Bains** an, nordwärts geht es hinauf an die Gironde-Mündung mit der **Pointe de Grave** und **Le Verdon-sur-Mer** mit dem Port Médoc.

Der Küste vorgelagert ist der 67 m hohe **Phare de Cordouan**, ein sagenhafter Leuchtturm, der einsam aus dem Wasser ragt und von Felsplattformen umzogen ist. Schon im 14. Jh. warnte der historische Vorläufer Schiffe vor den Gefahren. Das Licht des heutigen Turms bringt es auf eine Reichweite von 45 km. Für die felsigen Teile des Cordouan-Plateaus empfiehlt es sich, unbedingt geeignetes Schuhwerk (z.B. wasserfeste Sandalen, alte Turnschuhe) mitzubringen.

■ **Phare de Cordouan**, www.phare-de-cordouan.fr. **Bootsausflüge** zum Leuchtturm starten ab Le Verdon-sur-Mer, Port Médoc, mit *La Bohème II* oder *La Bohème IX*, Tel. 06 09 73 30 84. In der Regel zwischen Anfang April und Ende Oktober, aber wetterabhängig, Dauer: 4 Stunden, 59 € in der Hochsaison zwischen Anfang Juli und Mitte September (inkl. Eintritt), 47 € in der übrigen Saison. Für Kinder und Jugendliche 3–15 Jahre gelten folgende Preise: 52 € bzw. 45 €.

☐ Phare de Cordouan

Information

■ **Office de Tourisme Soulac-sur-Mer,** 68 rue de la Plage, Tel. 05 56 09 86 61, www.medoc-atlantique.com.

■ **Office de Tourisme Vendays-Montalivet,** 62 avenue de l'Océan, Tel. 05 56 09 30 12, www.vendays-montalivet-tourisme.fr.

■ **Office de Tourisme Le Verdon-sur-Mer,** Port Médoc, Tel. 05 56 09 86 61, www.medoc-atlantique.com.

Unterkunft

■ **Hôtel Des Pins**①-②, 92 boulevard de L'Amélie, Soulac-sur-Mer, Tel. 05 56 73 27 27, http://hotel-des-pins.com. Strandnahes Drei-Sterne-Haus. Sechs verschiedene Zimmerkategorien, solide Qualität, mit Restaurant.

■ **Hôtel Michelet**①-②, 1 rue Baguenard, Soulac-sur-Mer, Tel. 05 56 09 84 18, www.hotelmichelet.fr. Familiär geführtes Hotel, verschiedene Zimmer- und Preiskategorien. Strand und Ortskern liegen unmittelbar in der Nähe. Etwa Anfang März bis Mitte November geöffnet.

Camping

■ **Camping Sunêlia La Pointe du Médoc,** 18 rue Ausone, Tel. 05 56 73 39 99, www.camping-lapointedumedoc.com. Vier-Sterne-Areal, etwa 2 km von den nächsten Stränden entfernt. Mit Pool und diversen Ferienvermietungen bis zu sechs Personen. Anfang April bis Mitte September.

■ **Camping Des Pins,** passe de Formose L'Amélie, Soulac-sur-Mer, Tel. 05 56 09 82 52, www.campingdespins.fr. Im Pinienwald, etwa 1,5 km vom Strand entfernt. Es stehen 150 Plätze zur Verfügung, außerdem Hütten (Typ Ecolodge, Cabane) und *Mobile Homes*. Geöffnet etwa Anfang April bis Mitte Oktober. Hier auch Fahrradvermietung und beheizter Pool.

Nachtleben

■ Nachtschwärmer zieht es in Soulac-sur-Mer in den im **Casino** integrierten Night-Club **Le Zinc** (http://casinodesoulac.com).

Sport und Freizeit

■ **Fahrradverleih:** in Soulac-sur-Mer bei *Cyclo' Star*, 9 rue Fernand Lafargue, Tel. 05 56 09 71 38, www.cyclo-star.com. Oder bei *Ericycles*, 5 rue Cardinal Donnet, Soulac-sur-Mer, Tel. 05 56 73 62 89.

■ **Fallschirmspringen:** *Centre de Parachutisme, Aérodrome de la Runde*, 1 passe les Arrecoins Soulac-sur-Mer, Tel. 07 67 27 95 16, www.xlrparachutisme.com. Hier kann man Kurse belegen und Tandemsprünge machen. April bis Oktober geöffnet Mi.–So., November bis März: Mo.–Fr.

Skatepark, rue Christian Fétis, Soulac-sur-Mer.

■ **Surfen:** Kurse über die *Soulac Surf School*, Plage des Naïades, Soulac-sur-Mer, Tel. 06 06 42 44 43, www.ecoledesurf-soulac.com. Ebenfalls Surfkurse bietet die *OSC École de Surf*, 2 rue du 8 Mai 1945, Tel. 05 56 09 56 04, www.soulacsurfschool.fr.

Verkehrsanbindung

■ Ganzjährig verkehrende **Autofähre** *(bac)* über die Gironde-Mündung zwischen Pointe de Grave/Le Verdon-sur-Mer und Royan; recht hohe Tarife in der Saison April bis Oktober (Auto 37 €, Camping Car 50 €; zuzüglich Passagiere, Erw. 5 €, Jugendliche und junge Erwachsene 13–25 Jahre 2,50 €, Kinder 4–12 Jahre 2 €), dafür Ersparnis einer langen Überlandstrecke. Zwischen November und März finden folgende Tarife Anwendung: Auto 17 €, Camping Car 40 €, Erw. 2,50 €, Jugendliche und junge Erwachsene 13–25 Jahre 1,30 €, Kinder 4–12 Jahre 1 €.

Kürzere, günstigere Fährpassage im östlichen Médoc von Lamarque nach Blaye. Selbst in der Nebensaison gibt es mit der *bac* mindestens acht tägliche Verbindungen, Mo.–Fr. ist die früheste Abfahrt ab Le Verdon im Regelfall um 7.15 und Sa./So. um 8 Uhr; im Juli und August morgens bis abends Abfahrten etwa alle 50 Minuten. Aktuelle Fahrpläne und Tarife unter www.bernezac.com/passages_eau_royan_verdon_uk.html.

Adobe.Stock ©bart47

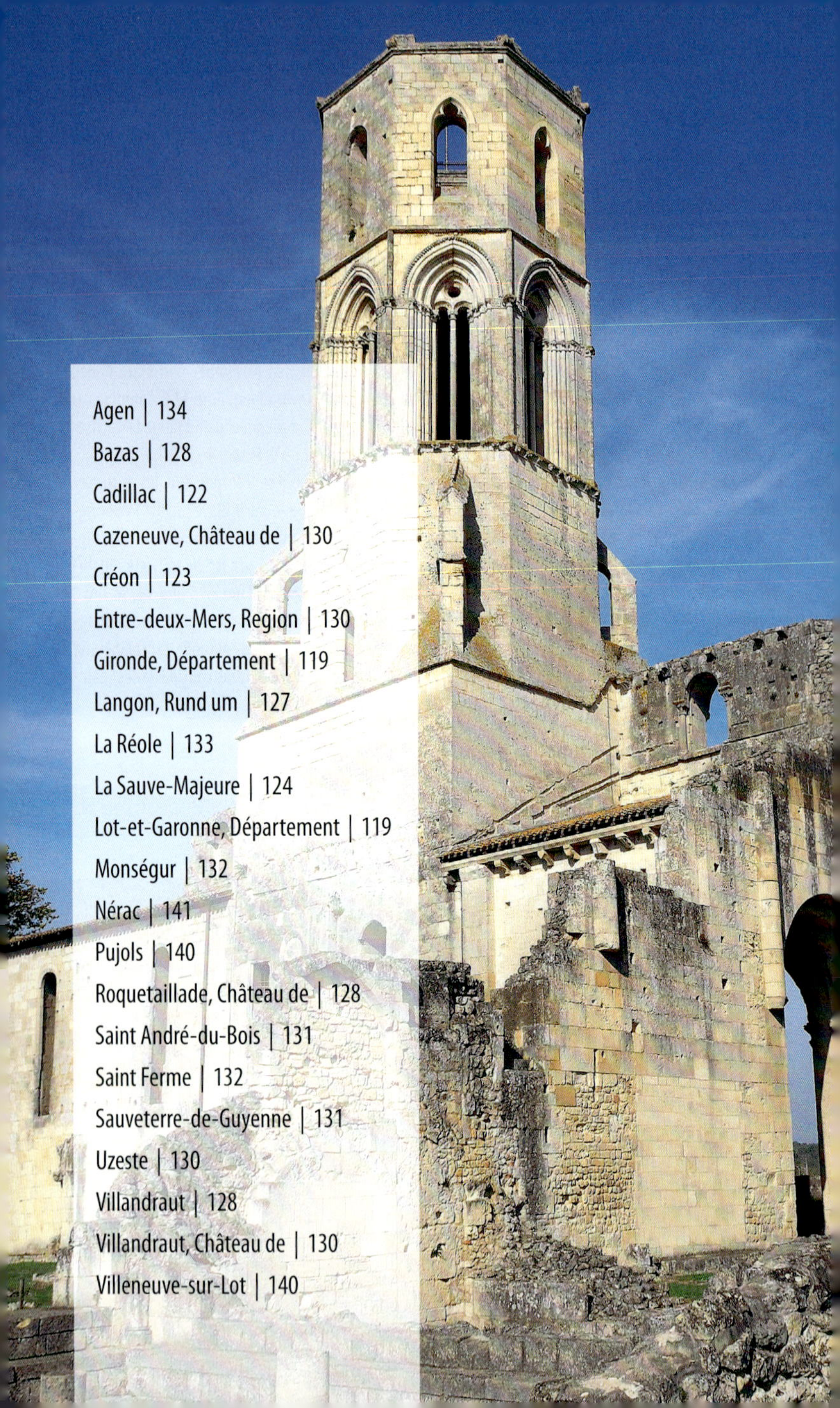

3

Am Oberlauf der Garonne und Umgebung

523sf ad

»Weinbaugebiete prägen hier die Landschaft. Städtchen wie Cadillac, La Réole und Agen bieten historische Spuren. Zudem gibt es Rad- und Wanderwege an Fluss- und Kanalufern.

In den Abteiruinen von La Sauve-Majeure

NICHT VERPASSEN!

- **La Sauve-Majeure:** im Bann der historischen Abteiruinen | 123
- **Château de Roquetaillade:** imposantes Schloss | 128
- **Uzeste:** mit gotischer Stiftskirche | 130
- **Château de Villandraut:** wartet mit mächtigen Rundtürmen auf | 130
- **Agen:** beschauliche Provinzstadt am Wasser | 134
- **Pujols:** eines der schönsten Dörfer Frankreichs | 140
- **Château de Bonaguil:** idyllisch gelegene Schlossburg | 140

Diese Tipps erkennt man an der gelben Markierung.

AM OBERLAUF DER GARONNE UND UMGEBUNG

Lust auf ein Stück Hinterland und unausgetretenere Pfade? Dann auf in freundliche Dörfer wie *Bazas* und Städtchen wie *Agen!* Schlösser und Kirchen setzen Kulturhighlights, Weingärten bleiben vielerorts Wegbegleiter. Östlich von Bordeaux beginnt die Gegend *Entre Deux Mers,* deren Name verwirrender kaum sein könnte. Denn „Zwischen den Meeren", so die wortgetreue Übersetzung, liegt sie eben nicht, sondern zwischen zwei Flüssen, der Garonne und der Dordogne. Es ist ein Landstrich der Wiesen und Weingüter, der Eichen, Maisfelder, Farne, Brombeerhecken, stillen Dörfer und kleinen Entdeckungen.

[>] Blick auf das sommerliche Städtchen Nérac

Adobe.Stock ©Bernard GIRARDIN

Die Départements Gironde und Lot-et-Garonne

Leitmotiv Fluss: Südöstlich von Bordeaux verlaufen diesseits und jenseits der Garonne flussnahe Straßen Richtung Cadillac und Langon und weiter nach Agen. Hier liegen **Weinbaugebiete** wie die „Premières Côtes de Bordeaux et Cadillac", östlich von Langon schließen sich „Bordeaux et Bordeaux Supérieur" an. Immer wieder bietet sich Gelegenheit zum Besuch von Weingütern *(châteaux)*. Die Westroute entlang der Garonne nach **Langon** kann man mit einem Besuch des Wasserschlosses von La Brède kombinieren (→ „Bordeaux und Umgebung"). Immer wieder bieten die Gegenden reichlich **Kulturelles,** und es lohnt sich, **Abstecher** von der **Route entlang der Garonne** zu machen: ob nördlich von Cadillac tiefer in die Region Entre-deux-Mers nach Créon (Bastide) und La Sauve-Majeure (vormalige Benediktinerabtei) oder südlich von Langon zum Schloss von Roquetaillade und zur Stiftskirche von Uzeste. In **Agen** wartet eine ausgesprochen grüne Stadt mit Rad- und Spazierwegen an Fluss- und Kanalufern. Von hier bieten sich schöne Ausflüge in die Gegend des **Lot** an.

GIRONDE
GIRONDE
LOT-ET-GARONNE
PARC NATUREL RÉGIONAL DES LANDES DE GASCOGNE
Abbaye de La Sauve-Majeure
123 Créon
123 La Sauve
131 Rauzan
132 Blasimon
132 Pellegrue
Targon
Bellebat
Baigneaux
123 Capian
122 Langoiran
Paillet
Cardan
Soussac
Cleyrac
131 Sauveterre-de-Guyenne
St.-Brice
132 St.-Ferme
Virelade
Rions
Gornac
Lac de Laromet
Podensac
122 Cadillac
Mourens
132 Monségur
Taillecavat
Cérons
Garonne
122 Loupiac
St.-Laurent-du-Bois
Roquebrune
127 Barsac
127 Ste.-Croix-du-Mont
131 St. André-du-Bois
Bagas
St.-Vivien-de-Monségur
Preignac
127 St.-Maixant
Le Pian-sur-Garonne
Gironde-s-Dropt
133 La Réole
127 St.-Macaire
St.-Martin-de-Sescas
133 Fontet
Mongauzy
Lagupie
127 Budos
127 Langon
133 Castets-en-Dorthe
Canal Latéral à la Garonne
Puybarban
Lamothe-Landernon
Hure
Sauternes
Ste.-Bazeille
Noaillac
128 Roquetaillade
Mazères
Coimères
Auros
Meilhan-sur-MGaronne
130 Villandraut
St. Sauveur-de-Meilhan
Gaujac
Aillas
130 Uzeste
Pont-des-Sables
129 Bazas
Cocumont
Fourques-s-Garonne
130 Préchac
Cudos
Lavazan
Grignols
Bouglon
Grézet-Cavagnan
Avance
Beaulac
Cazalis
Lucmau
Antagnac
Lern-et-Musset
St.-Martin-de-Curton
Goualade
Casteljaloux
Captieux
St.-Michel-de-Castelnau
Giscos
Pindères
153
Maillas
Lartigue
Ciron
Sauméjan
Fargues-s-Ourbise
Chalan
Allons
Houeillès
156 Aire-s-l'Adour
Traverses
Durance
D670
D71
D15
D671
D13
D20
D672
D237
D11
D10
D13
N113
D230
D670
D672
D668
D672
D11
N113
D10
N113
D8
A62
D932
D3
A65
D10
D9
D3
A62
D933
D655
D10
D124
D114
A65
D932
D655
D933

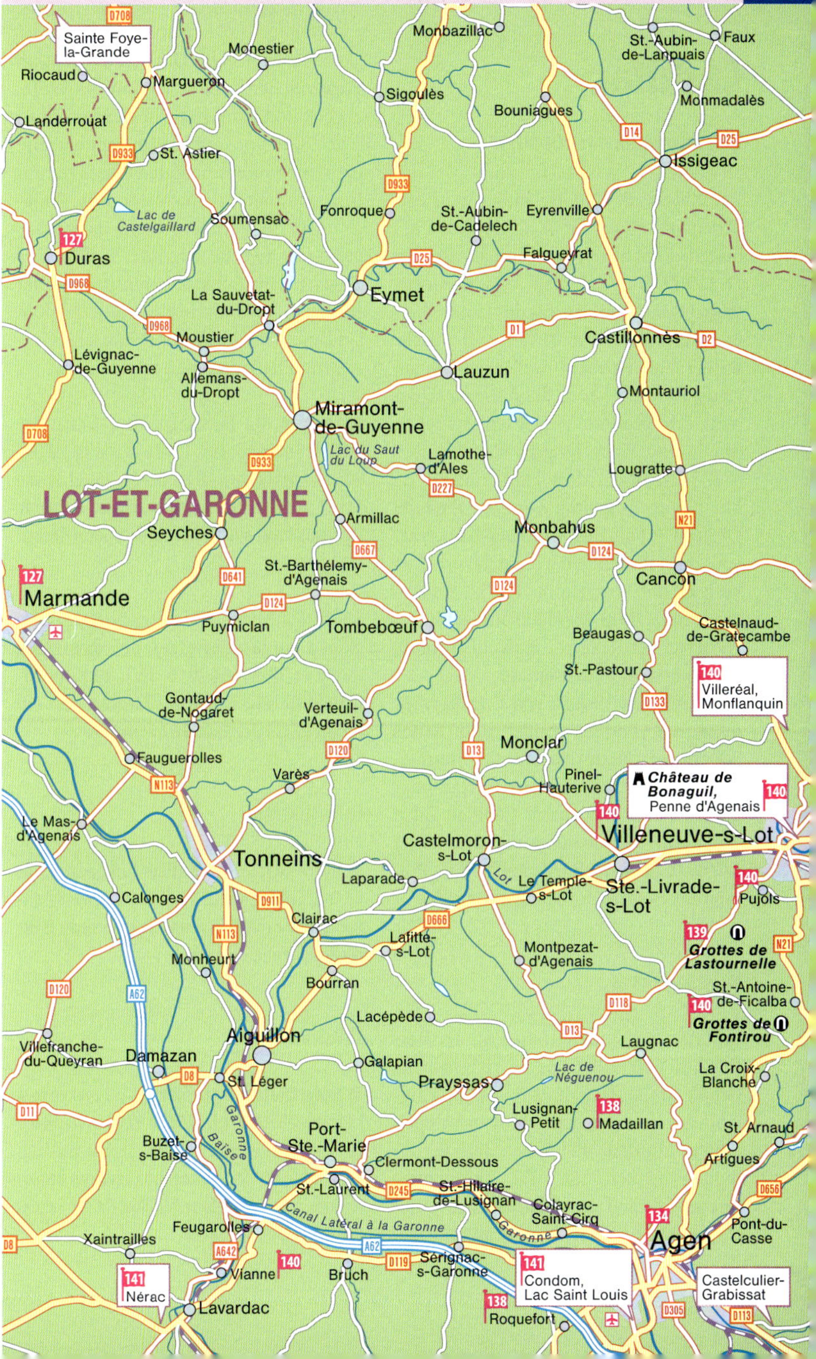
LOT-ET-GARONNE
Sainte Foye-la-Grande
Riocaud
Margueron
Monestier
Landerrouat
St. Astier
Lac de Castelgaillard
Soumensac
127 Duras
La Sauvetat-du-Dropt
Moustier
Lévignac-de-Guyenne
Allemans-du-Dropt
Monbazillac
Sigoulès
Bouniagues
St.-Aubin-de-Lanquais
Faux
Monmadalès
Issigeac
Fonroque
St.-Aubin-de-Cadelech
Eyrenville
Falgueyrat
Eymet
Castillonnès
Lauzun
Montauriol
Miramont-de-Guyenne
Lac du Saut du Loup
Lamothe-d'Ales
Lougratte
Armillac
Monbahus
Seyches
St.-Barthélemy-d'Agenais
Cancon
127 Marmande
Puymiclan
Tombebœuf
Beaugas
Castelnaud-de-Gratecambe
St.-Pastour
140 Villeréal, Monflanquin
Gontaud-de-Nogaret
Verteuil-d'Agenais
Fauguerolles
Monclar
Varès
Pinel-Hauterive
Château de Bonaguil, Penne d'Agenais 140
140 Villeneuve-s-Lot
Le Mas-d'Agenais
Castelmoron-s-Lot
Tonneins
Laparade
Lot
Le Temple-s-Lot
Ste.-Livrade-s-Lot
140 Pujols
Calonges
Clairac
Lafitte-s-Lot
Montpezat-d'Agenais
139 Grottes de Lastournelle
Monheurt
Bourran
St.-Antoine-de-Ficalba
Lacépède
140 Grottes de Fontirou
Villefranche-du-Queyran
Aiguillon
Laugnac
Damazan
St. Léger
Galapian
Prayssas
Lac de Néguenou
La Croix-Blanche
Lusignan-Petit
138 Madaillan
Buzet-s-Baïse
Garonne
Baïse
Port-Ste.-Marie
Clermont-Dessous
St. Arnaud
Artigues
St.-Laurent
St.-Hilaire-de-Lusignan
Colayrac-Saint-Cirq
Canal Latéral à la Garonne
Garonne
Feugarolles
Xaintrailles
134 Agen
Pont-du-Casse
Bruch
Sérignac-s-Garonne
Vianne
140
141 Nérac
141 Condom, Lac Saint Louis
Castelculier-Grabissat
Lavardac
138 Roquefort
D708
D933
D968
D25
D1
D2
D14
D227
D667
D641
D124
N21
D133
N113
D120
D13
D911
D666
A62
D8
D11
D118
D245
D119
A642
D656
D305
D113

Cadillac

Von Bordeaux nach Cadillac

Die Kleinstadt Cadillac hinter dem östlichen Garonne-Ufer ist ab Bordeaux am besten erreichbar über die Landstraßen D 113/D 10. Außerhalb von Bordeaux braucht es einige Zeit, bis das Land Oberhand gewinnt. Weingärten und Mischwälder tauchen auf. Zuweilen geht es nah an die Garonne heran, dann wieder schieben sich größere Rebgärten zwischen Straße und Fluss. Es geht über Cambes und **Langoiran** (dort Flussbrücke). 1,5 km hinter Langoiran wird Le Pied du Château („Fuß des Schlosses") überragt von den Resten einer mittelalterlichen Festung mit Wurzeln im 13. Jh.; ein Abzweig führt links der Hauptstraße hinauf, vorbei an der Kellerei *Château Langoiran* (Weinverkauf, Besichtigung).

Der weitere Weg ist von Durchgangsorten wie Lestiac, Paillet und **Rions** (wuchtiger Stadtmauerturm, Blumentöpfe vor Häusern auf dem Bürgersteig) geprägt. Der Weg nach Cadillac führt durch die Weinbaulandschaften „Premières Côtes de Bordeaux" und „Premières Côtes de Bordeaux et Cadillac".

Sehenswertes

Cadillac hat seinen Ursprung als Bastide im Jahr 1280, als es von *Jean de Grailly* im Auftrag des Königs von England gegründet wurde. Von unruhigen Zeiten künden die Reste der Verteidigungsanlagen mit zwei Stadtmauertoren, während das **Château des Ducs d'Épernon** für bauliche Gewalt und Eleganz zugleich steht. Das Schloss geht im Wesentlichen auf den Beginn des 17. Jh. zurück und kann besucht werden. Es ist schon weit vor Ortsbeginn sichtbar und hat seinen monumentalen Charakter im Innern erhalten – auch wenn die Anlage im 19. Jh. vorübergehend als Frauengefängnis zweckentfremdet wurde. Der Zugang zum Schloss beginnt nahe der Kirche. Interessant in Cadillacs Ortsbild sind die Säulenhalle und hübsche Gassen mit Pflanzentöpfen vor Häusern.

■ **Château des Ducs d'Épernon,** Anfang Juni bis Ende September tägl. 10–13.15 und 14–18 Uhr, während des übrigen Jahres Di.–So. 10–12.30 und 14–17.30 Uhr; Eintritt 6 €; www.chateau-cadillac.fr. Das Kombiticket mit der Abbaye de la Sauve-Majeure kostet 9 €.

Südöstlich von Cadillac bewahrt das Örtchen **Loupiac** Reste aus der Römerzeit (Villa et Thermes, 2.–5. Jh.). 4 km nordöstlich (Straße Richtung Targon) liegt ein kleiner See, der **Lac de Laromet.**

Information

■ **Office de Tourisme de Pays Cadillacais,** 2 rue du Cros, Cadillac, Tel. 05 56 62 12 92, www.destination-garonne.com, www.entredeuxmers.com (Seite der Region Entre-deux-Mers).

Unterkunft

■ **Hôtel Château de la Tour**②-③, 2 avenue de la Libération, Béguey, Tel. 05 56 76 92 00, www.hotel-restaurant-chateaudelatour.com. Drei-Sterne-Haus mit Charme und Stil, unweit von Cadillac in Béguey in einen 3-ha-Park gefasst. Mit Pool (in der Saison) und Restaurant. 32 Zimmer.

525sf ad

Essen und Trinken

■ **Restaurant L'Entrée Jardin**①-②, 27 avenue du Pont, Cadillac, Tel. 05 56 76 96 96; www.restaurant-entree-jardin.com. Ein traditionelles, gepflegtes Restaurant mit feiner Küche. Faires Preis-Leistungs-Verhältnis, breite Preisspanne. So. und Mo. geschlossen, außerdem Mi.-abends und Do.-abends.

Wein

■ **Weinhaus:** *Maison des Vins,* La Closière, route de Langon, Cadillac, Tel. 05 57 98 19 20, www.maisondesvinsdecadillac.com. In der Gegend findet man außerdem eine Reihe besuchbarer Weingüter, dazu Infos im Fremdenverkehrsbüro von Cadillac.

☐ Das Schloss von Cadillac beherrscht den Ort

In der Umgebung

Cadillac ist ein strategisch günstiger Ausgangspunkt zu weiteren Entdeckungen in der Region Entre-deux-Mers. So kann man nördlich des Städtchens einen Abstecher angehen, der durch weitere Weingärten führt und folgenden Verlauf hat: Capian – Créon – La Sauve – Majeure – Targon – Cadillac.

In **Capian** liegen die romanische Kirche Saint Saturnin und das Château du Grand Banet am Weg, **Créon** empfängt als Bastide aus dem 14. Jh. Hier können Aktive rundherum ein gutes Radelrevier erkunden (s.u.). Weiter westlich, in **Sadirac,** macht das Töpfereimuseum mit der lokalen Keramikkunst vertraut (*Maison de la Poterie,* place Fouragnan, Di.–Sa. 14–18 Uhr; Eintritt kostenlos; www. maisonpoteriesadirac.fr).

Die Lokalgeschichte von **La Sauve** ist mit Benediktinern verbunden, die hier einst ihre **Abbaye de La Sauve-Majeure**

Die Abteiruinen La Sauve-Majeure Wunderwelt der romanischen Kapitelle

Es waren einst dichte, einsame Waldgebiete, in denen im Jahre 1079 der Benediktinermönch *Gérard de Corbie* und einige Getreue, weitere Mönche wie Ritter, den Grundstein für die Abtei La Sauve-Majeure legten. Dank der Unterstützung der Herzöge von Aquitanien und durch die **Lage am Jakobswegenetz** durch den Südwesten Frankreichs gewann die Abtei rasch an Bedeutung und stieg zu einer der größten und reichsten ihrer Art auf. Geweiht war sie der heiligen Jungfrau und Gottesmutter Maria und hieß in voller Namenslänge Notre-Dame-de-la-Sauve-Majeure. Lokale Quellen verbürgen, dass die Abtei zu ihrer Glanzzeit im 12. und 13. Jh. etwa einhundert Mönche zählte und ihr sage und schreibe 70 Priorate von England bis ins spanische Aragonien unterstellt waren.

Der Hundertjährige Krieg (1337–1453) läutete den Niedergang ein, von dem sich die Abtei trotz einzelner Versuche der Wiederbelebung, wie im 17. Jahrhundert durch Benediktiner der Kongregation des heiligen Maurus, nie mehr erholen sollte. Nach der Französischen Revolution wurden die Gebäude gar als Steinbruch genutzt. In einem Teil der verbliebenen Abteibauten waren bis zu einer Brandkatastrophe im Jahr 1910 diverse Einrichtungen untergebracht, darunter ein Jesuitenkolleg und ein Institut für Grundschullehrer. Angesichts dieser Geschichte muss erstaunen, dass das **Ruinenareal** oberhalb des Ortes La Sauve ein Schatz der Romanik ist. Und zwar zuvorderst dank der Dekors, die sich durch die Zeiten haben retten können.

„Stellen Sie sich vor, dass der Kirchenraum ursprünglich 20 Meter hoch war", sagt Olivier du Payrat vom französischen Zentrum der Nationalmonumente und schreitet beim Rundgang voraus in das, was einmal das **Gotteshaus** war. Sorgsam gepflegtes Gras breitet sich dort aus, wo sich vormals der Kirchenboden befand. Das Gewölbe ist längst verschwunden, hoch über den Besucherköpfen und in den Fensterresten steht das Stahlblau des Himmels. Enttäuschend? Mitnichten. Denn gleich hinter dem einstigen Hauptportal, in einigen Metern Höhe, geht es los mit den bildhauerischen Kunstwerken en miniature. Hier schaut man zur ersten von sechs erhaltenen **Steinreliefplatten** in Rundform auf, im lokalen Abteiführer „Weihemedaillons" genannt. Jedes zeigt einen Apostel, der jeweils in der linken Hand eine kleine Kirche und in der rechten sein Attribut oder das Werkzeug seines Martyriums hält.

Über das weich gefederte Wiesenbett geht es auf die erhaltene Apsis und benachbarte Kapellen zu, die Höhepunkte der Anlage. Während hier weder vom Grabmal des Abteigründers *Gérard de Corbie* noch von wertvollen Reliquien, die die Gläubigen verehrten, Spuren geblieben sind, stürzen fortan die **Bilderkapitelle** mit unglaublicher Intensität auf die Betrachter ein. Da tummeln sich, mit prägnanten Fischschwänzen versehen, Sirenen, Symbole der Verführung und des Bösen. Da begegnet man Adam, der seine Sünde erkennt. Oder Daniel im Gebet, unbeeindruckt von zwei Löwen an den Seiten und in tiefstem Gottvertrauen. Oder dem Erzengel Michael, der mit martialischen Stoßwaffen gleich zwei Drachen besiegt. Da wird man zum Zeugen der Präsentation des Haupts von Johannes dem Täufer und eines Kampfes zwischen Schlangen und Basilisken. Originell und ungewöhnlich sind die Motive von Löwen mit zwei Körpern, aber jeweils nur einem Kopf. Hier schöpften die Bildhauer der Romanik aus Inspirationsquellen der Buchmalerei, wie der

527sf ad

Abteiführer unterstreicht. Diese Art von Fantasiewesen seien unter den Illustrationen einiger Handschriften des 12. Jh. zu finden.

Olivier du Payrat, der all die Bilderfolgen im Sprachgebrauch von heute humorig als „Cartoons des Mittelalters" umreißt, deutet auf sein Lieblingsmotiv: den Teufel, der eine grässliche Fratze trägt und Jesus auffordert, sich vom turmartig dargestellten Tempel Jerusalems in die Tiefe zu stürzen. Deutlich herausgearbeitet ist dabei des Satans rechter Zeigefinger, der regelrecht aggressiv nach unten deutet. Besonders angetan hat es *Monsieur du Payrat* auch ein Kapitell mit Samson, den er mit seiner wallenden Haarpracht scherzhaft als „Mittelalter-Playboy" bezeichnet. Ein andersartiges, außergewöhnlich großes Kapitell trägt pflanzliche Motive. Ob Kiefernzapfen oder Weintrauben, das ist unter Experten umstritten.

Knapp 160 Stufen führen atemschwer in den oktogonalen **Turm der Abteikirche** hinauf. Die Wendeltreppen enden auf einer Plattform. Lohn der Mühen ist das Panorama. Der Blick schweift über die Ziegeldächer von La Sauve ins umliegende Hügel-, Wein- und Waldland. Schöner noch ist tief unten im Ruinenbezirk die Aussicht auf den Schattenwurf einer Mauer mit gotischen Fensteröffnungen, einzige Überbleibsel des Refektoriums. Extrem spärlich kommen die Reste des Kapitelsaals, des Kreuzgangs und der Schreibwerkstatt daher. Interessant ist es, später außen um den Apsisbereich zu gehen und zu Sparrenfiguren aufzuschauen. Unkraut sprießt aus den Mauern, manche Steine tragen einen leichten Moosüberzug.

Zum Abschied ruft *Monsieur du Payrat* die neuesten Zahlenwerke auf. 15.000 Besucher, darunter gut 400 aus Deutschland, kommen pro Jahr in die Abtei. Was uns das sagen will? In La Sauve-Majeure, dieser Wunderwelt romanischer Kapitelle, herrscht kein Massenbetrieb. Es ist ein echtes **Ziel für Entdecker.**

⌃ Kapitellmotiv: Daniel, unbeeindruckt von Löwen und in tiefstem Gottvertrauen

errichteten. Allein wegen ihrer Kapitelle verdienen die Abteiruinen einen Exkurs (→ vorherige Doppelseite).

Abbaye de La Sauve-Majeure, Anfang Juni bis Anfang Oktober tägl. 10–13.15 und 14–18 Uhr, während des restlichen Jahres Di.–So. 10.30–13 und 14–17.30 Uhr; Eintritt 6 €; www.abbaye-la-sauve-majeure.fr. Das Kombiticket mit dem Schloss in Cadillac kostet 9 €.

Wein

■ Direkt am Zugang zu den Abteiruinen La Sauve-Majeure findet man das Weinhaus **Maison des Vins de l'Entre-deux-Mers** (rue de l'Abbaye, Tel. 05 57 34 32 12, http://vinsentredeuxmers.com). Hier erhalten Sie auch Informationen zu besuchbaren Weingütern in der Gegend.

Radeln um Créon

Radbegeisterte leihen sich in Créon ein Bike aus (im alten Bahnhof in der *Station Vélo* an der Durchgangsstraße, Tel. 06 28 26 79 32, www.station-velo-creon.fr; über Winter geschl.). Gleich hinter dem alten Bahnhofsgebäude vorbei läuft der als „Grüne Route“ *(Route verte)* ausgewiesene **Radweg Bordeaux–Sauveterre-de-Guyenne,** der sich über eine Länge von 50 km erstreckt. Créon liegt etwa auf der Hälfte der Strecke, als Ziel einer Tagestour (hin und zurück) kommt **Sauveterre-de-Guyenne** in Betracht. Auf dem Weg in diese Richtung verrät ein längerer, heute neonbeleuchteter Tunnel die Nutzung als einstige Bahntrasse. Unterwegs geht es durch Mischwälder, vorbei an Wiesen, Hecken und Weingärten. Etwa 5 km hinter Créon lässt sich ein Kurzabstecher zu den Abteiruinen **La Sauve-Majeure** einschieben. Auf Sauveterre-de-Guyenne zu wird das Land etwas welliger.

Auf dem Radweg zwischen Créon und Sauveterre-de-Guyenne

526sf ad

Rund um Langon

Langon liegt an der Garonne, der Kern des 7000-Einwohner-Städtchens breitet sich am Flussufer aus. An der Plaçe d'Horloge erhebt sich das Rathaus, in der Zone der Quais das Marktgebäude. Dank seiner strategisch günstigen Lage blickt Langon auf eine lange Geschichte als regionales Weinhandelszentrum zurück, darf aber nicht überbewertet werden. Länger aufhalten wird man sich hier kaum.

Fassbares Zeugnis vergangener Zeiten bietet die ursprünglich romanisch-gotische **Kirche Saint-Gervais;** das Bild der „Immaculée Conception" schreibt man dem berühmten spanischen Maler *Francisco de Zurbarán* zu, die Glasfenster wurden nach dem Zweiten Weltkrieg erneuert. Alljährlich im Juni/Juli erklingen bei den **„Atypischen Nächten"** *(nuits atypiques,* www.nuitsatypiques.org*)* von Langon Musikinstrumente aus aller Welt.

Zu den sehenswerten Orten in der näheren Umgebung von Langon gehören das mittelalterlich geprägte **Saint Macaire,** der Weinort **Sainte Croix-du-Mont** mit Schloss und Kirche, **Saint Maixant** mit der Domaine de Malagar (Landgut mit Erinnerungen an den Literatur-Nobelpreisträger *François Mauriac*; http://malagar.fr; Führungen Apr.–Sept. tägl. um 10.30, 11.30, 14.30, 15.30, 16.30 und 17.30 Uhr, Okt.–März tägl. um 11.30, 14.30, 15.30 und 16.30 Uhr; Standardtarif 8 €, ausführlichere Besichtigung 15 €), das zur Gemeinde Preignac gehörige **Château de Malle** mit seinen italienisch inspirierten Gärten (17. Jh.), das mittelalterliche **Château de Budos** sowie **Barsac** mit seiner Kirche aus dem 16./17. Jh.

Südöstlich von Langon führt die Strecke durch die Garonne-Ebene über **Marmande** und Tonneins Richtung Agen. Unterwegs sind ab Marmande Abstecher sowohl nach Norden zum **Château de Duras** (Schlossanlage, Ursprung 12. Jh.), als auch nach Süden zum **Château de Malvirade** (15. Jh.) in Grezet-Cavagnan möglich.

Information

- **Office de Tourisme,** 11 allée Jean-Jaurès, Langon, Tel. 05 56 63 68 00, www.tourisme-sud-gironde.com.

Unterkunft/Essen und Trinken

- **Hôtel Claude Darroze**①–②, 95 cours du Général Leclerc, Langon, Tel. 05 56 63 00 48, www.darroze.com. Solide Moderne bei den Zimmern mit angeschlossenenem **Restaurant** ③ in sehr gehobenem Stil, qualitativ wie preislich.
- **Apparthôtel Les Tilleuls**①, 16 allées des Tilleuls, Saint Macaire, nordöstlich von Langon, Tel. 05 56 62 28 38, www.tilleul-medieval.com. Appartements für bis zu fünf Personen, mit angeschlossenem **Restaurant**①-②.

Sport und Freizeit

- In Langon und Umgebung gibt es eine Reihe von **Wandermöglichkeiten,** Informationen im *Office de Tourisme.* Außerdem gibt es Radstrecken in der weiteren Gegend, z.B. ab Roaillan (nach Bazas) oder an einem Seitenkanal der Garonne entlang (ab Castets-en-Dorthe; → „La Réole").

Die Gegend um Villandraut und Bazas

Südlich von Langon eröffnet sich ein kleines Kulturdreieck mit den Punkten Château de Roquetaillade, Villandraut und Bazas. Zwischen den beiden letztgenannten Orten liegt überdies der Kirchenort Uzeste, von wo aus sich noch ein Abstecher Richtung Süden zum Château de Cazeneuve anbietet.

Château de Roquetaillade

Mit seinem steinernen Schachtelwerk wirkt das bei Mazères gelegene Château de Roquetaillade wie eine überdimensionale Spielzeugburg aus dem Kinderzimmer. Rundtürme und zentraler Festungsturm ragen aus dem Grün des großzügig gehaltenen Parks. Die Anlage des besuchbaren Schlosses geht ins Spätmittelalter zurück, Führungen machen mit dem kostbaren Interieur vertraut. Es ist eine Welt der feinen Salons und Gemächer, die durchaus einem Loire-Schloss zur Ehre gereichen: mit Gobelins, Porzellanvasen, Leuchtern, Gemälden, Gewölbe- und Bogenmalereien, Himmelbetten, *Fauteuils*. Dabei ist weder so manch schauderhaftes Kitschstück zu übersehen noch, dass es restauratorische Hand vereinzelt übertrieben hat. Dennoch bleibt ein guter Gesamteindruck; auch der Einblick in die Schlossküche hat seinen Reiz.

■ **Château de Roquetaillade,** Juli/August tägl. 10.30–18 Uhr, (Beginn der letzten Führung ist 17 Uhr), April bis Juni und September bis Anfang November Führungen tägl. um 15 und 16 Uhr, während des restlichen Jahres nur So. 15 und 16 Uhr; Eintritt 10,50 €; www.roquetaillade.eu.

728sfw ad

528sf ad

Bazas

MEIN TIPP: Der Ort Bazas wird von seiner prächtigen gotischen **Cathédrale Saint-Jean-Baptiste** beherrscht, die Frontportale wenden sich hin zur arkadenbeflankten Place de la Cathédrale. Das Gotteshaus bringt es auf eine beachtliche Länge von 83 Metern; beeindruckend ist auch die Pracht der Buntglasfenster aus dem 19. Jh. Unmittelbar neben der im 13. Jh. begonnenen Kathedrale liegt der **Jardin du Chapitre,** eine freundliche Grünanlage.

Information

- **Office de Tourisme,** 25 rue Fondespan, Bazas, Tel. 05 56 25 25 84, www.tourisme-sud-gironde.com.

Unterkunft

- **Domaine de Fompeyre**②-③, route de Mont de Marsan, Tel. 05 56 25 98 00, http://domaine-de-fompeyre.com. Modernes 50-Zimmer-Haus in Ortsrandlage, mit Hammam, Hallen- und Außenbad. Mit Restaurant. Bei den Zimmern gibt es mehrere Kategorien mit qualitativen und preislichen Unterschieden.
- **Camping Le Paradis de Bazas,** route de Casteljaloux, Tel. 05 56 65 13 17, www.capfun.de. Großer Pluspunkt ist der Aqua-Komplex. Bei der Vermietung stehen diverse Hüttenmodelle zur Wahl. Ende Mai bis September/Oktober.

^ Das Innere der Kathedrale von Bazas

< Blick in die Schlossküche des Château de Roquetaillade

Uzeste

Dreh- und Angelpunkt in dem ansonsten blassen Uzeste ist die **Collégiale d'Uzeste,** die gotische Stiftskirche mit dem Mausoleum des 1314 verstorbenen Papstes *Klemens V.* Dieser war Franzose. Auf ihn geht die Residenz der Päpste im Avignonischen Exil zurück, während seiner Amtszeit wurde der Orden der Tempelritter untersagt. Das Marmorgrabmal des obersten Kirchenfürsten befindet sich im Altarraum. Der Zutritt in die Kirche ist frei.

Château de Villandraut

Auf Papst Klemens V. gründet sich auch das zu Beginn des 14. Jh. erbaute Wehrpalais in Villandraut, zu dessen Gepräge mächtige Rundtürme zählen.

■ **Château de Villandraut,** Juli bis Mitte Sept. tägl. 10–13 und 14.30–18 Uhr, Mai und Juni sowie zweite Hälfte Sept. nur an den Wochenenden 10–13 und 14.30–18 Uhr, im übrigen Jahr nur auf rechtzeitige Anfrage (2–3 Tage vorher) unter Tel. 05 56 25 87 57; Eintritt 5 €; www.chateaudevillandraut.fr.

Château de Cazeneuve

Ab Villandraut oder Uzeste erreicht man weiter südlich in **Préchac** eine restaurierte Großanlage, an der ursprünglich bis ins 17. Jh. hinein gebaut wurde: das Château de Cazeneuve, einstiges Königsschloss von *Heinrich IV.* mit schönem Mobiliar und Gärten.

■ **Château de Cazeneuve,** Führungen Anfang Juni bis Ende September täglich 14–18 Uhr (letzte Führung um 17.15 Uhr), Ende März bis Ende Mai sowie Anfang Oktober bis Anfang November nur Sa. und So. geöffnet (14–18 Uhr, letzte Führung 17.15 Uhr); Eintritt 12,50 €; www.chateaudecazeneuve.com. Im Preis enthalten ist der freie Besuch des Parks.

Unterkunft/Essen und Trinken

■ **Auberge La Cremaillère**①, 8 place du Général de Gaulle, Villandraut, Tel. 05 56 25 30 67, www.aubergelacremaillere.com. Zehn solide Zimmer. Mit **Restaurant.**

■ Vermieter von Gästezimmern (*chambres d'hôtes*) haben sich in Villandraut ebenfalls auf die Nachfrage eingestellt, so z.B. **Villa Madeleine**②, 2 rue Madeleine, Tel. 05 56 25 60 64, www.villa-madeleine.fr; **La Cordonnerie**②, 8 rue Jean Lapeyre, Tel. 07 81 05 38 55, www.lacordonnerie-villandraut.fr (Saison Mai bis Oktober).

Im Zentrum und Osten der Region Entre-deux-Mers

Nordöstlich von Langon sind die **Weingebiete** Wegbegleiter durch jenen Teil der Region Entre-deux-Mers. Vorschlag für eine Erkundung: Langon – Le Pian-sur-Garonne – Saint André-du-Bois – Sauveterre-de-Guyenne – Blasimon – Sauveterre-de-Guyenne – Saint Ferme – Monségur – La Réole – Saint Martin-de-Sescas – Langon. Zu beachten ist, dass man diese Tour gut mit einem Ab-

⊡ Radstrecke am Garonne-Kanal zwischen Castets-en-Dorthe und Fontet

stecher an die Dordogne in den Landstrich Libournais und das mittelalterliche Vorzeigestädtchen Saint Émilion kombinieren kann (→ „Bordeaux und Umgebung"). Ein kleiner Exkurs macht das Radfahren am Garonne-Kanal schmackhaft (→ „La Réole").

Saint André-du-Bois

Saint André-du-Bois, genauer gesagt das **Château de Malromé,** pflegt sein Andenken an *Henri de Toulouse-Lautrec* (1864–1901), jenen weltberühmten Maler und Grafiker, der hier jung an Jahren verstarb.

■ **Château de Malromé,** Führungen auf den Spuren *Toulouse-Lautrecs* zu stark wechselnden Zeiten (vgl. Homepage, wo man gleich die Reservierungen vornimmt. Der Standardbesuch kostet 14 €, zusätzlich mit Weinverkostung 17 €; www.chateautou louselautrec.com.

Sauveterre-de-Guyenne

Sauveterre-de-Guyenne, als Bastide Ende des 13. Jh. gegründet und während des Hundertjährigen Krieges einem Hin und Her zwischen Franzosen und Engländern unterworfen, präsentiert seine Vergangenheit in Form des Zentralplatzes und vier befestigten Toren. Hierher führt von Bordeaux eine ca. 50 km lange Radstrecke (→ „Créon"). Dienstags vormittags gibt es einen Markt in Sauveterre-de-Guyenne.

Der Ort wird auch gerne als Sprungbrett für kleinere Ausflüge genutzt: nördlich Richtung Saint Émilion nach **Rauzan** (*Grotte Célestine,* eine Tropfsteinhöhle, www.grotte-celestine.fr, Tel. für Reservierungen 05 57 84 08 69, Eintritt 12 €, Kinder und Jugendliche unter 15 Jahren 6 €; saisonal schwankende Öffnungszeiten, → Homepage; Juli und Aug. tägl. 10–12.30 und 14–18.30 Uhr, sonst Mo. und je nach Saison

529sf ad

530sf ad

auch So. geschlossen, Reservierungen mindestens 24 Std., im Hochsommer eine Woche vorher). Weitere Besuchsziele sind das Château des Duras sowie der Bastidenort **Blasimon** mit seiner romanisch-gotischen Kirche der alten Benediktinerabtei.

Saint Ferme

Östlich von Sauveterre-de-Guyenne führt die Tour nach Saint Ferme mit seiner dominanten **Abbaye de Saint Ferme,** einem Bauwerk mit Ursprung im 11. Jh. Die Abtei lag einst in Händen von Benediktinern, die Jakobspilger auf ihrem Weg ins spanische Santiago de Compostela aufnahmen. Ein weiterer Abstecher führt über **Pellegrue** (Bastide, 13. Jh.) nordostwärts an die Dordogne nach **Sainte Foy-la-Grande,** eine 1255 gegründete Bastide mit schönem Ortsbild.

- **Abbaye de Saint Ferme,** in der Regel täglich freier Zugang in Kirche und Kreuzgang, http://abbayesaintferme.jimdofree.com. Teilnahme an Führungen 4 €.

Monségur

Bastidenvergangenheit prägt auch das nette Monségur. Mit dem **Château de Guilleragues** im nahen Saint Sulpice-de-Guilleragues hat die Gegend auch ein Schloss zu bieten.

Information

- **Office de Tourisme,** 4 rue Issartier, Monségur, Tel. 05 56 61 82 73, www.monsegur-tourisme.fr.

⌃ Buntglasfenster der Kirche Saint-Pierre in La Réole

La Réole

In La Réole geht es zurück an die Garonne, auf den Spuren einer tausendjährigen Geschichte. Der Ort ist etwa 4500 Einwohner stark und verzeichnet einen recht starken Zuzug von Städtern aus Bordeaux; im Schnellzug sind es dorthin nur 35 Minuten.

Der interessanteste Teil von La Réole zieht sich über einen Hügel. Dort erheben sich die Kirche **Saint-Pierre** (im Innern hallenartig mit einer gewaltigen Orgelempore, Buntglasfenstern und einem schwebenden Christus über dem Altarbereich) und ein einstiges Kloster mit erhaltenen Kreuzgangresten; in dem Komplex sind heute Rathaus und Finanzamt untergebracht.

Radeln an Kanalufern

Eine ausgesprochen schöne Radstrecke führt an den Ufern des Garonne-Kanals entlang. Eingebunden ist die Strecke an den Fernradweg von Bordeaux nach Toulouse; ab Toulouse könnte man sogar weiter bis ans Mittelmeer radeln.

Ausgangspunkt für eine lokale Halbtages- oder Tageserkundung ist das etwa 15 Straßenkilometer südwestlich von La Réole gelegene **Castets-en-Dorthe** (Gemeinde: Castets-et-Castillon), wo im oberen Ortsteil der **Radverleiher** *Les Cycles du Canal* (4 bis rue Grossolle, Tel. 05 56 27 05 81, auf Facebook vertreten) ansässig ist.

Dann ist es einfach: vom Oberdorf abwärts Richtung Garonne, von der sich hier der Garonne-Kanal löst – und genau dort geht es nun entlang in östlicher Richtung. Die Strecke ist frei von Schwierigkeit und mit weiß-grünen Radsymbolen beschildert. Zum Auftakt bietet der **Kanalhafen** von Castets-en-Dorthe mit seinen festgemachten Hausbooten nette Fotomotive. Ziel einer Tour, die nicht besonders anstrengt, aber viele Eindrücke gibt, ist ein weiterer kleiner Hafenbereich. Dieser heißt **Fontet,** verströmt romantisches Flair und liegt 11,5 Kilometer entfernt von Castets-en-Dorthe. Während der wärmeren Jahreszeit punktet Fontet mit einem winzigen Badesee samt Sandstrand. Insofern ist diese Tour auch für Familien mit Kindern eine gute Empfehlung. Unterwegs zeichnet sich in der Ferne La Réole ab. Es geht an den weiten Schleifen des Kanals entlang, an Platanen, Pferdeweiden, Walnussbäumen, Schleusen.

Die Rückkehr von Fontet nach Castets-en-Dorthe erfolgt auf derselben Strecke, die auch in Gegenrichtung gut markiert ist. Wem Fontet als Ziel nicht genügt, könnte weiter radeln nach **Meilhan-sur-Garonne** oder **Pont-des-Sables**; der Radverleiher versorgt Sie mit entsprechenden Tipps.

Information

■ **Office de Tourisme,** 52 rue André Bénac, La Réole, Tel. 05 56 61 13 55, www.lareole.fr.

Unterkunft

■ **La Parenthèse**①, 22 rue Lagrave, La Réole, Tel. 06 85 72 98 29, www.laparenthese-lareole.fr. Nett eingerichtetes Gasthaus unter engagierter Leitung. Nur wenige Zimmer. Geöffnet von Anfang April bis Ende Oktober.

Essen und Trinken

■ **Restaurant Aux Fontaines** ①, 8 rue de Verdun, Tel. 05 56 61 15 25, www.restaurant-aux-fontaines.com. Ein charmanter, aber dennoch bodenständiger Platz zur Einkehr. In der wärmeren Jahreszeit ist die Terrasse geöffnet.

Agen

Das Grün des Umlands und die Wasserläufe der **Garonne** und des **Seitenkanals** der Garonne (Canal Latéral à la Garonne) bestimmen die Gesichter von Agen. Rad- und Spazierwege entlang der Ufer halten die Einwohner auf Trab. Legt man das ausgedehnte und vorbildlich angelegte Wegenetz zu Grunde, so dürfte ihr Fitnessgrad besonders hoch sein. Insbesondere zwischen dem **Sporthafen** *(Port de Plaisance)* und der **Kanalbrücke** *(Pont Canal)* wird gejoggt und geradelt, was die Lungen hergeben. Die hohe Lebensqualität wurde im Jahr 1990 geadelt, als man Agen zur „glücklichsten Stadt Frankreichs" wählte.

Agen, nüchtern auf den Punkt gebracht, liest sich so: Hauptstadt des Départements Lot-et-Garonne, 34.000 Einwohner, rund 140 Kilometer östlich von Bordeaux gelegen und ab Langon erreichbar über die Autobahn A 62 oder die Nationalstraße N 113.

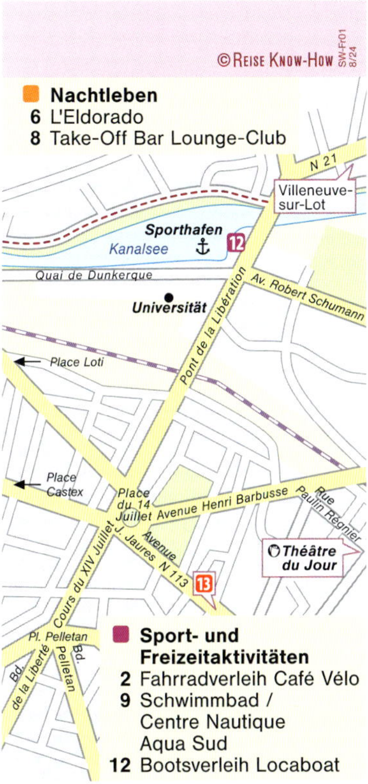

Geschichte und Gegenwart

Die städtischen Ursprünge des vormaligen Aginnum liegen rund um das bewaldete Felsplateau im Norden der Stadt. Schon zu römischen Zeiten war das über 2000-jährige Agen wichtige Station auf der Achse Bordeaux – Toulouse und stand im späten Mittelalter stets auf der Kippe zwischen Franzosen und Engländern – hier wechselten die Herrscher nicht weniger als elf Mal. Eine wichtige Rolle für die regionale Wirtschaft spielte der Flusshandelsverkehr. Im 19. Jh. wurde der 211 km lange Seitenkanal der Garonne zwischen Toulouse und Castets-en-Dorthe angelegt, ein architektonisches Meisterstück mit über 50 Schleusen und der 23-bögigen Kanalbrücke von Agen.

Heute herrschen Textil- und Nahrungsmittelindustrie vor, an der Universität streben rund 2000 Studenten dem Berufsleben entgegen. Wer von Süden her über die Straße anreist, passiert das Ausstellungs- und Messegelände *(Parc des Expositions)* und muss zunächst einen großen Gürtel an Gewerbegebieten durchstoßen. Weniger wirtschaftliche Bedeutung kommt dem Fremdenverkehr zu. Trotz Agens durchaus vorhandener Reize wird für die meisten Besucher ein längerer Aufenthalt nicht in Betracht kommen.

Sehenswertes

In Agen wechseln sich grüne Abschnitte mit zweckmäßig-modernen Zonen und langen Straßenschneisen ab.

Kathedrale

Im Stadtkern legen sich gemütlich-geschäftige Zonen um die **Cathédrale Saint-Caprais** an der Place du Maréchal Foch. Deren geschichtliche Wurzeln gehen ins 11. Jh. zurück, der Sakralbau selbst trägt den Namen eines aus römischen Zeiten dokumentierten Märtyrers. In Sichtweite der Kathedrale tauchen Sie in die kleine **Fußgängerzone** der Rue Molinier ein.

Musée des Beaux-Arts

Ab dem Kathedralplatz erreicht man einen weiteren wichtigen Citybereich über die Place Barbes, die Rue des Cornières und die Place des Laitiers. Endpunkt ist die Place du Docteur Esquirol, wo sich – nahe dem Rathaus und dem Théâtre Municipal – mit dem **Museum der Schönen Künste** ein kulturelles Aushängeschild *par excellence* eröffnet. Das Museum umfasst eine beachtliche Sammlung, verteilt sich auf mehrere historische Gebäudeteile und spannt sich von der Vorgeschichte bis zum 20. Jh. Zu den Stücken zählen eine marmorne Venus aus der gallo-römischen Epoche *(Venus du Mas d'Agenais)* sowie das Doppelgrabmal des *Étienne de Durfort* und seiner Gemahlin *Françoise de Montpezat* aus dem 16. Jh. Die Schätze des Museums setzen sich insbesondere in der Abteilung für französische und spanische Malerei des 18. Jh. fort, speziell mit einigen Werken von *Francisco de Goya.*

■ **Musée des Beaux-Arts,** April bis Oktober Mi.–Mo. 11–18 Uhr, während des übrigen Jahres Mo./Mi./Do./Fr. 11–17 und Sa./So. 14–18; Eintritt 6 €; www.musee-agen.fr.

Kirchen

Weitere nennenswerte Bauwerke sind die **Église des Jacobins,** eine gotische Backsteinkirche an der Place des Jacobins, und die **Église Notre Dame du Bourg** aus dem 13./14. Jh. an der Place Notre Dame du Bourg.

Am Kanal

MEIN TIPP: Auf Höhe des Quai de Dunkerque verbreitert sich der Kanal zu einem **kleinen See** mit Schiffen, Enten und Spiegelbildern der hangwärts steigenden Häuser. Wer sich nicht in die Riege der Radler und Jogger einreihen will, kann ab dem Sporthafen entlang dem **Nordufer** des Kanals bis zum Pont Canal spazieren. Vom Kanal aus schaut man auf ein hügeliges Hinterland, durch das die Straße Richtung Villeneuve-sur-Lot abfließt.

Praktische Tipps

Information

- **Office de Tourisme,** 38 rue de Garonne, Tel. 05 53 47 36 09, www.destination-agen.com.

Unterkunft

5 **Hôtel Château des Jacobins**②-③, place des Jacobins/2 rue Maurice Jacob, Tel. 05 53 47 03 31, http://chateau-des-jacobins.com. Drei-Sterne-Domizil in zentraler Lage von Agen, Flair eines Grafenhauses aus dem 19. Jh.

10 **Hôtel Stim'Otel**①-②, 105 boulevard du Président Carnot, Tel. 05 53 47 31 23, http://stimotel.com. Eine zuverlässige Drei-Sterne-Adresse mit fairen Preisen und anständigem Frühstück. Die Standardzimmer sind allerdings recht klein.

13 Ein guter Stützpunkt südöstlich von Agen ist das **B & B Hôtel Agen Castelculier**① in Castelculier, 100 route du Canal, Tel. 02 98 33 75 29, www.hotel-bb.com.

☒ Blick über Agen

Camping

1 **Camping Domaine du Lac de Néguenou,** *Domaine du Lac de Néguenou,* Prayssas, Tel. 06 30 80 64 77, www.lacdeneguenou.fr. Für Campingfreunde ist dieser freundliche, kleine Seeuferplatz den Abstecher wert, gelegen bei Prayssas, 18 km nordwestlich von Agen. Zwischen Anfang April und Ende Okt. geöffnet, Vermietung von *Mobile Homes.* Mit Schwimmbad (beheiz- und abdeckbar, außerdem noch Kinderpool), familienfreundlich.

Essen und Trinken

MEIN TIPP: Unbedingt einmal probieren: Kulinarische Wahrzeichen von Agen und Umgebung sind die **Pflaumen** *(prunes d'Agen).* Sie werden gern als Trockenpflaumen gegessen, in Armagnac eingelegt oder mit einem kalorienreichen Schokoladenmantel umhüllt.

11 **Crêperie Ty Mat'Lot** ①, 8 rue Emile Sentini, Tel. 05 53 66 07 81, auf Facebook vertreten. Crêpes und viel mehr in dieser populären Einkehr-Adresse.

4 **Restaurant Le Margoton** ①-②, 52 rue Richard Coeur de Lion, Tel. 05 53 48 11 55, www.lemargoton.com. Gediegenes Ambiente, aber nicht übertrieben vornehm. Schön angerichtete Speisen. Eine gute Wahl in der Altstadt.

7 In der zentralen **Rue Voltaire** bietet sich eine breite Auswahl zwischen etlichen **Bars** und **Restaurants.** Beliebt ist u.a. das *Bistrot Voltaire,* Hausnummer 43, Tel. 05 53 47 62 42.

3 Ebenfalls angesagt sind die selbstgebrauten Biere in der Mikro-Brasserie **L'Indé** (14 avenue du Général de Gaulle, http://inde-agen.com).

Nachtleben

- **Kulturveranstaltungen** findet man u.a. im: **Théâtre Municipal Ducourneau,** place Dr. Esquirol, und **Théâtre du Jour,** 21 rue Paulin Régnier. Gelegentlich gibt es gute Konzerte in **La Tannerie** (20 rue Cajarc; www.espace-tannerie.com).

8 Ein populärer Treffpunkt ist der **Take-Off Bar Lounge-Club,** 26 bis rue Voltaire, www.thetakeoffbar.fr
6 **L'Eldorado,** 11 rue Béranger, auf Facebook vertreten, beliebter Night Club.

Sport und Freizeit

12 **Bootstouren:** Bei *Locaboat* (Quai de Dunkerque, Tel. 05 53 66 00 74, www.locaboat.com) kann man sich ohne Führerschein kleine Boote, *pénichettes,* ausleihen und damit die Kanäle erkunden, oder sogar auf eine längere Hausboottour gehen.

105sf ad

2 **Fahrradverleih:** *Café Vélo,* 207 rue du Duc d'Orléans, Tel. 05 53 96 15 51, http://cafe-velo.net. Über den Winter geschlossen.
10 **Schwimmen:** Schwimmbad mit 50-m-Bahn im *Centre Nautique Aqua Sud,* avenue d'Italie, Agen-Sud, Tel. 05 53 48 02 63.

Feste und Veranstaltungen

- Im Juli und August gewöhnlich **Konzerte** im Rahmen des Sommerprogramms.

Verkehrsanbindung

- **Bahnhof:** nahe der place Sainte-Foy.

In der Umgebung von Agen

Ca. 5 km südwestlich erwartet Sie der **Freizeitpark Walygator Sud-Ouest (Château de Caudouin, Roquefort)** mit Fahrgeschäften für alle Altersstufen, im Regelfall geöffnet Ende April bis Anfang November (Jahreskalender mit den Öffnungszeiten auf der Homepage; Eintritt 26 €, Kinder 19,50 €; www.walyga torparc.com).

Ganz anders sieht es 13 km nördlich von Agen aus, wo das **Château de Madaillan** mittelalterlich daher kommt.

> Erntezeit für die Prunes d'Agen, die berühmten Pflaumen

< Am Canal Latéral á la Garonne

Ab Agen Richtung Norden

Mit seinen getrockneten Pflaumen ist Agen landesweit in aller Munde, sodass vielerorts Pflaumenbaumbestände ins Bild gehören. Nördlich von Agen geht es durch hügeldurchwellte Feld- und Wiesenlandschaften Richtung Villeneuve-sur-Lot. An der Strecke liegen die Abzweige zum **Lac de Saint Arnaud** und zu zwei **Höhlen:** den Grottes de Lastournelle und den Grottes de Fontirou.

■ **Grottes de Lastournelle,** Sainte Colombe de Villeneuve, die Welt in sieben unterirdischen Sälen. Die geführten Besuche dauern etwa 45 Minuten. Stark wechselnde Öffnungszeiten: Juli und August täglich 10–18 Uhr (Start des letzten Besuchs um 17.30 Uhr), April, Mai und Juni Führungen nur um 15.30 und 16.30 Uhr, im September Führungen um 14.30, 15.30 und 16.30 Uhr. Ansonsten punktuelle Termine, Aufstellung der wechselnden Öffnungszeiten unter www.grotte-de-lastournelle.fr; Eintritt 7,50 € für Erw., 5,50 € für Kinder (4–12 Jahre). Es ist besser, den Besuch telefonisch unter 06 63 88 90 60 anzukündigen.

Adobe.Stock ©phb.me

Noch ein Hinweis zur adäquaten Kleidung: Die Temperatur in der Höhle beträgt konstant 14 °C.

■ **Grottes de Fontirou,** Castella, Juli/August Mo.–Fr. 10–18 und Sa./So. 14–18 Uhr, sonst wechselnd und am besten vorab telefonisch erfragen unter 06 32 92 99 13; Eintritt 8 €, Kinder 6,50 €, http://grottesdefontirou.wordpress.com.

Pujols

Pujols, ein mittelalterlicher Ort, liegt vor Villeneuve-sur-Lot hoch über dem **Tal des Lot** und hat Einzug gehalten auf die **Liste der „schönsten Dörfer Frankreichs"**; zu sehen gibt es ein Ensemble aus Stadtmauern und Fachwerkhäusern.

Villeneuve-sur-Lot und Umgebung

Eine lange Einfahrt führt hinein nach Villeneuve-sur-Lot, Mitte des 13. Jh. als eine der mächtigsten Bastiden ihrer Zeit gegründet. Hoch aufgerissen zeigt sich der Turm der modernen **Église Sainte-Cathérine,** aus ferner Vergangenheit haben zwei Stadttore die Zeiten überdauert. Im Abendlicht bieten sich besonders schöne Ansichten des Flüsschens Lot.

Ab Villeneuve-sur-Lot führen Abstecher weiter nördlich in die Bastidenorte **Monflanquin** und **Villeréal.** Monflanquin wurde Mitte des 13. Jh. auf den Überresten einer gallo-römischen Siedlung aus der Taufe gehoben und steht ebenfalls auf der Liste der „schönsten Dörfer Frankreichs". In Villeréal sticht die Wehrkirche heraus.

Im Osten von Villeneuve-sur-Lot wartet mit **Penne-d'Agenais** ein malerisches Pflaster, weiter nordöstlich (noch hinter Fumel) mit dem im 15./16. Jh. erbauten **Château de Bonaguil** ein besuchbares Schloss. Allzu enthusiastische Stimmen rühmen die Anlage als die schönste Schlossburg Frankreichs, doch auch ohne solch überschwängliches Lob lohnt sich ein Besuch allemal. In Bonaguil hat man sich nunmehr über 60 km nordöstlich von Agen wegbewegt.

■ **Château de Bonaguil,** März und Oktober täglich 14–17.30 Uhr, April/Mai/Juni/Sept. tägl. 10–18 Uhr, Juli und August tägl. 10–19 Uhr (letzter Einlass 1 Std. vor Ende der Öffnungszeit); Eintritt 9,50 €, Kinder (6–12 Jahre) 5 €; www.chateau-bonaguil.com.

Im Westen von Agen

Etwa 25 km westlich von Agen erreicht man mit **Vianne** eine weitere Bastide, 1284 von den Engländern gegründet. Die schönsten Bilder eröffnen sich um die Stadtmauern, die Ufer des Flüsschens Baïse und die romanische Kirche.

Information

■ **Office de Tourisme,** u.a. in **Villeneuve-sur-Lot** (allée Federico García Lorca, Tel. 05 53 36 17 30, www.tourisme-villeneuvois.fr), **Monflanquin** (place des Arcades, Tel. 05 53 36 40 19, www.guide-du-lot-et-garonne.com) und **Penne-d'Agenais** (rue du 14 Juillet, Tel. 09 62 04 86 75, www.guide-du-lot-et-garonne.com).

Weiterfahrt von Agen nach Südwesten

Südwestlich von Agen kann man problemlos an Pau und weiter Richtung Pyrenäen anbinden. Auf der Fahrt sieht man hügeldurchsetztes Land mit ausgestreuten Waldinseln, Verkaufsstätten mit Armagnac, Mais- und Weinbaufelder, rund 20 km von Agen entfernt den **Lac Saint Louis** (See). Je nach Route führt die Tour durch das im Département Gers gelegene **Condom** (Kathedrale) und **Aire-sur-l'Adour** mit der Kirche Sainte Quitterie mit romanischer Krypta und Flussuferzonen am Adour.

Information

■ **Office de Tourisme,** place du 19 Mars 1962, Aire-sur-l'Adour, Tel. 05 58 71 64 70, www.tourisme-aire-eugenie.fr.

Nérac

Auf dem ersten Streckenstück ist auch ein Schlenker nach Nérac möglich, einem Ort am Flüsschen Baïse mit einer Geschichte, die sich bis in römische Zeiten entrollt. Nérac ist ein guter Startpunkt für einen etwa einstündigen Bootsausflug auf dem Fluss, gut geeignet auch als Familienunternehmung (www.croisieresduprincehenry.com; Saison von Mitte April bis Mitte Oktober, doch dann wechselt neunmal der Zeitplan, vgl. Homepage; Erw. 10 €, Kinder 3–12 Jahre 7 €). Doch nicht nur das: Schlossfans zieht es zum **Château Henri IV.** Einstmals lag der Renaissancebau in Händen des Adelsgeschlechtes *Albret,* zu dem *Heinrich von Navarra* (der spätere König *Heinrich IV.)* gehörte, der hier residierte. Bei Redaktionsschluss war das Schloss noch geschlossen, es soll jedoch im Juni 2024 wieder für Besucher öffnen. Aktuelles unter http://chateau-nerac.fr.

Information

■ **Office de Tourisme,** 7 avenue Mondenard, Nérac, Tel. 05 53 65 27 75, http://albret-tourisme.com (Stadt und Landstrich Pays d'Albret).

4

Südliche Atlantikküste

» Sandstrände bis zum Horizont versprechen das ultimative Badevergnügen, auch Freunde sportlicher Aktivitäten kommen voll auf ihre Kosten: Gut ausgebaute Radstrecken und idyllische Wanderwege schlängeln sich durch die Region, der Naturpark Landes de Gascogne setzt nachhaltig grüne Akzente.

◁ Mimizan-Plage mit seinen weiten Stränden

SÜDLICHE ATLANTIKKÜSTE UND HINTERLAND

Das Gebiet zwischen Arcachon und dem baskischen Küstenland schmückt sich gerne mit dem Superlativ der *größten zusammenhängenden Sandstrandküste Frankreichs.* Hinzu kommen weite Pinienwälder und Binnenseen. Im Hinterland liegen Städtchen wie *Dax* und *Mont-de-Marsan.*

NICHT VERPASSEN!

- Signifikante Kulturnote: das **Kunstmuseum Despiau-Wlérick** in Mont-de-Marsan | 155
- Highlife in der Sommersaison in **Mimizan-Plage** | 160
- Nicht nur bei Campern beliebt: **Contis-Plage** | 164
- Das gepflegte Ferienzentrum **Vieux-Boucau** | 168
- Der Wassersportmagnet **Soustons** | 169
- **Seignosse** mit feinsandigen Stränden | 169
- Nicht mondän, aber elegant: **Hossegor** | 171
- Der **Hafen** von Capbreton | 174

Diese Tipps erkennt man an der gelben Markierung.

Typischer Pinienforst im Naturpark Landes de Gascogne

Überblick

Strände, Strände, Strände – südlich von Arcachon dehnen sich die Sandbänder der „Silberküste" **Côte d'Argent** bis zum Horizont und prägen populäre Ferienorte wie Biscarrosse-Plage und Mimizan-Plage. Das Hinterland bleibt durchgehend flach, bringt aber dennoch einige Abwechslung ins Spiel. Hier warten Dünen und Pinienwälder, Ginster- und Farnweiten, eine mitunter skandinavisch anmutende Seenplatte sowie vorzügliche Rad- und Wanderstrecken.

Das Wechselspiel von Meer und Seen setzt sich im tieferen Süden fort und bekommt in Vieux-Boucau-les-Bains und im Doppelort Hossegor-Capbreton zusätzliche Zugkraft: in **Vieux-Boucau-les-Bains** durch die quicklebendige Fußgängerzone und den künstlich angelegten Lac Marin, in **Hossegor-Capbreton** mit dem weit verzweigten Hafenbecken. Endstation ist eben diese Gegend um Hossegor und Capbreton, südlich davon geht das Département Landes ins Baskenland über. Zwischendurch führen ausgedehnte Abstecher in den **Parc Naturel Régional des Landes de Gascogne** mit dem beliebten **Ecomusée**

©Reise Know-How
0 5 km
SW-FrK3a 8/24
Arcachon
Langon
Contis-Plage
Mont-de-Marsan
Lit-et-Mixe
Dax
Capbreton
Biarritz
Aire-s-l'Adour
Île aux oiseaux
Lanton
Domaine des Certes
Audenge
Marcheprime
BASSIN D'ARCACHON
Cap Ferret
Arcachon
Austernhaus
Réserve Ornithologique
Biganos
Lacanau-de-Mios
Facture
Pyla-Sur-Mer
Gujan-Mestras
Le Teich
La Teste-de-Buch
Pointe du Cap Ferret
Relais Nature
Mios
RÉSERVE NATURELLE DU BANC D'ARGUIN
Dune du Pilat
Zoo du Bassin d'Arcachon
Canal des Landes
GIRONDE
Eyre
Plage du Petit Nice
Plage naturiste de la Lagune
Pointe d'Arcachon
Plage de la Salie Nord
Salles
La Caplanne
Cazaux
PARC NATUREL RÉGIONAL DES LANDES DE GASCOGNE
Étang de Cazaux et de Sanguinet
Forêt de Lagnereau
Port Maguide
Sanguinet
Lugos
Biscarrosse-Plage
Forêt de Biscarrosse
Ispes
Gare de Lugos
Navarrosse
Lilaire
Petit Étang de Biscarrosse
Biscarrosse
Hourtiquet
Parentis-en-Born
Étang de Biscarrosse et de Parentis
Le Lac
Militär
Gastes
Ychoux
Liposthey
Dupouy
St.-Trosse
Courant de Ste. Eulalie
Mongaillard
LANDES
Ste.-Eulalie-en-Born
Petit Ligautenx
Mont-de-Marsan
Aire-sur-l'Adour
Labastide-d'Armagnac, St.-Justin
Pontenx-les-Forges
Étang d'Aureilhan
Mimizan-Plage
St.-Paul-en-Born
Canteloup
Lüe
Aureilhan
Labouheyre
Commensacq
Mimizan
Forêt de Mimizan
Leych
Sabres
Escource
Bias
Solférino
Cap-de-Pin
Forêt de St.-Julien-en-Born
Contis-Plage
La Lette
Mézos

Arcachon
Langon
Contis-Plage
Lit-et-Mixe
Mont-de-Marsan
Dax
Capbreton
Bayonne
Biarritz
Aire-s-l'Adour
164
Contis-Plage
Forêt de St.-Julien-en-Born
Courant de Contis
La Lette
D38
D41
Mézos
St.-Julien-en-Born
Onesse-et-Laharie
164
Cap-de-l'Homy-Plage
Forêt de Lit-et-Mixe
165
Lit-et-Mixe
Uza
165
Lévignacq
Miquéou
D652
Forêt de Vielle-St.Girons
165
St.-Girons
St.-Girons-Plage
Lesperon
Le Souquet
D42
Vielle
Linxe
N10
LANDES
Étang de Léon
St.-Michel-Escalus
166
Léon
Castets
Taller
167
Moliets-Plage
167
Moliets-et-Maa
Le Village-s/s-les-Pins
D42
D16
D947
168
Messanges-Plage
168
Messanges
155
Mont-de-Marsan
156
Aire-sur-l'Adour
157
Labastide-d'Armagnac, St.-Justin
168
Vieux-Boucau
D652
Azur
Cluquetardit
Herm
Étang de Pinsole
Étang de Soustons
184
Magescq
Courant de Vx. Boucau
D116
169
Soustons
GOLF DE GASCOGNE
D79
D652
183
St.-Vincent-de-Paul
N124
183
St.-Paul-Lès-Dax
D17
171
Hossegor
Étang Blanc
180
N10
Dax
Eyranx
Étang Noir
169
Seignosse
Tosse
D112
A63
St.-Geours-de-Maremne
Lac d'Hossegor
N10
Adour
Œyreluy
St.-Pandelon
174
Capbreton
D33
St.-Vincent-de-Tyrosse
Saubusse
Luy
Heugas
D28
Orist
Bénesse-lès-Dax
Bénesse-Maremne
St.-Jean-de-Marsacq
D17
D6
179
Labenne-Océan
D652
Gaas
St. Léon-les-Mines
179
Labenne
Orx
Saubrigues
D12
D33
Ondres-Plage
Zoo
St. Martin-de-Hinx
St.-Étienne-d'Orthe
Pouillon
Cagnotte
Beyres
Ondres
St.-André-de-Seignanx
Biarrotte
Port-de-Lanne
180
Tarnos
N117
Ste.-Marie-de-Gosse
Orthevielle
Peyrehorade
Labatut
180
Boucau
St.-Martin-de-Seignanx
Hastingues
Cauneille
192
St. Barthélemy
Œyregave
Sorde-l'Abbaye
D28
Bayonne
Adour
247
Guiche
D10
200
Anglet
Lahonce
Urcuit
Urt
A64
Bidouze
D312
Bardos
Bidache

Marquèze (Freilichtmuseum), nach **Mont-de-Marsan** sowie in die Thermalstadt **Dax.**

Kulinarisch begegnet Reisenden das *Département* Landes – nicht zuletzt abhängig von der Jahreszeit – in Form von Spargel und eingekochten Entenstücken, Steinpilzen, Ringeltauben und Gänseleberpastete.

Biscarrosse

Von Arcachon nach Biscarrosse

Auf dem ersten kleinen Teilstück der Küste, der Straße von Arcachon nach Biscarrosse, machen hinter der Dune du Pilat gleich mehrere Strände den Küstenstrich schmackhaft: die **Plage du Petit Nice,** die **Plage naturiste de la Lagune** (FKK) und die **Plage de la Salie Nord.** Hier wie auch andernorts sind die Strände einzig in Form von Abstechern erreichbar, eine durchgehende Küstenstraße gibt es nicht. An der Strecke von Arcachon nach Biscarrosse sind einige **Campingplätze** in Pinienforst eingefasst, etwas abseits zieht sich der **Fernwanderweg GR-8** gen Süden. **Radler** finden ein regelrechtes Paradies vor und strampeln mühelos voran in die Gemeinde Biscarrosse – für gut Trainierte oder E-Biker auch ein lohnendes Tagesausflugsziel ab Arcachon.

Überall zeigt sich: Die Silberküste ist eine touristische Goldgrube! Nicht verschwiegen sei, dass mancher Sandstrand bei Flut sehr stark vom Wasser eingenommen sein und unterwegs während der Hauptsaison mancherorts eine hohe Verkehrsdichte herrschen kann.

Die Gemeinde Biscarrosse

Als idealer Stützpunkt in Atlantik- und Seelandschaft eignet sich die vielgesichtige Gemeinde Biscarrosse (gerne abgekürzt: Bisca), die über ein Dutzend Campingplätze umfasst und sich in drei große Bereiche teilt: den Hauptort **Biscarrosse-Bourg** (oder Biscarrosse-Ville), den am See gelegenen Ortsteil **Biscarrosse-Lac** sowie die Strandzone **Biscarrosse-Plage.**

Auch die zur Gemeinde gehörigen Seen kommen im Dreierpack daher: der nördlich gelegene **Étang de Cazaux et de Sanguinet,** der mittlere **Petit Étang de Biscarrosse** und der südliche **Étang de Biscarrosse et de Parentis.** In Nord-Süd-Richtung sind die Seen durch Kanäle verbunden. Der Étang de Cazaux et de Sanguinet (auch Lac Nord) steht in der Gunst von Wassersportfreunden obenan, hier liegt auch der Sporthafen **Port Maguide.**

Die sandigen Weiten breiten sich versteckt hinter Dünen aus, wenden sich durchweg ungeschützt dem offenen Ozean zu und erfordern von allen Wasserratten ein Grundmaß an **Vorsicht.** Überall gibt es reichlich Liegefläche zur Auswahl, Sandburgenbauer finden einen unerschöpflichen Fundus an Material. Im Sommer sind **bewachte Strandabschnitte** an der Plage Centrale (Hauptstrand), der Plage Sud, der Plage du Vivier und der Plage Nord ausgewiesen. Außerhalb der Saison bleiben die Strände ein Traum für ausdauernde Spaziergänger. Bei ausreichend Wind lässt man seinen Drachen steigen oder gibt sich auf Segelwagen dem Geschwindigkeitsrausch hin. Wichtigstes Baudenkmal der Gemeinde ist die **Kirche Saint Martin,** die im Spätmittelalter begründet wurde; einzig historischen Wert hat das kleine Schloss **Montbron** (nicht besuchbar).

Es gibt aber leider auch eine andere, eine unangenehme Seite von Biscarrosse: Dies dient auch als Militärstützpunkt mit entsprechenden Sperrgebieten und ist Testgelände zur Erprobung von Raketen.

Biscarrosse-Plage

In Biscarrosse-Plage geht ein vibrierendes Sommerleben ab, alles bündelt sich auf leicht überschaubarem Raum. Man trifft sich in Bars und Billardsalons, bei Crêpes und Cocktails und im Casino am Boulevard des Sables. Abends kann sich die Place Dufau in einen **Freiluftmarkt** verwandeln, im Rahmen des örtlichen Entertainmentprogramms sind **Sommerkonzerte** auf der vorbildlich gepflegten Promenade angesetzt, gelegentlich steigen Beachvolleyball-Turniere.

In Biscarrosse decken **Sport- und Freizeitspaß** jegliche Geschmäcker ab, Surfer und Bodyboarder kommen ebenso auf ihre Kosten wie Golfer und Reiter. Ausgesprochen schön verlaufen die Radwegstrecken, Radverleiher haben sich auf die Nachfrage eingestellt. Für Wanderer sind im Gemeindegebiet diverse Wege mit Längen bis zu 13,5 Kilometern ausgewiesen.

Wasserflugzeug-Museum

Wegen ihres natürlichen Seenumfelds wurde die Gegend einst von Wasserflugzeugen frequentiert. So erinnert das örtliche **Musée de l'Hydraviation** an die Zeiten des Wasserflugzeugverbands *Latécoère*, der hier von den 1930er bis in die 1950er Jahre seinen Sitz und sein Trainingsgelände hatte. Das Museum ist mit historischen Modellen und Equipment ausstaffiert. Das kann auch Familien mit (größeren/technikaffinen) Kindern interessieren.

- **Musée de l'Hydraviation,** 332 avenue Louis Bréguet, Biscarrosse, www.hydravions-biscarrosse.com, Juli/Aug. tägl. 10–19 Uhr, sonst Di.–So. 14–18 Uhr (Kasse schließt immer eine Stunde früher), im Januar komplett geschl.; Eintritt 10 €, Kinder und Jugendliche 6–18 Jahre 3,50 €.

Information

- **Office de Tourisme,** 55 place Georges Dufau, Biscarrosse-Plage, Tel. 05 58 78 20 96, www.biscagrandslacs.de.

Unterkunft

- **Hôtel La Caravelle**②, 5314 route des Lacs, Ispe, Biscarrosse-Lac, Tel. 05 58 09 82 67, www.lacaravelle.fr. Einladendes Drei-Sterne-Haus, das sich zum Seeufer hin wendet. Mit Restaurant. Gewöhnlich geöffnet Anfang März bis Ende Oktober.
- **Hôtel La Forestière**①-②, 1300 avenue du Pyla, Biscarrosse-Plage, Tel. 05 58 78 24 14, www.hotellaforestiere.com. Schwankende Preise je nach Saison, geöffnet März bis etwa Ende Oktober/Anfang November. Das Drei-Sterne-Haus verfügt über einen kleinen Pool (April bis Ende September beheizt). Der nächste Strand liegt etwa 1 km entfernt.
- **Hôtel Les Vagues**①-②, 99 rue des Iris, Biscarrosse-Plage, Tel. 05 58 83 98 10, www.lesvagues.com. Solides Hotel auch mit Familienzimmern, wenige hundert Meter vom Strand, geöffnet etwa Mitte März bis Mitte November. Mit Restaurant.

Camping

■ **Camping Mayotte Vacances** → Exkurs: „Schöne Campingplätze".

■ **Camping Campéole Plage Sud,** 230 rue des Bécasses, Biscarrosse-Plage, Tel. 02 53 81 70 00 (Reservierungszentrale der MS-Campingplätze), www.ms-vacances.com. Ausgedehnter Drei-Sterne-Platz (28-ha-Areal mit Pool), geöffnet Anfang April bis etwa 11. Oktober.

■ **Camping Campéole Navarrosse,** 712 chemin de Navarrosse, Biscarrosse-Lac, Tel. 02 53 81 70 00 (Reservierungszentrale der MS-Campingplätze), www.ms-vacances.com. Komfortable Anlage am See, geöffnet Anfang April bis Mitte September. Auch Mietunterkünfte wie Bungalows und Lodges.

Camping Bimbo, 176 chemin de Bimbo, Navarrosse, Tel. 05 58 09 82 33, www.campingbimbo.fr. Vier-Sterne-Areal, beliebt bei Familien, etwa Anfang April bis Mitte September. Zentraler Treff ist der Sommerpool (mehrere Becken). Es werden – gewöhnlich zum Wochenpreis – Hüttenmodelle/Häuschen unterschiedlichster Größe (von 20 bis 65 m^2) vermietet, rechtzeitige Reservierung ist anzuraten.

■ **Camping Maguide,** 870 chemin de Maguide, Biscarrosse-Lac, Tel. 05 58 09 81 90, www.camping-maguide.com. Anfang April bis Ende September geöffnet, kleiner Platz am See mit Strand. Vermietung von *Mobile Homes* bzw. Hütten, die für bis zu vier, fünf oder acht Personen ausstaffiert und zwischen 16 und 77 m2 groß sind. Auch ein Indoor-Wasserbereich mit Wellnessdüsen ist vorhanden.

Essen und Trinken

■ **Histoires de ...**①-②, 18 chemin de Maguide, Biscarrosse Lac, Tel. 05 58 78 57 43, www.histoiresde.com. „Geschichten von ..." lautet der Name dieser populären Mischung aus Restaurant, Brasserie und Bar. Hier ist bestimmt für jeden Geschmack etwas dabei, auch für den kleineren Hunger. Mit schönem Blick auf den See.

■ **L'Annexe** ①-②, 327 boulevard d'Arcachon, Biscarrosse-Plage, Tel. 05 58 78 38 99, www.lannexe-bisca-plage.fr. Eine schöne Location, allerdings nur für den Abendtisch geöffnet. Karte mit kleiner, aber feiner Auswahl.

■ **Le Mille Pâtes**①, 898 avenue de la République, Biscarrosse-Bourg, Tel. 05 58 78 12 00, www.lemillepates.eu. Steht im Zeichen von Pizza und hausgemachter Pasta. Die Öffnungszeiten beschränken sich auf Mi.–So.

Nachtleben

■ **Casino** (boulevard des Sables) mit gelegentlichen Livekonzerten; www.casinobiscarrosse.com.

■ Populäre Diskothek im Sommer ist das **L'Océana** (46 rue du Grand Vivier).

■ Auf einen Cocktail trifft man sich während der wärmeren Saison in der **L'Idylle Club Bar Maloai** (18 chemin de Meguide).

Sport und Freizeit

Abenteuerpark: *Bisc'Aventure,* 1200 avenue de la Plage, Biscarrosse-Plage, Tel. 05 58 82 53 40, http://biscaventure.fr. Altersgemäße Parcours, geöffnet Anfang April bis Anfang November. Es gilt, sich auf einen Eintritt von 23 € für Gäste über 15 Jahre einzustellen; für Kinder und Jugendliche von 4 bis 15 Jahren werden je nach Alter 14/17/20 € fällig.

Aquapark mit Rutsch- und Hüpfgeräten an den Seeufern. Chemin de Maguide, Port Maguide. Juni bis September, http://aquapark.fr. Preisliche Richtlinien p. P.: 1 Std. 15 €, 2 Std. 20 €; es gibt auch Abendtarife, 1 Std. 20 €, 2 Std. 30 €.

■ **Einkaufen:** Märkte finden (vormittags) freitags und sonntags in Biscarrosse-Ville sowie samstags in Biscarrosse-Plage statt. Im Juli und August gibt es in Biscarrosse-Plage allabendlich einen Nachtmarkt (von 20 Uhr bis Mitternacht, place Dufau).

Adobe.Stock ©Another One

■ **Fahrradverleih:** u.a. bei *Au vélo pour tous* (674 avenue de la Plage, Biscarrosse-Plage, Tel. 05 58 78 26 59, www.auvelopourtous.com). Außerdem: verschiedene Stationen von *Cycles Loisirs Boulevard,* u.a. 534 boulevard d'Arcachon; www.location-velos-biscarrosse.com.

■ **Golf:** auf der ganzjährig geöffneten Anlage *Golf de Biscarrosse,* avenue du Golf, Biscarrosse-Lac, Tel. 05 58 09 84 93, www.biscarrossegolf.com. Es gibt einen Parcours mit 9 und einen weiteren mit 18 Löchern.

■ **Kitesurf:** *H2OKite,* Mayotte Vacances,368 chemin des Roseaux, Biscarrosse-Lac, Tel. 06 26 91 21 29, www.h2okite. com. Anfang April bis Ende September.

■ **Reiten:** *Centre Équestre Biscarrosse Laouadie,* 1802 avenue de Laouadie, Biscarrosse-Plage, Tel. 06 58 93 11 00; www.centreequestrebiscarrosse.com.

■ **Ruderbootfahren:** *Balades en Barque,* 216 avenue Louis Bréguet, Tel. 06 76 39 14 74. Begleitete Touren Mitte April bis Ende September.

Skatepark, place Georges Dufau, Biscarrosse-Plage.

■ **Surfen:** Kurse über *La Vigie Maison de Surf,* 788 boulevard des Sables, Biscarrosse-Plage, Tel. 05 58 78 37 79, www.la-vigie-biscarrosse.com. Es gibt einige weitere Anbieter, darunter *Kiwi Surf*, www.kiwisurfbiscarrosse.com.

■ **Tennis:** im Tennis Club, 1359 avenue du Pyla, Biscarrosse-Plage, Tel. 05 58 78 20 67. Ganzjährig.

⌃ Sommerlicher Betrieb am Strand von Biscarrosse

0 10 km
Arcachon
Atlantik
Contis-Plage
Lit-et-Mixe
Capbreton
Biarritz
Dax
Langon
Mont-de-Marsan
Aire-s-l'Adour
Le Teich
Le Barp
Podensac
St.-Morillon
Cérons
Cadillac
Loupiac
Lac de Laromet
Mourens
Cabanac-et-Villagrains
St.-Michel-de-Rieufret
Baillet-Haureuils
Villagrains
Landiras
Preignac
St. Maixant
St.-Macaire
Gillos
St. Magne
Budos
Sauternes
Langon
Lagune de Lamothe
Louchats
Lagune du Bousquet
Roquetaillade
Forêt de Lagnereau
Lugos
Belin-Béliet
Hauddoua
Joué
Hostens
Origne
Balizac
Coimères
Gare de Lugos
Gironde
Villandraut
Le Tuzan
Uzeste
Lilaire
Mano
St.-Symphorien
Bazas
Le Muret
Biganon
Préchac
Cudos
Castelnau
Belhade
Argelouse
Bourideys
Beaulac
Moustey
Petite Leyre
Souis
Lagune de Arriouets
Lucmau
Ychoux
Cazalis
Liposthey
Pissos
Sore
Callen
Captieux
Petit Ligautenx
Parc Naturel Régional des Landes de Gascogne
Daugnage
Luxey
Giscos
Lüe
Labouheyre
Grande Leyre
Maillas
Transacq
Chalan
Commensacq
Lagune de la Bermiouse
Ecomusée
Solférino
Sabres
Landes
Traverses
Cap-de-Pin
Bourriot-Bergonce
Marais de l'Anguille
Labrit
Vert
Lencouacq
Bergonce
Cornalis
Luglon
Retjons
Lussolle
Cachen
Arue
Garein
Brocas
St.-Gor
Bélis
Morcenx
Sindères
Roquefort
Vielle-Soubiran
Maillères
Garosse
Morcenx-Bourg
Arengosse
Ygos-St. Saturnin
Cève
Canenx-et-Réaut
St.-Justin
Douze
Villenave
Geloux
Lucbardez-et-Bargues
Ecomusée
Labastide-d'Armagnac
Rion-des-Landes
Ousse-Suzan
St. Martin-d'Oney
Uchacq-et-Parentis
St.-Avit
Le Caloy
Le Frêche
Boos
Bez
Mont-de-Marsan
St.-Yaguen
Midouze
Villeneuve-de-Marsan
Bougue
Midou
Meilhan
Lesgor
Campagne
St.-Perdon
Bretagne-de-Marsan
Monguilhem
Tartas
Haut-Mauco
Les Barrères
Bourdalat
La Gare
Le Leuy
Bascons
St.-Gein
Audon
Maurrin
Hontanx
Monlezun-d'Armagnac
Dax
Pontoux-s-l'Adour
Gouts
Souprosse
Aurice
Cauna
Bas-Mauco
Rondeboeuf
Le Vignau
Le Houga
Adour
Téthieu
Grenade-s-l'Adour
Gamarde-les-Bains
Mugron
Toulouzette
Cazères-s-l'Adour
Gers
Louts
St.-Sever
Candresse
Montaut
Montgaillard
Montfort-en-Chalosse
St.-Aubin
Eyres-Moncube
Duhort-Bachen
Barcelonne-du-Gers
Hinx
Poyartin
Buanes
Aire-s-l'Adour
Luy
Castelnau-Chalosse
Brassempouy
Samadet, Gaujacq
Amou, Geaune
Eugénie-les-Bains
Hagetmau
St. Germé

Naturpark Landes de Gascogne

Im Küstenhinterland erstreckt sich der **Parc Naturel Régional des Landes de Gascogne** über eine Fläche von mehr als 300.000 ha und legt sich über Teile der Départements Landes und Gironde. Mit seinen nördlichsten Ausläufern schiebt sich der Naturpark ans Bassin d'Arcachon mit dem **L'Eyre-Delta** heran, im Süden gehören die Gemeinden Sabres und Labouheyre dazu. Die Gründung des Parks geht auf das Jahr 1970 zurück (erweiterte Ausweisung 2014), das Profil ist flach, als Bewuchs herrschen **Pinienbestände** vor. Es gibt verschiedene **Feuchtgebiete** wie die Lagune de Lamothe und die Lagune du Bousquet (beide bei **Hostens**), die Lagunes de Arriouets (bei Sore), die Lagunes de la Bermiouse (bei Labrit) und die Marais de l'Anguille (Sumpflandschaften bei Luglon).

Ungestörte Natur? Ja, aber nicht nur. Schließlich verteilen sich 51 Gemeinden über das Naturschutzgebiet, gut 80.000 Menschen leben hier, Straßen laufen kreuz und quer. Verkehrsfrequenz höchster Güte verzeichnen Teile der hindurchführenden Autobahnen Bordeaux – Arcachon und Bordeaux – Biarritz. So gilt es für Naturbewusste, sich mit Bedacht ökologische Nischen zu suchen. Eine gute Anlaufstelle für Ratsuchende ist das **Infozentrum in Belin-Béliet,** einem Örtchen nordöstlich der Seenplatte von Biscarrosse:

- **Maison du Parc,** 33 route de Bayonne, Tel. 05 57 71 99 99, www.parc-landes-de-gascogne.fr.

Wandermöglichkeiten

Über alle Wandermöglichkeiten im Park – von eineinhalbstündig bis ganztägig – informiert die Website www.rando-landes-de-gascogne.com. Per Suchbefehl oder interaktiver Karte klickt man sich zu einer Fülle von Wanderwegen durch, die zwar nur auf Französisch beschrieben, aber von einer Detailkarte begleitet werden. Hier einige Rundwanderwege, die sich mithilfe des Namens der Wanderung auf der Website finden lassen::

- **Ab La Teich,** 5 km, Name der Wanderung: Au Teich, du Domaine de Fleury au Domaine des 4 paysans
- **Ab La Teich,** 10 km, Name der Wanderung: Les secrets de la petite amazone
- **Ab Le Barp,** 15,5 km, Name der Wanderung: Le Barp: boucle des anciens quartiers
- **Ab Roquefort,** 6,3 km, Name der Wanderung: A Roquefort, circuit de Sarbazan
- **Ab Lugos,** 10,5 km, Name der Wanderung: Lugos: sur les traces du vieux Lugo
- **Ab Brocas,** 12 km, Name der Wanderung: A Brocas, L'écobalade des lagunes
- **Ab Audenge,** 6 km, Name der Wanderung: A Audenge, sur le Domaine de Graveyron entre terre et eaux
- **Ab Garein,** 16,6 km, Name der Wanderung: A Garein, la forêt inspiratrice
- **Ab Cours-les-Bains,** 12 km, Name der Wanderung: Petite boucle du Lysos
- **Ab Sore,** 12,5 km, Name der Wanderung: Sore, histoire d'un village médiéval au bord de la petite Leyre

Radfahren, Reiten, Kanufahren

Radler können im Nordteil des Naturparks eine beliebte Strecke mit folgendem Verlauf abstrampeln: Mios, Salles, Belin-Béliet, Hostens, Le Tuzan, Saint Symphorien.

Alternativ zu den klassischen Rad- und Wanderstrecken finden auch Kanuten und Reiter Betätigungsfelder. Im Park sind diverse **Reitcenter** vorhanden. In Orten wie Salles und Pissos besteht die Möglichkeit der **Kanuausleihe,** um die L'Eyre zu erpaddeln. Hilfreich bei der Suche nach Zielen und ökotouristischen Aktivitäten sind die parkeigenen Websites www.parc-landes-de-gascogne.fr und www.rando-landes-de-gascogne.com mit interaktiver Karte und Suchfunktionen.

Ökomuseum

Last but not least gehört zum Naturpark ein außergewöhnliches Ausflugsziel, das in der Beliebtheitsskala von Familien mit Kindern obenan steht und etwa auf Höhe der Küstengemeinde Mimizan liegt: das **Ecomusée de Marquèze** bei **Sabres,** ein Ökomuseums-Areal, in dem sich das Landleben des 19. Jh. lebendig widerspiegelt. Ab Sabres (dort: interessante Kirche) geht es zwischen Anfang April und Anfang November mit einem musealen **Eisenbähnchen** in die ländliche Vergangenheit von Marquèze hinein, wo je nach Jahreszeit abwechslungsreiche Demonstrationen steigen: von der Schafschur bis zu traditionellen Tätigkeiten nach alter Väter und Mütter Sitte.

■ Die Abfahrtszeiten des **historischen Zuges** wechseln stark und sollten vorab unbedingt kontrolliert werden (meist im 40-Min.-Takt); Infos beim Blick auf die Homepage www.marqueze.fr mit dem relevanten Jahreskalender. Der Tagespass kostet für Erwachsene 14 €, für Kinder und Jugendliche 4–17 Jahre 9,50 €. Es gibt auch Familientickets (2 Erw., 2 Kinder 39 €; 2 Erw., 3 Kinder 47 €).

533sf ad

Am Zusammenfluss von Douze und Midou in Mont-de-Marsan

532sf ad

Mont-de-Marsan

Eine Entdeckungstour durch die südlichen Teile des *Parc Naturel Régional des Landes de Gascogne* lässt sich gut mit einem Abstecher nach Mont-de-Marsan kombinieren. In der rund 31.000 Einwohner starken Stadt, **Sitz der Präfektur des Départements Landes,** laufen die Fäden der Verwaltung zusammen. Aus touristischer Sicht wird man sicher nicht länger bleiben, aber gerne einen Stopover einlegen. Mont-de-Marsan nennt sich *ville aux trois rivières,* die **„Stadt der drei Flüsse".** Douze und Midou vereinen sich hier zur Midouze, die ihrerseits südlich von Tartas in den Adour mündet.

Das **Zentrum** ist nett, beschaulich und rasch entdeckt. Festfreudige kommen gerne im Sommer. Dann begeht Mont-de-Marsan das, wie es heißt, „größte Flamenco-Festival außerhalb Spaniens" (Ende Juni / Anfang Juli), und das Stadtfest *Fêtes de la Madeleine* (ab 14. Juli).

Auffällig ist, dass das Stadtbild mit einigen Skulpturen aufgelockert ist. Ein kleiner Rundgang führt auf die **Place Charles de Gaulle** mit dem Theater und der Bogenfront der historischen Markthallen, zum **Rathausplatz** und in den nett angelegten **Parc Jean Rameau** (auch hier finden sich Skulpturen). Zu sehen gibt es auch Reste der alten Stadtmauer, die der Stadtpatronin geweihte Kirche **Sainte-Marie Madeleine** (im 19. Jh. neu erbaut, wuchtiger Säulenvorbau, ausgemalte Decke) und etwas außerhalb einen 4 ha großen **Tierpark** (*Parc Animalier de Nahuques,* avenue de Villeneuve; Zugang kostenlos).

Stimmungsvoll ist der Markt **Marché Saint-Roch,** Di. und Sa. jeweils vormittags. Das kulturelle Highlight der Kleinstadt ist nicht zu verfehlen, denn es ist in einem wuchtigen Wehrturm, dem Donjon, untergebracht: das hervorragend aufgezogene **Kunstmuseum Despiau-Wlérick**, dessen Schwerpunkt

Im Kunstmuseum Despiau-Wlérick, Mont-de-Marsan

auf Skulpturen aus der ersten Hälfte des 20. Jh. liegt. Das Museum trägt die Namen der Bildhauer *Charles Despiau* (1874–1946) und *Robert Wlérick* (1882–1944) und macht mit ihrem Schaffen vertraut. Ständig ausgestellt sind etwa 200 Exponate, doch der Fundus umfasst das Zehnfache. Ein Sonderbereich ist Wechselausstellungen vorbehalten. Ganz oben kann man die Terrasse des Donjon zu besuchen. Sie erlaubt einen netten Ausblick. Neben dem Donjon liegt eine Grünanlage mit Open-Air-Skulpturen.

■ **Musée Despiau Wlérick,** place Marguerite de Navarre, Mi.–So. 10–12 und 14–18 Uhr; Eintritt Ständige Sammlung/Donjon 3 €, Wechselausstellungen 2 €. Bei Redaktionsschluss hielten Umbauarbeiten an, die Modernisierung soll jedoch voraussichtlich bis 2025 abgeschlossen sein.

Information

■ **Office de Tourisme, 1** place Charles de Gaulle, Tel. 05 58 05 87 37, www.montdemarsan-tourisme.fr

Unterkunft/Essen und Trinken

■ **Villa Mirasol**②-③, 2 boulevard Ferdinand de Candau, Tel. 05 58 44 14 14, www.villamirasol.fr. In zentraler Lage besticht dieses historische Gebäude aus dem Jahr 1912 mit modernen und gleichermaßen eleganten Noten. Stilvoll ist das integrierte **Restaurant,** nett sitzt man etwas oberhalb der Midouze auf der Terrasse.

■ **Hôtel Le Renaissance**②, 225 avenue de Villeneuve, Tel. 05 58 51 51 51, www.le-renaissance.com. Drei-Sterne Haus mit Stil und Geschmack – nicht zuletzt in Form des Restaurants.

Ausflug in die Gegend von Aire-sur-l'Adour

Knapp 40 km südöstlich von Mont-de-Marsan liegt das Städtchen Aire-sur-l'Adour, das schon im Mittelalter von Jakobspilgern aufgesucht wurde. Hier stechen die freundlichen Uferzonen am Adour und die Église Sainte-Quitterie mit ihrer romanischen Krypta der heiligen Quitterie hervor.

Aire-sur-l'Adour formt zusammen mit den Bastiden **Geaune** (südwestlich, begründet im Jahre 1318) und **Grenade-sur-l'Adour** (nordwestlich auf dem Weg von/nach Mont-de-Marsan, begründet 1322) ein kleines Kulturdreieck. Zwischen Aire-sur-l'Adour und Grenade-sur-l'Adour kommt man auf einer Nebenroute an **Duhort-Bachen** mit seinem Château du Lau, einem Schloss aus dem 15. Jh., vorbei. Ein weiteres Stückchen näher an Mont-de-Marsan liegt **Bascons,** wichtigstes Monument hier ist die Kirche mit ihrer Glockenfassade. Westlich von Aire-sur-l'Adour liegt die Thermalstation **Eugénie-les-Bains,** wo man sich den Wellnessfreuden hingeben sowie luxuriös übernachten und essen kann (http://lespresdeugenie.com).

Information

■ **Office de Tourisme,** place du 19 Mars 1962, Aire-sur-l'Adour, Tel. 05 58 71 64 70, www.tourisme-aire-eugenie.fr.

Weiterfahrt nach Agen

Statt in die Küstengegend zurückzukehren, kann man ab Mont-de-Marsan durch die Region Bas-Armagnac weiter östlich/nordöstlich ans **Département Lot-et-Garonne** und seine Hauptstadt Agen anbinden. Am Wege Richtung Agen liegen – je nach Streckenwahl – die Bastiden Saint Justin und Labastide-d'Armagnac.

Saint Justin und Labastide-d'Armagnac

In dem im Jahre 1280 ausgebauten Saint Justin sollte man über den zentralen Arkadenplatz streifen, das nahe **Château de Fondat** datiert vom Beginn des 17. Jh. (Führungen jeweils Do. und So. um 15 und 17 Uhr zum Preis von 5 € pro Person; telefonische Reservierungen unter 06 21 52 16 50, www.chateaude-fondat.com).

Labastide-d'Armagnac wurde 1291 als stark befestigter Wehrort gegründet. Besuchsziele sind die Place Royale, die Wehrkirche und das im Château Garreau untergebrachte **Ecomusée de l'Armagnac** (http://ecomusee-armagnac.fr); dort geht es um den Armagnac, den berühmten Weinbrand, und dessen Produktion.

■ **Ecomusée de l'Armagnac,** ganzjährig geöffnet, aber saisonal stark wechselnde Zeiten; Mo., Sa. und So. ist jeweils vormittags geschlossen; Eintritt 6 € Standardbesuch, 12 € komplexerer, teils geführter Besuch.

Im nahen Quartier Géou werden Radsportfans die **Chapelle Notre Dame des Cyclistes** nicht auslassen, in der Ruhmes-Trikots alter Pedalritter zu bestaunen sind. Nicht vergessen: Wir befinden uns schließlich im Land der *Tour de France!*

■ **Chapelle Notre Dame des Cyclistes,** www.notredamedescyclistes.net; Juli/August Di.–Sa. 10–12 und 15–18, So./Mo. 15–18 Uhr, Juni und September bis Oktober Di.–So. 15–18 Uhr.

Information

■ **Office de Tourisme,** place Royale, Labastide-d'Armagnac, Tel. 05 58 03 40 31, www.tourisme-landesdarmagnac.fr.

Mimizan

Zurück in die Küstengegenden. Südlich von Biscarrosse geht es auf der **Seenroute** *(Route des Lacs)* auf die nächsten größeren Urlaubszonen um Mimizan zu. Zur Rechten liegt der **Étang de Biscarrosse et de Parentis,** ein nicht allzu berauschendes Gewässer mit einer Fläche von rund 3600 ha. In den 1950er Jahren wurde in diesem Gebiet Erdöl entdeckt, ein Teil des Sees ist unverändert militärisches Sperrgebiet. Über **Parentis-en-Born** und **Gastes** erreicht man die Gemeinde Mimizan, die sich aus den Teilen Mimizan, Aureilhan, Sainte Eulalie-en-Born und Saint Paul-en-Born zusammensetzt.

Mimizan Umgebung

Étang d'Aureilhan

Hier darf man sich malerisch empfangen fühlen: mit dem Étang d'Aureilhan, einem angenehm im Grünen gelegenen **See,** der manche an Skandinavien erinnern mag. Das 340 ha umfassende Gewässer steht unter Naturschutz. Rundherum breiten sich Pinien und Farne, Erlen und Birken aus. Im privaten Château Woolsack, erbaut um 1910, ließen es sich schon *Winston Churchill* und die Modeschöpferin *Coco Chanel* wohl ergehen.

Am Südwestende des Sees lohnt ein besonderer botanischer Garten, die **Promenade Fleurie,** eine Entdeckung; das Kleinod setzt sich aus Blumen und Tümpeln mit Seerosen zusammen. Insgesamt sind 300 Pflanzenarten vertreten, auch Enten und Bisamratten leben hier.

Am Südufer des Sees liegt das Örtchen **Aureilhan.** Ab dem Nautikcenter kann man in der Saison mit Kanus oder Elektrobooten oder als Stand-Up-Paddler/in zu Erkundungen aufbrechen. Die Aktivitäten rund ums Wasser ziehen auch Familien mit Kindern an. Weitere winzige Seen breiten sich bei Pontenx-les-Forges (Étang de la Forge, auch: Étang des Forges) und Bias (Étang du Bourg Vieux) aus.

Mimizan-Bourg

Nicht ganz so erbaulich wie der Étang d'Aureilhan ist Mimizan-Bourg, der Inlandsort, wo der Megabetrieb einer Papierfabrik kontinuierlich auf seine Art abdampft. Hier bekommt man vor Nase und Augen geführt, dass die **riesigen Strandpinienwälder** nicht einzig zur Erbauung des Menschen angelegt worden sind. Dahinter stecken – wie sollte es anders sein – handfeste Wirtschaftsinteressen. Während die Forstprogramme im 19. Jh. vor allem auf die Harzgewinnung abzielten, stehen heutzutage Sägewerke und Papierindustrie im Vordergrund.

Als historische Hinterlassenschaft liegt zwischen Mimizan-Bourg und Mi-

Adobe.Stock ©Camille

mizan-Plage die **Prioratskirche Sainte-Marie** an der Straße; das bemerkenswerte Portal datiert aus dem 13. Jh. Bei dem Bau handelt es sich um den Rest einer Benediktinerabtei, die einst für die Jakobspilger von großer Bedeutung war. Führungen mit Museumsbesuch sind gewöhnlich Mitte Juni bis Mitte September Di.–Sa. 14–18 Uhr möglich, ansonsten nur nach Vereinbarung (Tel. 05 58 09 00 61; Eintritt 5 €). Zwischen Anfang November und Anfang März hat der kleine Komplex dieses Musée-Prieuré geschlossen.

Sieht man von der wenig berauschenden Papierfabrik ab, folgt Mimizan dem beliebten Küstenmuster Strände-Dünen-Pinienwald. Überdies legt man besonderen Wert auf die Pflege der Grünanlagen und Blumenbeete. Kindern stehen mehrere Spielplätze zur Verfügung, Camping- und Sportfans eröffnet sich ein kleines Paradies, die bunten Sommerprogramme sorgen für weiteres Vergnügen.

Mimizan-Plage

Mimizan-Plage, einige wenige Kilometer westlich gelegen, lässt kaum Wünsche offen: **feinsandige Strände und Dünen,** bewachte Badeabschnitte und Highlife im Sommer, Bars, Hotels und Campingplätze. Mit Großparkplätzen zeigt man sich auf die allsommerlichen Urlauberanstürme eingestellt. Insgesamt trumpft Mimizan mit einer breiten Unterkunftpalette aus rund 20 Hotels und einem Dutzend Campingarealen auf. Als belebteste Straße sticht die Avenue Maurice Martin hervor, wo man sich zum

⌃ Rad- und Wanderweg durch Pinienwälder entland der Küste von Mimizan

Frankreich in Blüte – Wettbewerb um die „villes et villages fleuris"

Reisende erliegen oft automatisch dem Charme vieler französischer Plätze, Gassen und Boulevards, doch eine regelmäßige Ausschreibung gibt der Ansicht von Ortsbildern den letzten Schliff: der jährliche Wettbewerb um die *villes et villages fleuris*, die **schönsten blumen- und pflanzenreich ausgestalteten Städte und Dörfer.** Was Ende der 1950er Jahre mit einer Teilnahme von 600 Gemeinden begann, ist heute so etwas wie eine flächendeckende Nationalbewegung mit einer Vielzahl von Gemeinden, die teilnehmen. Kein Wunder, dass der Wettbewerb in aller Munde ist und mit Begeisterung verfolgt wird. Unter dem Dachverband des *Conseil National des Villes et Villages Fleuris* sind die Juroren landauf landab unterwegs und folgen strengen Qualitätskriterien. Wie sieht die allgemeine Bepflanzung aus? Wie steht es um Pflege und breit gefächerte Auswahl der Pflanzen, um Details und Integration der floralen Dekors ins Stadtbild? Allein dies mag zeigen, dass es sich hierbei nicht um einen herkömmlichen Blumenschmuckwettbewerb handelt. Den Teilnehmern hilft es keineswegs, sich kurz auf Hochglanz zu polieren und ein paar bunte Kübel zu platzieren. In die Bewertungen fließen die übers ganze Jahr getätigten Landschafts- und Gartenbauarbeiten mit ein, die generelle Sauber- und Umweltfreundlichkeit, die Wasserversorgung und der Grünflächenplan.

Lohn der Mühen für die teilnehmenden Dörfer und Städte: eine **Auszeichnung in Form von Blumensymbolen,** deren Skala von eins (niedrig) bis vier (Höchstnote) reicht. Jedes Jahr gibt es „Blumensieger" der vier genannten Kategorien (insgesamt knapp 5000), aber in den erlesenen Kreis der Höchstdekorierten steigen nur die wenigsten auf: etwa 250 Preisträger mit *Quatre Fleurs* („vier Blumen").

Alle prämierten Gemeinden tragen die **„Blumen" als Gütesiegel.** Im Tourismusbusiness steigert man dergestalt das Ansehen, auf Schildern an Stadt- und Ortseinfahrten prangt die Anzahl der *fleurs*. Mit vier Blumen sind in Südwestfrankreich schon folgende Orte und Städte bedacht worden: **Bergerac, Biarritz, Biscarrosse, Blanquefort, Mimizan, Mont-de-Marsan, Pau, Royan und Périgueux.** Die gestalterische Fantasie mit reichlich Pflanzen, Beeten und Blumenmustern schließt viele Kreisverkehre ein.

Weitere Infos zum Thema finden sich – allerdings nur auf Französisch – unter www.villes-et-villages-fleuris.com.

237sf ad

> Franzosen haben ein Faible für Blumenschmuck – und immer passt irgendwo noch ein Kasten hin

Tagesgericht oder zur *Happy-Hour* niederlassen kann.

Zwischen die Nord- und Südbereiche der Strände schiebt sich der **Kanal Le Courant.** Nördlich davon liegen die Plage des Ailes und die Plage Remember, weiter südlich erstrecken sich die sandigen Abschnitte von der Plage Sud bis zur Plage de Lespecier. Surfer zieht es an die Plage Sud und an die Plage de Lespecier. Etwas merkwürdig nahe dem Zentrum von Mimizan-Plage wirken die mitten in den Dünensand platzierten Häuser.

Wander- und Radwege

In und um Mimizan herum finden Radler und Wanderer ein weit gespanntes Wegenetz. Dazu ein Tipp: Laden Sie sich auf der Website von Mimizan-Tourismus (www.mimizan-tourisme.com) unter dem Stichpunkt „*Brochures*" den Übersichtsplan von Rad- und Wanderwegen herunter (franz.: „*Plans des pistes cyclables et des randonnées pédestres*"). Die Karte mit ihren nummerierten Wegen gibt perfekt Aufschluss. Zudem gibt es auf diesem Plan sowohl für die Wanderstrecken *(Randos)* als auch die Radstrecken *(Circuits Vélos)* jeweils einen QR-Code.

Bei den Wandertouren finden sich u. a. folgende mit Kilometer- und Zeitangaben aufgeführt:

- **Mimizan-Plage,** Entdeckungsweg des Sees von La Maillouèyre (franz.: *Mimizan-Plage, sentier de découverte de l'Étang de La Maillouèyre*); 3,6 km; 2 Std.; Zusatztipp: Hier lässt sich eine ausführliche Sonderbroschüre herunterladen.
- **Mezos,** Courlis-Weg (franz.: *Mezos, sentier du Courlis*); 2 km; 45 Minuten
- **Mimizan-Plage,** Aigrettes-Weg (franz.: *Mimizan-Plage, sentier des Aigrettes*); 4,2 km; 1 Std.
- **Bias,** Weg des Sees von Bourg-Vieux (franz.: *Bias, sentier de l'Étang du Bourg-Vieux*); 5 km; 2 Std. 30 Minuten; Zusatztipp: Hier lässt sich eine ausführliche Sonderbroschüre herunterladen.

Eine Kurzübersicht über die Wanderwege findet sich auf Deutsch unter: www.mimizan-tourisme.com/de/sport-wellness/fusswege.html

Ebenso aufgebaut ist die Kurzübersicht über Radwege: www.mimizan-tourisme.com/de/sport-wellness/radtouren.html

Der **Fernwanderweg GR-8** zieht sich von Nord nach Süd durch die Gemeinde, leitet zunächst am Étang d'Aureilhan vorbei und später durch die Wälder nahe der Plage de Lespecier.

Information

- **Office de Tourisme,** 38 avenue Maurice Martin, Mimizan-Plage, Tel. 05 58 09 11 20, www.mimizan-tourisme.com. Auskunft auch zu Wander- und Radwegen.

Unterkunft

- **Hôtel Emeraude des Bois**①-②, 66–68 avenue du Courant, Mimizan-Plage, Tel. 05 58 09 05 28, http://emeraudedesbois.com. Das gepflegte Interieur überzeugt viele Gäste, geöffnet gewöhnlich April bis Oktober. 17 Zimmer, das Meer ist etwa 1,5 km entfernt. Ein Zwei-Sterne-Haus mit privatem Parkplatz.
- **Hôtel de France**①-②, 18 avenue de la Côte d'Argent, Mimizan-Plage, Tel. 05 58 09 09 01, www.

hoteldefrance-mimizan.com. Ein Katzensprung an den Strand, 24 solide Zimmer. Mehrere Zimmerkategorien, auch Dreier- und Familienzimmer sowie die sogenannten „Surferhütten" (*Cabanes Surfeurs*), die ebenerdig liegen. Saisonbetrieb nur April–Oktober.

Camping

■ **Camping de la Plage,** boulevard de l'Atlantique, Mimizan-Plage, Tel. 05 58 09 00 32, www.campingsgrandsud.fr/de/camping/camping-mimizan-plage. Knapp 1 km vom Meer entfernt, geöffnet Ende März bis Ende September. Auch *Mobile Homes,* kleine *Safari Lodges* und *Chalets.* Mit Wasserlandschaft.

■ **Camping du Lac,** 108 avenue de Woolsack, Mimizan-Bourg, Tel. 05 58 09 01 21, www.campingsgrandsud.fr/de/camping/camping-mimizan-lac. Am Étang d'Aureilhan, geöffnet etwa Anfang Mai bis Anfang September. Vermietung von einfachen Unterkünften der Modelle *Safari Lodge, Coco Lodge* und *Natur' House.* Fahrradverleih.

Essen und Trinken

■ **Le Ô Courant**①-②**,** 2 rue de la Marine *(Residence Le Grand Pavois),* Mimizan-Plage, Tel. 05 58 09 16 56, www.restaurant-ocourant.com. Die schmackhafte, ausgewogene Küche überzeugt ebenso wie die Atmosphäre und die Aussichten. Im Sommer täglich, sonst gewöhnlich nur Do.–Mo.

■ **Le Wiz**②, 12 rue Brémontiers, Mimizan-Plage, Tel. 05 58 09 05 16, auf Facebook vertreten. Saisonal ausgerichtete Küche mit vielen Raffinessen. Hat sich den Platz in der Spitzengruppe der Restaurants in Mimizan redlich verdient.

■ **Restaurant Le Spot**①, 3 rue du Casino, Tel. 05 58 07 38 59, auf Facebook vertreten. Einfach und gut, auch für den kleinen Hunger zwischendurch und für Süßes wie Crêpes. Das Essen ist auch für Vegetarier geeignet.

Märkte

■ Mitte Juni bis Mitte September Do. 8–13 Uhr **Markt in Mimizan-Plage** (zwischen Touristenbüro und Arènes); sonst immer Di.–So. kleiner **Markt an der Place du Marché** in Mimizan-Plage, Fr. 8–12 Uhr traditioneller **Markt hinter dem Rathaus in Mimizan-Bourg.**

Nachtleben

■ Stimmung garantieren während der Saison die Bereiche um die **Rue du Casino,** die **Avenue de Maurice Martin** und die **Place du Marché.**

Sport und Freizeit

■ **Fahrradverleih:** *Cycles en Born Mimizan,* 43 avenue Maurice Martin, Tel. 06 09 84 50 52, www.cyclesenborn.fr. Auch Vermietung von Fat Bikes.

■ **Fallschirmspringen:** *OJB Parachutisme, Aérodrome,* route d'Escource, Mimizan, Tel. 05 58 09 27 62, www.ojbpara.com.

■ **Reiten:** *Centre Équestre Lous Chivaus,* 321 allée de Darricau, Aureilhan, Tel. 05 58 78 30 20, www.centre-equestre-lous-chivaus.fr

Centre Équestre Marina, 150 route du Cheou, Mimizan-Bourg, Tel. 05 58 09 34 25, www.centre-equestre-marina.com.

■ **Segeln:** über den *Cercle Nautique,* quartier Woolsack (Bord du Lac), Tel. 05 58 82 41 82, www.cercle-nautique-mimizan.org; hier auch Kanufahren und Stand-Up-Paddling.

Skatepark, route des Plages Perdues, Mimizan-Plage. Ein 1300-m²-Areal.

■ **Surfen:** *Mimizan Surf Academy,* 33 avenue de l'Océan, Parking Plage Sud, Tel. 05 58 09 51 26; www.mimizansurfacademy.com

École de Surf Garluche, 12 avenue de la Côte d'Argent, Tel. 06 82 10 53 57; www.garluche.com. Es gibt weitere Anbieter für Kurse und Brettverleih, Infos unter www.mimizan-tourisme.com oder persönlich im *Office de Tourisme.*

Feste und Veranstaltungen

- Anfang Mai **Meeresfest** in Mimizan-Plage; im Sommer Veranstaltungen mit Tanz und Musik.

Von Mimizan nach Vieux-Boucau

Auf dem Wege durchs Hinterland liegen 55 km zwischen Mimizan und Vieux-Boucau, doch immer wieder verlocken Stichsträßchen ans Meer zu Abstechern – eine Strecke, die man nicht rasch abhaken, sondern für die man sich Zeit nehmen sollte!

Contis-Plage

Südlich von Mimizan schiebt sich die Route zunächst durch ausgedehntes Piniengrün, bis vor **Saint Julien-en-Born** ein Rechts-Abzweig 8 km an die Küste nach Contis-Plage führt. Das Gebiet ist unter Campern beliebt, beiderseits des dünenbegrenzten Ortes eröffnen sich die wunderbaren Sandweiten der Strände. Oft zeigt sich der Atlantik wild und aufgewühlt. Nicht weit entfernt sieht man den Phare de Contis, einen 38 m hohen **Leuchtturm,** auf den 183 Stufen hinaufführen, was sich auch bestens im Familienverbund angehen lässt (gewöhnlich geöffnet April bis Juni und im September Fr.–So.14–18 Uhr, im Juli/August Di.–So. 10–18 Uhr; Eintritt 3 € für Erwachsene, 1 € für Kinder 3–12 Jahre).

Wer nicht dasselbe Sträßchen Richtung Saint Julien-en-Born zurückfahren will, nimmt auf der südwärts verlaufenden Straße direkt Kurs auf Lit-et-Mixe bzw. legt einen weiteren Küstenabstecher nach **Cap-de-l'Homy-Plage** ein. An abgelegeneren Stränden wie Cap-de-l'Homy-Plage und Contis-Plage kann man von einer weitaus geringeren Sommerfrequenz als z.B. in Mimizan ausgehen. Im Inland dehnen sich endlose Pinienwälder aus. Charakteristisch für den bodennahen Bewuchs sind Ginster und Farne.

Information

- **Office de Tourisme,** in Saint Julien-en-Born, 201 route des Lacs, Tel. 05 58 42 89 80, www.cotelandesnaturetourisme.com.

Unterkunft

- In der Gemeinde gibt es Unterkünfte wie das **Hôtel de la Plage**②-③ (62 avenue de l'Océan, Contis-Plage, Tel. 05 58 42 70 15, www.hotelplagecontis.com; Zimmer mit und ohne Balkon/Terrasse, von April bis etwa Okt. geöffnet), sowie mehrere Vermieter von Privatunterkünften, darunter **Entre Mer et Pins**① (225 rue des Écoles, Saint Julien-en-Born, Tel. 05 58 43 52 29, www.entremeretpins. com).

Camping

Camping Lous Seurrots, 606 avenue de l'Océan, Contis, Tel. 05 58 42 85 82, www.lous-seurrots.com. Spitzenplatz, der sich vor allem durch seine Aqua-Landschaft und durch Pinienbestände auszeichnet. Restaurant, diverse Hüttentypen zur Vermietung (ein bis drei Zimmer). Ende März bis Anfang September.

■ **Les Dunes de Contis,** route de Contis, Saint Julien-en-Born, Tel. 05 56 07 90 17, www.lesdunes-decontis.fr. Ein 20-ha-Areal mit Sommerpools, Ende März bis Ende September. Der nächste Strand ist ca. 4 km entfernt; im Juli/Aug. gewöhnlich kostenloser Buszubringer *(navette)*.

■ **Camping Domaine du Vieux Moulin,** 1351 route des Lacs, Saint-Julien-en-Born, Tel. 05 58 42 80 12, http://domaine-vieux-moulin.fr. Kleiner Zwei-Sterne-Platz, geöffnet Anfang April bis Ende September, auch Vermietung von *Mobile Homes* und Appartements.

☑ Saint Girons-Plage bei Lit-et-Mixe

Lit-et-Mixe und Saint Girons

In Lit-et-Mixe macht das „Zentrum" – so es überhaupt diesen Namen verdient – einen netten und beschaulichen Eindruck. Rund 10 km südöstlich liegt das von Fachwerkbauten geprägte Örtchen **Lévignacq** mit seiner interessanten Kirche.

Südlich von Lit-et-Mixe erreicht man die Gemeinde **Vielle-Saint-Girons**, wo der nächste mögliche Strandabstecher nach Saint Girons-Plage eingeplant werden kann. Hinter den Dünen kann man sich in aller Ruhe ein Plätzchen im fei-

Adobe.Stock ©naturenow

nen Sand suchen, zu langen Spaziergängen aufbrechen oder aber sich aufs Surfbrett schwingen. Die Strände splitten sich in mehrere Zonen und bieten im Sommer bewachte Abschnitte: Plage Centrale, Plage Nord, Plage d'Arnaoutchot und Plage de la Lette Blanche. Die **tückischen Strömungen** erfordern jedoch äußerste Vorsicht! Ein Wermutstropfen in Vielle-Saint-Girons ist die Papierfabrik.

Information

- **Office de Tourisme,** 23 rue de l'Église, Tel. 05 58 42 72 47, Lit-et-Mixe, www.cotelandesnaturetourisme.com.

Camping

- **Camping Le Laha** 3000 route de Linxe, Lesperon, Tel. 05 58 89 60 15; www.lelaha.com. Kleiner, freundlich geführter Platz mit vielen Schatten spendenden Bäumen. Die ganze Anlage ist wie ein Park angelegt, jeder Stellplatz sehr groß. Auch *Mobile Homes* werden vermietet. Ein Tipp für Familien, die es etwas ruhiger lieben. Geöffnet Anfang April bis Ende Oktober. Mit Schwimmbad, nächste Einkaufsmöglichkeiten in Lesperon. Ans Meer sind es von hier aus etwa 20 Minuten mit dem Auto.
- **Camping Parc du Bel Air,** route de Pichelèbe, Vielle-Saint-Girons, Tel. 05 58 42 99 28. Kleiner Zwei-Sterne-Platz, geöffnet nur Juli/August.
- **Camping à la ferme Bernadon,** 1850 route de Bernadon, Tel. 05 58 47 90 98, www.camping-bernadon.fr. Beschaulich im Hinterland zwischen Lit-et-Mixe und Linxe, Anfang Juni bis Ende Sept. auch wochenweise Vermietung von *Mobile Homes.*

[>] Sonnenuntergang am Strand von Vieux-Boucau

Léon

MEIN TIPP: Am **Étang de León** im Inland findet sich an den Seeufern ein Sandstrand und ein abgesperrter Schwimmbereich, außerdem Tretbootverleih und Camping. Westwärts windet sich die Abflussrinne des Sees, der **Courant d'Huchet,** dem Atlantik entgegen. Die umliegenden Ökosysteme aus Wäldern, Sümpfen und Dünen sind eine ökologisch wertvolle **Réserve Naturelle**. Der Courant d'Huchet (www.reservenaturelle-couranthuchet.org) ist mit Flachbooten befahrbar, die zwischen April und September/Oktober von kundigen Schiffern (*bateliers*) gelenkt werden. Der Étang de León ist auch von León erreichbar, im Bereich der Kirche liegen einige Restaurants. Die Wasserwege der Gegend sind aucht unter Kanufahrern beliebt.

Information

- www.cotelandesnaturetourisme.com.
- **Infos zu den Bootslenkern** (*Bateliers*) unter www.bateliers-courant-huchet.fr, Tel. 05 58 48 75 39; Pont de Pichelèbe, Landstraße D-328

Sport und Freizeit

- **Fahrradverleih:** *Vélos d'Albret,* 106 avenue du Marensin, Tel. 05 58 47 70 93, www.velos-albret.fr (April bis September); *Les Vélos Mignon,* 2747 avenue de l'Océan/Les Villages sous les Pins, Tel. 06 14 80 31 84, http://vente-location-velos-leon.fr.

Unterkunft

- Origineller Baumhausstil, aber preisintensiv: **Les Cabanes du Menoy**③, 68 chemin du Menoy, Tel.

06 71 72 99 68, www.cabane-aquitaine-lescabanes dumenoy.com. Im Juli/Aug. zwei Nächte Mindest-aufenthalt.

Camping

■ **Camping Lou Puntaou,** 1315 avenue du Lac, Tel. 05 58 48 74 30, www.capfun.de. Mit beheiztem Aquabereich, Wasserrutschen, Vermietung von Studios/Mobilhomes. Gewöhnlich geöffnet Anfang April bis Mitte September.

Die Route nach Moliets-et-Maa

In Richtung **Vieux-Boucau-les-Bains** taucht man in „Zauberwälder" aus Pinien und ins winzige **Seengebiet** um Moliets-et-Maa ein, wo sich ein Küstenabstecher nach **Moliets-Plage an**bietet. Die Église de Notre-Dame von Moliets-et-Maa bewahrt ein ursprünglich gotisches Kirchenportal (ausgebessert 1638).

Der an der Route des Lacs Richtung Messanges gelegene **Adrénaline Parc** (Saisonbetrieb, http://adrenalineparc.fr) verspricht Fun auf der ganzen Linie mit Abenteuerparcours und vielerlei mehr

207sf ad

für Erwachsene und Kinder. Wie in Freizeit- und Abenteuerparks üblich, muss man auch hier tief in die Tasche greifen.

Information

- **Office de Tourisme,** 20 rue du Général Caunègre, Moliets-et-Maa, Tel. 05 58 48 56 58, www.moliets.com.

Essen und Trinken

- **La [K]Bane**①, Place de la Bastide, Tel. 05 58 74 02 77, www.lakbanemoliets.com. Ob man sich mit der Schreibweise des Restaurantnamens einen Gefallen getan hat, sei dahingestellt – doch Atmosphäre und Küche mit originellen Noten stimmen.

Sport und Freizeit

- **Fahrradverleih:** *Montier,* 1391 avenue des Lacs, Tel. 05 58 48 51 47. *Joe Bike,* 17–18 rue de la Bastide, Tel. 05 58 48 85 48, www.joebike.fr.
- **Golf Moliets-et-Maa,** rue Mathieu Desbieys, Tel. 05 58 48 54 65, www.golfmoliets.com; ein 18- und ein 9-Loch-Platz.

Messanges

Nach altbekanntem Muster teilt sich auch die Gemeinde Messanges in den landeinwärts gelegenen Hauptort und in **Messanges-Plage.** In leicht gewelltem Hinterland haben Campingfreunde den Luxus der freien Auswahl zwischen einer ganzen Reihe an Plätzen, ehe die Seenroute schließlich das größere Vieux-Boucau erreicht.

Information

- **Office de Tourisme,** 3 route des Lacs, Messanges, Tel. 05 58 48 93 10, www.ot-messanges.fr.

Camping

- **Camping Le Vieux Port** → Exkurs: „Schöne Campingplätze".

Sport und Freizeit

- **Reiten:** *Centre Équestre de la Prade,* Messanges, 1801 route de la Côte d'Argent; www.centreequestredelaprade.com.
- **Surfen:** Es gibt mehrere Surfschulen, z.B. *Messanges Surf School* (route de la Plage Sud, Tel. 06 77 48 73 85, http://messanges-surf-school.com), *École de Surf La Dune* (Plage Nord, Tel. 06 07 76 18 98, www.ecoledesurf.net).

Rund um Vieux-Boucau

Das Aushängeschild von Vieux-Boucau misst 60 Hektar: der **Lac Marin,** ein Salzwassersee, der sich um eine Insel legt und den ein Dünenwall vom Atlantik trennt. Vieux-Boucau war eigentlich als Port d'Albret bekannt, lag an der Mündung des Adour und galt als wichtigster Hafen der Silberküste. Unter Leitung von *Louis de Foix* begab man sich bereits im 16. Jh. daran, den Fluss weiter südlich umzuleiten – und Port d'Albret versank in Bedeutungslosigkeit. Erst in den 1930er-Jahren lebte die Zone im Zuge des Fremdenverkehrs wieder auf.

Heute zeigt sich das „neue" Port d'Albret als äußerst gepflegtes Ferienzentrum, in dem sich das Leben und Treiben auf die geschmackvoll aufbereitete **Fußgängerzone** konzentriert. Hier findet man eine breite Auswahl an Cafés und Restaurants; Holzbaustil und Grünanlagen geben dem Stadtkern einen gemütlichen Anstrich. Man sollte sich Zeit nehmen für eine Terrassenrast, einen Kaffee, ein Eis, einen Crêpe.

Überdies bietet sich ein Promenadenspaziergang rund um den **Lac Marin** an. Der meerwärtige Seeabfluss bzw. -zufluss zerteilt die sandigen Strände in Nord- und Südabschnitte. Hier fühlen sich Badende und Sonnenbadende gleichermaßen wohl wie Surfer, allerdings verlangen die Strömungen nach steter Vorsicht. Nördlich des Kanals liegen die Grand Plage und die Plage des Sablères, weiter südlich geht es an **Soustons-Plage** heran. Die Strände, sowohl am See als auch am Atlantik, sind im Normalfall zwischen Mitte Juni und Anfang September bewacht. Im Inland führen **Radwege** durch die typischen Pinienwälder der Landes, **Kanuten** nehmen gern den Courant de Soustons in Angriff.

Soustons

Der Südbereich des Lac Marin, ein Freizeit- und Wassersportmagnet erster Güte, ist auch als **Port d'Albret Sud** bekannt und gehört bereits zur 6000 Einwohner starken Nachbargemeinde Soustons. Am Port Miniature (www.loisirs-soustons.com) können Erwachsene und Kinder während der Saison mit Elektrobötchen in See stechen. Der eigentliche Hauptort **Soustons-Ville** liegt einige Kilometer im Inland, wo sich mit dem **Étang de Soustons** (oder Grand Lac) eine weitere Wasserfläche von rund 700 Hektar Größe eröffnet. Soustons-Ville legt sich um die Südspitze des Sees, Ufer und Ortskern laden zu kurzen Entdeckungsbummeln ein.

Eine überlebensgroße **Bronzeskulptur** des Künstlers *Jacques Raoult* erinnert an den ehemaligen Staatspräsidenten *François Mitterrand* (1916–1996), der sich von 1965 bis zu seinem Tod immer wieder in seinem nahe gelegenen Landhaus *Bergerie de Latché* aufhielt und dort gelegentlich hohe Politgäste empfing. Dass Monsieur *Mitterrand* über lange Jahre ein Doppelleben führte, sei nur nebenbei bemerkt. Die veröffentlichten Briefe an seine Geliebte waren eigentlich nicht für die Öffentlichkeit bestimmt ...

Seignosse

Südlich von Soustons setzen sich die herrlichen feinsandigen Strandgebiete der Landes an den zu Seignosse gehörigen Abschnitten fort. Hier reihen sich von Nord nach Süd die Plage des Casernes, die Plage de Penon, die Plage des Bourdaines und die Plage des Estagnots auf.

Der *Atlantic Park*, ein **Freizeit- und Wasserpark** mit einer Badefläche von 2800 m², hält seine Pforten zwischen Anfang Juni und Anfang September offen (http://atlantic-park.com). Wer zweimal hinein und etwas sparen will, besorgt sich das Ticket für zwei aufeinanderfolgende Tage (franz.: *Entrée 2 jours consécutifs*).

Camper fühlen sich in Seignosse sowohl in Strand- als auch in Seenähe wohl. Alle Naturfans wird es insbesondere an die beiden Binnenseen ziehen. Der **Étang Blanc,** „Weißer See", ist von winzigen Inseln besetzt und bietet gute Badestellen und Tretbootverleih. Wesentlich kleiner und in versteckterer Lage breitet sich der **Étang Noir** aus, der „Schwarze See". Er ist von dichter Vegetation umstanden und als Naturschutzgebiet *(Réserve Naturelle de l'Étang Noir)* deklariert. Auf Stegen lässt sich hier die lokale Flora bestens erkunden.

Südlich von Seignosse gehen Strand- und Waldgebiete in die benachbarte Feriengemeinde Hossegor über.

Information

■ **Office de Tourisme,** 11 Mail André Rigal, Vieux-Boucau, Tel. 05 58 48 13 47, www.tourisme-vieux boucau.com.

■ **Office de Tourisme,** avenue de Labouyrie, Soustons-Ville, Tel. 05 58 41 52 62, www.soustons.fr.

■ **Office de Tourisme,** 1 avenue des Lacs, Seignosse, Tel. 05 58 43 32 15, www.seignosse-tourisme.com.

Unterkunft

■ **Hôtel Villa de l'Étang Blanc**②-③, D-432 Seignosse, Tel. 05 58 72 80 15; www.villaetangblanc.fr. Geschmackvoll eingerichtetes Drei-Sterne-Haus, eine gute Basis zur Erkundungen der Gegend. Auch das Restaurant ist eine Empfehlung.

■ **Résidence Les Sables d'Or**①-②, avenue des Dunes / avenue Brémontier, Vieux-Boucau, Tel. 05 58 48 22 00, Buchungen u. a. über www.immocean.com, www.resasol.com oder www.booking.com. Hier stehen verschiedene Studios und Apartements zur Auswahl.

Camping

■ **Camping Municipal Les Sablères,** boulevard du Marensin, Vieux-Boucau, Tel. 05 58 48 12 29, www.camping-les-sableres.com. Der Platz befindet sich nahe dem Strand, nur getrennt durch den Dünenbereich. Ende März bis Anfang November. Vermietung von Hütten und *Mobile Homes.*

Camping L'Airial, 61 avenue du Port d'Albret, Soustons-Plage, Tel. 05 58 41 12 48, www.camping-airial.com. Angenehmer Vier-Sterne-Platz, geöffnet Anfang April bis Anfang November. Auch Vermietung von Chalets und *Mobile Homes.* Mit Hallenbad, aber auch Außenpool. Der Aqua-Bereich steht bei Kindern hoch im Kurs.

■ **Camping Les Chevreuils,** 2238 route de Hossegor à Vieux-Boucau, Seignosse, Tel. 05 58 43 32 80, www.chevreuils.com. Im Pinienwald und ca. 1,5 km vom Meer entfernt gelegen, mit Aqualandschaft, Fahrradverleih; Vermietung von *Mobile Homes.* Geöffnet Anfang April bis Anfang Oktober.

Sport und Freizeit

■ **Fahrradverleih:** *Locacycles* in Vieux-Boucau (19 Grand'Rue, Tel. 05 58 48 04 79; www.locacycles.fr). Eine weitere Option in Vieux-Boucau ist *Vélos d'Albret* (6 place du Général de Gaulle, Tel. 05 58 41 65 10, www. velos-albret.fr).

■ **Golf:** *Golf de Pinsolle,* Port d'Albret Sud, Soustons, Tel. 05 58 48 03 92, www.golfdepinsolle.com; neun Löcher.

Golf Seignosse in Seignosse, avenue du Belvédère, Tel. 05 58 41 68 30, www.seignosse-golf.com ; 18 Löcher.

■ **Surfen:** in der Sommersaison in **Vieux-Boucau** bei der *École de Surf Univers* (*Résidence de la Plage,* rue des Goélands, Tel. 05 58 48 28 51, www.surf-vieuxboucau.com) und *École de Surf Vieux-Boucau* (Plage des Sablères, Tel. 06 81 91 56 10, http://ecoledesurf.com). In **Seignosse-Le Penon** Surfkurse bei der *École de Surf L'Agreou* (17 avenue de la Grande

Plage, Tel. 05 58 43 14 45, www.lagreou-surf-seignosse.com). Außerdem: *Seignosse Surf School* (25 Résidence de l'Atlantique, Seignosse-Le Penon, Tel. 06 76 66 76 08, www.seignosse-surf-school.com).

Feste und Veranstaltungen

■ Populäre **Sommerprogramme** sowohl in Vieux-Boucau als auch in Soustons und Seignosse, mit Konzerten, Landaiser Kuhrennen, baskischer Folklore, Kindershows, Märkten und Sportturnieren.

Hossegor

(auch: **Soorts-Hossegor**)

Hossegor und Capbreton – in diesem Doppelpack läuft die atlantische Pinien-, Strand- und Seenroute aus. Mit ihren Atlantikstränden und den dahinter liegenden Hafenbecken setzen Hossegor und Capbreton die letzten Glanzlichter vor dem weiter südlich liegenden Übergang ins Baskenland. Die beiden weit ausgeuferten Orte werden durch den **Boucarot-Kanal** sowie die verästelten Hafenein- und -ausfahrten voneinander getrennt. Unsichtbar der Küste vorgelagert ist der *Gouf,* ein unterseeischer Graben.

Die Sandstrandweiten Hossegors schieben sich direkt an den Auslauf des **Passe du Boucarot** heran und unterteilen sich von Nord nach Süd in die Abschnitte Plage des Estagnots, Plage des Naturistes (FKK-Bereich), Plage Côte Sauvage, Plage de la Gravière, Plage Centrale, Plage Sud und Plage Notre-Dame. Im unmittelbaren Hinterland des Atlantiks macht sich der Dünengürtel breit. Dahinter schließen sich die von zahlreichen Ferienvillen durchsetzten Pinienwälder an, die gut ein Drittel der Gemeinde bedecken. Von Grün umzogen zeigt sich auch der **Lac Marin d'Hossegor,** ein Salzwassersee von 3 km Länge und maximal 330 m Breite. Über Kanäle ist der knapp 100 ha umspannende See mit dem Meer verbunden. Rund um den Lac Marin verläuft eine insgesamt 7 km lange **Promenade,** an der sich mehrere Hotels und Strände wie die Plage Blanche (Westufer), die Plage du Parc (Südufer) und die Plage du Rey (Ostufer) aufreihen. Während der Sommersaison findet man bewachte Abschnitte sowohl an den See- als auch an den Atlantikufern. Die Destination eignet sich auch sehr gut für Familien mit Kindern.

In den meeresnahen Bereichen um die nett aufgemachte Promenade **Front de Mer** (nahe Plage Centrale) sowie mit dem bereits 1930 angelegten **Golfplatz** kultiviert Hossegor ein Stückchen althergebrachter Eleganz. Unter Literaten und bildenden Künstlern war das Seebad schon Anfang des 20. Jh. populär, ab den 1930er Jahren begann ein regionaler, baskisch-landaisischer Villenbaustil um sich zu greifen. Heute trifft sich ein bunt gemischtes Publikum, zu dem leidenschaftliche Surfer ebenso zählen wie passionierte Camper. Die Brandung kann enorm sein in der Gegend und darf keinesfalls unterschätzt werden! Im Sommer wächst die eigentliche Einwohnerzahl von 3500 um ein Beträchtliches an. Kostenlose Stadtbusse *(navettes)* verkehren ca. vom 6. Juli bis 1. September in Richtung der Strände.

Hossegor
0 200 m
© Reise Know-How
SW-Fr09 8/24
Übernachtung
1 Hôtel Lacotel
4 Hôtel Les Hortensias du Lac
6 Hôtel und Spa Villa Seren
12 Hôtel 202
Essen und Trinken
2 Chez Jérôme
5 La Tétrade
7 Chez Loulou
10 Tante Jeanne
Nachtleben
8 Diskothek Bakoua
Sport- und Freizeitaktivitäten
3 Hossegor Lake Paddle
9 École de Surf Magic Glisse Tao
11 Radverleih Hossegor Bike
Plage des Naturistes (FKK)
Plage Côte Sauvage
Plage de la Gravière
Plage Centrale
Plage Sud
Plage Notre-Dame
Plage du Rey
Plage Blanche
Plage du Parc
Lac Marin d'Hossegor
Avenue du Touring Club de France
Avenue du Tour du Lac
Boulevard du Front de Mer
la Dune
Av. des Hippocampes
Av. de la Côte
Av. Paul Lahary
Av. de Gaujacq
Avenue Brémontier
Canal d'Hossegor
Sporting Casino
Place du Point d'Or
Bd. de
Bd. Notre Dame
Passe du Boucarot
Quai du Bourret
Bourret
Avenue Suzanne Labatut
Capbreton
Capbreton, Bayonne, Autobahn
Seignosse, Vieux-Boucau
Route des Lacs
Dax
Av. d'Albi
Av. d'Agen
Av. de Dax
Avenue de Bordeaux
Av. C. Gonnet
Sommermarkt
Golfplatz
Avenue du Golf

Information

■ **Office de Tourisme,** 166 avenue de la Gare, Tel. 05 58 41 79 00, www.hossegor.fr.

Unterkunft

4 **Hôtel Les Hortensias du Lac**③, 1578 avenue du Tour du Lac, Tel. 05 58 43 99 00, www.lesdomainesdefontenille.com. Gepflegter Charme an den Seeufern, sehr schöner Terrassenbereich. Vier Sterne. Echtes Wohlfühl-Ambiente. Mit Spa und Restaurant.

6 **Hôtel & Spa Villa Seren**③, 1111 avenue du Touring Club de France, Tel. 05 58 58 00 55, www.villaseren.fr. Ein Haus für Gäste, die es anspruchsvoller lieben und gern am See logieren. Vier Sterne, Pool, Sauna.

1 **Hôtel Lacotel**①-②, 3058 avenue du Touring Club de France, Tel. 05 58 43 93 50, www.lacotel.fr. Im Sommer kleiner Freiluftpool, 42 Zimmer, ganzjährig. Auch Dreier- und Familienzimmer.

12 **Hôtel 202**②-③, 202 avenue du Golf, Tel. 05 58 43 22 02, www.hotel202.fr. Dieses gepflegte Drei-Sterne-Haus, in der Nähe des Golfplatzes gelegen, dürfte kaum jemanden enttäuschen. 22 komfortable, geräumige Zimmer und zwei Suiten. Mit Pool, Sauna und unterirdischem Parkplatz.

Essen und Trinken

5 **La Tétrade** ②-③, 1187 avenue du Touring Club de France, Tel. 05 58 43 51 48, www.latetrade-cote-lac.com. Meeresfrüchte in Hülle und Fülle, aber auch Salate und *Foie gras*. Kulinarische Raffinessen mit ausgiebigen Entdeckungen. Am Seerand gelegen.

2 **Chez Jérôme**①, 3202 avenue du Touring Club de France, Tel. 06 73 34 21 62, http://chezjerome hossegor.fr. Hier darf man um die Wette schlürfen – Austern frisch vom Produzenten.

10 **Tante Jeanne**①, 45 avenue Paul Lahary, Tel. 05 58 43 96 38, auf Facebook vertreten. Ein lebendiger Treff. Solide Mahlzeiten, frische Fruchtsäfte oder ein Kaffee zwischendurch.

7 **Chez Loulou** ①, Plage des Chênes-Liège, Tel. 06 13 53 37 00, www.chezloulou-hossegor.fr. Beach-Bar-Stil am See mit Wohlfühl-Ambiente. Über Winter geschl., in der Saison ist dienstags Ruhetag. Geöffnet Mo und Mi.–Fr. 10–16, an Wochenenden 10–17.30 Uhr.

Nachtleben

8 Beliebt in der Saison ist die **Diskothek Bakoua,** 93 place des Landais, auf Facebook und Instagram vertreten.

Sport und Freizeit

■ **Fahrradverleih:** 11 *Hossegor Bike,* 340 avenue du Touring Club de France, Tel. 06 30 38 43 73, www.hossegorbike.com.

■ **Golf:** *Golf d'Hossegor,* 333 avenue du Golf, Tel. 05 58 43 56 99, www.golfhossegor.com.

3 **Stand-Up-Paddling:** *Hossegor Lake Paddle,* Plage du Rey, Lac Marin, 2467 avenue du Touring Club, Tel. 07 84 55 44 79, www.hossegor-lake-paddle.com. Auch Verleih von Kanus und „hawaiianischen Pirogen". Saisonbetrieb, wie fast überall, von Mitte April bis Mitte Oktober.

■ **Surfen:** Kurse in der langjährig existierenden 9 *École de Surf Magic Glisse Tao* (Le Point d'Or, 385 avenue de la Dune, Plage Sud, Tel. 05 58 43 92 90, http://tao-magic-glisse.com) und bei *Surftrip* (305 boulevard de la Dune, Tel. 05 58 41 91 06, www.surftrip.fr).

Feste und Veranstaltungen

■ Zwischen April und September oftmals **Pelota-Matches** in den verschiedensten Disziplinen (Spielorte: Trinquet et Fronton Libre du Bourg de Soorts; Fronton Couvert, Sporting Casino; Fronton Place Libre, Sporting Casino), im Juli und August umfangreiches **Sommerprogramm** mit Musik und Unterhaltung, im Sommer auch **Surfwettbewerbe.**

Verkehrsanbindung

- **Pendelboot** *(bateau-passeur „Lou Boucarot")* während der Sommersaison von der nördlichen zur südlichen Hafenseite: zwischen Quai du Bourret (Hossegor) und Quai Pompidou (Capbreton). Das Pendelboot ist elektrisch und kann bei Bedarf auch Fahrräder oder Surfbretter mitnehmen.

> So sieht es in Capbreton in der Nebensaison aus

⌄ Blick auf den Sporthafen von Capbreton

Capbreton

Das lebhafte Capbreton legt sich um die Südflanken des weit verästelten **Hafens,** der von Sport- wie auch von Fischerbooten gleichermaßen angesteuert wird und insgesamt über 1000 Liegeplätze umfasst. Ohne jeden Zweifel ist dieser einer der schönsten Häfen der gesamten französischen Atlantikküste.

Seit eh und je haben Hafen und Meer das Leben der Einheimischen bestimmt, die schon vor vielen Jahrhunderten ein ums andere Mal zu gefährlichen Waljagden aufbrachen. In gleichfalls ferne

209sf ad

536sf ad

Zeiten zurück reichen die Erinnerungen an König *Heinrich IV.* (1553–1610), der einige Male nach Capbreton kam und vom lokalen Würdenträger *Sieur de Ponteils* im *Maison du Rey* empfangen wurde.

Vom tieferen Süden her mündet das **Flüsschen Boudigau** ins Hafenbecken und fließt dabei am eigentlichen Stadtkern vorbei. Von den Ufern schaut man hinüber zur wichtigsten Kirche, der nahe dem Rathaus gelegenen **Église Saint-Nicolas,** erbaut im 16. Jh. Parallel zu Fluss und Hafen führt die Avenue du Président Georges Pompidou weg von vereinzelten Appartementblocks und Richtung Meer an die sehenswertesten Teile Capbretons heran. Unterwegs bieten sich besonders schöne Hafenansichten, bei der **Capitainerie du Port** finden sich Fischmarktstände des *Marché aux Poissons,* dessen Öffnung von den Fangerfolgen bzw. vom Wetter abhängt. Ein Stück hinter der *Capitainerie* laufen alle Fäden zusammen, inklusive einer stark frequentierten **gastronomischen Zone.** Dort finden sich Restaurants mit Fischen und Meeresfrüchten aller Art. Hinter der Glasfront mancher Speisetempel an der Avenue du Président Georges Pompidou fühlt man sich allerdings wie auf dem Präsentierteller – dort zu sitzen, das ist Geschmackssache.

Die mitunter extrem stark befahrene Hafenrandstraße endet an der Place de la Liberté. Dort setzen sich die beliebten Einkehrzonen mit Cafés, Bars und weiteren Restaurants fort.

Die nahe Meeresein- und -ausfahrt der Boote, **Passe du Boucarot,** wird vom Wahrzeichen Capbretons flankiert: dem hölzernen **Steg Estacade,** im 19. Jh. ein Geschenk Kaiser *Napoléons III,* der natürlich nicht selbst Hand anlegte, sondern andere schuften ließ; zur Zeit der Einweihung, 1858, maß der Steg sagen-

Capbreton

Übernachtung
1 Hôtel Baya und Spa
3 Hôtel La Baïne
4 Hôtel Océan
8 Camping La Pointe
9 Camping Municipal La Civelle
Essen und Trinken
2 Belharra Café
6 La Petite Table
Sport- und Freizeitaktivitäten
5 Fahrradverleih Jerry Bike
7 Skatepark 10
ATLANTISCHER OZEAN
Avenue Notre Dame de Capbreton
Canal d'Hossegor
Passe du Boucarot
Estacade
Place de la Liberté
Casino Municipal
Fischmarkt
Capitainerie du Port
Aussichts-promenade
Sport-
Avenue Georges Pompidou
Plage de l'Estacade
Plage Centrale
Place du Rond Point
Place des Basques
Rue des Basques
Av. du Commandant l'Herminier
Rue du Lac
Rue Jean Rameau
Rue des Bretons
Avenue du Maréchal de Lattre de Tassigny
Plage du Prévent
Plage de la Savane (Santocha)
Avenue de Biarritz
Rue des Pyrénées
Av. des
Plage de la Piste
Rue des Vignerons
Plage des Océanides

0 200 m
© Reise Know-How
SW-Fr06 8/24
Lac d'Hossegor, Vieux-Boucau
Seignosse
Bourret
HOSSEGOR
Avenue du Maréchal Leclerc
Boulevard des Cigales
Quai du Bourret
Avenue des Myosotis
Place Paul Valéry
Place F. Mauriac
Avenue Montesquieu
und Fischerhafen
Quai de la Pêcherie
Avenue du Bourret
Place Pierre Benoît
Avenue Michel de Montaigne
Place Rakmam le Rouge
Avenue Georges Pompidou
Avenue Maurice Martin
Place Rosny
Pont Bonamour
Place Maurice Ravel
Rue Maurice Martin
Boudigau
Avenue du Maréchal Leclerc
Avenue des Acacias
Rue Jean Baptista Gabarra
Av. de Pins
Rue du Bournes
Route de Capbreton à Angresse
Boulevard Loucheur
Avenue du Maréchal Foch
Rue du Château d'eau
Place de la République
Pont Lajus
Boulevard du Docteur Junqua
Avenue du Grand Bruca
CENTRE VILLE
Rue du Général de Gaulle
Allées Marines
Avenue Georges Clémenceau
Place des 6 cantons
Rue de artisans
Place de la Gare
Place de la Pépinière
Dunes
Rathaus
Rue Madan
Avenue de Verdun
Place St. Nicolas
Pont de la Halle
Église Saint-Nicolas
Av. des Alouttes
Avenue de la Forêt
Domaine Les Dunes de la Pointe
Bayonne
Dax, Autobahn

hafte 400 m, doch der Atlantik wütete auf Dauer dagegen. Heute ist er längst nicht mehr so lang, schiebt sich aber weit ins Wasser hinein auf kleine Signaltürme zu. Hier versuchen oft Angler ihr Glück, während man den Blick bis zum Horizont genießen, dem nimmermüden Wellenschlag lauschen und die gelegentliche Ein- und Ausfahrt von Booten verfolgen kann. Der Gang über den Steg ist allerdings nichts für jederfrau/-mann. Bei starken Winden und Wellen kann es auch heute noch zu Zerstörungen kommen – was ist schon ein Menschenwerk gegen die Kräfte des Ozeans?

Südlich des Stegs schließen sich die langen **Sandstrände** an, die sich in mehrere Abschnitte splitten: zunächst die unterhalb der Aussichtspromenade gelegene Plage de l'Estacade, danach die Plage Centrale, die Plage du Prévent, die Plage de la Savane, die Plage de la Piste und schließlich die Plage des Océanides. Mitunter herrscht starker Wellengang, der das Baden nicht immer ratsam macht – doch die Surfergemeinde wird's freuen! Im Juli und August verkehren kostenlose Zubringerbusse zu den Stränden *(navettes des plages)*, was die Umwelt schont und Nerven bei der Parkplatzsuche spart.

Während der Fischfang wie überall im Rückgang begriffen ist, hat sich mit dem Weinbau ein kleinerer Wirtschaftszweig in der Gegend etabliert. Weinbau auf Meereshöhe und diesem Boden – das erstaunt. Heraus kommt ein besonderer Tropfen: der „Salzwein", *Vin de Sable*. Die **Rebgärten** der *Domaine Les Dunes de la Pointe* breiten sich im Südteil der Gemeinde aus und sind zur wärmeren Jahreszeit regelmäßig besuchbar – die Kostprobe darf nicht fehlen.

■ **Domaine Les Dunes de la Pointe,** 1 route de la Pointe, Tel. 06 66 25 92 77, http://domainelapointe.com. Im Juli und August Mo.–Sa. 10–13 und 16–19 Uhr, Juni und Sept. Mi.–Sa. 10–13 und 16–19 Uhr, April/Mai/Okt. Mi.–Fr. 10–13 und 16–18 sowie Sa. 10–13 Uhr, Nov. bis März nur Fr. 10–13 und 16–18 sowie Sa. 10–13 Uhr.

Information

■ **Office de Tourisme,** avenue du Président Georges Pompidou, Tel. 05 58 72 12 11, www.capbreton-tourisme.com. Infos auch zu Rad- und Wanderwegen und Bootsausflügen.

Unterkunft

1 **Baya Hôtel & Spa**②-③, 85 avenue Maréchal de Lattre de Tassigny, Tel. 05 58 41 80 00, www.baya-hotel-capbreton.com. Großer Komplex in sehr guter Lage, 74 Zimmer, wahlweise mit Pool- oder Meerblick oder seitlichem Meerblick. Integriertes Restaurant, Pool, Spa. Ausgezeichnetes Frühstück.

4 **Hôtel Océan**②, 85 avenue du Président Georges Pompidou, Tel. 05 58 72 10 22, www.hotel-ocean-capbreton.com. Mitten im prallen Restaurantleben gegenüber dem Hafen, Strand wenige Gehminuten entfernt, ganzjährig geöffnet. 24 Zimmer. Breite Preisspanne mit Ausreißern nach oben und unten, je nach Saison.

3 **Hôtel La Baïne**①-②, 4 rue de Madrid, Tel. 05 58 41 38 63, http://labaine-hotel-capbreton.com. Freundliche Zimmer mit modernem Touch. Stimmiges Preis-Leistungs-Verhältnis. Über Winter geschl. Mit hauseigenem Fahrradverleih.

Camping

9 **Camping Municipal La Civelle,** rue des Biches, Tel. 05 58 72 15 11, www.campinglacivelle.fr. Etwas abgelegen von Stadtkern und Stränden im Südteil der Gemeinde, geöffnet Anfang April bis Anfang November, beheizter Pool. Auch Vermietung von fest installierten *Mobile Homes*.

8 **Camping La Pointe,** Quartier de la Pointe, Tel. 05 58 72 14 98, http://siblu.de. Im Grünen gelegener Vier-Sterne-Platz, etwa 1 km von der Meereslinie entfernt (etwas ausgedehntere Anfahrt durchs Inland). Mit Aquakomplex, Sauna, Dampfbad und Vermietung von *Mobile Homes*. Geöffnet Ostern bis Ende September. Während der Saison Verleih von Fahrrädern und Surfbrettern, ebenfalls in der Hochsaison kostenloser Shuttle zu den Stränden und zum Hafen.

Essen und Trinken

6 **La Petite Table**②, 7 quai de la Pêcherie, Tel. 05 58 72 36 72, http://lapetitetablecapbreton.fr. Dieses Gourmand-Bistro kultiviert die Gemütlichkeit und die gute Küche, für die Chef *David Boulouys* verantwortlich ist.

2 **Belharra Café**②, boulevard François Mitterrand, Tel. 05 58 42 59 22, www.belharracafe.com. Vorzugsplätze am Meer, nahe dem Estacade-Steg, vor allem zur Sonnenuntergangszeit. Der Zusatz „Café" ist verwirrend, denn hier kommt auch Meeresgetier auf den Tisch.

Sport und Freizeit

- **Fahrradverleih:** 5 *Jerry Bike*, 75 avenue Georges Pompidou, Tel. 06 59 14 02 24, http://jerry-bike-rental.com. Oder bei *Joe Bike*, 50 allées Marines, Tel. 05 58 72 19 99, www.joebike.fr.

7 **Skatepark 10,** Zugang vom Boulevard des Cigales. Ein 650-m²-Areal.

- **Surfen:** Kurse beim *Santocha Capbreton Surf Club*, 3 rue de la Savane, Tel. 06 43 92 98 86, www.santocha.org. Alternative: *Capbreton Surfer School* (81 avenue de Lattre de Tassigny, Tel. 05 58 42 84 40; http://ecole-surf-capbreton.com). Die *École de Surf Supdivision* (31 bis rue de Madrid, Tel. 06 76 04 20 53; www.ecoledesurf-supdivision-capbreton.com) bietet auch Stand-Up-Paddling.

Feste und Veranstaltungen

- Anfang Juni **Meeresfest** *(Fête de la Mer)*, Anfang Juli etwa zehntägiges Jazzfestival, gelegentlich auch **Surfwettbewerbe.**

Verkehrsanbindung

- **Pendelboot** *(bateau-passeur Lou Boucarot)* während der Sommersaison von der südlichen zur nördlichen Hafenseite: vom Quai Pompidou (Capbreton) zum Quai du Bourret (Hossegor) und umgekehrt; Anbindung auch zum quartier Millesabords.

Rund um Labenne

Südlich von Capbreton schließen sich bis zur Mündung des Adour drei weitere kleine Küstengemeinden an: Labenne, Ondres und Tarnos. In der 3400-Einwohner-Gemeinde Labenne hat man direkt Anschluss an die Nationalstraße N 10, westlich vom Hauptort geht es heran an die Strände von **Labenne-Océan.** In diesem Übergangsgebiet ins Baskenland ebben die Touristenströme ab. Um sie unverdrossen auf die richtige Bahn nach Labenne zu lenken, propagiert man von der Gemeindeseite aus gern ein paar Anreize. Obenan steht der **Parc Zoologique**, ein Fünf-Hektar-Areal mit den verschiedensten Spezies.

In die Reihe weiterer Attraktionen gehören der **Abenteuerpark Robinson** und der **Aquapark Aquatic Landes**, kleinere Kinder zieht es dort zum Rutschenkomplex *Kids Landes Aventures.*

Landeinwärts breitet sich die **Réserve Naturelle du Marais d'Orx** aus, ein Feuchtgebiet mit einer Fläche von rund 800 Hektar und großer Bedeutung als Raststation von Zugvögeln. Fast an die weiten Wasserflächen stößt das **Naturkundehaus des Parks** (*Maison du Marais d'Orx;* www.reserve-naturelle-marais-orx.fr); auf der Website steht ein Plan zum Download bereit, der Aufschluss über zwei Wanderrouten gibt. Dies ist zum einen der „Circuit Découverte" (6,2 km) und der „Circuit du Marais Burret" (5,8 km).

- **Parc Zoologique,** avenue de l'Océan, geöffnet Anfang April bis Anfang September tägl. 10–19 Uhr, übriger September tägl. 14–19 Uhr, Anfang Februar bis Ende März tägl. 14–18 Uhr, Oktober bis Anfang Februar nur Mi./Sa./So. 14–18 Uhr; Eintritt 14,50 €, Kinder 3–11 Jahre 10,50 €; www.zoo-labenne.com.
- **Parc Robinson,** route da la Plage, Labenne-Océan; geöffnet Anfang April bis Mitte Nov. Mi., Sa. und So. 13.30–19 Uhr, Eintritt 20 €, Kinder/Jugendliche 6–13 Jahre 16 €; www.parc-robinson.fr.
- **Aquapark Aquatic Landes,** route de la Plage, Labenne-Océan; Mitte Juni bis Anfang September täglich 10–18/19 Uhr geöffnet; Eintritt 21,50 € ab 12 Jahren, Kinder 3–11 Jahre 18,50 €, Kleinkinder frei; www. aquatic-landes.com.

Boucau und Tarnos

In Richtung der industriell beeinflussten **Mündung des Adour** liegen die **Zwillingsortschaften** Boucau und Tarnos. Kaum zu glauben, dass der Auslauf des Flusses vor Jahrhunderten wesentlich weiter nördlich bei Vieux-Boucau (Port d'Albret) lag. Im Jahre 1578 leitete man den Adour hierhin um. Die Strände bieten nicht gerade touristische Glanzpunkte. Tipp für Strandfans: besser ein Stück weiter nördlich fahren oder nach Süden jenseits des Adour.

Information

- **Office de Tourisme,** 6 rue des Écoles, Labenne, Tel. 05 59 45 40 99, www.tourisme-labenne.com.

Sport und Freizeit

- **Fahrradverleih:** *Surf Lab,* 30 avenue de la Plage, Labenne-Océan, Tel. 06 47 84 72 42, http://surf-labenne.com. Das ist gleichzeitig eine Surfschule.
- **Kanutouren:** *Base de Canoë,* avenue de l'Océan, *Camping Les Pins Bleus*, Labenne-Océan, Tel. 05 59 45 41 13, www.lespinsbleus.com. Gehört zum Campingplatz *Les Pins Bleus,* April bis Oktober; auch Stand-Up-Paddling.
- **Skatepark,** rue du Stade, Labenne.

Dax: Thermalstadt am Adour

Dax, 21.000-Einwohner-Stadt an den Ufern des Adour, liegt trotz ihrer 35 km Entfernung zum Atlantik fast auf Meereshöhe und propagiert sich gern als Thermalstadt. Schon zu gallorömischen Zeiten waren die Thermalquellen mit ihren heilenden Wirkungen für Rheumaleiden bekannt, Dax hieß damals *Aquae Tarbellicae.* Die Römer umzogen

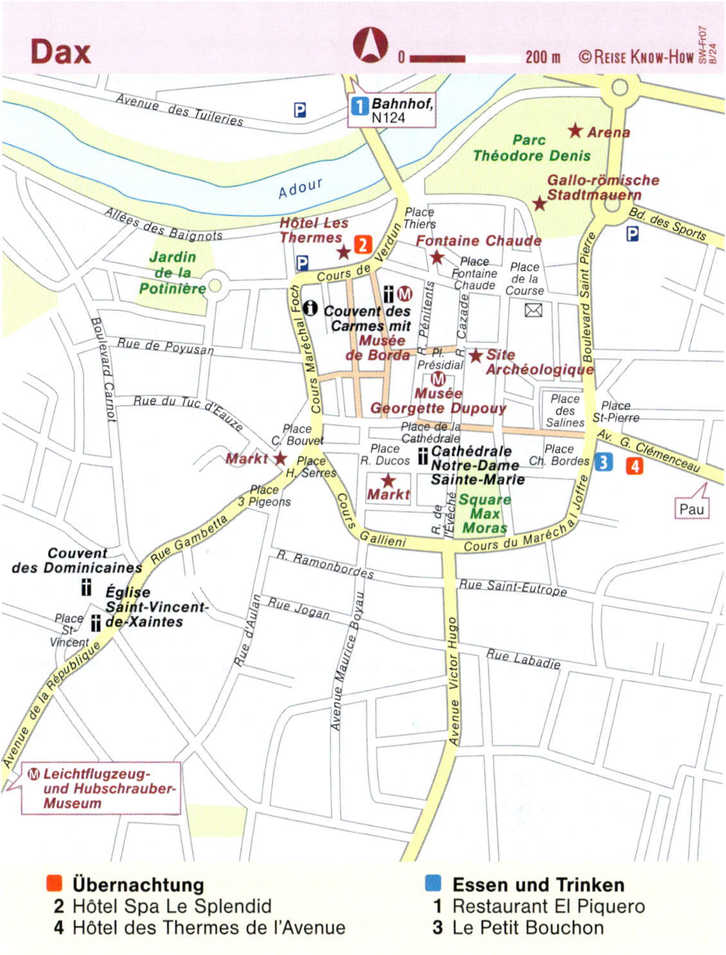

Dax mit einer Mauer von 1,5 km Länge und einer Reihe von fast vier Dutzend Türmen, doch erhalten hat sich lediglich ein kleiner Teil. Im 19. Jh. setzte der Thermalboom der Moderne ein, heute verteilen sich eine ganze Reihe an Kurhotels über die Stadt und setzen vor allem auf ein betagteres Publikum. Jährlich kommen etwa 60.000 Kurgäste. Nicht fehlen darf die Casino-Tradition.

Ein anderes Gesicht zeigt Dax während seiner großen *Feria* Mitte August, ein **fünftägiges Stadtfest** mit reichlich Musik, Feuerwerk und Stierkampf. Ähnlich wie Bayonne pflegt auch Dax jene blutige Tradition, die in der 1913 eröffneten **Arena** *(arènes)* abgeht und bis zu 8000 Besucher anlockt.

Städtisches Wahrzeichen ist die **Fontaine Chaude,** die im 19. Jh. an jener Stelle eingefasst wurde, an der sich die Römer voller Hingabe aalten: ein echter Springquell mit 2,4 Mio. Litern täglich und einer Temperatur von 64 °C. Eine Legende weist einen Hund als Entdecker der Thermalheilkräfte von Dax aus, genauer gesagt: ein rheumageplagter Hund, der einem römischen Legionär gehörte. Als der Hund seinem Herrchen aus Krankheitsgründen nicht mehr folgen konnte, wollte dieser das Tier von seinem Leid erlösen und im Adour ertränken – doch der Hund stieg geheilt aus den Fluten. Noch heute spielt der aus dem Adourlehm gewonnene Naturschlamm eine wichtige Rolle.

Der Bummel führt auf die Place de la Cathédrale mit der ursprünglich gotischen **Cathédrale Notre-Dame Sainte-Marie.** Aus den Anfangszeiten hat sich das „Apostelportal" erhalten; die heutige Struktur geht auf das 17. Jh. zurück. Auf dem Kathedralplatz erinnert eine Skulptur von *Jacques Lasserre* an die Hunde-Thermal-Legende. In der Nähe liegt das Stadtmuseum **Musée de Borda** (Di.–Sa. 14–18 Uhr, im Juli/Aug. zusätzlich vormittags 10–12.30 Uhr; http://museedeborda.fr; Wechselausstellungen), das in der Chapelle des Couvent des Carmes in der Rue des Carmes untergebracht ist. Hier bekommt man auch Informationen zum Besuch der **Site Archéologique,** die die Epoche der Römer mit Resten eines Tempels aus dem 2. Jh. in Erinnerung bringt; für Museum und Site gibt es ein Kombiticket (für 5 €). Architektonischer Gegenpol der Moderne ist in Dax übrigens das **Hôtel Les Thermes** von Architektenstar *Jean Nouvel.*

Kunstfreunde finden im **Museum der Malerin Georgette Dupouy** (1901–1992) eine interessante Anlaufstelle. Für angenehmen grünen Beigeschmack in Dax sorgt der zentral gelegene **Parc Théodore Denis** mit Stadtwappen in Stein, der **Arena** und gallo-römischen **Stadtmauern** *(remparts gallo-romains).*

Etwas abseits der Innenstadt erhebt sich die **Église Saint-Vincent-de-Xaintes,** eine Ende des 19. Jh. in neo-romanischem Stil erbaute Kirche, die an den ersten Bischof der Stadt erinnert. Gleich hinter dem Gotteshaus liegt das **Dominikanerinnenkloster** *(Couvent des Dominicaines).*

Westlich der City spannt sich der Bois de Boulogne am Adour entlang, im Süden lockt der Parc du Sarrat mit seinen vielfältigen Baumwelten Naturfreunde an. Vor den südwestlichen Toren der Stadt erreichen Sie das **Leichtflugzeug- und Hubschraubermuseum** *(Musée de l'Aviation Légère de l'Armée de Terre et de l'Helicoptère).*

■ **Musée Georgette Dupouy,** place du Présidial, Mo.–Sa. 14–18, So. 15–18 Uhr; Eintritt 2,50 €.

■ **Musée de l'Aviation Légère de l'Armée de Terre et de l'Helicoptère,** 58 avenue de l'Aérodrome, geöffnet Anfang März bis Ende Nov. Mo.–Fr. (im Juli/Aug. auch Sa. um dieselbe Zeit) 14–17.45 Uhr; Eintritt 6 €, Kinder und Jugendliche 12–17 Jahre 2,50 €; http://museealathelicoptere dax.fr.

Information

■ **Office de Tourisme,** 11 cours Foch, Tel. 05 58 56 86 86, www.dax.fr, www.dax-tourisme.com.

Unterkunft

2 Hôtel Spa Le Splendid②, 2 cours de Verdun, Tel. 05 58 35 20 10, www.splendid-hotel-spa.com. Stilvolles, traditionsreiches Vier-Sterne-Haus, in den 1930er Jahren im Art Déco-Stil erbaut. Es gibt vier Zimmerkategorien und einen modernen Spa. Es werden, wie vielerorts üblich, auch verschiedene Mehr-Tages-Pakete mit Wellness und Anwendungen angeboten.

4 Hôtel des Thermes de l'Avenuea①-②, 17 avenue Georges Clemenceau, Tel. 05 58 56 35 00, www.thermes-avenue.com. Zimmer von solider Moderne. Entspannung im Spa und bei Anwendungen. Mit Restaurant.

Essen und Trinken

3 Le Petit Bouchon①-②, 70 cours du Maréchal Joffre, Tel. 05 58 90 96 20, auf Facebook vertreten. Einfacher, geschmackvoller Bistro-Stil, eine der beliebtesten Gastro-Adressen in Dax.

1 Restaurant El Piquero①-②, 63 avenue Saint Vincent de Paul, Tel. 05 58 49 84 11, auf Facebook vertreten. Rustikales Interieur, wo man neben Bruchsteinwänden sitzt. Küche teils mit spanischen Einflüssen, stimmiges Preis-Leistungs-Verhältnis.

Feste und Veranstaltungen

- **Karnevalsfeierlichkeiten,** Mitte August die große **Feria de Dax,** im Dezember **Weihnachtsmarkt.**

Einkaufen

- **Märkte** Sa. 7–13 Uhr um die Markthallen (*Halles*), So. 8–13 Uhr um die place Camille Bouvet.

Verkehrsanbindung

- **Bahnhof:** nördlich der Innenstadt an der avenue de la Gare. Verbindungen täglich nach Bayonne, Biarritz, Bordeaux und Hendaye.

In der Umgebung

Saint Paul-Lès-Dax

Nördlich von Dax liegt die im 11. Jh. erbaute romanische **Kirche Saint Paul-Lès-Dax** im gleichnamigen Vorort, wo sich auch der Lac de Christus befindet. Auch Saint Paul-Lès-Dax hält sich erfolgreich auf der Wellness-Welle; pro Jahr kommen etwa 12.000 Kurgäste. In der ersten März-Hälfte steigt gewöhnlich vier Tage lang das Internationale Festival der Zirkusartisten *(Festival International des Artistes de Cirque;* www.festivalcirquesaintpaul.com).

Information

- **Office de Tourisme,** 68 avenue de la Résistance, Tel. 05 58 56 86 86, www.st-paul-les-dax.fr, www.dax-tourisme.com

Saint Vincent-de-Paul

Einige Kilometer nordöstlich von Dax gelangt man nach Saint Vincent-de-Paul, wo sich das **Geburtshaus des heiligen Vinzenz von Paul** (1581–1660) befindet. Der Priester gilt als geistiger Vater der neuzeitlichen Caritas. Beim „Geburtshaus des Heiligen" müsste man korrekterweise sagen: das nachempfundene Geburtshaus, denn es ist in Fachwerkstruktur entsprechend wiederhergerichtet worden. Dennoch lässt sich gut verfolgen, in welch einfachen Verhältnissen *Vinzenz von Paul* inmitten einer seinerzeit üblichen Großfamilie aufwuchs. Das Haus ist in ein größeres Areal samt Besucherempfangsgebäude eingefasst und ebenso frei betretbar wie die schräg gegenüber liegende Kapelle, die ein neobyzantinischer Stil prägt. Im Innern der Kapelle halten Buntglasfenstermotive Szenen aus dem Leben des Heiligen fest.

Magescq

Magescq mit seiner mittelalterlichen **Wehrkirche** liegt 17 km nordwestlich von Dax auf dem Weg nach Soustons. Eine außergewöhnliche Adresse als sterngekröntes Restaurant ist das **Relais de la Poste**③ (Tel. 05 58 47 70 25, www. relaisposte.com; auch Hotel③). Was man vorab bei der Reservierung wissen sollte: Die Menüs liegen preislich im dreistelligen Bereich. Da darf man höchste Maßstäbe ansetzen.

Tour in den Süden/ Anbindung an den Landstrich Béarn

Schlägt man ab Dax eine Tour in den Süden ein bzw. will von hier aus Kurs auf den Landstrich Béarn nehmen, kann man sich für unterwegs folgende Ziele vormerken: **Saint Pandelon** (Château des Évêques aus dem 15.–17. Jh.), **Pouillon** (Kirche und Lac de Luc), **Peyrehorade** („Schloss-Rathaus" aus dem 16.–18. Jh.), **Sorde-l'Abbaye** (Reste einer Benediktinerabtei am Jakobsweg) und **Hastingues** (ursprünglich romanische Abbaye d'Arthous mit beachtenswerter Kirche, Ausstellungszentrum zum Jakobsweg). Hastingues liegt knapp 30 km südlich von Dax.

Durch die Chalosse

Südöstlich bzw. östlich von Dax lassen sich unter dem Leitmotiv „Kultur" einige Stationen zu einer durchaus interessanten Route zusammenstellen. Hier sind die hügeligen Gebiete der Chalosse südlich des Adour zu entdecken. Die Tour lässt sich auch auf das erste Teilstück reduzieren, um dann nach **Mont-de-Marsan** anzubinden.

Den Auftakt macht **Montfort-en-Chalosse,** eine Bastide mit Kirche aus dem Spätmittelalter und dem volkskundlich relevanten *Musée de la Chalosse* (480 chemin de Sala; März–Okt. Di.–So. 10–18 Uhr, Eintritt 8 €, www.museedelachalosse.fr). Weiter ostwärts geht es nun nach **Maylis** mit der Abbaye Notre-Dame, einer Benediktinerabtei mit Kapelle aus dem 13./14. Jh. Nördlich von Maylis liegt der Kirchenort **Montaut,** von wo aus die Weiterfahrt nach **Saint Sever** führt. Dort erklärt sich die bedeutsame romanische Abteikirche durch die Lage der Pilgerstation Saint Sever an der von Périgueux kommenden Jakobswegstrecke *Via Lemovicensis.*

In Saint Sever besteht die Möglichkeit, sich entweder von der Strecke zu lösen und nordwärts nach Mont-de-Marsan zu fahren – oder südwärts die kleinen Entdeckungen fortzusetzen. Diese führen zunächst nach **Hagetmau** (romanische Kirche Saint Girons mit Krypta).

Bei dem südöstlich gelegenen **Samadet** präsentiert das *Musée de la Faïence et des Arts de la Table* historische Fayencen und Keramikarbeiten (Anfang Juli bis Ende September Di.–So. 10–12 und 14–18.30 Uhr, Mitte Februar bis Ende Juni und Anfang Oktober bis Mitte November nur Di.–So. 14–18 Uhr; Eintritt 5 €).

Südwestlich von Hagetmau erwartet Besucher in **Brassempouy** ein andersartiges Kulturziel; in der Gegend wurde Ende des 19. Jh. das rund 25.000 Jahre alte Bildnis der *Dame de Brassempouy* wiederentdeckt, eine Elfenbeinstatuette, bekannt auch als *Venus von Brassempouy* oder *Dame mit der Kapuze.* Ziele sind das *Maison de la Dame de Brassempouy* und der Archäologische Park, *ArchéoParc* (Anfang Febr. bis Ende Nov. Di.–So. 13.45–18 Uhr, im Juli/Aug. tägl. 11 €, Kinder und Jugendliche 5–15 Jahre 9,50 €; www.prehistoire-brassempouy.fr). Will man zusätzlich den archäologischen Spot der Grotten (*Grottes du Pape*) besuchen, muss man das vorab reservieren (Tel. 05 58 89 21 73); der Gesamtpreis des Kombitickets steigt dann auf 16 € (Kinder/Jugendliche 14 €).

Ab Brassempouy führen letzte Schlenker der Tour nach **Gaujacq** (Schloss aus dem 17. Jh., wechselnde Öffnungszeiten auf der Homepage http://chateau.de.gaujacq.free.fr; Mitte Juli bis Ende Aug. Di.–So. 10.30–12 und 14.30–18 Uhr zum Eintrittspreis von 8 €, Mitte April bis Mitte Juli und Anfang September bis Mitte Oktober nach Absprache unter Tel. 05 58 89 01 01 zum Eintrittspreis von 10 €) und **Amou** (romanische Kirche und das Château d'Amou aus dem 17. Jh.).

Information

■ **Office de Tourisme,** in **Peyrehorade** (147 avenue des Évadés, Tel. 05 58 73 00 52, www.lavalleedukiwi.com. **Montfort-en-Chalosse** (55 place Foch, Tel. 05 58 98 58 50, www.chalosse.fr), **Saint Sever** (place du Tour du Sol, Tel. 05 58 76 34 64, www.landes-chalosse.com), **Hagetmau** (place de la République, Tel. 05 58 79 38 26, www.landes-chalosse.com).

Adobe.Stock ©laufer

☒ Französische Briefmarke aus dem Jahr 1976 mit dem Motiv der Vénus de Brassempouy

Adobe.Stock ©Philipimage

5

Baskisches Küstenland

» Die Küste wechselt zwischen Stränden und Klippen, die Sprache zwischen Französisch und Baskisch. Städte wie Bayonne mit Zeugnissen einer langen Geschichte, das Surferparadies Anglet oder das vielgesichtige Seebad Biarritz warten darauf, entdeckt zu werden.

< Der Strand von Biarritz

BASKISCHES KÜSTENLAND

Strände und Klippen treiben ein buntes Wechselspiel, der Ausdruck „BAB“ steht für das baskische Städtetrio *Bayonne, Anglet* und *Biarritz.* Für Surfer ist die Gegend europaweit eine feste Größe, Biarritz profitiert noch heute von seinem Ruf als historisches Kaiserpflaster.

303sf ad

NICHT VERPASSEN!

- **Weltbekannt: Bayonner Schinken** | 192
- **Cathédrale Sainte-Marie** und **Kreuzgang** in Bayonne | 196
- **Surfermekka Anglet** | 200
- Die **Grande Plage** in Biarritz | 207
- Die **Felsen und Aussichtspromenaden** in Biarritz | 211
- Das **Aquarium** in Biarritz | 211
- **Maritimes Flair in Saint Jean-de-Luz** | 216

Diese Tipps erkennt man an der gelben Markierung.

Eine der Vorzeige-Ansichten von Biarritz: der Rocher de la Vierge

Überblick

Südlich des Gebiets der Landes empfängt das Baskenland seine Besucher auf eine ganz eigene Art: mit den sonderbarsten Blüten der Volkskultur und zusätzlich zum Französisch mit einer eigenen Sprache, Baskisch.

Zwischen Biarritz und der französisch-spanischen Grenze bindet die Nationalstraße an das pittoreske Hafenstädtchen Saint Jean-de-Luz an; die baskische Küstenroute *(Route de la Corniche)* führt in den Grenzort Hendaye. Dort ist Schluss mit *la France* und der wildromantisch-rauen Küste, doch in Sichtweite locken die Pyrenäen zu neuen Aktivitäten.

Unter Verwaltungsaspekten gehört jener Küstenteil des Baskenlandes zur historischen Provinz Labourd, die wiederum dem Département Pyrénées-Atlantiques angegliedert ist.

Baskisches Küstenland

0 5 km
©Reise Know-How
SW-FrK5 8/24
LANDES
Hossegor
Étang Blanc
Seignosse
Tosse
Lac d'Hossegor
Capbreton
St.-Vincent-de-Tyrosse
St.-Geours-de-Maremne
St.-Paul-Lès-Dax
St.-Vincent-de-Paul
Dax
Eyranx
Adour
Œyreluy
St.-Pandelon
Saubusse
Orist
Luy
Heugas
Bénesse-lès-Dax
Bénesse-Maremne
Labenne-Océan
Orx
Saubrigues
St.-Jean-de-Marsacq
Labenne
St. Léon-les-Mines
Gaas
Cagnotte
Pouillon
St.-Étienne-d'Orthe
St.-Martin-de-Hinx
Ondres-Plage
Beyres
Ondres
St.-André-de-Seignanx
Biarrotte
Port-de-Lanne
LANDES
Tarnos
Boucau
St.-Martin-de-Seignanx
Ste. Marie-de-Gosse
Orthevielle
Peyrehorade
Labatut
Cauneille
Hastingues
Gave de Pau
St. Barthélemy
Œyregave
Sorde-l'Abbaye
Gave d'Oloron
Bayonne
Adour
Guiche
Urt
Lahonce
Urcuit
Anglet
Bidache
Bidouze
Carresse
Briscous
Bardos
Came
St.-Dos
Briscous-les-Salines
Castagnède
Villefranque
Labastide-Villefranche
La Bastide Clairence
Escos
Oraàs
Arancou
Ustaritz
PYRÉNÉES-ATLANTIQUES
Bergouey
Abitain
Jatxou
Nive
Arraute
Ilharre
Halsou
Hasparren
Larressore
Masparraute
Autevielle
Bonloc
Urcuray
Isturits
Cambo-les-Bains
Espelette
Grottes d'Isturitz
St.-Martin-d'Arberoue
Mendionde
Garris
St.-Esteben
Itxassou
Aïcirits
Pas de Roland
Louhossoa
St. Palais
Hélette
Domezain
Hérauritz
Amendarits
Artzamendi 926 m
Iholdy
Bidarray
Uhart-Mixe
Col de Méhatche 844 m
Celay
Ostabat
Lohitzun
Irissarry
Pico Gorramakil 1090 m
St.-Martin-d'Arrossa
Ossès
Larceveau
Pic d'Iparla 1050 m
171
169
174
183
180
192
247
200
247
246
246
246
244
244
247
246
251
254
251
249
251
A63
A64
N10
N124
N117
D79
D652
D17
D112
D33
D28
D652
D17
D12
D33
D6
D312
D936
D10
D28
D936
D123
D21
D11
D22
D14
D933
D918
D933
D948

Bayonne – historisches Pflaster

Auf der Höhe von Bayonne beginnt westlich die baskische Küste, die sich samt mehrerer Buchteinschnitte über eine Länge von knapp 40 km südwärts bis zur spanischen Grenze erstreckt. Bayonne selbst (baskisch: *Baiona)* liegt indes nicht am Atlantik, sondern einige Kilometer weit im Hinterland am Zusammenfluss von **Nive und Adour.** Das Turmensemble der gotischen Kathedrale formt das weithin sichtbare Wahrzeichen, rundherum verästelt sich das historische Viertel.

Im Lauf der Zeiten hat Bayonne bekannte Erzeugnisse verschiendster Güte hervorgebracht: ein blutig-militaristisches in Form der Nahkampf-Stoßwaffe **Bajonett** sowie erlesen-kulinarische in Gestalt von **Bayonner Schinken** *(jambon de Bayonne)* und **Schokoladenköstlichkeiten.** Haften wir uns zunächst an jenes Stück Schwein, das man sich auf der Zunge zergehen lassen kann. Die rohen Schinkenkeulen müssen etwa sieben bis zehn Monate lufttrocknen, bis sie das richtige Aroma erreichen. Voraussetzung ist, dass man den *jambon* zuvor zwei Wochen in eine körnige Mischung aus Salz, Knoblauch, Essig und *Piments* aus Espelette einlegt und weitere zwei Wochen in vier Grad kühlen Räumen abhängt. Ein stattlicher Schinken kann bis zu zwölf Kilogramm auf die Waage bringen.

Die Herstellung von **Schokoladenprodukten** geht auf jene Juden zurück, die Anfang des 18. Jh. vor der Verfolgung aus Portugal flohen und Zuflucht in der Adourstadt fanden. Im Gepäck: wertvolle Herstellungstechniken für Kalorienbomben aller Art.

Wichtig für die Orientierung bei der Stadtentdeckung: Die Kathedrale und die alten Befestigungsanlagen liegen westlich des Flüsschens Nive und gehören somit zu „Grand Bayonne", das Gassenviertel „Petit Bayonne" breitet sich östlich der Nive aus. An den Ufern setzt die Stadt ihre schönsten Fachwerkgesichter auf, die Häuserzeilen leuchten in roten und grünen, gelben und blauen Tönen. Den nördlichen Abschluss der Innenstadt bildet der brückenüberspannte Adour.

Bayonne ist vor allem unter Sommerausflüglern als Halbtages- oder Tagesziel beliebt, die an der Küste Quartier bezogen haben. Etwa Mitte Juli steigt das große Stadtfest, die **Fêtes de Bayonne.**

Geschichte und Gegenwart

Die heute über 50.000 Einwohner zählende Stadt blickt auf eine lange Geschichte zurück und hieß zu galloromischen Zeiten *Lapurdum.* Im Mittelalter war Bayonne eine bedeutende Station auf dem Küstenweg der Jakobspilger, deren Fortkommen im 12. Jh. mit dem Brückenbau über den Adour erleichtert wurde. Nach den lange schwelenden englisch-französischen Konflikten ging Bayonne Mitte des 15. Jh. endgültig in französische Hand über – wobei die eingefleischten Basken sicher das Wort „baskisch" lieber hören würden. Im Gegensatz zu spanisch-baskischen Städ-

Euskera – baskische Sprache im Baskenland

Mit dem Gebrauch des **Baskischen** *(euskera/ euskara)* dokumentieren alteingefleischte Basken **regionales Bewusst- und Selbstbewusstsein.** In ihrer Sprache bezeichnen sich die Basken als *Euskaldunak*, „Menschen, die *euskera* reden". Ihr Baskenland nennen sie *Euskadi* oder *Euskal Herria.*

Das Baskische ist eine **nicht-indogermanische Sprache,** deren Wurzeln sich ebenso im Dunkel der Geschichte verlieren wie die Herkunft der Basken selbst. Baskisch besitzt keinerlei Verwandtschaft zu romanischen Sprachen wie dem Französischen, manche Forscher haben einen Teil des Wortschatzes mit dem Kaukasischen in Verbindung gebracht. In Abwandlungen sind zahlreiche Wörter aus anderen Sprachen ins Baskische eingeflossen: lateinische, arabische, französische, spanische und gascognische.

Euskera hört sich hart und fremdartig an und wird beiderseits der Pyrenäen laut unterschiedlicher Schätzungen von etwa 750.000 bis 800.000 Menschen benutzt, gekannt oder aktiv gesprochen – auf französischer Seite weit weniger, da hier nur etwa 300.000 Menschen im historischen Gebiet des Pays Basque leben. Von diesen 300.000 Bewohnern wiederum sieht sich allenfalls ein geschätztes Drittel als echte Basken. Doch von denen ist längst nicht jeder mit dem Baskischen vertraut oder ansatzweise interessiert, es zu lernen! Vage Schätzungen belaufen sich auf **60.000 oder 70.000 französische Sprecher** bzw. Kenner der Sprache.

Im spanisch-französischen Baskenland gibt es eigene baskische **Fernseh- und Radiosender, Internetportale, Apps** und **Printmedien.** In der Traditionspflege von Musik und Volksfesten sowie archaisch anmutenden Landsportarten haben sich zahlreiche Wörter und Ausdrücke lebendig gehalten. Hohen Beliebtheitsgrad genießen die **Verseschmiede** *(bertsularis)*, ein weiteres baskisches Kuriosum, da sie Lieder und Reime weitgehend improvisieren. Auf dem Buchmarkt – gedruckt oder als E-Book – findet man eine breite Auswahl; der erste Band auf Baskisch erschien Mitte des 16. Jh.

In Frankreichs Baskenland ging und geht es längst nicht so radikal zu wie auf spanischer Seite, wo die sprachlichen Zeichen regionaler Identität oftmals an stärkere Autonomie- bis hin zu Unabhängigkeitsgedanken geknüpft sind. Auch der Terrorismus der Untergrundorganisation ETA, die 2018 zum Glück ihre Auflösung bekannt gab, wurde hier nie so unterstützt. Frankreich war früher für die Terroristen jedoch immer Flucht- und Ausweichstation, Terrain für Autoklau sowie für versteckte Waffen- und Munitionslager. Doch das ist Geschichte.

Abseits radikaler Auswüchse gibt es auf französischer Seite gleichwohl spezielle baskische **Sprachschulen,** die *ikastolas.* Selbst in manch öffentlicher und privater Schule steht Baskisch auf dem Lehrplan. Rechnet man alle zusammen, kann man davon ausgehen, dass heute im Département Pyrénées-Atlantiques etwa 6000 französische Kinder *euskera* lernen.

Bayonne
0
200 m
Place des Gascons, Capbreton
Bahnhof
Rue Maubec
Markt
SAINT ESPRIT
Place de la République
Rue Sainte-Catherine
Galerie Kaxu
Rue Ste-Ursule
Quai de Lesseps
Quai Amiral Sala
Quai Amiral Bergeret
Adour
Avenue Mal Leclerc
Quai Am. Lespès
Pont Saint-Esprit
Av. Léon Bonnat
Place des Basques
Place Charles de Gaulle
Rue Bernede
Rathaus
Stadttheater
Place du Réduit
Allées Boufflers
Trinquet Jean-Marie Mailharro
Rue de Gramont
Rue Lormand
Place de la Liberté
Pont Mayou
Rue Bourgneuf
Jacques Laffitte
Rue Frédéric Bastiat
Musée Bonnat-Helleu
(z. Zt. geschlossen)
R. Ravignan
Avenue du 11 Novembre
Rue Albert 1er
R. des Carmes
GRAND BAYONNE
Rue Port Neuf
Q. A. Dubourdieu
Q. des Corsaires
PETIT BAYONNE
Botanischer Garten
Château Vieux
R. des Gouverneurs
Rue Orbe
R. Victor Hugo
Pt. Marengo
Rue Marengo
Musée Basque et de l'Histoire de Bayonne
Rue des Lisses
Place Paul Bert
Église Saint-André
Boulevard Rempart Lachepaillet
R. Notre-Dame
Rue du Pilori
Rue de Guilhamin
Q. C. Roquebert
Q. Galuperie
Charcutière Pontrique
Trinquet Saint André
R. du Jeu de Paume
Château Neuf
Cathédrale Sainte-Marie
Place Pasteur
Cloître de la Cathédrale
Porte de Mousserolles
R. de Luc
R. Poissonnerie
Pt. Pannecau
Rue Cordeliers
Place de l'Arsenal
Place Monfaut
Rue d'Espagne
Q. A. Jaureguiberry
Q. A. Chaho
Pt. du Génie
Rue Tour de Sault
Avenue de Pampelune
Porte d'Espagne
Avenue C. Lamarque
Nive
Rue Gustave Eiffel
Flughafen, Anglet, Biarritz
Stadt-mauern
Tour de Sault
Ch. de Glain
Plaine d'Ansot, Stadion Jean Dauger, Piscine de Lauga
Avenue F. Forgues
Avenue A. Grimard
Chemin de Glain

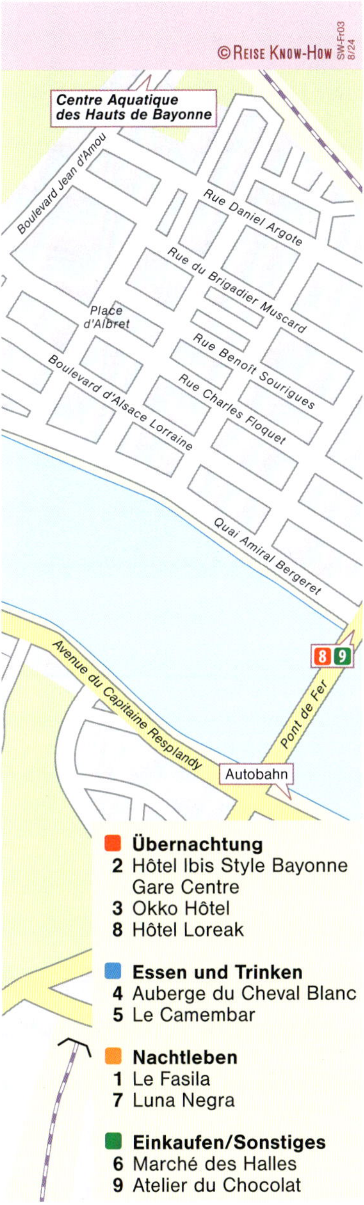

ten kocht die Volksseele hier zwar nicht so stark, doch ein gewisser nationalistischer Level ist geblieben. Im Laufe des 18. Jh. setzte die ökonomische Glanzzeit mit zahlreichen Handelsaktivitäten ein, heute geben auf wirtschaftlichem Sektor Kunstdünger und elektronische Industrie den Ton an. Ins 21. Jh. katapultieren Zeugnisse der Street Art, die sich immer zahlreicher in der Stadt finden lassen.

Ein guter Service der Stadt für die Erkundung: die **kostenlosen E-Kleinbusse** im Stadtverkehr; diese heißen *navettes* und verkehren Mo.–Sa. 7.30–19.30 Uhr. Es gibt zwei Linien: N 1 zwischen Glain und porte d'Espagne (alle 13 Minuten) und N 2 zwischen dem quartier Saint-Esprit und Les Arènes (im 18-Minuten-Rhythmus). Damit bindet man an die wichtigsten Ziele in der Innenstadt an.

Grand Bayonne

Idealer Ausgangspunkt, um ins Gassengeflecht der Altstadt einzutauchen, ist die **Place de la Liberté** mit ihrem Gebäudeensemble aus Rathaus und dem Mitte des 19. Jh. erbauten Stadttheater. Die **Skulpturen auf dem Rathausdach** stehen als Sinnbilder der regionalen Kunst und wirtschaftlichen Aktivitäten. Im Dezember findet auf dem Rathausvorplatz ein stimmungsvoller Weihnachtsmarkt statt, der sich bis zur Adour-Brücke erstreckt.

Kathedrale und Kreuzgang

Die zur Fußgängerzone gehörige **Rue Port Neuf,** mit ihren Geschäften und Arkaden eines der stimmungsvollsten

Adobe.Stock ©bbsferrari

Sträßchen der Stadt, führt Richtung Place Pasteur und **Cathédrale Sainte-Marie.** Der vom 13. bis 16. Jh. errichtete Sakralbau besticht zunächst durch seine hoch aufsteigenden **Zwillingstürme** und die gewaltigen Ausmaße, ein Baukörper von 80 m Länge und 33 m Breite. Bereits Ende des 19. Jh. wurde der Dom restauriert. Im Innern sind die Glasfenster beachtenswert, die ältesten Bauteile liegen im Bereich von Chor und Chorumgang.

Bayonnes Gotteshaus ist der hl. Maria geweiht, stellt im besten Wortsinn alles in den Schatten und zeigt sich im gotischen **Kreuzgang** *(cloître)* von seiner filigransten Seite. Hier kann man in aller Ruhe aufschauen zu den Kathedraltürmen und die Arkadenbaukunst vergangener Meister betrachten. Der üblichen Struktur entspricht es, dass der Kreuzgang einst als Friedhof genutzt wurde; 1759 wurden hier die sterblichen Überreste der Prinzessin *Leopoldine von Lothringen* beigesetzt. Teile des Kreuzgangs sind stark restauriert worden, weshalb einige Bögen eher neu denn alt aussehen.

▲ Kreuzgang der Kathedrale von Bayonne

■ **Cathédrale Sainte-Marie,** gewöhnlich Mo.–Sa. 8–18.30, So. 8–19 Uhr; während der Gottesdienste kein Besuch; Eintritt frei, was auch für den Kreuzgang gilt, der allerdings abweichende Zugangszeiten hat: Mitte/Ende Mai bis Mitte September täglich 9–12.30 und 14–18 Uhr, während des restlichen Jahres 9–12.30 und 14–17 Uhr; www.cathedraledebayonne.com, www.cloitre-bayonne.fr

Rund um die Stadtmauern

Einige Gehminuten von der Kathedrale entfernt türmen sich die alten Stadtmauern *(remparts)* auf, die nach wie vor große Teile von Grand Bayonne an der Rue Tour de Sault und dem Boulevard Rempart-Lachepaillet umschließen und mit gepflegten Grünanlagen aufgelockert worden sind. In den historischen Wall ist ein kleiner **Botanischer Garten** (Jardin Botanique) integriert, der diverse Arten einheimischer und auswärtiger Flora zeigt. Im Mauermantel an der Rue des Gouverneurs liegt das im 11. Jh. begonnene „Alte Schloss", **Château Vieux,** in dem im Mittelalter Navarras Herrscher *Alfonso el Batallador* und Kastiliens Potentat *Pedro el Cruel* und später Frankreichs „Sonnenkönig" *Ludwig XIV.* abstiegen.

■ **Jardin Botanique,** nahe Monument aux Morts, Anfang April bis Anfang Oktober Di.–Sa. 10–18 Uhr; der Zugang in die kleine Anlage ist kostenlos.

Rue d'Espagne und Altstadtgassen

Im Bereich der geschäftigen Rue d'Espagne konzentrieren sich alte Häuserzeilen mit bunten Holzläden und schmiedeeisernen Balkongittern, am Ende der Straße ist mit der **Porte d'Espagne** das bekannteste Stadtmauertor erreicht. Ebendort geht die Altstadt in gesichtslose Zonen über, sodass man sich von hier aus besser zurückwendet und durch die schönen Gassen um die **Rue Poissonerie** ans **Flussufer der Nive** anbindet. Hier kann man typisch baskische Fachwerkansichten genießen und einen Vormittagsbummel über den 6 **Markt,** *Marché des Halles,* einplanen. Die **Brücken** Pont Panneceau und Pont Marengo leiten geradewegs hinüber nach Petit Bayonne. Nahe dem etwas abseits gelegenen Pont du Génie erhebt sich mit der **Tour de Sault** ein weiterer Stadtmauerturm.

Petit Bayonne

Mit dem *Musée Basque et de l'Histoire de Bayonne* wartet im Stadtteil östlich der Nive ein Stück Museumskultur.

Musée Basque et de l'Histoire de Bayonne

Das baskische und stadthistorische Museum bündelt in seinen Ausstellungsräumen **Kunst und volkskundliche Exponate,** informiert über die baskische Gesellschaft und ihre Traditionen sowie die Geschichte Bayonnes und seines Hafens. Zusätzlich werden temporäre Ausstellungen arrangiert.

■ **Musée Basque et de l'Histoire de Bayonne,** 37 quai des Corsaires, Di., Mi., Fr., Sa. und So. 10–18 Uhr, Do. 13–20 Uhr, Eintritt 8 €, am jeweils ersten Sonntag des Monats sowie Do. 18–20 Uhr Eintritt frei; www.musee-basque.com.

Musée Bonnat-Helleu

Dieses **Museum der Schönen Künste,** das im Laufe der Zeit einen beachtlichen Ruf erlangte, ist leider seit Langem geschlossen, um sich neu zu strukturieren. Bei Redaktionsschluss war der Termin einer Wiedereröffnung grob auf 2025 datiert. Bislang werden einzelne Räumlichkeiten allerdings punktuell für Veranstaltungen geöffnet; 5 rue Jacques Laffitte. Updates auf der Website der Stadt Bayonne unter www.bayonne.fr.

Château Neuf und Kirche Saint-André

Im kleinen, verwinkelten Petit Bayonne führt der Weg an die Place Paul-Bert mit dem dahinter liegenden Château Neuf, dem „Neuen Schloss", dessen Bau König *Ludwig XI.* Mitte des 15. Jh. anordnete. Sakrales Aushängeschild Petit-Bayonnes ist die Mitte des 19. Jh. erbaute Église Saint-André.

Trinquet Saint André

Ganz in der Nähe zieht es *Pelota*-Fans zum legendären Trinquet Saint André in der Rue du Jeu de Paume. Gewöhnlich kann man von 9–22.30 Uhr einen kostenlosen Blick hineinwerfen; die authentische Brasserie du Trinquet Saint André (Tel. 05 59 42 43 66, auf Facebook vertreten) hat Di.–Sa. geöffnet. Ein klassischer Spielort für Pelota ist der **Trinquet Jean-Marie Mailharro** in der Avenue Dubrocq 60.

Galerie Kaxu

Die Galerie Kaxu (35 rue Sainte-Catherine; www.kaxu.fr; Mi.–Sa. 13–18 Uhr) hat sich auf Popkultur und Street Art spezialisiert und organisiert gewöhnlich vier Ausstellungen pro Jahr. Im Oktober tritt die Galerie als Mitorganisator des baskischen Street Art-Festivals „Pointe de Vue" auf, was seinen Niederschlag auch in Bayonne und Umgebung findet.

Plaine d'Ansot

Diese kleine **Naturschutzgebiet** liegt vor den südlichen Toren Bayonnes, ist Lebensraum von Vogelarten und umfasst etwa 100 Hektar. Zwischen Ende März und Ende Oktober ist es Di.–Fr. 8–19 Uhr und Sa./So. 9.30–19 Uhr, sonst Di.–Fr. 8–17.30 und Sa./So. 9.30–17.30 Uhr kostenlos zugänglich. Das Wegenetz umspannt etwa sieben Kilometer, für Vogelbeobachtungen steht ein kleines Observatorium zur Verfügung. Es gibt auf dem Gelände auch ein naturgeschichtliches Museum, **Musée d'Histoire Naturelle** (Ende März bis Ende Oktober Di.–So. 10–12.30 und 13.30–18 Uhr, während des übrigen Jahres gewöhnlich nur Di./Do./Fr. 13.30–17 Uhr sowie Mi./Sa./So. 10–12.30 und 13.30–17 Uhr; Eintritt frei). Nächste Parkmöglichkeit auf dem *Parking de la Floride.*

Praktische Tipps

Information

■ **Office de Tourisme,** place des Basques, Tel. 05 59 46 09 00, www.visitbayonne.com. Organisation von Stadtführungen *(visites guidées).*

Unterkunft

3 **Okko Hotel**②, 22 boulevard du BAB (D 260), Tel. 05 59 42 88 38, www.okkohotels.com. Architektonisch dürfte der Block in Außenansicht die Geschmäcker spalten. Doch wer es topmodern mag, wird auch dieses Hotel mögen. Einladend für einen Drink zur wärmeren Jahreszeit und Aussichten: die Open-Air-Terrasse im achten Stock.

8 **Hôtel Loreak**②, 1 chemin de Hayet, Tel. 05 59 55 04 04, www.hotel-loreak-bayonne.com. Liegt ein Stückchen außerhalb. Das hat seinen Vorteil für Autofahrer, die ihr Gefährt auf dem hoteleigenen Parkplatz abstellen und auf den Bus umsatteln können. Drei-Sterne-Haus mit **Restaurant.**

2 **Hôtel Ibis Style Bayonne Gare Centre**①-② 1 place de la République, Tel. 05 59 55 08 08, http://all.accor.com. Strategisch sehr günstig gelegenes Kettenhaus über den Ufern des Adour nahe dem Bahnhof. Helle Zimmer. Die Bar lädt zu einem Drink ein. Das Preisniveau ist allerdings nicht das günstigste.

Essen und Trinken

4 **Auberge du Cheval Blanc**②-③, 68 rue Bourgneuf, Tel. 05 59 59 01 33, www.cheval-blanc-bayonne.com. Hier lebt die gastronomische Tradition seit 1715 fort. Anspruchsvolle Küche mit saisonal wechselnden Produkten, bei denen sich häufig Forelle, Foie Gras, Seehecht und anderes Meeresgetier finden. Im Regelfall drei verschiedene Menüs. Reservierung empfohlen. Sa. mittags, So. abends und Mo. ganztags geschlossen.

5 **Le Camembar** ①, 16 rue Guilhamin, Tel. 05 24 33 41 74, www.facebook.com/lecamembar. Alles Käse, oder was? Genau darauf hat sich dieses Restaurant in verschiedensten Arten spezialisiert. Innovativ, originell und schmackhaft. Die Kundschaft ist meist begeistert.

■ **Bars und Cafés,** an den Flussufern der Nive, im Bereich der place Pasteur sowie in der Fußgängerzone um die rue Port-Neuf.

Nachtleben

1 **Le Fasila,** 19 chemin Saint Bernard; www.fasila.fr. Diskothek & mehr, z.B. Konzerte, Karaoke, Essen.

7 **Luna Negra,** 7 rue des Augustins, Tel. 05 59 25 78 05, www.lunanegra.fr. Beliebter Treff der lokalen Szene, Café-Theater. Blues, Jazz, Tanz, baskischer Folk, Veranstaltungen mit Livemusik, französische Comedians.

Einkaufen

6 Das **Wochenmarktgebäude** *(Marché des Halles)* liegt am quai Commandant Roquebert; täglich geöffnet bis zur Mittagszeit (Mo.–Do. bis 13.30 Uhr, Fr.–So. bis 14.30 Uhr). Rundherum *(au carrée des Halles)* und an den Flussufern Sa. 8–13 Uhr zusätzlich Wochenmarkt mit Produzenten aus der Region.

■ **Weitere Märkte** finden Fr. vormittags *(Marché du Marquisat)* sowie Mi. vormittags auf der place des Gascons statt. Trödel und Antiquitäten von Profihändlern findet man Fr. 8–13 Uhr an den Ständen am quai Chaho und an der esplanade Roland-Barthes.

■ **Schokoladenspezialitäten** findet man in diversen Geschäften entlang der rue Port Neuf. So verführerisch die Auslagen in den Vitrinen sein mögen – die Preise sind gewaltig!

9 Die köstliche Welt der Schokolade öffnet sich ebenfalls im **Atelier du Chocolat,** 7 allée de Gibéléou, Tel. 05 59 55 00 15, www.atelierduchocolat.fr; Besuche sind möglich Mo.–Fr. 9.30–11.30 und

14–16 Uhr, mit enthaltener Kostprobe 6,80 €, für Kinder 3–10 Jahre 4,80 €.

Sport und Freizeit

- **Fahrradverleih:** Ausleihe von öffentlichen E-Bikes über die App *Pony*.
- **Kulturelle Veranstaltungen** jedweder Art im zentralen Stadttheater *(théâtre Michel-Portal)* an der place de la Liberté, Tel. 05 59 59 07 27. Veranstaltungsüberblick auch für die Umgebung unter www.scenenationale.fr.
- **Rugby:** Wie wär's mal mit Rugby? Keine Sorge, man muss nicht selbst spielen, sondern ist nur Zaungast bei einem Match im Stadion *Jean Dauger* (www.abrugby.fr) und teilt die Begeisterung auf den Rängen. Das kann auch für Familien mit Kindern interessant sein.
- **Schwimmbäder:** *Piscine de Lauga* (29 avenue Paul Pras, Tel. 05 59 57 09 19) und *Centre Aquatique des Hauts de Bayonne* (5 avenue André Malraux, Tel. 05 59 93 93 23).

Feste und Veranstaltungen

- **Karneval, Schinkenfest** *(Foire au Jambon)* etwa Ende März oder Anfang April, **Musikfest** *(Fête de la Musique)* am 21. Juni; Mitte Juli (je nach Jahr auch gegen Monatsende) geht das über mehrere Tage laufende **Stadtfest** *(Fêtes de Bayonne,* http://fetes.bayonne.fr) mit Konzerten, Tanz- und Pelota-Veranstaltungen einher. Leidige Stierkämpfe *(corridas)* finden zu wechselnden Terminen nur im Sommer statt; Schauplatz sind die „Arènes", die ansonsten besuchbar sind (4 € in Eigenregie, 12 € mit Führung). Außerdem Musik- und Kulturveranstaltungen im Sommer. In der City steigt der stimmungsvolle **Weihnachtsmarkt** Anfang Dezember bis Anfang Januar.

▷ An der Küstenlinie von Anglet

Parken

- **Großparkplätze** findet man an den Stadtmauern bzw. nahe dem *Office de Tourisme* an der place des Basques.

Verkehrsanbindung

- **Flughafen:** wenige Kilometer südwestlich der Stadt an der N 10; nähere Infos → „Biarritz".
- **Bahnhof:** über die Adour-Brücke Pont Saint-Esprit hinweg im Stadtviertel Saint-Esprit gelegen; von dort gibt es regelmäßige Verbindungen u.a. nach Bordeaux, Hendaye, Paris, Pau und Saint Jean-de-Luz.

Anglet – Strände und Surferparadies

Anglet ist der wildromantische Strandtreff der Gegend, populärer **Surferspot** und teils auf ein junges Publikum zugeschnitten. Die sandigen Strände bringen es auf eine Gesamtlänge von etwa 4,5 km, die einzelnen Abschnitte tragen klingende Namen wie Plage des Sables d'Or und Plage des Corsaires. Wegen der Lage zur offenen See hin und den damit verbundenen gefährlichen Strömungen ist es ratsam, sich nur an den ausgeflaggten, bewachten Abschnitten ins kühle Nass zu stürzen. Die südlichsten Strandzipfel laufen auf das **Leuchtturmplateau** von Biarritz zu, die nördlichsten erstrecken sich in Richtung der Atlantikmündung des Adour. Anglets selbst gewählter Beiname „Das kleine

240sf ad

Kalifornien" klingt gut, ist aber ein wenig dick aufgetragen.

Im Mündungsgebiet des Adour breitet sich der **Parc Écologique Izadia** aus, ein 14-ha-Areal, das die Biodiversität näher bringt (297 avenue de l'Adour, La Barre; Anfang April bis Anfang November Di.–So. 10–12.30 und 14–17.30/18 Uhr, im Winter geschl.; http://izadia.anglet.fr).

Zwischen den Stränden und der Nationalstraße N 10 ist Anglet schier unübersichtlich weit ausgeufert und als Ganzes schwer zu fassen, die strandferne City breitet sich um die Place Général-de-Gaulle aus. Beliebte Treffpunkte liegen im Bereich des **Küstenviertels Chambre d'Amour,** wo Waffel- und Pizzadüfte über die Promenaden wehen. *Chambre d'Amour,* das „Liebeszimmer", weist auf eine Grotte, in der einst ein Liebespärchen von der Flut überrascht worden und ertrunken sein soll. Der Promenadenbereich ist auf Hochglanz poliert worden.

Die dichte Besiedlung der „BAB"-Gegend bricht in den **Wäldern** Pignada und Lazaret auf; die bewaldeten Areale nehmen rund 250 Hektar ein. Unterkunft bieten eine Reihe von Campingplätzen und Hotels. Die breite Palette der Sport- und Freizeitmöglichkeiten schließt Surfen und Reiten ebenso ein wie Thalassotherapie (→ Exkurs: „Thalassotherapie – Wellness in Anglet und Biarritz"), Golf, Jogging und Radfahren. Anglet ist auch immer wieder Schauplatz von Surfwettbewerben.

Information

■ **Office de Tourisme,** 1 avenue de la Chambre d'Amour, Tel. 05 59 03 77 01, www.anglet-tourisme.com.

Unterkunft/Essen und Trinken

■ **Hôtel Chiberta & Golf**②-③, 104 boulevard des Plages, Tel. 05 59 58 48 48, www.hotel-chiberta-biarritz.com. Eine feine Vier-Sterne-Adresse nicht nur für die, die Golf mögen. Mit Spa, Sommerpool und Restaurant.

■ **Hotelkomplex Atlanthal** → Exkurs: „Thalassotherapie – Wellness in Anglet und Biarritz".

■ Seenah gibt es zahlreiche **Restaurant- und Barterrassen,** z.B. *L'Indigo* (5 esplanade des Gascons), *La Chope* (7 esplanade des Gascons), *Le Vent d'Ouest* (5 place des Docteurs Gentilhe; auch Cocktails, Livemusik; www.vo-cafe.com).

Camping

■ **Camping Eden Villages Bela Basque,** 2 allée Etchécopar, quartier Brindos, Tel. 05 59 23 03 00, www.eden-villages.fr. Gut ausstaffierter Platz (inklusive Pool), geöffnet normalerweise Anfang April bis Anfang November. Vermietung auch von Chalets und fest installierten *Mobile Homes.*

Einkaufen

■ **Marché de Quintaou,** jeden Do. und So. jeweils vormittags auf der Esplanade de Quintaou.

Sport und Freizeit

■ **Fahrradfahren:** Fahrradverleih bei *Bike Atlantic* (Tel. 06 67 72 01 00, www.bikeatlantic.com). Es gibt kein Ladenlokal, sondern Anlieferungen von Rädern in die Unterkunft, was im Umkreis von 10 km um Anglet kostenlos angeboten wird. Verleih auch bei *Joe Bike / Les Roues de Lilou* (114 avenue de l'Adour, Tel. 05 59 55 34 51, www.lesrouesdelilou.com).

■ **Golf:** *Golf de Chiberta,* 104 boulevard des Plages, Tel. 05 59 52 51 10, www.golfchiberta.com; mit 18-Loch-Parcours, Par 70, 5647 m.

■ **Reiten:** *Club Hippique Côte Basque,* route du Petit Palais, Tel. 05 59 63 83 45, www.clubhippiquecotebasque.com.

Skatepark: La Barre, 299 avenue de l'Adour, ein 1700-m^2-Areal bei der Plage de la Barre. Benutzung kostenlos.

■ **Surfen:** Extrem viele Anbieter von Kursen, ob für Kinder oder Erwachsene. Es gibt u.a. folgende Surfschulen: *École de Surf Rainbow* (19-21 avenue de la Chambre d'Amour; Tel. 06 18 22 37 82, www.ecoledesurf-rainbow.com), *École de Surf Uhaina* (Plage des Corsaires, Tel. 06 60 78 93 49, www.ecole-surf-uhaina.com) und *École de Surf Anglet Surf Spirit* (Plage de la Madrague, Tel. 06 62 79 29 68, www.angletsurfspirit.com).

⊡ Erinnerungen an Zeiten des Walfangs im Wappen von Biarritz, das die öffentlichen Mülleimer schmückt

Biarritz – altes Seebad mit stets neuem Schwung

Strand der Könige und eine Königin der Strände: Seit Mitte des 19. Jh., als Kaiserin *Eugénie* und *Napoléon III.* Biarritz mit der Wahl ihrer Sommerresidenz einen Stempel aufdrückten, pflegt die heute 25.000 Einwohner zählende Stadt ihren elitären Charakter. Und sonnt sich im Glanz werbeträchtiger Aussprüche, denn schon der Literat *Victor Hugo* (1802–85) schwärmte: „Ich wüsste keinen Ort, der reizvoller und herrlicher wäre als Biarritz."

Als Hochburg der Sommerfrische hat das altehrwürdige Seebad die Zeiten überdauert und lockt als Ziel zu jeder Jahreszeit. Biarritz ist eine raue Schönheit, wind- und wettergeschüttelt am Golf von Biskaya gelegen. Französischer Charme mischt sich mit internationalem Flair und baskischer Identität. Über das Stadtbild verteilen sich **prunkvolle Villen,** breite Promenaden und exklusive Boutiquen. Erlesen, ohne Zweifel – mancherorts nimmt man's leibhaftig von den Lebendigen. Treffpunkte aller sind die Strände, die Promenaden, die Cafés. Im **Casino** verspielt der Geldadel noch immer seine Barschaft.

Biarritz ist *auch,* aber eben nicht *nur* Spielwiese der **Schickeria,** Schauplatz von Soirees und rauschenden Ballnächten. Bodenständiges Multikulti-

Adobe.Stock ©Helly

Miteinander belebt die Strände, an denen sich Sonnenanbeter und **Surfer** treffen. Annähernd 20 Surfschulen bieten Kurse und Aufenthalte an, über 10.000 Teilnehmer jedweder Altersstufen und Nationalitäten sind es pro Jahr, ein echter Wirtschaftsfaktor. Schönes Familienziel ist das Aquarium, Appetit holt man sich inmitten der verführerischen Restaurantdüfte am kleinen **Fischerhafen:** Sardinen, Fischsuppe, Crevetten in Knoblauch ...

Geschichte und Gegenwart

In nostalgischer Versunkenheit spricht man heute von den ersten Badegästen in Biarritz: den Walen. Schon im Mittelalter waren die Meeresriesen Ziel der verwegenen **Walfänger,** die in jenem Fischerort lebten und an den Stränden ihre Fänge zerlegten – dort, wo sich heute ein buntes Badevölkchen aalt. Bis ins 17. Jh. hinein war der Walfang dominierende Einkommensquelle, bis sich die mittlerweile dezimierten Tiere immer weiter zurückzogen und die Herrn über Harpunen und Boote zu gefährlichen Reisen bis nach Neufundland herausforderten.

Als der Dichter *Victor Hugo* 1843 auf einer seiner Reisen in Biarritz Station machte, fand er ein malerisches weißes Dorf mit roten Dächern und grünen Fensterläden vor und prophezeite mit hellseherischer Kraft, dass Biarritz Mode machen würde: „Und dieser Tag wird bald kommen."

Victor Hugo sollte Recht behalten. Es begab sich im Jahre 1854, als Kaiserin *Eugénie* und *Napoléon III.* einen kleinen Hügel über dem Hauptstrand als geeig-

Biarritz

Übernachtung
2 Hôtel Le Gamaritz
3 Hôtel Marbella
10 La Maison du Lierre
11 Biarritz Camping
21 Hôtel du Palais
22 Sofitel Biarritz Le Miramar Thalassa Sea & Spa

Essen und Trinken
4 Viele Restaurants und Bars
5 Meeresfrüchterestaurants
6 La Marine
14 Restaurant Chez Scott
15 Restaurant Le 02 Verdun

Nachtleben
1 Miguel Café
7 Ventilo Caffé
13 Gare du Midi
18 Nightclub Duplex

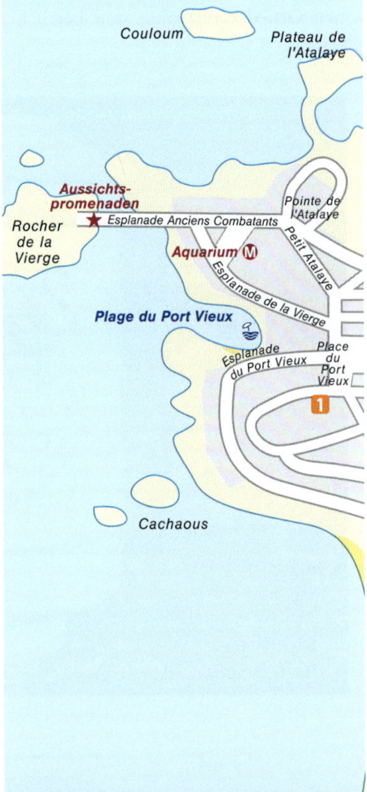

0 200 m
©Reise Know-How
SW-Fr04 8/24
Einkaufen
8 Markthallen
9 Maison Arostéguy
Sport- und Freizeitaktivitäten
12 Skatepark
16 Fahrradverleih Joe Bike/ Les Roues de Lilou
17 Rugbystadion, Parc de Sports d'Aguilera
19 Hallenbad (Piscine Municipale)
20 Golf de Biarritz Le Phare
Leuchtturm
Église Orthodoxe
Grande Plage
Avenue de l'Impératrice
Chapelle Impériale
Labardin
Rocher des Enfants
Le Basta
Jargin
Casino
Esplanade du Casino
Boulevard du Général de Gaulle
Avenue Edouard VII
Av. de la Marne
Sq. d'Ixelles
Rue Gardague
Av. J. Petit
Av. d'Ossuna
Flughafen Anglet, Bayonne
Port des Pêcheurs
Boulevard du Maréchal Leclerc
Place Bellevue
Place Ste-Eugénie
Église Sainte-Eugénie
Grande Atalaye
Rue de l'Atalaye
Rue du Port Vieux
Rue de Gaston Larre
Rue Mazagran
Place G. Clémenceau
Avenue de Verdun
Rue de Helder
Musée Historique
Rue Broquedis
Rue des Halles
Rue du Centre
Rue Jean Bart
Place de la Libération
Rue Jaulerry
Av. du Maréchal Foch
Perspective de la Côte des Basques
Boulevard Prince de Galles
Rue Peyroloubilh
Rue Gambetta
R. Champ Lacombe
Avenue du Jardin Public
Jardin Public
Rue Duler
Avenue Victor Hugo
Musée d'Art Oriental Asiatica
Pelota
Rue G. Petit
Plage Côte des Basques
Avenue de Londres
Rue Jean Jaurès
Thalmar-Zentrum, Thalasso im Hôtel Le Biarritz
Cité de l'Océan, St. Jean-de-Luz, Spanien
Busbahnhof, Bahnhof, Lac Marion, Autobahn

Adobe.Stock ©Telly

neten Platz für ihren kaiserlichen **Palast** wählten. Von da an kamen sie bis 1868 jedes Jahr zurück und genossen die gesunden Meeresbrisen. Klar, dass der Adel sich der Modewelle anschloss und hinterherströmte. Bald trafen sich hier **Künstler und Literaten,** englische Lords und spanische Grande, rumänische und russische Prinzen und überhaupt jeder, der etwas auf sich hielt. Schon Ende des 19. Jh. verwandelte man den Kaiserpalast ins exklusive **Hôtel du Palais,** die Engländer riefen den längst legendär gewordenen Golfplatz **Golf du Phare** ins Leben. Nicht fehlen durften zwei Casinos. Hochherrschaftliche Empfänge und bewegte Nächte gehörten zum Standard, in den „Roaring Twenties" tanzte man Charleston bis zum Abwinken.

Nach dem Zweiten Weltkrieg belebte sich Biarritz wieder, lockte Aristokraten und auch **Leinwandstars** an wie *Bing Crosby, Frank Sinatra* und *Rita Hayworth.* Laut einer modernen Legende wurde hier Ende der 1950er Jahre mit US-amerikanischer „Entwicklungshilfe" das **Surfen** geboren. Mit seinem aus Hawaii importierten Brett soll der Drehbuchautor *Peter Viertel* den eigentlichen Anstoß gegeben haben. Zu Viertels Wasserauftritt und seiner nachhaltigen Schubwirkung heißt es in einer Presseinformation der Stadt Biarritz enthusiastisch: „Dieses Ereignis wurde von den sprachlosen Blicken der Einwohner begleitet, die zum ersten Mal in Europa einen Menschen auf einer Welle reitend sahen! Doch es begeisterte die Menge, und so fand diese Sportart in Frankreich rasch zahlreiche Anhänger. Das Surfen in Europa war damit geboren und Biarritz als deren europäische Hauptstadt betitelt."

Wie dem auch sei und ob Viertel der wahre Surfpionier war – dank eines schönen natürlichen Umfelds aus Stränden und Klippen, aber auch eines gesunden Instinkts für neue gesellschaftliche Tendenzen sowie pfiffiger Public-Relations-Strategien ist Biarritz bis heute nicht aus der Mode gekommen. Die Stadt verkauft sich einfach hervorragend, zudem mit einem überzeugten Selbstwertgefühl. Markante Stichpunkte: Kulturevents und Kongresse (2019 beherbergte Biarritz einen G 7-Gipfel), Wellness, Surfwettbewerbe sowie der Golfsport mit einer Reihe leicht erreichbarer Plätze im nahen Umkreis. Hilfreich bei den Entdeckungen sind die kostenlosen Busse *(navettes)* in der Innenstadt.

An der Meeresfront

Grande Plage

Mit der vollen Breitseite seiner Grande Plage, dem „Großen Strand", wendet sich Biarritz ungeschützt dem Atlantik zu – was beim Badevergnügen stets zu besonderer Vorsicht mahnen sollte. Zwischen dem **Casino-Komplex** und dem sandigen Strand führt eine breite **Promenade** vorbei, auf der es sich ausgezeichnet flanieren lässt. Nicht zu übersehen ist der einstige kaiserliche Palast, der sich heute als alles beherrschendes **21 Hôtel du Palais** im Rücken der Grande Plage aufwirft. Dort hält sich die „gute alte Zeit" lebendig, dort riecht es nach Plüsch und edlem Parfüm, dort regiert die Etikette – und das Personal gibt sich so dienstbeflissen wie erwartet. Mächtige Marmorsäulen flankieren das Foyer, im Schein der Leuchter sinkt man erhaben in Fauteuils. Was für Potentaten vergangener Tage und Schauspielstars wie *Charlie Chaplin* und *Gary Cooper* gut war, lockt ungebremst die Hautevolee von heute an.

MEIN TIPP: An die kaiserlichen Hoheiten des 19. Jh. erinnert zudem die **Chapelle Impériale,** eine in neo-byzantinisch und spanisch-maurischem Stil gehaltene Kapelle, die Kaiserin *Eugénie* 1864 in einem vormaligen Parkgelände erbauen ließ.

■ **Chapelle Impériale,** rue Pellot, zugänglich meist nur an ausgewählten Terminen im Sommer und im Rahmen von Führungen, u.a. im August dienstags und donnerstags um 14.30 Uhr. Eintritt 6 €; Infos und Reservierungen im *Office de Tourisme.*

☐ Blick auf den Leuchtturm von Biarritz vom Hauptstrand aus

☐ Die Chapelle Impériale

302sf ad

Thalassotherapie – Wellness in Anglet und Biarritz

Meerwasser gilt seit ehedem als Balsam für Körper und Seele. Dass man sich in unseren heutigen Hochstressgesellschaften nach **Auszeiten, Entspannung und neuer Vitalität** sehnt, hat die im Südwesten Frankreichs beliebte Thalassotherapie beflügelt.

Der etwas holprige Begriff „Thalassotherapie" bezeichnet Anwendungen, die ganz auf die **Heilkraft des Meerwassers** setzen und – vorgenommenen Ansichten zum Trotz – weder an Alte und Gebrechliche noch Kranke gebunden sind. Viele junge Leute, selbst ganze Familien, lassen mittlerweile ihr äußeres und inneres Gleichgewicht durch Thalasso-Anwendungen ins Lot bringen. Dies lässt sich zum Beispiel über Mehr-Tages-Pakete erreichen.

Eine Thalassotherapie reinigt und belebt den Organismus durch die heilklimatische Wechselwirkung von Meerwasser und Seeluft. Bei verschiedenen **Anwendungen** kommen wichtige Spurenelemente hinzu, die in Algen, Schlamm und Salzwasser enthalten sind. Zu den Anwendungen zählen Algenpackungen bzw. Algenbäder *(bains des algues)*, Massagen *(massages)*, Sprudelbäder *(bains aérogazeux)* und Hochdruckduschen *(douches de forte pression/douches au jet)*.

Individuelle Wellnessarrangements, beheizte Meerwasserpools, Sauna und Dampfbad gehören in den Einrichtungen zum Standard. Tipp: Manche Thalassoanlagen lassen sich, auch wenn sie Hotels angeschlossen sind, von Nicht-Hotelgästen nutzen. Die Angebote, ob stunden- und tagesweise, variieren je nach Einrichtung.

Eine gute Empfehlung für den Raum Anglet-Biarritz ist die kleine Gruppe des *Biarritz Thalasso Resort*. Diese besteht aus dem **Komplex Atlanthal in Anglet** (mit zwei Hotels und integrierten Thalasso-Einrichtungen) und dem **Thalmar-Zentrum für Thalassotherapie in Biarritz;** Unterkunft während einer Thalassotherapie gibt das etwa 150 Meter vom Thalasso-Zentrum entfernte **Hôtel Le Biarritz.**

In Anglet ist der **Atlanthal-Komplex** (www.atlanthal.com) durch einen Wiesen- und Strauchgürtel von der Strandpromenade und dem Strand Les Cavaliers getrennt. Der Vorzeigebereich heißt *Le Lagon,* ein nach außen geöffnetes 350-m²-Meerwasserbecken mit angenehm temperierten 33° C, Unterwasser-Massagedüsen, Sprudelsitzen und -liegen sowie Ge-

760swf_ad

◁ ▷ Eine Thalassotherapie setzt auf Wasserkraft, bringt Entspannung bis in den letzten Teil des Körpers

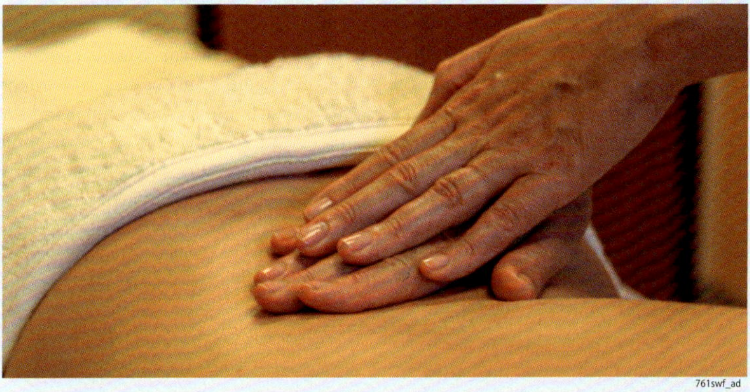

761swf_ad

genstromanlage. Außerdem gibt es Sauna und Dampfbad. Diese Einrichtungen stehen auch **Nicht-Hotelgästen** offen, Halbtagestarif für Erwachsene 26 €. Badesandalen und Badehaube nicht vergessen! Hotelgäste haben die Wahl zwischen mehreren Kombinationsangeboten aus Unterkunft (mit Halb- oder Vollpension) und diversen Anwendungspaketen mit einer Dauer gewöhnlich zwischen zwei und sechs Tagen. Die **Angebotspalette** ist breit: vom klassischen „Thalasso Form und Gesundheit" über „Thalasso Vitamine" und „Thalasso speziell für den Rücken" bis zu „Thalasso für schwere Beine" und „Thalasso zum Abnehmen". Das sind nur Beispiele, immer kommt etwas Neues hinzu.

Das **Thalmar-Zentrum für Thalassotherapie** in Biarritz ist ein weiterer Komplex, der das Wohlbefinden steigert: mit dem Meerwasserbassin-Komplex *L'Archipel,* (Eintritt halber Tag 22 €; Badekappe und -sandalen ebenfalls obligatorisch), Sauna, Dampfbad und Kabinen für individuelle Anwendungen. Der Fitnesssaal (Halbtagesticket 28 €) ist bestens ausstaffiert und erlaubt den Panoramablick aufs Meer.

Eine weitere Top-Adresse in Biarritz ist das **Sofitel Biarritz Le Miramar Thalassa Sea & Spa.** Dieses Luxushotel thront über dem nördlichen Stadtstrand *Miramar,* das Meerwasserfreibad ist beheizt. Integriert ist ein exzellentes Thalassotherapiezentrum, wo sich unterschiedlichste Anwendungen buchen lassen. Qualität und Preise stehen selbstredend auf hohem Niveau.

Praktische Informationen

- **Allgemein zur Gruppe „Biarritz Thalasso Resort":** www.biarritz-thalasso.com, Reservierungszentrale und Infos Tel. 05 59 52 75 85.
- **Komplex Atlanthal in Anglet,** bestehend aus dem *Hôtel Atlanthal* (vier Sterne; 99 Zimmer), dem *Hôtel Terrasses d'Athlantal* (drei Sterne; 48 Zimmer), Restaurants und den Thalassoeinrichtungen.
- **Thalmar-Zentrum für Thalassotherapie in Biarritz:** 80 rue de Madrid, www.thalmar.com.
- **Hôtel Le Biarritz** in Biarritz: 30 avenue de la Milady, www.hotel-le-biarritz.com.
- **Sofitel Biarritz Le Miramar Thalassa Sea & Spa;** 13, rue Louison Bobet; Tel. 05 59 41 30 00, http://all.accor.com.

Église Orthodoxe

Die Orthodoxe Kirche liegt unübersehbar in Nachbarschaft des einstigen Kaiserpalastes und führt die andauernde Präsenz der **russischen Gemeinde** vor Augen, die den Bau ab 1890 in neo-byzantinischem Stil errichten ließ. Freie kostenlose Besichtigungen sind in der Regel zu folgenden Zeiten möglich: Di.–Fr. 16–18.30, Sa. 15.30–18, So. 15.30/ 16–18.30 Uhr, www.eglise-orthodoxe-biarritz.com. Nach Renovierungsarbeiten wurde die Kirche im Frühjahr 2024 wiedereröffnet.

Leuchtturm

Die Arkaden unterhalb des zum Hôtel du Palais gehörigen Pools trennen die Grande Plage von der Plage de Miramar. Von hier aus liegt der weithin sichtbare Leuchtturm, *Le Phare,* nicht mehr allzu weit entfernt. Dieser ragt seit dem 19. Jh. auf dem Plateau der Landzunge Saint Martin 73 m hoch auf. Er bildet den Übergangsbereich zur Nachbargemeinde Anglet und kann bestiegen werden. Das ist auch für Familien mit Kindern interessant. Von oben bieten sich schöne Ausblicke über die Küste. Rundherum liegen Gartenanlagen, die im Rufe von Liebesnestern in Sommernächten stehen.

■ **Le Phare,** die Öffnungszeiten wechseln recht häufig, erkundigen Sie sich tagesaktuell im Touristenbüro oder online. Gewöhnlich gelten folgende Zeiten: Juli und August täglich 10–19 Uhr, Juni täglich 10–18 Uhr, September täglich 14–18 Uhr, Anfang April bis Anfang Mai täglich 14–18 Uhr, restlicher Mai nur an Wochenenden 14–18 Uhr, während des übrigen Jahres gewöhnlich nur Sa./So. 14–17 Uhr. Eintritt 5 €, Kinder und Jugendliche 4–16 Jahre 3 €.

Fischerhafen

MEIN TIPP: Südlich der Grande Plage – auf Höhe des markanten **Rocher des Enfants,** einer klobigen Felsformation im

129sf ad

Wasser – lohnt ein Bummel parallel zur Meereslinie. Abseits des Boulevard du Maréchal Leclerc führt ein Weg hinab an den **Port des Pêcheurs,** den Fischerhafen, wo Restaurants zum Verweilen einladen. Im hinteren Bereich des Hafenbeckens sieht man noch eine kleine Reihe an Fischerschuppen, die Bildern aus einer anderen Zeit gleichkommen.

Felsen und Aussichtspromenaden

Oberhalb des Fischerhafens geht es atemschwer hinauf auf ein lohnendes **Aussichtsplateau.** Unterhalb des Plateaus zeigt sich Biarritz plötzlich von einer gänzlich anderen Seite: rau, wild und ungezähmt! Hier donnern die Atlantikbrecher gegen die Felsen, schäumen durch Felsenbögen und schicken die Gischt als Gruß hinauf zu den Betrachtern. Über die von *Gustave Eiffel* konzipierte **Eisenbrücke** erreicht man den langgezogenen Vorsprung des **Rocher de la Vierge** („Jungfrauenfelsen“) mit seinem kleinen Marienbildnis aus der zweiten Hälfte des 19. Jh. Hoch über den Klippen kann man sich auf den Aussichtspromenaden herrlich den Seewind um die Nase wehen lassen und das Panorama aus Ozean und Pyrenäen genießen. Südlich des Rocher de la Vierge schließt sich mit der **Plage du Port Vieux** ein kleiner Badestrand an; die ein weiteres Stück südlich gelegene **Plage Côte des Basques** ist insbesondere bei Surfern beliebt.

☒ Bewohner des Aquariums

Aquarium

Gleich hinter dem Rocher de la Vierge taucht man ein ins ruhige Fahrwasser des Aquariums. Unter Muränen und Clownfischen, Haien, Meeresschildkröten und Seepferdchen: Hier treibt man an unterschiedlichsten Meerestieren vorbei. Darüber hinaus gibt es immer wieder Wechselausstellungen. Die besten Besucherköder sind die **Riff-** und **Hammerhaie** und das **Seehundbecken** *(bassin des foques),* das Einblicke durch große Seitenglaswände oder von oben (Freiluftterrasse) erlaubt. Zweimal täglich, um 10.30 und 17 Uhr, werden die Kegelrobben mit Fisch gefüttert *(repas des foques),* eine beliebte Attraktion insbesondere für die Kleinsten.

■ **Aquarium,** esplanade du Rocher de la Vierge, www.aquariumbiarritz.com; im Hochsommer tägl. 9 Uhr–22 Uhr, während des übrigen Jahres täglich 9.30–19 Uhr, Eintritt 16,50 €, Kinder (4–12 Jahre) 12 und Jugendliche (13 bis 17 Jahre) 14 €, für Aquarium und *Cité de l’Oceán* ist ein Kombiticket erhältlich (Erwachsene 26 €, Kinder 4–5 Jahre 12 €, 6–12 Jahre 17,50 € und Jugendliche 13–17 Jahre 22 €.

Cité de l’Oceán

Das Leitmotiv Meer setzt sich im Südteil der Stadt in der modern, interaktiv aufbereiteten *Cité de l’Oceán* fort, für dessen Architektur die nordamerikanisch-brasilianische Kombination *Steven Holl* und *Solange Fabião* verantwortlich gezeichnet haben. Gegen die Lebendigkeit im Aquarium fällt der Komplex allerdings ab; es geht u.a. auf verschiedenste virtuelle Meerestrips, darunter ein Surftrip.

Adobe.Stock ©Yvann K

■ **Cité de l'Oceán,** 1 avenue de la Plage, www.citedelocean.com; April bis Anfang Juli sowie Sept./Okt. tägl. 10–19 Uhr, Anfang Juli bis Ende August tägl. 9–20 Uhr, im Dezember täglich 14–19 Uhr, aber in den Weihnachtsferien wieder erweitert auf 10–19 Uhr; ab etwa 9. Jan. den Rest des Monats geschl., Febr. und März 14–19 Uhr; vgl. Jahreskalender auf der Homepage. Für Aquarium und *Cité de l'Oceán* ist ein preisreduziertes Kombiticket erhältlich (→ Aquarium). Eintritt nur für die *Cité* 14 € für Erwachsene und 9,90 € für Kinder (6–12 Jahre), Jugendliche 13–17 Jahre 12 €.

Rund um die City

In Biarritz hält sich alles in überschaubarem Rahmen. Der innerstädtische Dreh- und Angelpunkt ist die **Place Georges Clémenceau,** ein lang gestreckter, geschäftiger Platz. Ab hier bindet man zu Fuß sowohl an die Grande Plage als auch an die in der **Rue Mazagran** beginnenden Einkehr- und Bummelzonen an. In den Auslagen der auf touristische Klientel fixierten Shops sieht man baskisches Leinen, Badetücher, Keramik und natürlich Baskenmützen. Galerien stellen gern typische Strand- und Hafenansichten zum Verkauf aus.

Nach einem kurzen Stück auf der Rue Mazagran eröffnet sich rechter Hand die **Place Sainte-Eugénie** mit Terrassencafés, Restaurants, Fontäne, Pavillon und Laternenreihen. Als Hauptbau sticht die **Église Sainte-Eugénie** hervor, eine 1903 geweihte Kirche, die im Innern durch ihre von *Luc-Olivier Merson* und dem Meisterglasmaler *Lesquibes* geschaffenen Fenster beeindruckt.

Die Verlängerung der Rue Mazagran, die muntere **Rue du Port Vieux,** führt Richtung Plage du Port Vieux und „Jungfrauenfelsen". Am Wege liegen

⌃ Der Hafen von Biarritz

Bars, Restaurants, Imbissbuden und Cafés – im Sommer eine beliebte Zone. Promenaden ziehen sich in Biarritz nicht nur an den Stränden entlang, sondern auch um den **Lac Marion,** einen idyllischen Binnensee am südöstlichen Stadtrand.

Museen

In einer einstigen anglikanischen Kirche in der Rue Broquedis legt das **Musée Historique de Biarritz** Zeugnis von der Stadtgeschichte ab. Etwas außerhalb liegt das **Musée d'Art Oriental Asiatica** mit schönen Zeugnissen asiatischer Kunst.

- **Musée Historique de Biarritz,** www.musee-historique-biarritz.fr, Di.–Sa. 10–12.30 u. 14–18.30 Uhr; Eintritt 6 €.
- **Musée d'Art Oriental Asiatica,** 1 rue Guy Petit, www.musee-asiatica.com; Mo. bis Sa. 10–17Uhr; Eintritt 10 €.

Praktische Tipps

Information

- **Office de Tourisme,** in der Innenstadt am square d'Ixelles, Tel. 05 59 22 37 10, http://tourisme.biarritz.fr.

Unterkunft

22 Sofitel Biarritz Le Miramar Thalassa Sea & Spa③, 13 rue Louison Bobet, Tel. 05 59 41 30 00, http://all.accor.com. Großzügig gestaltetes Haus, was bereits im Foyer entsprechenden Eindruck macht. Mit Thalassotherapiezentrum, Meerwasserfreibad und schönem Blick von den Außenbereichen aufs Meer und auf den Leuchtturm.

21 Hôtel du Palais③, 1 avenue de l'Impératrice, Tel. 05 59 41 12 34, www.hyatt.com. Zum Ambiente des ehemaligen Kaiserpalastes gehören breite Terrassen, eine Poollandschaft, Grünanlagen und eine erlesene Küche. Für die Nacht in einer Suite blättert man den Monatslohn eines Normalsterblichen auf den Tisch des Hauses, aber es gibt auch normale Zimmer – natürlich luxuriös. Gehört heutzutage zur *Hyatt*-Kette.

2 Hôtel Le Gamaritz②-③, 5 perspective de la côte des Basques, Tel. 05 59 24 00 23, http://hotel-biarritz-gamaritz.com. Stadthaus mit zwölf Zimmern und lauschigem Innenhof. Die Zimmer sind nicht allzu groß (und Schnäppchen sind sie auch nicht), dafür liegt das Drei-Sterne-Haus günstig in der Nähe des Strandes Port Vieux und beliebter Ausgehzonen.

3 Hôtel Marbella②, 11 rue du Port Vieux, Tel. 05 59 24 04 06, www.hotel-marbella.fr. Angenehmes Drei-Sterne-Haus, ein Teil der Zimmer mit Balkon oder Terrasse, breites Preisgefüge.

10 La Maison du Lierre ②-③, avenue du Jardin Public, Tel. 05 59 24 06 00, www.hotel-maisondulierre-biarritz.com. Charmantes Drei-Sterne-Haus im Stil einer Großvilla. 21 Zimmer garantieren persönlich gehaltenen Service, strategisch günstige Stadtlage.

Camping

11 Biarritz Camping, 28 rue d'Harcet, Tel. 05 59 23 00 12, www.biarritz-camping.fr. Etwa 2 km südlich der City; etwa Ende März bis Anfang Okt. Über Stellplätze hinaus werden Zeltbungalows und *Mobile Homes* vermietet. Mit beheiztem Schwimmbad.

Essen und Trinken

6 La Marine ①-②, 28 rue Mazagran, Tel. 05 59 24 34 09, Facebook-Seite. Bar-Brasserie, geöffnet dienstags bis samstags. Mit Liebe zum Detail, was auch für die Cocktails gilt. Beliebt als Vorspeise: die Garnelen-Ravioli. Dann geht's mit Tintenfisch, Ente oder einem Veggie-Burger weiter.

15 **Le 02 Verdun**①, 49 avenue de Verdun, Tel. 05 59 22 39 94, Facebook-Seite. Modernes Bistro mit fairem Preis-Leistungs-Verhältnis. Keine Massenabfertigung wie mitunter andernorts in Biarritz.

14 **Chez Scott**③, 6 rue Jean Bart, Tel. 05 59 22 85 98, www.chezscott-biarritz.fr. Wie es manchmal so ist bei Restaurants mit kreativer Küche: Die Öffnungszeiten sind begrenzt, nämlich nur donnerstags bis samstags, jeweils Mittags- und Abendtisch nach Reservierung. Das Flaggschiff der Küche ist natürlich das Degustationsmenü.

4 Entlang der **Rue du Port Vieux,** zwischen Place Sainte-Eugénie und Place du Port Vieux, findet man zahlreiche weitere **Restaurants** und **Bars.**

5 **Restaurants für Meeresfrüchte** sind besonders am Port des Pêcheurs zu finden.

Nachtleben

7 Das **Ventilo Café** (www.ventilo-cafe.fr) in der rue Mazagran 30 ist der Topspot für junge Leute. Populär sind die Cocktails.

1 Die Generation Vierzig Plus trifft sich im **Miguel** an der Perspective de la côte des Basques/Place du Port Vieux.

18 Im stylishen **Nightclub Duplex** (http://nightclub-biarritz.com), 24 avenue Edouard VII, heizen oft DJ's dem Publikum ein.

13 Abwechslungsreiche Konzerte und Aufführungen im **Gare du Midi,** 23, avenue du Maréchal Foch, einem einstigen Bahnhof, dessen Hauptsaal 1400 Besuchern Platz bietet. Reservierungen sind über www.ticketmaster.fr möglich.

Einkaufen

■ Um die zentrale **place Georges Clémenceau** konzentrieren sich einige **Süßwarenshops** mit edlen Leckereien. Hier findet man u. a. Marzipanspezialitäten, ob in Scheibchen oder gewürfelt, ob mit Geschmack von Kaffee, Vanille oder Pistazie.

8 Die **Markthallen** *(halles)* liegen an der rue des Halles, http://halles-biarritz.fr.

9 Ein bestens sortierter Feinkostladen, eingerichtet in einer ehemaligen Apotheke, ist das **Maison Arostéguy** (5 avenue Victor Hugo), www.arosteguy.com.

Sport und Freizeit

16 **Fahrradverleih:** u.a. bei *Joe Bike/Les Roues de Lilou* (47 avenue de Verdun, Tel. 09 81 96 44 11, www.lesrouesdelilou.com) und *Sobilo* (24 rue Peyroloubilh, 07 49 61 38 68, http://location-velo-scooter-biarritz.com).

20 **Golf:** *Golf de Biarritz Le Phare,* 2 avenue Edith Cavell, Tel. 05 59 03 71 80, http://golfbiarritz.com, ganzjährig geöffnet. Weitere Anlagen gibt es in Biarritz bzw. im erweiterten Umkreis: *Ilbarritz, Arcangues, Chantaco, Makila Golf Club Bayonne Bassussarry, Moliets, Seignosse* und *Pinsolle-Soustons.*

19 **Hallenbad:** Gleich hinter dem Hauptstrand ist das öffentliche Hallenbad *(Piscine Municipale)* im selben Art-déco-Komplex wie das Casino untergebracht.

17 **Rugby:** In Biarritz gibt es den international bekannten Rugbyclub *Biarritz Olympique,* alle News und wichtigen Termine auf der Homepage (www.bo-pb.com). Die Heimspiele werden im *Parc des Sports d'Aguilera* ausgetragen, Ticketvorbestellungen über die Homepage.

■ **Surfen:** In Biarritz gibt es eine ganze Reihe von Surfschulen mit Angeboten für Anfänger und Fortgeschrittene. Kurse u.a. über die *Biarritz Association Surf Clubs* (Centre de Glisse de la Milady, Plage de la Milady, Tel. 05 59 23 24 42; http://bascs.fr).

12 **Skate Park:** 35 allée du Moura, Tel. 05 59 23 53 15, www.skateparkbiarritz.com. Das Mindestalter für die Nutzung liegt bei acht Jahren.

■ **Tauchen:** *Centre de Plongée BAB Subaquatique,* Port des Pêcheurs, Tel. 06 09 26 22 65, www.babsubaquatique.fr.

Feste und Veranstaltungen

■ Im Sommer **Pelota-Wettbewerbe**, außerdem **Pferderennen** im *Hippodrom*, September **Ballettveranstaltungen** *Le temps d'aimer* (www.letempsdaimer.com). Hilfreiche Veranstaltungsvorschau unter: http://tourisme.biarritz.fr/fr/agenda.

Autoverleih

■ Am **Flughafen** Biarritz-Anglet-Bayonne bei diversen Vertretungen.

Parken

■ Am besten, man hält sich mit dem eigenen Fahrzeug aus der Innenstadt heraus. Ein guter Parkplatz liegt oberhalb der Plage Côte des Basques, ab dort ist die City zu Fuß erreichbar.

Verkehrsanbindung

■ Flughafen **Biarritz-Anglet-Bayonne:** wenige Kilometer östlich der City, https://biarritz.aeroport.fr, Tel. 05 59 43 83 83. Ab dem Flughafen Linienbusse nach Biarritz, Bayonne und Anglet.

■ **Bahnhof:** ca. 3 km südöstlich des Zentrums an der allée du Moura; Verbindungen u.a. nach Bordeaux, Hendaye und Paris.

■ **Regionalbusse:** Ab der Haltestelle am Bahnhof gibt es Verbindungen nach Hendaye und nach Saint Jean-de-Luz.

Bidart und Guéthary

Südwestlich von Biarritz schließen sich die Urlaubsgemeinden Bidart und Guéthary an, die rund um historische Stadtkerne gewachsen sind. Der längste Strand liegt zwischen beiden Orten, sportlich Aktive können golfen und surfen. Im Sommer ist die Gemeinde Bidart unter **Campern** sehr beliebt, sie verfügt über etwa zehn Plätze, auf denen reiner Saisonbetrieb herrscht. Zur kühleren Jahreszeit wirkt Bidart wie ausgestorben.

Über die Gemeinde Bidart verteilen sich mehrere kleine Kirchbauten: die 1684 direkt über der Küste erbaute **Chapelle Saint-Joseph** (gute Aussicht), die auf den Beginn des 18. Jh. zurückgehende **Chapelle Ur Onea** sowie die traditionsgemäß von Seeleuten verehrte **Chapelle Sainte-Magdeleine** aus der ersten Hälfte des 19. Jh.

Das **Stadtmuseum von Guéthary** ist in einer Villa vom Beginn des 20. Jh. untergebracht und geht auf die Initiative des Bildhauers *Georges Clément de Swiecinski* zurück, der mit einigen Arbeiten vertreten ist. Es gibt immer wieder Wechselausstelungen zeitgenössischer Kunst (Malerei, Fotografie, Bildhauerei).

■ **Musée Municipal de Guéthary,** Parc André Narbïts, 117 avenue du Général de Gaulle; www.musee-de-guethary.fr; Juli/Aug. 10–12 und 15–19 Uhr, Mai/ Juni und Sept./Okt. 14–18 Uhr, So. und Di. immer geschlossen, Nov. bis April ganz geschlossen; Eintritt 2 €.

Information

- **Office de Tourisme,** rue Erretegia, Bidart, Tel. 05 59 54 93 85, www.bidarttourisme.com.
- **Office de Tourisme,** 450 avenue du Général de Gaulle, Guéthary, Tel. 05 59 26 56 60, www.guethary.fr/tourisme.

Camping

- **Camping Le Pavillon Royal,** avenue du Prince de Gales, Bidart, Tel. 05 59 23 00 54, www.pavillon-royal.com. Ende Mai bis Mitte Okt. Fünf Sterne, auch Vermietung von Studios, Appartements, Chalets. Erwachsenen- und Kinderpool, Fitnessbereich, Fahrradverleih.
- **Camping Le Ruisseau,** 900 rue Burruntz, Bidart, Tel. 05 59 41 94 50, www.camping-le-ruisseau.fr. Fünf Sterne. Anfang/Mitte April bis Mitte/Ende September. Mit großem Aquakomplex, etwa 2 km von den Stränden Bidarts entfernt. Vermietung von Cottages und *Mobile Homes.*

Sport und Freizeit

- **Golf/Golfschule:** *Golf d'Ilbarritz,* avenue du Château, Bidart, Tel. 05 59 43 81 30, http://golfilbarritz.com. Mit Blick aufs Meer.
- **Surfen:** *École de Surf de la Glisse,* 51 avenue de Bayonne, Tel. 06 43 22 26 73, www.lecoledelaglisse.com.

Saint Jean-de-Luz

Das 14.700-Einwohner-Städtchen Saint Jean-de-Luz an der Mündung der Nivelle bietet eine der malerischsten Ansichten an Frankreichs Atlantikküste. Rund um den **Hafen** verschmelzen die Bilder der Kutter und Häuserzeilen zum typischen Mosaik mit regelrecht südländischem Flair. Immer wieder tuckern Boote durch die schmale Flusseinfahrt

750swf ad

ins geschützte Bassin, Fischer bringen ihre Fänge an Land, an den Kais stapeln sich die Netze. Schon im Mitelalter zerlegten hier die Walfänger ihre Beute. Schön sind in Saint Jean-de-Luz jedoch nicht nur die Meeresansichten. Landeinwärts laufen **Promenaden** an der Nivelle entlang, auf der zahlreiche kleine Boote schaukeln.

Maison de l'Infante und Maison Louis XIV

Am Quai de l'Infante erhebt sich das Maison de l'Infante, ein aus dem 17. Jh. datierendes Haus mit bogenförmigen Fenstern, in dem die spanische Infantin *Maria-Theresia* 1660 im Vorfeld ihrer Hochzeit mit König *Ludwig XIV* residierte. Der junge Monarch war in dem aus derselben Epoche datierenden *Maison Louis XIV* untergebracht, wo man heute seinen Spuren folgen kann. Die Exponate wirken wie ein erstarrtes Stück Zeit und veranschaulichen Prunk und Ambiente der Hochzeit.

■ **Maison Louis XIV,** 6 place Louis XIV, www.maison-louis-xiv.fr; geöffnet für die Teilnahme an Führungen Juli/August 10.30–12.30 und 14.30–18.30 Uhr, Juni sowie Anfang September bis Mitte Oktober Führungen jeweils um 11.30, 15, 16 und 17 Uhr; Di. immer geschlossen, von Anfang November bis Ende März ganz geschlossen; Eintritt 7 €.

☐ Blick auf den Hafen von Saint Jean-de-Luz

Place Louis XIV und Fußgängerzone

Hinter dem Hafenbecken schließt sich die von Restaurants umzogene Place Louis XIV an, Zentrum des vibrierenden Sommerlebens und mit dem Musikpavillon gelegentlich Schauplatz von Konzerten. Im Jahre 1660 diente das kurz zuvor vom Reeder *Johannis de Lohobiague* erbaute **Maison Louis XIV** wochenlang als königliche Residenz. Von diesem Hauptplatz aus taucht man in die langgestreckte Fußgängerzone **Rue Gambetta** ein, in der das Bummeln Spaß macht und an der die **Église Saint-Jean-Baptiste** emporragt. In dieser Kirche ließen sich im erwähnten Jahr 1660 Infantin *Maria-Theresia* und *Ludwig XIV.* unter großem Prunk vermählen; sehenswert im Innern des auf das 15. Jh. zurückgehenden Sakralbaus sind die hölzernen Emporen und das Retabel.

Strände und Klippen

Saint Jean-de-Luz zeigt sich nicht nur als geschichtsträchtiges Pflaster, sondern auch als stimmungsvoller **Badeort.** Ein hoher Wall mit einer Promenade trennt die Altstadt von der **Grande Plage,** einem Sandstrand, der sich zur geschützten Bucht hin wendet; die Größe der Liegeflächen schwankt erheblich mit Ebbe und Flut. An der Meeresflanke lohnt sich ein ausgiebiger Streifzug sowohl zur Seite der Hafeneinfahrt als auch in Gegenrichtung bis zu den **Grünanlagen** und einem kleinen **Spazierwegenetz** oberhalb des östlichen Buchtauslaufs auf Pfaden hoch über den Klippen. Dort bieten sich sehr

schöne Aussichten. Weiter ostwärts Richtung Guéthary stößt man sowohl auf einige **Campingplätze** als auch auf **kleine Strände** wie die Plage d'Erromardie, die Plage de Lafitenia, die Plage de Mayarkoenia und die Plage de Senix; Zufahrt in diesen Fällen am besten über die N 10.

Im Hinterland

Hier sei auf lohnende Ziele im küstennahen Hinterland verwiesen, die man als Halb- oder Ganztagestrips angehen kann: mit der Zahnradbahn vom Pass **Col de Saint Ignace** (170 m) auf den Berg **La Rhune (888 m),** zur **Grotte**

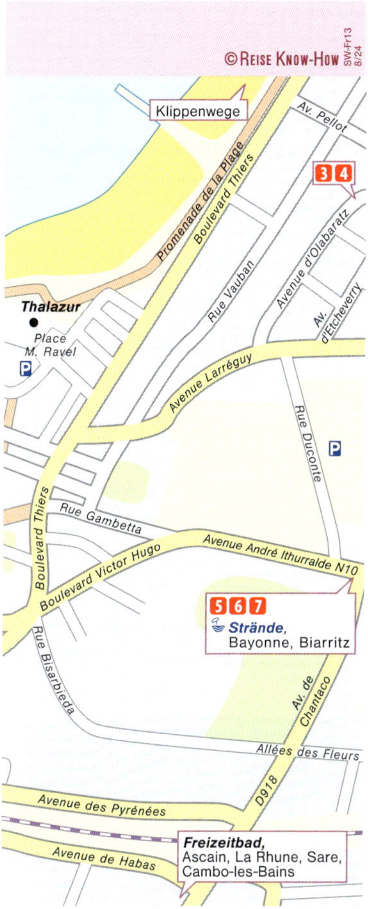

von Sare oder in *Edmond Rostands* Villa nach **Cambo-les-Bains** (→ „Pyrénées-Atlantiques").

Information

■ **Office de Tourisme,** 20 boulevard Victor Hugo, Tel. 05 59 26 03 16, www.saint-jean-de-luz.com.

Unterkunft

3 **Hôtel Le Parc Victoria**③, 5 rue Cepé, Tel. 05 59 26 78 78, www.parcvictoria.com. Stil und Eleganz in einem Haus aus dem 19. Jh., geschmackvoll ausstaffierte Zimmer und Suiten. Mit schönem Garten und exklusivem Restaurant③.

4 **Hôtel Donibane**①-②, avenue de Layatz, Tel. 05 59 26 21 21, www.hotel-donibane-saintjeandeluz.fr. Etwas außerhalb gelegenes Hotel und deshalb preislich günstiger als jene in der Nähe des Strands. Mit beheiztem kleinem Außenpool (April bis Ende September) und Restaurant. Ein Drei-Sterne-Haus.

Camping

6 **Camping International Erromardie,** plage Erromardie, 235 allée de la Source, Tel. 05 59 26 07 74; www.chadotel.com. Geöffnet Anfang April bis Anfang November. Vier-Sterne-Platz, auf dem auch fest installierte *Mobile Homes* zu mieten sind. Beheizter Außenpool von Mai bis September.

5 Der vorgenannte Platz sei vom Namen her nicht verwechselt mit dem ebenfalls guten **Camping Ferme Erromardie** (40 chemin Erromardie, Tel. 05 59 26 34 26; www.camping-erromardie.com). Mit beheiztem Außenpool. Geöffnet Ende März bis Ende Oktober.

7 **Camping Atlantica / Ciela Village,** quartier Acotz 15, chemin de Miquelenia, Tel. 05 59 47 72 44, http://atlantica.cielavillage.fr. Etwa Ende März bis Ende September. Gefälliger Poolkomplex. Auch mit Planschbecken. Im Juli und August morgens kostenlose Kurse in Wassergymnastik.

Essen und Trinken

1 Eine **Vielzahl von Restaurants** findet man im Bereich um die place Louis XIV sowie in den kleinen Gassen zwischen place Louis XIV und Meereswall, beispielsweise *Le Majestic*. Zur wärmeren Jahreszeit sind dort und andernorts die Terrassen stets bestens belegt, auf den Speisekarten geben vor allem Meeresfrüchte den Ton an.

2 **Restaurant Instincts③,** 20 rue Joseph Garat, Tel. 05 59 24 66 98, http://restaurant-instincts.com. Das Interieur pflegt keinen besonderen Chic, aber die Atmosphäre stimmt. Das erlesene Fünf-Gänge-Menü gibt es nur für den ganzen Tisch. Schließtage sind Montag und Dienstag, zwischen Oktober und April ist außerdem sonntags abends geschlossen.

Sport und Freizeit

- **Bootstouren:** im Sommer ab dem Hafen durch die Bucht.
- **Freizeitbad:** *Piscine de Saint Jean-de-Luz*, route d'Ascain, Tel. 05 59 26 15 15, http://piscine-saintjeandeluz.fr. Die Öffnungszeiten sind abhängig von den Schulzeiten bzw. Schulferien; vgl. die komplexe Aufstellung auf der Homepage. Im Sommer tgl. geöffnet 10–18 Uhr.
- **Kanu/Kajak:** *Aquabalade, Base de Muntxola*, route d'Ascain, Tel. 06 24 04 45 66, www.aquabalade.com; die Basis liegt weit außerhalb bei Ascain, Erkundung der Feuchtbiotope im Hinterland. Außerhalb Juli/Aug. nach Vereinbarung.
- **Thalassotherapie:** *Thalazur*, place Maurice Ravel, Tel. 05 59 51 51 51, www.thalazur.fr. Der Wellnessbereich steht nicht nur Hotelgästen offen, hat aber seinen (hohen) Preis. Hier kann man entweder den Morgen oder den Nachmittag verbringen.

Feste und Veranstaltungen

- In den Sommermonaten findet ein Festprogramm mit baskischen **Kraftsportdemonstrationen und Pelota-Matches** statt. Außerdem: Konzerte auf der place Louis XIV und in der Kirche Saint Jean-Baptiste. Das große, mehrtägige **Patronatsfest** steigt um den 24. Juni.

Typisch baskische Fassaden in Saint-Jean-de-Luz

Einkaufen

- Der beste Schaufensterbummel führt entlang der **Rue Gambetta** – exklusive Läden mit exklusiven Preisen!

Parken

- **Große Parkplätze** im Bereich des Bahnhofs und nahe der place Louis XIV.

Verkehrsanbindung

- **Bahnhof:** wenige hundert Meter von der City entfernt an der place de Verdun; regelmäßige Verbindungen u.a. nach Biarritz, Bordeaux und Hendaye.

Von Saint Jean-de-Luz nach Hendaye

Wer den Weg von Saint Jean-de-Luz ins Grenzstädtchen Hendaye mit dem eigenen Fahrzeug zurücklegt, fährt entweder landeinwärts über die Nationalstraße N 10 oder über die baskische Küstenroute Corniche. Zum Glück ist auf beiden Strecken kein Schwerlastverkehr anzutreffen, da sie dafür gesperrt sind.

Über die N 10

Die Route de la Corniche deckt ein ausgesprochen schönes Stück ab, doch wer auf schnelleres Fortkommen bedacht ist, wählt die N 10. Fast unmittelbar an dieser liegt das **Château d'Urtubie,** ein von reichlich Grün umgebenes Schloss. Dieses geht ursprünglich auf die Mitte des 14. Jh. zurück und gehört zum Gemeindegebiet von **Urrugne.** Heute kann man hier zwischen Anfang Juni und Ende September feudal nächtigen (*Hôtel Château d'Urtubie*②-③, Tel. 05 59 54 31 15, http://chateaudurtubie.fr).

Ciboure

Hat man sich für die Route de la Corniche entschieden, fährt man in Saint Jean-de-Luz hinter der Flussbrücke rechts durch Ciboure. In jenem Nachbarort von Saint Jean-de-Luz wurde 1875 der Komponist *Maurice Ravel* geboren, der mit seinem „Bolero" Weltruhm erlangte. Im Jahre 1962 starb in Ciboure der Schriftsteller *Pierre Benoit,* der auf dem Marinefriedhof von Socoa begraben liegt.

763swf_ad

☐ Die Klippen unterhalb der Route de la Corniche

764swf_ad

Hafen und Festung von Socoa

Socoa

MEIN TIPP: Nächster Ort hinter Ciboure ist Socoa, das den westlichen Abschluss der **Bucht von Saint Jean-de-Luz** formt und Besucher mit seinem Sandstrand, dem Hafen und einem runden Burgturm (17. Jh., innen nicht zu besichtigen) empfängt. Dahinter bieten sich gute Ausblicke auf den Atlantik: ein künstlicher Wall trennt die Bucht vom rauen Meer. Der Wall ist offiziell nicht betretbar, an den kleinen Aussichtspunkten davor ist bei Wind höchste Vorsicht geboten! Hinter dem geschützten Hafenbecken konzentrieren sich einige Restaurants; ebenfalls geschützt liegt der kleine Hauptstrand von Socoa.

La Corniche

Hinter Socoa steigt die Straße an und zieht sich hoch über den Steilfelsen zwischen dem Grün der Wiesen und dem Blau des Atlantiks hindurch; La Corniche nennt sich diese Route. Wermutstropfen bei der Befahrung der Route de la Corniche: Auf den meisten Parkplätzen an der Strecke (obwohl vorhanden) darf man offiziell nicht stoppen, um an die nahen Klippen zu gehen und die Ausblicke bis zu den Ausläufern der Pyrenäen und dem spanischen Kap Higuer zu genießen. Da schwingen behördlich auferlegte Sicherheitsaspekte mit. Wer Camping liebt, wird in der Anlage „Camping Village Eskualduna" (→ Exkurs: „Schöne Campingplätze") Station machen, Zufahrt direkt ab der Küstenstraße. Auf dem letzten Streckenstück geht es vorbei am Naturschutzgebiet **Site Naturel Protégé Domaine d'Abbadia**. MEIN TIPP: Auf demselben Abschnitt passiert man das etwas versteckt gelegene **Château d'Antoine d'Abbadie** (→ „Hendaye"), bis die Küstenroute auf Hendayes Hauptstrandboulevard ausrollt.

Information

- **Office de Tourisme, 5 place Camille Jullian,** Ciboure, Tel. 05 59 47 64 56, www.ciboure-paysbasque.com

Unterkunft

- **Hôtel La Caravelle**①-②, 1 boulevard Pierre Benoit, Tel. 05 59 47 18 05, www.hotellacaravelle-stjeandeluz.com. Solides Quartier an der Durchgangsstraße in Ciboure, 18 Zimmer. Vorteil: Nach kurzer Autofahrt oder zu Fuß (ca. 15–20 Minuten) ist man entweder in Socoa oder Saint Jean-de-Luz.

Sport und Freizeit

■ **Radfahren** ist zwar beliebt, aber nicht ganz ungefährlich auf der im Sommer vielbefahrenen Route de la Corniche. Zumindest auf den letzten Kilometern vor Hendaye verläuft parallel ein Radweg. Landeinwärts versetzt ist ein winziges Sträßchen als *laison cyclable* ausgewiesen, das sich guten Gewissens empfehlen lässt.

■ **Seekajak/Stand-Up-Paddling:** *Atlantic Pirogue,* Port de Socoa, avenue du Commandant Passicot, Tel. 05 59 47 21 67, www.atlantic-pirogue.com.

■ **Segeln:** *Yacht Club Basque,* Socoa, Tel. 05 59 47 18 31, www.ycbasque.org.

■ **Tauchen:** *Odyssée Bleue,* Hangar 4 chemin des Blocs, Socoa, Tel. 06 63 54 13 63, http://odysseebleuesocoa.fr

Hendaye – Strand und Hafen an der Grenze

Das 18.000-Einwohner-Städtchen an der Mündung des an Spanien stoßenden **Grenzflusses Bidassoa** blickt auf eine lange, wechselvolle Vergangenheit zurück. Einst stachen hier die Walfänger zu ihren gefährlichen Fahrten in See, daran erinnert – wie bei Biarritz – ein Wal auf dem Stadtwappen. Im Jahre 1660 stand die Fasaneninsel im Bidassoa ganz im Zeichen des Ehevertragsschlusses zwischen Frankreichs König *Ludwig XIV* und der spanischen Infantin *Maria-Theresia.* 1940 kam es zu einem Treffen der Diktatoren *Adolf Hitler* und

☑ Das Schloss von Hendaye, Château d'Antoine d'Abbadie

538sf ad

Hondarribia
SPANIEN
Bidassoa
Flugplatz von Hondarribia (San Sebastián)
Sporthafen Sokoburu
Bootsabfahrten über den Fluss nach Hondarribia
Boulevard de la Mer
Place Sokoburu
Markt
Avenue des
Quai de la Floride
Centre Nautique
Baie de Txingudy
Port de Caneta
Réserve Naturelle Baie de Txingudy
Irun, San Sebastián
Hauptbahnhof
Avenue d'Espagne
Pont St-Jacques
Boulevard du Général de Gaulle
Place de la République
Rathaus
Markt
Kinderspielplatz
Fußballplatz
Bd. du G. Leclerc
Bd. de la Baie de Chingudy
Boulevard du Général Leclerc
Rue de Larroun
Rue du Comerce
Rue de Santiago
Rue de Behobie
Rue Irandatz
Bidassoa
Rue de Subernova
Rue Atabala
Rue des Réservoirs
Boulevard de l'Empereur
Rue de Hapetenia
BÈHOBIE
N. 111
Chemin de Maillarenia
Rue d'Orio
Biriatou, Autobahn
Oihana Parc Acrobatique
1
2
3
4
5

0 400 m
©Reise Know-How
SW-F08 8/24
Übernachtung
1 Hôtel Santiago
5 Hôtel Thalasso & Spa Serge Blanco
7 Hôtel Valencia
8 Camping Txoko Les 2 Jumeaux
9 Camping Eskualduna
Essen und Trinken
3 La Vinotek
4 La Pinta
Sport- und Freizeitaktivitäten
2 Centre de Plongée Planet Océan
6 École de Surf
Restaurantzonen
Kleiner Signalturm
Baie du Figuier
Mimosas
Boulevard de la Mer
Rue d'Elissacilio
Sportplatz
Rue des Ilias
Rue Ansoenia
Bahnhof "Les Deux-Jumeaux"
Avenue de Lissardy
Route de la Corniche Basque
Boulevard de l'Empereur
Rue Walt Disney
Rue de la Glacière
Deux Jumeaux
FKK-Zone
Pointe Saint-Anne
Zugang zum Strand und ins Abbadia-Naturschutzgebiet
Landhaus Larretxea
Site Naturel Protégé Domaine d'Abbadia
Baie de Loya
Château d'Antoine d'Abbadie
Zugang zum Abbadia-Naturschutzgebiet
St.-Jean-de-Luz

Francisco Franco, wobei es an der Seite Deutschlands um den Kriegseintritt Spaniens ging – doch ohne Ergebnis, denn Spanien war nach dem eigenen jahrelangen Bürgerkrieg 1936–39 buchstäblich ausgeblutet.

Hendaye zeigt sich immens weit ausgeufert und setzt ganz unterschiedliche Gesichter auf: konturloses Gleisgewirr um den großen Bahnhof im Grenzbereich, langer Sandstrand, Abbadie-Naturpark samt Schloss über der Küste sowie schöne Promenaden rund um den Sporthafen Sokoburu und die vogelreiche Bucht von Txingudy.

Teile der Bucht stehen als **Réserve Naturelle** unter Naturschutz. Hier verlaufen gleichermaßen Spazierwege wie nahe dem kleinen Port de Caneta. Nahe dem Fußballfeld lockt ein großer Spielplatz mit reichlich Klettergerät die Kleinsten an, vor allem an den Wochenenden. In Sichtweite des Spielplatzes liegt ein kleiner hölzerner Beobachtungsturm mit Aussicht über die Bucht; leider setzt gelegentlicher Fluglärm vom gegenüber liegenden spanischen Hondarribia der Stimmung etwas zu.

Sandiges Aushängeschild ist der knapp 3 km lange **Strand,** der sich von der Mündung des Bidassoa (Weststrand) bis zur östlichen Klippenlandschaft mit ihrer vorgelagerten Felsformation Deux Jumeaux (Zwillinge) spannt. Bei Flut steht das Mittelstück des Strands unter Wasser, im Bereich der Klippen ist **FKK-Zone.** Leider können oftmals Anspülun-

Am Strand von Hendaye

Adobe.Stock ©chromoprisme

gen von Seegras das Badevergnügen ein wenig trüben.

Domaine d'Abbadia und Schloss

Die Felsen-Zwillingsformation im Meer und die Steilküste gehören bereits zum *Site Naturel Protégé Domaine d'Abbadia,* einem 65 Hektar großen **Naturschutzgebiet,** das jederzeit frei zugänglich und von einem Netz aus Spazierwegen durchzogen ist. Für Hunde und Radler ist der Zutritt verboten, Jogger finden ein herrliches Terrain vor, mittendrin liegen Apfelwiesen und das **Landhaus Larretxea.** Beste Einstiegsmöglichkeiten in den Park: der Parkplatz nahe dem Abgang zum östlichen Hauptstrand (bei der Kläranlage; während der Saison gebührenpflichtig) oder der Parkplatz an der Route de la Corniche genau gegenüber der Zufahrt zum Campingplatz Eskualduna. Brombeerranken, Farne und Wiesen flankieren die Wege, auf denen man hoch über der zerklüfteten Küste thront. Ein paar verfallene Bunker künden von weniger friedlichen Zeiten aus dem Zweiten Weltkrieg, die Pointe Sainte-Anne schiebt sich weit ins Meer vor.

Mitten ins Grün des Naturparks gebettet ist das **Château d'Antoine d'Abbadie,** ein 1860–1870 in neugotischem Stil erbautes Märchenschloss. Es ist benannt nach dem Astronom, Geografen und passionierten Fernreisenden *Antoine d'Abbadie* (1810–97). Das Schloss ist nur von der Seite der Corniche, also der Straße, und nicht von den Naturparkwegen her erreichbar. Rund um das Schloss bietet sich eine herrliche Freisicht aufs Meer, an der Fassade des Monumentalbaus fallen allerlei verspielte Skulpturenmotive auf: ob ein Krokodil, eine Schnecke oder eine Riesenschlange. Im Innern führt der Besuch in fantasievoll ausstaffierte Räumchen und Winkel, in die alte Bibliothek, in einen Saal mit dem Observatorium und in die Schlosskapelle. Alternative zum Rundgang in Eigenregie ist die Teilnahme an einer Führung, was manchmal sogar obligatorisch ist. Gelegentlich finden hier auch Kulturveranstaltungen statt.

■ **Château d'Antoine d'Abbadie,** jahreszeitlich stark wechselnde Zugangszeiten, in der Regel gelten folgende: Jan. bis März und Nov./Dez. Di.–So. 14–18 Uhr, April bis Juni und Sept./Okt. Mo.–Fr. 10–12 und 14–18 Uhr sowie Sa./So. 14–18 Uhr, Juli/Aug. täglich 10–15.30 Uhr (Führungen) und 16–19 Uhr (in Eigenregie); Eintritt 10,50 € (Führungen 11,90 €), Kinder (6–13 Jahre) 5,30 bzw. 5,90 €; www.chateau-abbadia.fr.

Information

■ **Office de Tourisme,** 67 bis boulevard de la Mer, Tel. 05 59 20 00 34, www.hendaye-tourisme.fr.

Unterkunft

5 **Hôtel Thalasso & Spa Serge Blanco**③, 125 boulevard de la Mer, Tel. 05 59 51 35 02, http://relaisthalasso.com/fr/hotel-serge-blanco. Strategisch gute Lage gegenüber dem Strand (dazwischen verläuft allerdings die Straße) und ganz nahe am Sporthafen. Für Wohlbefinden sorgen Pools und Anwendungen. Mit Restaurant.

1 **Hôtel Santiago**①-②, 15 rue de Santiago, Tel. 05 59 20 00 94, http://hotel-le-santiago.com. Ein komfortables Quartier in einem versteckteren Teil von Hendaye und daher auch während der Hochsai-

765swf_ad

son noch bezahlbar. Kleiner beheizter Pool von April bis Ende September. 25 Zimmer.

7 Hôtel Valencia①-②, 29 boulevard de la Mer, Tel. 05 59 20 01 62, www.hotel-valencia-hendaye.com. An der Hauptpromenade gelegen, 21 Zimmer, über die Straße hinweg Zugang zum Strand, mit Parkplatz. Direkt nebenan werden zwischen April und ca. Mitte November Studios und Appartements vermietet (Locations Itxasoa, 31 boulevard de la Mer, selbe Tel.-nummer, www.locations-itxasoa.com).

Camping

9 Camping Eskualduna, außerhalb Richtung Saint-Jean-de-Luz, → Exkurs: „Schöne Campingplätze".

8 Camping Txoko Les 2 Jumeaux, route de la Corniche, Tel. 05 59 20 01 65, www.camping-des-2jumeaux.com. Einfacher, kleiner Platz, geöffnet Ostern bis Anfang Januar. Vermietung auch von *Mobile Homes,* Chalets.

Essen und Trinken

Nahe dem Sporthafen findet man eine Reihe von populären Restaurants, eine regelrechte Ballungszone, darunter:

3 La Vinotek②, 82 bis avenue des Mimosas, Tel. 05 59 31 38 15, www.la-vinotek.com.

4 La Pinta②, Port de Sokoburu, Tel. 05 59 48 12 12, www.lapintasergeblanco.com.

Sport und Freizeit

Abenteuerpark: *Oihana Parc acrobatique,* route de la Glacière à Urrugne, im Inland an der Gemeindegrenze zu Urrugne,Tel. 06 03 40 52 31), www.oihana-64.com. Hier kann man seine Geschicklichkeit im Forst beweisen – hoch oben zwischen den Bäumen. Auch Paintball wird angeboten. Über Winter ist die Anlage geschlossen.

Strand von Hendaye in der Nebensaison

■ **Bootstouren:** Während der Saison Küstenausfahrten ab dem Sporthafen; ab dort auch regelmäßige Pendelboote (nur Passagiere) über den Bidassoa ins stimmungsvolle spanische Hondarribia. Einfache Fahrt 2,30 €.

■ **Segeln/Stand-Up-Paddling:** *Centre Nautique,* boulevard de la baie Txingudy, Tel. 05 40 39 85 43, http://centrenautique-hendaye.com. Diverse Kurse, auch für Kinder und Jugendliche.

6 **Surfen:** *École de Surf, Résidence La Croisière (Ancien Casino),* 2 boulevard de la Mer, Tel. 06 38 20 77 40, www.ecoledesurf-hendaye.com. Nur während der Saison.

2 **Tauchen:** *Centre de Plongée Planet Océan,* port Floride, Tel. 06 62 63 66 27, www.planetocean.fr.

Feste und Veranstaltungen

■ Während der Sommermonate **buntes Festprogramm** mit Nachtmärkten auf der Place Sokoburu, Konzerten, typischen Tänzen, baskischen Kraftsportdemonstrationen, Pelota-Spielen im *Fronton Belcénia.*

Einkaufen

■ Megashops mit relativ preisgünstigen **Spirituosen** am Grenzübergang Béhobie (spanische Seite, aber nur gebührenpflichtige Parkplätze).

■ Sa. vormittags kleiner **Freiluftmarkt** auf der place Sokoburu. Mi. vormittags beim **Rathaus** auf der place de la République.

Verkehrsanbindung

■ **Bahnhof:** Boulevard du Général de Gaulle; regelmäßige Verbindungen u.a. nach Biarritz, Bordeaux, Paris und Saint Jean-de-Luz.

In der Umgebung

Biriatou

Wenige Kilometer südöstlich von Hendaye erreicht man im **Bidassoa-Tal** das malerische Dorf Biriatou mit seinem Kirchlein Saint-Martin (im Innern interessante Emporen), dem nebenliegenden Friedhof und einer Pelota-Spielwand. Im örtlichen **Restaurant Jardins de Bakea**②-③ (Tel. 05 59 20 02 01; auch 17-Zimmer-**Hotel**①-②; www.jardins-de-bakea.fr) kann man sich aller Ruhe opulenten Gaumenfreuden zuwenden. Rund um Biriatou finden **Wanderfreunde** ein gutes Terrain.

Hondarribia

Vom Sporthafen Hendayes fährt regelmäßig ein Personenboot *(navette)* über den Grenzfluss Bidassoa ins **spanische** Hondarribia mit seinen Promenaden, dem Sandstrand, dem Jachthafen sowie zahlreichen Restaurants und Bars. Um Teile der denkmalgeschützten, kleinen **Altstadt** spannt sich ein wuchtiger Mauergürtel. Wichtigste Monumente sind die Renaissancekirche **Nuestra Señora de la Asunción** und die trutzige **Wehrburg Carlos V** (heute Hotel). Nach Hondarribia setzen auch viele Franzosen gerne über, um einmal die spanische Küche zu testen; man achte auf die spätesten Rückfahrtzeiten des Bootes!

133sf ad

6

Pyrénées Atlantiques

» Kristallklare Flüsschen, malerische Dörfer, trutzige Burgen und üppige Vegetation sind die Hauptmerkmale, die die faszinierende Landschaft des Pyrenäen-Vorlandes prägen. Hochgebirgsflair mit artenreicher Flora und Fauna sowie Wintersportmöglichkeiten bietet als Kontrast der Pyrenäen-Nationalpark.

< Blick von Lourdes' Hausberg Pic du Jer auf die umliegende Bergwelt

PYRÉNÉES ATLANTIQUES

Löst man sich von der Küste, sieht man sich in den *Vorpyrenäen* von einem überbordenden Grün geschluckt. Wiesenteppiche breiten sich aus, tiefer im Inland gewinnen die *Berg-und-Tal-Panoramen* immer mehr an Gewalt.

NICHT VERPASSEN!

- **Petit Train de la Rhune:** mit der Zahnradbahn auf den Gipfel | 237
- Spannendes Höhlensystem: die **Grottes de Sare** | 241
- **Paprikaschoten** aus Espelette | 244
- **Saint Jean-Pied-de-Port:** Eine historisch-monumentale Perle des Baskenlandes | 249
- Die **Cathédrale Sainte-Marie** in Oloron-Sainte-Marie | 260
- Spektakuläre Aussichten rund um den **Col du Somport** | 263
- **Parc National des Pyrénees** | 264
- Das **Schloss** von Pau | 266
- Einer der berühmtesten Wallfahrtsorte der Welt: **Lourdes** | 275

Diese Tipps erkennt man an der gelben Markierung.

Pfefferschoten aus Espelette

766swf_ad

Im Schatten der Pyrenäen

Dörfer, die Freilichtmuseen gleichen, dazu grasgrüne Hänge, trutzige Burgen, kristallklare Flüsschen und natürlich Gebirgsgiganten der Pyrenäen – dies und vieles mehr wartet im **Département Pyrénées-Atlantiques,** das den verwaltungstechnischen Überbau bildet und im Westen den letzten Südzipfel der Atlantikküste umfasst. In den Landstrichen wirbeln diverse Begriffe durcheinander, die es vorab zu klären gilt. So bildet der gesamte Westteil des Départements das Baskenland *(Pays Basque),* das man wiederum in die drei historischen baskischen Provinzen **Labourd** (Hauptstadt Bayonne), **Soule** (Hauptstadt Mauléon) und **Basse-Navarre** (Hauptstadt Saint-Jean-Pied-de-Port) unterteilt. Den Ostteil des Départements formt der historische Landstrich des **Béarn.** Wichtigster Punkt und Hauptstadt der Pyrénées-Atlantiques ist Pau.

Unterwegs sieht man gelegentlich Schilder, die auf den Verkauf von **Schafskäse** *(fromage de brebis)* und baskischen **Mandelkuchen** *(gâteau basque)* weisen. Auch **Honig** aus dem Béarn *(miel du Béarn),* ein deftiger **Eintopf** *(garbure),* **Lammfleisch** *(agneau)* und **Forellen** *(truites)* sind kulinarische Tests wert. Besonderheiten sind die Weinbaugebiete um Jurançon, Salies-de-Béarn und Saint Jean-Pied-de-Port (→ Exkurs „Auf Weintour“). Im Alltagsleben des

Hossegor
Lac d'Hossegor
Capbreton
Seignosse
Tosse
St.-Geours-de-Maremne
Eyranx
Dax
Hinx
Saugnac-et-Cambran
St.-Vincent-de-Tyrosse
Saubusse
Œyreluy
St.-Pandelon
Adour
Luy
Clermont
Bénesse-lès-Dax
Orist
Heugas
Bénesse-Maremne
St.-Jean-de-Marsacq
St. Léon-les-Mines
Pouillon
Labenne-Océan
Labenne
Orx
Saubrigues
St.-Étienne-d'Orthe
Gaas
Estibeaux
Ondres-Plage
Ondres
Beyres
St.-André-de-Seignanx
St.-Martin-de-Hinx
Biarrotte
Port-de-Lanne
Cagnotte
Habas
GOLF DE GASCOGNE
Tarnos
Boucau
St.-Martin-de-Seignanx
Ste.-Marie-de-Gosse
Orthevielle
Peyrehorade
Cauneille
Labatut
St.-Barthélemy
Hastingues
Œyregave
Sorde-l'Abbaye
Lahontan
Gave de Pau
Gave d'Oloron
Puyoô
Bellocq
Biarritz
Rocher de la Vierge
Bayonne
Anglet
Urcuit
Urt
Guiche
Lahonce
Bidache
Came
Briscous
Bardos
St. Dos
Carresse
Salies-de-Béarn
Bidart
Guéthary
Arcangues
Arbonne
Briscous-les-Salines
La Bastide-Clairence
Labastide-Villefranche
Castagnède
Escos
Oraàs
Villefranque
Nive
Arancou
Bergouey
Abitain
Sauveterre-de-Béarn
St.-Jean-de-Luz
Ahetze
Ustaritz
Jatxou
Halsou
Hasparren
PYRÉNÉES-ATLANTIQUES
Arraute
Ilharre
Chantaco
Ibarron
Larressore
Urcuray
Masparraute
Autevielle
Guinarthe
Rarraute
Ascain
St.-Pée-s-Nivelle
Souraide
Espelette
Cambo-les-Bains
Bonloc
Isturits
Zahnradbahn
Amotz
Grottes d'Isturitz
St.-Esteben
St.-Martin-d'Arberoue
Garris
Saison
Gestas
La Rhune 905 m
Sare
Itxassou
Mendionde
Alcirits
Nabas
Ainhoa
Pas de Roland
Louhossoa
St.-Palais
Domezain
Hélette
Amendarits
Aroue
Charre
Grottes de Sare
Dantxarinea
Artzamendi 926 m
Herauritz
Zugarramurdi
Iholdy
Lohitzun
Charritte-de-Bas
Col de Lizarrieta 441 m
Urdazubi
Bidarray
Uhart-Mixe
Etxalar
Col de Méhatché 844 m
Celay
Irissarry
Ostabat
SPANIEN
St.-Martin-d'Arrossa
Ossès
Viodos
Pico Gorramakil 1090 m
Pic d'Iparla 1050 m
Larceveau
Mauléon-Licharre
Amaiur
St.-Étienne-de-Baïgorry
Pic d'Arradoy 660 m
Jaxu
Mongelos
St.-Just
Arizkun
Irouléguy
Lacarre
Musculdy
Gotein
Col d'Ispéguy 672 m
St.-Jean-le-Vieux
Bidouze
Idaux
Menditte
VALLE DEL BAZTAN
Elizondo
St.-Jean-Pied-de-Port
Aincille
Hosta
Sauguis
Autza 1305 m
Munhoa 1021 m
Trois-Villes
Oronoz-Mugairi
Irurita
Banca
St.-Michel
Mendive
Tardets-Sorholus
Arnéguy
Pic Etchekortia 1204 m
Adarza 1250 m
Estérençuby
Camou
Alos
Almandoz
Aldudes
VALLÉE DES ALDUDES
Valcarlos
Alçay
Urepel
Lacarry
Col d'Orgambidé 988 m
Etchbar
Col de Urquiaga 890 m
Col d'Arnostéguy 1236
Sommet d'Errozate 1345 m
Pic des Escaliers 1472 m
Sayoa 1418 m
Iturrumburru 1332 m
Iraty
Larrau
Ibañeta-Pass
Sommet d'Occabé 1456 m
Ventas de Arraitz
Roncesvalles
Orzanzurieta 1567 m
Gorges d'Holzarté
Zilbeti
Burguete/Auritz
Forêt d'Iraty
Pic de Bizkarzé 1656 m
Col d'Erroymendi 1362 m
Embalse de Eugui
Eugui
Auritzberri Espinal
Orbaitzeta
Embalse de Irabiako
Pic d'Orhy 2017 m
Biskarreta-Gerendiain
Arre-eder-guerria 1175 m
Gorges de Kakouetta
Olague
Erro
Aribe
Garralda
Zubiri
Garaioa/Garayoa
Otchogorrigagna 1923 m
Arrieta
Rio Irati
Aintzioa
Izalzu
Alto Laza 1542 m
Osity
Abaurrea Alta
Ardaiz
Oroz-Betelu
Ochagavia
Rio Ulzama
Rio Arga
Rio Erro
Rio Urrobi
Rio Zatoya
Espoz
Uritz
Zunzarren
Azparren
Jaurrieta
Escároz
Ustárroz
Oronz
Esparza
Isaba
Peña Escaurre 2047 m
Huarte
Elcoaz
Embalse de Itaiz
Sarriés
Ayechu
Igal
Sta. Bárbara 1468 m
Rio Esca
Iruñea/Pamplona
Izal
Güesa
Roncal
Ongoz
Rio Salazar
Rio Areta
Agoitz
Adoáin
Vidángoz
Urroz
Meoz
Uscarrés
Garde

LANDES
GERS
PYRÉNÉES-ATLANTIQUES
BÉARN
PARC NATIONAL DES PYRÉNÉES
Montfort-en-Chalosse
Poyartin
Castelnau-Chalosse
Donzacq
Pomarez
Caupenne
St. Aubin
Doazit
Eyres-Moncube
Coudures
Vielle-Tursan
Aubagnan
Hagetmau
St. Cricq-Chalosse
Brassempouy
Samadet
Duhort-Bachen
Buanes
Eugénie-les-Bains
Aire-s.-l'Adour
Barcelonne-du-Gers
Lelin-Lapujolle
St. Germé
Tarsac
Riscle
St. Mont
Geaune
Latrille
Ségos
Maumusson-Laguian
Viella
Momuy
Nassiet
Amou
Tilh
Monségur
Arboucave
Miramont-Sensacq
Pimbo
Sarron
Monget
Sault-de-Navailles
Lacadée
Malaussanne
Garlin
Conchez-de-Béarn
Cadillon
Arrosès
St.-Jean-Poudge
Baigts-de-Béarn
Sallespisse
Morlanne
Arzacq-Arraziguet
Méracq
Claracq
Séméacq-Blachon
Bérenx
Orthez
Arthez-de-Béarn
Uzan
Larreule
Auga
Thèze
Lalonquette
Lalongue
Castillon
Biron
Argagnon
Laà
Maslacq
L'Hôpital-d'Orion
Loubieng
Mazerolles
Sévignacq
Simacourbe
Lembeye
Arance
Lacq
Cescau
Navailles-Angos
Laàs
Narp
Lagor
Abidos
Artix
Uzein
Flughafen Pau-Pyrénées
Montardon
Anoye
Momy
Baleix
Bugnein
Vielleségure
Noguères
Pardies
Poey-de-Lescar
Buros
St. Jammes
Lespourcy
Villenave-lès-Béarn
Viellenave-de-Navarrenx
Navarrenx
Abos
Siros
Lescar
Morlaàs
Bédeille
Castetnau
Jasses
Monein
Arbus
Billère
Pau
Sedzère
Séron
Artiguelouve
Laroin
Arrien
Dognen
Gurs
Moncayolle
Lucq-de-Béarn
Lacommande
Jurançon
Idron
Andoins
Lourenties
Préchacq-Josbaig
Aressy
Ousse
Nousty
Limendous
Gardères
L'Hôpital-St. Blaise
Geüs-d'Oloron
Cardesse
Meillon
Artigueloutan
Soumoulou
Luquet
Assat
Angais
Brana
Gan
Bordes
Espoey
Lasseube
Pardies-Piétat
Boeil-Bezing
Beuste
Lagos
Barcus
Esquiule
Oloron-Ste.-Marie
Bosdarros
St.-Abit
Mirepeix
Barzun
Pontacq
Escou
Herrère
Nay
Bénéjacq
Agnos
Ogeu-les-Bains
Féas
Gurmençon
Rébénacq
Coarraze
Buziet
Igon
St.-Vincent
Asson
Aramits
St. Christau
Buzy
Bescat
Lys
Lestelle-Bétharram
Loubajac
Lanne-en-Barétous
Arette
Issor
Lurbe-St. Christau
Sévignacq-Meyracq
Bruges
St.-Pé-de-Bigorre
Lac de Lourdes
Montory
Arudy
Pédestarrès
Grottes de Bétharram
Lourdes
Haux
Barlanes
Escot
Louvie-Juzon
Arthez-d'Asson
Castet
Forêt de St.-Pé-de-Bigorre
Omex
Lourdios-Ichère
Sarrance
Bielle
Pic de Males Ores 1728 m
Pic d'Issarbe 1559 m
Pic Soulaing 1589 m
Pont-Suzon
Le Layens 1625 m
Pic de Mousté 1605 m
1973 m
Géré-Bélesten
Béon
Pic du Moulle de Jaout 2050 m
Agos
Salles
Aste-Béon
Ferrières
Argelès-Gazost
Ayros
Ste.-Engrâce
Col de Labays 1351 m
Bedous
Aydius
Vallée d'Ossau
1882 m
Col d'Aubisque 1709 m
Gorges d'Ehujarre
Osse-en-Aspe
Arette-Pierre-Saint-Martin
Beost
Arbéost
Arcizans-Avant
Col de La Pierre-St.-Martin 1760 m
Laruns
Gave d'Azun
Accous
Aucun
Pic d'Arlas 2044 m
Lées-Athas
Eaux-Bonnes
Arrens-Marsous
Sireix
St.-Savin
Grotte de la Verna
Cette-Eygun
Gourette
Pic d'Anie 2504 m
Lescun
Pic de Sesques 2606 m
Pic de Goupey 2209 m
Pic du Midi d'Arrens 2267 m
Estaing
Pierrefitte-Nestalas
Table des trois Rois 2438 m
Etsaut
Pic de la Sagette 2031 m
Petit Train d'Artouste
Soum de Bassia du Hoo 2571 m
Moun Né 2724 m
Pic Lariste 2168 m
Borce
Gabas
Artouste (-Fabrèges)
Cauterets
Pic de Laraille 2147 m
Zuriza
Urdos
2409 m
Lac de Migouélou
Lac de Bious-Artigues
Palas 2974 m
Pic d'Arlet 2207 m
Lac d'Artouste
Pic de Béguère 2316 m
Lacs d'Ayous
Soques
Pic du Midi d'Ossau 2884 m
Pic d'Arriel 2823 m
Balaïtous 3146 m
Lac de Gaube
Monte Campanil 2331 m
Pilgerpass Col du Somport 1650 m
Jaca
Col du Pourtalet 1794 m
Pic d'Ardiden 2988 m
Ibón de Astanès
Visaurin 2670 m
Candanchú
Embalse de Respomuso
Gave de Pau
Gave d'Ossau
Gave d'Oloron
Gave d'Aspe
Luy de Béarn
Luy de France
Louts
Adour
Bahus
Gabas
Lées
Louet
Joos
Ayguelongue

216sf ad

Baskenlands und des Béarn darf – vor allem unter älteren Menschen – der berühmte Kopfschmuck nicht fehlen: die **Baskenmütze** *(béret)*, der schon *Che Guevara* und *Greta Garbo* internationalen Ruhm zugetragen haben. Die Lebensstränge von beherzten Männern aus der Gascogne und dem Béarn sollen dem Schriftsteller *Alexandre Dumas* Mitte des 19. Jh. als Vorbilder für seine „Drei Musketiere" gedient haben.

Basse-Navarre und Soule

In den beiden historischen baskischen Provinzen Basse-Navarre und Soule laufen die Fäden in den jeweiligen Hauptstädten zusammen: **Saint Jean-Pied-de-Port** (Basse-Navarre) und **Mauléon** (Soule). Wer rundherum dörfliche Abgeschiedenheit sucht, wird nicht enttäuscht. Vielerorts bestimmen Land- und Viehwirtschaft das Bild, auf bäuerlichen Gehöften geht das Leben seinen gewohnten Gang, im französisch-spanischen Grenzgebiet verlockt das Grün zu Wandertouren. Allgegenwärtige Wahrzeichen sind die ziegelgedeckten Häuser, deren kalkweiße Fassaden im Kontrast zu den roten Fensterläden stehen. Ebenso wenig aus den Ortsbildern wegzudenken sind die zahlreichen kleinen Kirchen.

⌃ Sattes Grün in der Umgebung von Saint Jean-Pied-de-Port

Durch den Westen des Béarn

Im Vergleich zu bekannten Orten der Küste und des Baskenlands erscheint der Landstrich des Béarn wie eine große Unbekannte – doch stille Wasser sind bekanntlich tief. Das flussreiche Gebiet blickt auf eine wechselvolle Vergangenheit mit Zugehörigkeiten zur Grafschaft von Foix und zum Königreich Navarra zurück, ehe es 1589 endgültig an die französische Krone fiel und 1620 offiziell eingegliedert wurde.

Türme und Festungen legen Zeugnis von jenen unruhigen Zeiten ab und verleihen den Orten einen rauen, aber doch charmanten Anstrich. Im Béarn pendelt man zwischen grandiosem **Hochgebirge** und saftig grünem **Pyrenäen-Vorland,** in welches das interessante Jakobswegstädtchen **Oloron-Sainte-Marie** eingefasst ist.

Empfehlenswerte Anfahrt aus dem Küstenbereich: über Peyrehorade nach **Sauveterre-de-Béarn,** ab dort weitere Entdeckungstour über Navarrenx und Oloron-Sainte-Marie nach **Pau.** Bezeichnend für den Béarn sind stille Feld- und Wiesenlandschaften, Rinder- und Schafweiden, kleine Orte und rustikale Steinbauernhäuser. Südlich von Oloron-Sainte-Marie stößt man ins Vallée d'Aspe und weit südlich von Pau ins Vallée d'Ossau vor; durch beide Pyrenäentäler bindet man an den **Parc National des Pyrénées** an. Ein Abstecher führt in die Pilgerstadt **Lourdes.**

Ascain und La Rhune

Im nahen Hinterland der baskischen Küste wartet mit Ascain und der Zahnradbahn auf den Berg La Rhune ein vielgesichtiger Doppelschlag. Die einfachste Anfahrt (ausgeschildert bzw. mit dem Blick aufs Handy/Navi) beginnt in Sain-Jean-de-Luz.

Ascain gehört zu den **malerischsten Dörfern der Provinz Labourd,** liegt an der Nivelle und empfängt mit typisch baskischem Fachwerk. Der Ort zieht sich entlang der Hauptstraße aufwärts. Im Ortskern laufen die Fäden rund um das Pelota-Spielfeld *(fronton)* und an der Église Notre-Dame de l'Assomption zusammen, die ursprünglich aus dem 13. Jh. stammt und in der man auf die Emporen achten sollte. Die Reize der 3000-Einwohner-Gemeinde sind ein offenes Geheimnis. An manchem Sommertag kann im Ortskern ziemlicher Andrang herrschen, was durch bunte Festprogramme verstärkt wird: ob baskische Tänze oder kulinarischer Freiluftmarkt auf der Place Pierre Loti. Der Platz trägt den Namen jenes Literaten, der hier Ende des 19. Jh. seinen Roman „Ramuntcho" schrieb. An Restaurants herrscht im Ort kein Mangel.

Zahnradbahn auf die Rhune

Mit Zugkraft – im doppelten Wortsinn – trumpft der nächste Tourstopp zwischen Ascain und Sare am Col de Saint Ignace auf: die Station des **Petit Train de la Rhune,** ein altertümlich anmutendes Zahnradbähnchen, das Besucher seit 1924 im Schneckentempo von 8–9 km/h bergwärts trägt. Dies ist auch eine beliebte Unternehmung für Familien mit Kindern. Ziel ist der 905 m hohe Pyrenäengipfel La Rhune, der von den Altvorderen schon als heiliger Berg verehrt wurde und grandiose Aussichten auf Gebirge und Meer erlaubt. Schon Kaiserin *Eugénie* berauschte sich 1859 an diesem Panorama. Über den Grat verläuft die **französisch-spanische Grenze.** Rasche Wetterwechsel sind nicht ungewöhnlich. Die Auffahrt dauert etwa 35 Minuten, führt an Farnen und Fels-

Auf Weintour

MEIN TIPP: „Weine aus dem Jurançon, das ist die **Sonne und Frische der Pyrenäen** in der Flasche", bekommt man in der Gegend von Weinliebhabern öfter zu hören. Im Südwesten Frankreichs müssen es nicht immer die schier übermächtigen Bordeauxweine sein, wie eine Reise durch die Landstriche Béarn und Baskenland belegt. Über die dünn besiedelten Ausläufer der Pyrenäen verteilen sich **weniger bekannte Anbaugebiete,** die sich mit ihrer Vielfalt und Qualität hinter nichts und niemandem zu verstecken brauchen. Südlich und westlich von Pau beginnen **Jurançon und Jurançon Sec,** zwei Bereiche mit der geschützten Herkunftbezeichnung *Appellation d'Origine Contrôlée,* kurz AOC. Der historische Salzort Salies-de-Béarn liegt im Zentrum der **AOC Béarn-Bellocq,** das Pilgerstädtchen Saint-Jean-Pied-de-Port markiert die geografische Mitte der **AOC Irouléguy.** Überall stößt man auf exzellente Tropfen, als Beigaben gibt es Kulturdenkmäler und charmante Orte zwischen Berg und Tal. Unterkunft findet man in Landhäusern. Alljährlich am 2. oder 3. Sonntag im Dezember laden etwa 40 Weinkellereien im Jurançon zum Tag der offenen Tür, **„Portes Ouvertes en Jurançon".** Kostproben inklusive, versteht sich.

Maronen und Maisparzellen, Rinder- und Pferdeweiden, Brombeerhecken, Feigen- und Walnussbäume. Fruchtbares Land, Töne grün in grün. So sieht es an der **Jurançon-Weinstraße** aus, an der *Patrice Limousin* und *Freya Skoda* **bei Lasseube** die **Domaine de Cabarrouy** unterhalten (Tel. 05 59 04 23 08, http://domainedecabarrouy-deutsch.simdif.com). Das **Landgut** ist von grünen Hügeln und Rebgärten umzogen, die das französisch-deutsche Paar bis in den Dezember hinein mit der Spätlese auf Trab halten. Alles Handarbeit. Es ist viele Jahre her, da *Patrice* begann, Geld und Leidenschaft in die Erneuerung eines historischen Weinterrains zu stecken, das 5,5 Hektar umfasst und sich mit seinen kalk-, sand- und lehmhaltigen Böden auf Höhen um 230 m ausbreitet. Die **Rebsorten** heißen **Petit Manseng** und **Gros Manseng,** bezeichnend bei den Weißen ist die bernstein- bis goldfarbene Tönung. Der **Einfluss des Gebirgsklimas** der Pyrenäen, das eine Vielzahl frischer Nächte mit sich bringt, sorgt für einen längeren Reifeprozess als andernorts und verleiht den Weinen ausgewogene Noten. Die Produktion, berichtet *Freya Skoda,* ist in den letzten Jahren durch den Klimawandel zurückgegangen: „Das betrifft nicht nur uns, sondern auch andere Winzer. Mittlerweile gibt es mehr Hagel, heftige Regenfälle, extreme Hitze, mehr Mehltau und Spätfröste im Frühjahr."

Besucher sind zur **Probe** willkommen, bei der man en passant einen Blick in die Kellerei mit ihren Eichenfässern und den thermoregulierten Edelstahlbehältern wirft; verkauft werden die Flaschen zu erschwinglichen Preisen. Wer eine umfangreichere Besichtigung mit Weinprobe machen will (12,50 € p. P.), sollte vorher unbedingt einen Termin vereinbaren. Die **aromatischen Finessen** der Tropfen reichen – so man einen sensiblen Gaumen hat – von Brombeeren und Rosinen bis zu Pflaumen und konfitierten Aprikosen. Bei der Verkostung schwärmt Winzer *Patrice* von der Welt der Weine und setzt mit leuchtenden Augen hinzu, er trinke niemals Wasser. Ob das stimmt? Zumindest dürfte er einige der jährlich 15.000 abgefüllten Flaschen selber leeren. Das Weingut hat Mo.–Sa. 10–12 und 14–19 Uhr geöffnet, sonntagnachmittags und an Feiertagen nur nach Vereinbarung.

Erste Belege des Weinbaus in der Region reichen ins ausgehende **10. Jh.** zurück. Heute nimmt das rund tausend Hektar große **Anbaugebiet der Jurançon-Weine** einen 40 km breiten Korridor zwischen Pau und Oloron-Sainte-

Marie ein. Im alten Jakobspilgerort Lacommande geht es gegenüber der Kirche hinein ins **Weinhaus** der Region: **Maison des Vins et du Terroir du Jurançon** (Tel. 05 59 82 70 30, www.vins-jurancon.fr, Di.–Sa. 11–18 Uhr). In dieser auf den neuen Technikstand umgebauten Scheune werden mehr als hundert Weine präsentiert, ebenso wie andere Produkte der Gegend, darunter Marmeladen, Honig, Käse und eingekochte Ente.

Ein Abstecher zu weiteren Quellen des Weins führt zur **Domaine Bellegarde bei Monein** (Quartier Coos, Tel. 05 59 21 33 17, www.domaine-bellegarde.fr). Großvater *Gratien Labasse* begann in den 1920er Jahren mit der Bepflanzung der Weinberge, sein Enkel *Pascal* setzt die Winzertraditionen heute fort. Symmetrisch laufen die Rebstöcke über die grünen Hänge, im Hintergrund zeichnet sich mit dem Pic d'Orry ein Zweitausender in den Pyrenäen ab. **Frisch und fruchtig** kommen die jungen Tropfen daher, bei den länger gereiften dringen aromatische Anklänge an Honig, Feigenkonfitüre und geröstete Nüsse durch. Das Weingut umfasst 14 Hektar, bei den Rebsorten gibt der **Petit Manseng** den Ton an, gefolgt von **Gros Manseng** und **Camaralet.**

„Trinken Sie den Wein aus Salies", propagiert man hier gerne, „er macht haltbar, so wie das Salz." Diesem Appell kommt man in Salies-de-Béarn gerne nach, zumal die Tropfen des **Weinguts Lapeyre et Guilhemas** (Avenue des Pyrénées 52, Tel. 05 59 38 10 02, www.domaine-lapeyre-guilhemas.com) schon mehrfach Preise eingestrichen haben. Als **unabhängiger Produzent** sprengt der Familienbetrieb das ansonsten feste Gefüge der Kooperativen um **Salies-de-Béarn** und bringt in vierter Generation Weiß-, Rosé- und Rotweine hervor. Stolz berichtet die Winzerfamilie, man trinke ihren Wein sogar in Restaurants in Kalifornien und New York. Besucher (und potenzielle Käufer) empfängt man ganzjährig Mo.–Sa. 8.30–12 und 14–19 Uhr.

Ein **letzter Stopp** kommt dem **Absacker dieser Tour** gleich. Er führt ins Gebiet um das Jakobswegstädtchen **Saint Jean-Pied-de-Port,** ins hochprozentige Reich der **Domaine Brana** (Showroom mit Direktverkauf in Ossès, Route de Saint Jean-Pied-de-Port, Mo-Sa 10-13 und 14-19 Uhr; Geschäft in der Rue de l'Église 6 in Saint Jean-Pied-de-Port, Mo-Sa 10.30-13 und 14.30-19 Uhr;, www.brana.fr). Das 1897 begründete Familienunternehmen produziert **erlesene Branntweine der Gegend:** Birne, Pflaume, Himbeere. Wunderbar weich, klar, vollreif. Ein Genuss, dem die Weiß- und Rotweine in nichts nachstehen. Die weit außerhalb liegenden Weinberge des Hauses sind in atemberaubende Kulissen gefasst. Saftgrüne Wiesenteppiche laufen auf die Pyrenäen zu, Gehöfte bepunkten die Hänge. Die würzig-frische Luft spült Lungen und Kopf durch. Und das wird man nach einer Kostprobe als Wohltat empfinden ...

Sonnengereifte Trauben

251sf ad

blöcken vorbei und durch die Lebensräume von Schafen und Pottok-Pferden.

Alternative zum Sitzerleben auf den ins Fleisch drückenden Bänkchen der Bahn ist die eigene Muskelkraft. Ein **Wanderweg** leitet hinauf zum Gipfel und überwindet eine Höhendifferenz von über 700 m. Während der Hochsaison reichen die Parkmöglichkeiten nahe der Talstation der Zahnradbahn leider nicht aus – dann muss man das Fahrzeug deutlich weiter weg abstellen.

■ **Petit Train de la Rhune,** Tel. 05 59 54 20 26, www.rhune.com. Der Zug verkehrt etwa Anfang Juni bis Anfang November; ab der Talstation regelmäßige Abfahrten in der Hochsaison (etwa 10. Juli bis Anfang September) zwischen 8.20 und 17.30 Uhr, sonst zwischen 9.30 und 16.10 Uhr; letzte Rückfahrtzeiten ab dem Gipfel gewöhnlich um 19.30 in der Hochsaison, sonst um 18.10 Uhr; im Sommer mitunter starker Andrang; an der Bergstation gelegentlich Unterhaltungsprogramme mit Leitmotiv Natur (z.B. Raubvogel-Demonstration, was auf Französisch „Lâcher des rapaces" heißt; im Juni und September gewöhnlich sonntags um 15.30 Uhr, ab etwa 10. Juli bis Ende August dienstags um 16.50 Uhr; das sollte man aktuell auf der Homepage prüfen). Hin- und Rückfahrt 22 €, Kinder (4–12 Jahre) 15 €; außer im Juli und August gibt es auch ein preisreduziertes Familienticket für 2 Erw. und 2 Kinder 4–12 Jahre für 70 €.

Col de Saint Ignace /Ortillopitz

Unweit des Col de Saint Ignace liegt (ausgeschildert) mit **„Ortillopitz – la Maison Basque de Sare 1660"** ein weiteres kleines Besuchsziel. Dabei handelt es sich um ein ins Grün gebettete Landhaus mit einem typischen Interieur, wie man es im 17. Jh. kannte – aufschlussreich für volkskundlich Interessierte.

■ **Ortillopitz,** www.ortillopitz.fr, Mitte April bis Mitte Juli So.–Fr. 11–16.30 Uhr; Mitte Juli bis Ende August So.–Fr. 10.30–17 Uhr; Ende August bis Ende September So.–Fr. 11–16.30 Uhr; übriges Jahr geschl.; nach Voranmeldung kann man auch an einem geführten Besuch teilnehmen, Eintritt 6 € (gilt für Erwachsene und Kinder über 4 Jahre), Teilnahme an Führungen 10 €.

Unterkunft

■ **Hôtel de la Rhune**①-②, 2 place Berria Ascain, Tel. 05 59 54 00 04, www.hoteldelarhune.com. Hier ist man mittendrin im Ort und logiert unter drei Sternen. Das 29-Zimmer-Haus ist moderne, komfortable Mittelklasse und bietet auch Familienzimmer sowie zwei Apartements.

Essen und Trinken

■ **Restaurant des Chasseurs**②, 45 route de Saint-Ignace, Ascain, Tel. 05 59 54 00 31, www.restaurantdeschasseurs.com. Beliebtes Restaurant im oberen Ortsteil bei der Kirche, gute Regionalküche. In der Nebensaison Di. und Mi., im Sommer Mi. ganztägig und Do.-mittags geschlossen.

Sare

Umgeben von landwirtschaftlichen Gehöften und steilen Pyrenäen-Abhängen, fügt sich Sare vortrefflich in die idyllische Landschaft. Eine ideale Tarnung, denn dem Ort mit seinen typisch labourdischen Häusern und der Kirche Saint-Martin haftete einst das Image eines berühmt-berüchtigten Schmugglernestes an. Ganz im Zeichen solcher

Traditionen steht der *Cross des contrebandiers* am vorletzten oder letzten Sonntag im August. Bei diesem **„Crosslauf der Schmuggler"** wird jeder Teilnehmer mit einem „Schmugglersack" um den Nacken ins Rennen geschickt (Distanz 8,4 km, höchster Punkt 522 m; www.sarakorri ka.com). Im Herbst bricht das Jagdfieber auf Wildtauben aus. Sare selbst pflegt lange Pelota-Traditionen. Die Kirche Saint-Martin wurde im 17. Jh. erheblich erweitert.

Grottes de Sare

Attraktion der Gegend sind die ausgeschilderten Grottes de Sare, ein **Höhlensystem,** das die Vorgeschichtler gern als Unterschlupf nutzten. Die ältesten nachgewiesenen Spuren menschlicher Präsenz gehen auf eine Zeit vor 45.000 Jahren zurück, die Höhle selbst dürfte vor etwa 90 Mio. Jahren entstanden sein. Im gespenstischen Umfeld aus Überhängen und Spalten werden die heutigen Grottenführungen mit Licht- und Toneffekten aufbereitet – wobei man die *Special Effects* vielleicht ein wenig überstrapaziert. Die Temperatur in den Höhlen liegt bei konstant 14 Grad, was nach adäquater Kleidung verlangt. Auch Familien mit Kindern steuern dieses Ziel gerne an.

- **Grottes de Sare,** Tel. 05 59 54 21 88, www.grottesdesare.fr; Anfang November bis Ende der Weihnachtsferien und Anfang Februar bis Ende März Mo.–Fr. 14–17, Sa./So. 13–17 Uhr, April bis Ende September tägl. 10–18 Uhr, Oktober bis Anfang November tägl. 10–17 Uhr; obligatorische Teilnahme an den Höhlenführungen, die Besuchsdauer beträgt ungefähr 45–60 Minuten. Eintritt 10 € für Erwachsene, 6 € für Kinder (5–13 Jahre). Außerhalb der Höhle kleines **Museum** und **Megalithpark** *(Parc mégalithique;* im Eintrittspreis inbegriffen). Zwischen Ende der Weihnachtsferien Anfang Januar und etwa Anfang Februar hat alles geschlossen. Bei den Höhlenbesuchen sind keine Fotos und Videoaufnahmen erlaubt.

Tierpark

Ebenfalls bei Sare gelegen (Richtung Grottes de Sare und Col de Lizarrieta) ist der **Parc Animalier Etxola,** ein kleiner Tierpark, der unter anderem langhörnige Rinder (Watussi, Highland) und diverse Vogelarten zeigt. Für Kinder von 2–10 Jahren sind kurze Ritte auf Ponys oder den kleinen Pottok-Pferden möglich (Extrapreis).

- **Parc Animalier Etxola,** www.parcanimalieretxola.fr, Tel. 06 15 06 89 51 ; April bis Juni tägl. 10–18, Juli und August tägl. 10–19, September bis Anfang November tägl. 10–17 Uhr, das restliche Jahr ist geschlossen; Eintritt 5 €, Ponyreiten je nach Dauer 5–18 €.

Information

- **Office de Tourisme,** quartier Bourg, Sare, Tel. 05 59 54 20 14, http://tourisme.sare.fr

Unterkunft/Essen und Trinken

- **Hôtel Arraya**③, place du Village, Tel. 05 59 54 20 46, www.arraya.com. Komfortables Vier-Sterne-Haus am Hauptplatz von Sare, seit mehreren Generationen familiär geführt. 16 stilvoll eingerichtete Zimmer, qualitativ und preislich unterteilt in *Tradition* und *Privilège,* außerdem gibt es die *Suites Prestige;* gewöhnlich zwischen Anfang November und Mitte/Ende März geschlossen. Hier kann man auch gepflegt essen.

Camping

■ **Camping Goyenetche,** route des Grottes, Sare, Tel. 05 59 54 28 34, http://campinggoyenetche6.wixsite.com/camping-goyenetche. Einfacher, kleiner Platz. Im Regelfall Anfang Mai bis Ende Oktober.

Camping de la Petite Rhune, Quartier Lehenbiscay, Sare, Tel. 05 59 54 23 97, www.lapetiterhune.com. Kleiner, gut ausgestatteter Platz mit kleinem Sommerpool. Vermietung von Hütten *(chalets),* in die bis zu vier Personen passen, ideal auch für Familien mit Kindern. Campingterrain nur zur wärmeren Jahreszeit, Hütten ganzjährig.

Sport und Aktivitäten

■ **Reiten:** *Centre Équestre d'Olhaldea,* Zalditokia, Sare, Tel. 05 59 54 28 94, http://olhaldea.eus. Klassiker sind die Ausritte, zwischen zwei Stunden und einem vollen Tag.

Saint Pée-sur-Nivelle

Inmitten einer grünen Berg- und Wiesenszenerie scheint die ländliche Welt um Saint Pée-sur-Nivelle und Ainhoa noch Ordnung. In Saint Pée-sur-Nivelle sieht man typische Häuser des Labourd und die Église Saint-Pierre aus dem 16./17. Jh. 2 km entfernt liegt das „Binnenmeer" des Ortes: der **Lac de Saint Pée,** ein beliebter Badesee mit einer Fläche von rund 12 Hektar. Hier kann man im Sommer mit Kajak oder Tretboot in See stechen, der Badestrand ist abgegrenzt. Stand-Up-Paddling ist ebenfalls möglich. Rundherum kann man zu Radtouren und Spaziergängen aufbrechen; **Jogger** nutzen den Seerandweg zu kompletten Runden, auch schön für Spaziergänger. Im Sommer ist der Fronton von Saint Pée-sur-Nivelle Schauplatz zahlreicher *Pelota-Matches,* gelegentlich sind baskische Kraftsportdemonstrationen angesetzt. Im Sommer gibt es nur gebührenpflichtige Parkplätze.

Information

■ **Office de Tourisme,** place du Fronton, Tel. 05 59 54 11 69, www.en-pays-basque.fr.

Unterkunft/Essen und Trinken

■ **Hôtel Bonnet**①-②, quartier Ibarron, 5 route d'Atzhe, Saint Pée-sur-Nivelle, Tel. 05 59 54 10 26, www.hotel-bonnet.com. Eine Institution in der Gegend – die Geschichte reicht bis ins Jahr 1900 zurück. Dem Familienbetrieb sind ein Sommerpool und ein Restaurant angeschlossen. Betriebsferien meist in der Zeit zwischen Mitte November bis kurz vor Weihnachten.

Camping

■ **Camping Ibarron,** quartier Ibarron, Saint Pée-sur-Nivelle, Tel. 05 59 54 10 43, www.camping-ibarron.com. Geöffnet etwa Anfang April bis Anfang November, drei Sterne. Mit Sommerpool. Vermietung von *Mobile Homes* gewöhnlich wochenweise, es gibt verschiedene Größen.

■ **Camping Goyetchea,** route d'Ahetze, quartier Ibarron, Saint Pée-sur-Nivelle, Tel. 05 59 54 19 59, www.camping-goyetchea.com. Ordentlicher Platz mit kleinem Sommerpool. Fest installierte *Mobile Homes* und Lodge-Zelte stehen als Unterkünfte zur Wahl. April bis September geöffnet.

Einkaufen

- Zu den kulinarischen Souvenirs der Gegend gehören **Schinken** und **Schafskäse,** Schilder von Privatleuten weisen gelegentlich auf den Verkauf hin.

Freizeitspaß im Sommer auf dem Lac de Saint Pée, Saint Pée-sur-Nivelle

Ainhoa

Kirche, Pelota-Spielfeld (Fronton) und der Zentralplatz mit typisch baskischen Häusern formen das Mosaik in Ainhoa, das nur wenige Kilometer vom **Grenzübergang Dantxarinea** (auch: Dancharinea/Dancharia) entfernt ist und es schon auf die Liste der „schönsten Dörfer Frankreichs“ geschafft hat. Alles liegt dicht gebündelt im 600 Einwohner starken Ainhoa. Die Église de Notre-Dame ist aus großen Steinquadern erbaut, der Glockenturmaufsatz achteckig.

Information

- **Maison du Patrimoine,** Ainhoa, Tel. 05 59 29 93 99, www.en-pays-basque.fr.

768swf_ad

Unterkunft/Essen und Trinken

- **Hôtel Argi-Eder**②-③, quartier Boxate, Ainhoa, Tel. 05 59 93 72 00, www.argi-eder.fr. Charaktervolles, trutziges Vier-Sterne-Haus mit Zimmern und Suiten. Mit Restaurant. Geöffnet etwa Mitte April bis Mitte Dezember.

Espelette

In und um die 2000-Einwohner-Gemeinde Espelette dreht sich alles um die **Paprikaschoten,** deren Bekanntheitsgrad weit über die Lokalgrenzen hinausgeht: die *piments d'Espelette*. Häufig sieht man die *piments* an den Hausfassaden trocknen. Im Regelfall am letzten Wochenende im Oktober steht die **Fête du Piment** an, das große Pfefferschotenfest, das mit reichlich Musik unterlegt wird. Außerdem ist der Ort Dreh- und Angelpunkt der berühmten **Pottok-Pferde** – zumindest beim alljährlich gegen Ende Januar stattfindenden Pferdemarkt *(Foire aux Pottoks)*.

Espelette lebt von seiner Stimmung im Ortskern, der mit kleinen Restaurants und überreichlich Verkaufsshops angefüllt ist. Der Kommerz blüht an allen Ecken. Alles dreht sich um die *piments*, die zopfweise im Angebot stehen oder in getrockneter Form als Pulver und als gewagteste Kreationen sogar mit Schokolade daherkommen. Mit den Parkplätzen am Ortsrand zeigt sich Espelette bestens auf die Besucheranstürme gerüstet. Schöne Zeugnisse der Volksarchitektur bilden die **baskischen Häuser** mit ihren hölzernen Läden und Balkonen – ob in Grün- oder Rotanstrichen.

Information

- **Office de Tourisme,** Château des Barons d'Espelette, Karrika nagusia, Tel. 05 59 93 95 02, www.en-pays-basque.fr.

Unterkunft/Essen und Trinken

- **Hôtel Euzkadi**①-②, Karrika nagusia, Tel. 05 59 93 91 88, www.hotel-restaurant-euzkadi.com. Typisches ländliches Haus im Ortskern, dem ein erstklassiges **Restaurant**②-③ angeschlossen ist. Es gibt verschiedene Zimmertypen. Gästen steht im Sommer ein kleiner Pool zur Verfügung.

Cambo-les-Bains

Im Gegensatz zu den Dörfern des Umlands wirkt das 6000 Einwohner zählende Cambo-les-Bains fast wie eine Großstadt. Cambo ist mit einem milden Klima und heißen Quellen gesegnet, die es einst zu einer regional bekannten Thermalstation haben aufsteigen lassen – daher der Namenszusatz „les-Bains".

Villa Arnaga

Etwa 1,5 km abseits des Zentrums befindet sich die Villa Arnaga, in der der Schriftsteller *Edmond Rostand* (1868–1918) viele Jahre lebte und arbeitete. Vor der trutzigen Villa breiten sich **prachtvolle Gärten** aus, die ebenso zu besichtigen sind wie das museale Innere des Hauses. Die Verfilmung des Rostand'schen Werkes **„Cyrano de Bergerac"** mit Hauptdarsteller *Gérard Dépardieu* machte dieses Stück Kulturerbe deutlich bekannter. Gelegentlich sind Konzerte terminiert. Etwa Mitte August findet hier alljährlich ein kleines Musik-/Theaterfestival statt.

■ **Villa Arnaga,** route du Docteur Camino, www.arnaga.com; April bis Juni, Sept. bis Anfang November tägl. 9.30–12.30 und 14.30–18 Uhr, Juli/August tägl. 10–19 Uhr, im Übrigen geschl.; Eintritt 9 €.

Information

■ **Office de Tourisme,** 3 Avenue de la Mairie, Tel. 05 59 29 70 25, www.cambolesbains.com.

Unterkunft/Camping

■ **Hôtel Ursula**②, 37 route du Bas Cambo, Tel. 05 59 29 88 88, www.hotel-ursula.fr. Gepflegtes, sympathisches 15-Zimmer-Haus, familiengeführt und servicebewusst.

■ **Camping Ur Hegia,** quartier du Bas Cambo, Tel. 05 59 29 72 03. Kleiner Zwei-Sterne-Platz, geöffnet April bis in die zweite Oktoberhälfte.

Prachtvoller Garten der Villa Arnaga

Adobe.Stock ©Brad Pict

Sport und Aktivitäten

- **Thermen:** *Chaîne Thermale du Soleil,* Cambo-les-Bains, Tel. 05 59 29 02 00, www.chainethermale.fr; geöffnet Mitte Februar bis Ende/Mitte Dez. Kuraufenthalte.
- **Eselswandern:** Ab der *Asinerie de Pierretoun,* einige Kilometer südöstlich im Quartier Pessarou (Tel. 06 37 85 02 50, www.anes-pays-basque.com). Das ist auch für Familien mit Kindern geeignet.

In der Umgebung

Ustaritz

Nordwestlich von Cambo-les-Bains führt der Weg Richtung Bayonne an Ustaritz vorbei, der einstigen Hauptstadt des Labourd. Im Mittelalter erhob sich hier ein imposantes Schloss. Heute zieht es Naturfans auf die Wanderwege der Umgebung.

767swf_ad

Hasparren

Nordöstlich von Cambo-les-Bains ist mit Hasparren eine ähnlich große Kleinstadt erreicht, die oft einen geschäftigen Eindruck macht. In Hasparren lebte der Poet und Romancier *Francis Jammes* (1868–1938).

Weiter nordöstlich führt der Weg von Hasparren über **La Bastide Clairence,** ein im 14. Jh. gegründeter Ort, der mit typisch baskischer Architektur aufwartet und **auf der Liste der „Schönsten Dörfer Frankreichs“** steht, weiter nach Bidache (siehe unten). Die Dorfkirche datiert ebenfalls aus dem 14. Jh., dahinter befindet sich ein jüdischer Friedhof. Das Pelota-Spielfeld *(Trinquet)* wird als das älteste in Frankreich bezeichnet.

Information

- **Office de Tourisme,** place des Arceaux, La Bastide Clairence, Tel. 05 59 29 65 05, www.en-pays-basque.fr.

Grottes d'Isturitz et d'Oxocelhaya

Nicht nur für eingefleischte Fans von **Tropfsteinhöhlen** – die Grotten von Isturitz et Oxocelhaya vereinen geheimnisvolle Formationen und Spuren des prähistorischen Menschen. Sie liegen bei **Saint Martin-d'Arberoue** (südöstlich von Hasparren). Die Höhlentemperatur liegt jahresdurchgängig bei 14° C – ganz so leicht und luftig sollte man also nicht ankommen.

- **Grottes d'Isturitz et d'Oxocelhaya,** www.grottes-isturitz.com; etwa einstündige Führungen Mitte März bis Mai sowie Oktober bis Ende Mitte November tägl. 14–17 Uhr, Anfang Juni bis Anfang Juli sowie im September tägl. 10.30–17 Uhr, restlicher Juli und August tägl. 10–18 Uhr; Eintritt 12,50 €, Jugendliche 12–17 Jahre 8 €, Kinder 4–11 Jahre 5 €.

Bidache

Wahrzeichen des auf dem Weg nach Peyrehorade gelegenen Ortes Bidache ist das **Château des Ducs de Gramont,** bzw. das, was davon übrig geblieben ist. Die Zerstörungen im Laufe der Jahrhunderte haben ihre Spuren hinterlassen.

■ **Château des Ducs de Gramont,** www.chateau-gramont.fr; Besuche Nov. bis März nur an Wochenenden 10–12.30 und 14–17.30 Uhr, sonst immer Di.–So., April/Sept./Okt. 10–12.30 und 14–17.30 Uhr, Mai bis August 10–12.30 und 14–18.30 Uhr; Eintritt 6 €, Kinder und Jugendliche frei.

Urt

Westlich von Bidache am Adour liegt die 2000-Einwohner-Gemeinde Urt, deren **Abbaye Notre Dame de Belloc** von Benediktinern bewohnt wird (www.belloceturt.org).

Camping

■ **Camping d'Etche Zahar,** 175 allée de Mesplès, Urt, Tel. 05 59 56 27 36, www.etche-zahar.fr. Auch Vermietung von Häuschen *(chalets)* und fest installierten Großzelten. Anfang April bis Anfang Okt.

☐ Dorfkirche in Itxassou

☐ Im idyllischen Flusstal der Nive

Itxassou

Dörfliche Idylle hängt über dem südlich von Cambo-les-Bains gelegenen Itxassou und seiner Kirche aus dem 17. Jh. Wegen der prächtigen Aussicht lockt der nahe 926-Meter-Berg **Artzamendi,** wegen seines legendären Ursprungs der bekannte **Pas de Roland.** Statt die Felsformation jenes „Rolands-Durchgangs" (ein übermannshohes, fast ovales Loch im Fels, durch den ein Pfad verläuft) geologisch zu erklären, lässt man sich lieber von einer Legende in die Vergangenheit treiben. Die Überlieferung besagt, dass im 8. Jh. die Truppen *Karls des Großen* an die Nive gelangten. Mit dabei: *Roland,* der Held des „Rolandsliedes", des ältesten französischen Heldenepos. Unvermittelt blockierte ein Felsblock den Weg. *Roland* nahm sein Wunderschwert *Durandal* und schlug eine Bresche, die den Soldaten den Durchzug erlaubte. Und auf dem Felsen La Trace ließ der von wundersamen Kräften beseelte *Roland* seinen Fußabdruck zurück. Eine andere Legendenversion besagt, dass der

768swf_ad

Durchgang auf den Huftritt des Rolandschen Pferdes zurückgeht.

Wie dem auch sei – allein das malerische **Flusspanorama um die Nive** rechtfertigt den Ausflug. Der Fluss ist auch ein beliebtes Rafting-Terrain. Unterhalb des Pas de Roland gibt es an der Nive einen steinigen Badestrand. Da die Parkmöglichkeiten äußerst begrenzt sind, muss man im Sommer ggf. sein Auto in Itxassou abstellen und ca. 20 Minuten an einem Nebensträßchen über der Nive zum Pas de Roland marschieren.

Der Pas de Roland („Rolands-Durchgang") bei Itxassou

770swf_ad

Information

■ **Homepage der Gemeinde:** http://itxassou.fr.

Unterkunft/Essen und Trinken

■ **Hôtel Txistulari**①-②, 442 route Errobi, Tel. 05 59 29 75 09, www.txistulari.fr. Angenehmes Landhotel mit kleinem Sommerpool und Restaurant. Seit langen Jahren geführt von der Familie *Usandisaga*. Über Weihnachten und Neujahr geschlossen.

Sport und Aktivitäten

■ **Rafting:** *Évasion Eaux Vives*, Base de loisirs, 229 Errolako Bidea, Tel. 05 59 29 31 69, http://evasion64.fr.

Bidarray

Auf halbem Weg zwischen Cambo-les-Bains und Saint Jean-Pied-de-Port gelegen, steigt der 650-Einwohner-Ort Bidarray von der Nive aus hügelwärts auf. Der Name setzt sich aus den baskischen Worten *bide* und *arrai* zusammen und bedeutet „Weg der Dornen". Die Gegend ist beliebter Ausgangspunkt für Abenteuertourismus – **Canyoning und Rafting.** Auch Klettertouren sind beliebt, **Wanderer** zieht es auf den rund 1050 m hohen Pic d'Iparla.

Unterkunft/Essen und Trinken

■ **Hôtel Noblia**①, route de Saint Jean-Pied-de-Port, Bidarray, Tel. 05 59 37 70 89, www.hotel-basque-noblia.com. Solides kleines Haus mit rustikalem **Restaurant.**

Sport und Aktivitäten

Rafting: *Ur Bizia Rafting*, RD 918, Erramondeguya, Bidarray, Tel. 05 59 37 72 37, www.ur-bizia.com; Ur Ederra, www.rafting-paysbasque.com; *Cocktail Aventure*: www.cocktail-aventure.com.

Saint Jean-Pied-de-Port

Der Touristenbetrieb der Region Basse-Navarre bündelt sich vor allem in seiner Hauptstadt Saint Jean-Pied-de-Port, das seinen Ruf als eines der **malerischsten Städtchen** im Baskenland kultiviert. In dem an der Nive gelegen Ort kann man herrlich durch die Gassen flanieren. **Jakobspilger** rüsten sich hier zum langen, beschwerlichen Aufstieg in die Pyrenäen auf den Ibañeta-Pass. Saint Jean-Pied-de-Port (baskisch: *Donibane Garazi*), heute 2000 Einwohner stark, blickt auf eine lange, wechselvolle Geschichte zurück: römische Wegestation *Imus Pyrenaeus* (Saint Jean-le-Vieux) zwischen Bordeaux und dem spanischen Astorga, wegweisendes Etappenziel der Jakobspilger, vorübergehender Bischofssitz und befestigter Vorposten in den einstmals schwelenden französisch-spanischen Grenzkonflikten. Spuren aus der **Römerzeit** findet man im Nachbarort Saint Jean-le-Vieux mit dem Camp Romain.

Dies wirft ein erstes Licht auf die Gesamtheit interessanter Monumente. Die **Stadtmauern** datieren aus dem Spätmittelalter, die **Kirche Notre-Dame** ist gotischen Ursprungs. Noch heute ziehen die Pilger durch das historische Stadttor **Porte Saint-Jacques,** die schönsten Häuserfassaden findet man im Bereich der Rue de la Citadelle und der Rue d'Espagne. Lassen Sie sich durch die Gassen an vielen Geschäften vorbeitreiben und genießen Sie den Blick auf den brückenüberspannten Fluss und das Panorama des grünen Pyrenäen-Umlands – am besten vom Plateau bei der **Zitadelle** aus, ein Bauwerk, bei dem *Sébastien le Prestre de Vauban* seine Hand im Spiel hatte. Selbst wenn man nicht die Zitadelle betritt, ist der Eindruck von außen interessant. Zwischen Unter- und Oberstadt, in der Rue de la Citadelle, liegt das sogenannte **„Bischofsgefängnis"** Prison des Evêques aus dem 13. Jh.

Mit Hotels, Pensionen, Cafés, Restaurants und Souvenirshops hat man sich auf die Besucherströme bestens eingestellt. Im Angebot für Touristen stehen Mitbringsel aller Art: von Schinkenkeulen bis zu Schafswolljacken, von der Kuhglocke bis zur Baskenmütze.

■ **Prison des Evêques,** Ostern bis Anfang November Mi.–Mo. 11–12.30 und 14.30–18.30 Uhr, im Juli/August tägl. 10.30–19 Uhr; Eintritt 5 €, Kinder bis 14 Jahre frei.

■ **Zitadelle,** Führungen im Regelfall nur etwa 10. Juli bis 18. August – und dann auch nur Mo., Mi. und Do. jeweils um 10.30 Uhr; Eintritt 7 €.

☒ Blick auf die Pilgerbrücke von Saint Jean-Pied-de-Port

Information

■ **Office de Tourisme,** 14 place Charles de Gaulle, Tel. 05 59 37 03 57, www.st-jean-pied-de-port.fr/tourisme. Auch Auskunft zum Jakobsweg und zu Wandermöglichkeiten im Umland.

Unterkunft

■ **Hôtel Les Pyrénées**②-③, 19 place Charles du Gaulle, Tel. 05 59 37 01 01, http://hotel-les-pyrenees.com. Vier-Sterne-Hotel in zentraler Lage. Gepflegter Stil, mit Terrasse und Sommerpool, diverse Zimmerkategorien. Mitte Nov. bis Anfang Dez. geschl. Mit Restaurant, das seine Schließtage gewöhnlich Mo. und Di. hat.

■ **Maison d'Hôtes Ziberoa**①, route d'Arnéguy 3, Tel. 06 61 23 59 44, www.ziberoa.com. Gepflegte und freundlich eingerichtete Gästezimmer in einem typisch baskischen Haus. Frühstück ist inklusive. Es gibt auch eine Familiensuite für maximal vier Personen.

Camping

■ **Camping Municipal Plaza Berri,** avenue du Fronton, Tel. 05 59 37 11 19. Ein nahe dem Zentrum gelegener städtischer Platz. Sehr klein, sehr einfach und sehr preisgünstig. Geöffnet normalerweise zwischen Mitte April und 1. Nov.

Essen und Trinken

■ **Oillarburu**①-②, 8 rue de l'Église, Tel. 05 59 37 06 44. Ein typisches Altstadt-Restaurant, serviert wird regionale Kost. Dienstag ist Ruhetag.

■ **Brasserie-Café Ttipia**①, 2 place Floquet, Tel. 05 59 37 11 96, http://cafettipia.com. Populärer Treff, stimmiges Preis-Leistungs-Verhältnis und eine kleine, aber feine Auswahl an herzhaften Gerichten.

Verkehrsanbindung

- **Bahnhof:** avenue Renaud, Züge nach Bayonne (etwa eine Stunde Fahrtzeit).

In der Umgebung

Dörfer im Norden

Nördlich von Saint Jean-Pied-de-Port liegen einige nette Dörfer verstreut im Pyrenäen-Vorland. Dazu zählen **Ascombéguy** (Grabstelen auf dem Friedhof), **Hélette** (Käserei *Agour* mit volkskundlich relevantem Hirtentum- und Käsemuseum, *Musée du Pastoralisme et du Fromage*) und **Iholdy** mit dem im 17. Jh. neu aufgebauten Château d'Iholdy.

- **Helette,** *Musée du Pastoralisme et du Fromage, Fromagerie Agour,* Tel. 05 59 37 63 86; www.agour.com; im Juli und August tägl. 9–11 und 14–17, sonst Mo.–Fr. 8.30–12.30 und 14–18.30 Uhr, Sa. 8.30–12.30 Uhr, Zutritt frei. Direktverkauf von Produkten.

Ostabat

Bei Ostabat laufen **drei Achsen des Jakobsweges** zusammen, wie sie schon im mittelalterlichen *Codex Calixtinus* erwähnt wurden: die *Via Turonensis* aus Richtung Dax und Peyrehorade, die über Mont-de-Marsan und Saint Palais führende *Via Lemovicensis* sowie die aus Cahors und Aire-sur-l'Adour herführende *Via Podiensis.* Im Spätmittelalter hatten Pilger die Wahl zwischen einer zweistelligen Zahl an Herbergen. An der

Adobe.Stock ©guysagne

244sf ad

nahen „Stele von Gibraltar“ werden die Richtungen der großen Jakobswegachsen angezeigt.

Auf dem Jakobsweg nach Spanien

In Saint Jean-Pied-de-Port gibt die Aussicht auf die Pyrenäen allen Jakobspilgern einen Vorgeschmack auf das Kommende: rund 800 Höhenmeter Differenz in Richtung Bergwelt von Roncesvalles *(Col de Ronceveaux)* und Ibañeta-Pass. Höher hinaus geht es für Wanderer noch auf einer zweiten Variante, der „Napoleon-Route“. Für Motorisierte bietet sich die Fahrt auf der Landstraße zwischen Saint Jean-Pied-de-Port und der Passhöhe an (rund 25 Straßenkilometer). Schönes Wetter und – wegen der Haarnadelkurven – Magenfestigkeit vorausgesetzt, lohnt sich dieser Spanien-Abstecher auf jeden Fall!

Ibañeta-Pass

Über die D 933 verlassen Sie Saint Jean-Pied-de-Port in südlicher Richtung und erreichen mit **Arnéguy** den letzten Ort vor der alten französisch-spanischen Grenze. Auf spanischer Seite folgt man über die N 135 der klassischsten Variante des Jakobsweges (span. *Camino de Santiago*) hinauf zum 1057 m hohen Ibañeta-Pass. Das Sträßchen windet sich in schier unendlich vielen Kehren aufwärts und streift gelegentlich den Pilgerweg.

Von der Passhöhe bieten sich schöne Blicke ins Tal und auf die umliegenden Pyrenäenflanken – vorausgesetzt, Regen oder Nebel verschleiern nicht die Sicht. Auf der Passhöhe erinnert ein **Denkmal** an den sagenumwobenen **Roland,** der die Nachhut von *Karl dem Großen* anführte und 778 mit den Seinen in einen tödlichen Hinterhalt geriet. Das älteste französische Heldenepos „Chanson de Roland“ rankt sich um jene Schlacht von Roncesvalles und die Tapferkeit des Streiters. Ob es die Mauren waren, die ihm die verhängnisvolle Falle gestellt hatten, oder einzig die Basken oder gar Mauren und Basken zusammen, ist historisch nicht geklärt.

Roncesvalles

Etwa 2 km hinter der Passhöhe erreicht man das täglich geöffnete **Kloster** von Roncesvalles, das einst in Händen von Augustinern lag und zu den bekanntesten Anlagen am gesamten Jakobsweg gehört. Der lohnende Besuch in Roncesvalles splittet sich in mehrere Teile auf: Kreuzgang und Kapitelsaal mit dem Mausoleum von Navarras König *Sancho dem Starken,* gotische Kirche Santa María mit einem silberverkleideten Bildnis der Madonna von Roncesvalles, Krypta, Museum mit Klosterschatz sowie die beiden Kapellen Santiago und Sancti Spiritus. Die Kirche von Roncesvalles ist durchgehend geöffnet und kostenlos zugänglich.

In den Klosterkomplex eingefasst ist ein Touristenbüro; Unterkunft findet man hier sowie im nahen **Burguete.** Knapp 50 km südwestlich liegt die nächste größere Stadt: Pamplona (weiterführende Infos im REISE-KNOW-HOW-Band „Nordspanien mit Jakobsweg").

Saint Étienne-de-Baïgorry

Das westlich von Saint Jean-Pied-de-Port gelegene Saint Étienne-de-Baïgorry splittet sich in mehrere Teile und bildet das Tor ins **Vallée des Aldudes.** Die umliegende Landschaft erstrahlt in Grüntönen und wird von schroffen Gipfeln überragt. Zu den Sehenswürdigkeiten zählen die erst im 17. Jh. erbaute „römische Brücke" Pont Romain, die Kirche Saint-Étienne mit ihrem spitz zulaufenden Glockenturm, der aus Deutschland stammenden Orgel und den Galerien im Innern sowie das **Château d'Etxauz.** Dieses Schloss geht auf das späte Mittelalter zurück, die Bauzeit reichte bis ins 16. Jahrhundert.

Im Gebiet um **Irouléguy** östlich des Ortes wird auf einer Fläche von rund 200 Hektar Wein angebaut.

■ **Weinproben** und **-einkauf** sowie auf Anfrage auch **Führungen** in der Cave d'Irouléguy, Irulegiko errepidea 255-285, Baigorri, Tel. 05 59 37 41 33, http://cave -irouleguy.com. Öffnungszeiten: täglich 9.30–12.30 und 14–18 Uhr. Der einstündige „Entdeckungs-Besuch" (*Visite découverte*) kostet 15 €.

Information

■ **Office de Tourisme,** place de la Mairie, Tel. 05 59 37 47 28, www.en-pays-basque.fr.

Unterkunft/Essen und Trinken

■ **Hôtel Arcé**②-③, Tel. 05 59 37 40 14, www.hotel-arce.com. Über den Flussufern nahe der Brücke gelegen, charmantes Haus unter Führung der fünften Generation, mit Restaurant. Ein wenig nostalgischer Stil. Meist Anfang/Mitte November bis Anfang/Mitte April geschlossen. Aufmerksamkeit verdient die gepflegte Gartenanlage.

◁ Kerzenopfer in der Kirche Notre-Dame in Saint Jean-Pied-de-Port

Durchs Aldudes-Tal zum spanischen Eugui-Stausee

Das sich nach Süden erstreckende Aldudes-Tal mit seinem 330-Einwohner-Ort **Aldudes** ist Ziel von Naturfans. Ein Abstecher nach Spanien führt durch das Tal zum Eugui-Stausee *(Embalse de Eugui)*. Von der Grenze sind es ca. 15 km bis zum See. Der Übergang ist wenig befahren und im Winter wegen der widrigen Witterungsverhältnisse zuweilen nur schlecht oder gar nicht passierbar. Wenige Kilometer hinter dem Eugui-Stausee bindet man an den spanischen Jakobsweg an und kann über Burguete und Roncesvalles nach Saint Jean-Pied-de-Port fahren.

Haus inmitten der Weingärten des Anbaugebiets Irouléguy

Kirche von Saint Étienne-de-Baïgorry

245sf ad

Saint Palais

Saint Palais, ein gefälliger 2000-Einwohner-Ort, hat sich einen Namen als **historische Jakobswegstation** an der Via Lemovicensis gemacht. Seinerzeit verehrten die Pilger die Reliquien eines heiligen Märtyrers namens *Pelayo* (Saint Palais) und fanden in einem halben Dutzend Herbergen Unterschlupf. In die Annalen eingegangen ist der Aufenthalt des Bischofs von Arles im Jahre 1391, zu dessen Begleittross nicht weniger als 50 Pferde und Maultiere gezählt haben sollen.

In Saint-Palais werden noch heute Traditionen aufrechterhalten, ob bei baskischen Kraftsportwettbewerben, beim Pelotaspiel oder mit der Leinenproduktion. Fotomotive gibt der Hauptplatz ab, die *Place du Foirail de Saint-Palais*. Vorbei am Ort fließt gemächlich das Flüsschen Bidouze, in dem Häuser und die Kirche ihre Spiegelbäder nehmen.

Information

- **Office de Tourisme,** Espace Chemins Bideak, avenue de Gibraltar 55, Tel. 05 59 65 71 78, www.saint-palais.fr, www.en-pays-basque.fr.

Unterkunft/Essen und Trinken

- **Hôtel-Restaurant de la Paix**②, 33 rue du Jeu de Paume, Tel. 05 59 65 73 15, www.hotellapaix.com. Traditionelle Regionalküche, bei gutem Wetter kann man draußen sitzen. Unterkunft im gleichnamigen 27-Zimmer-Hotel, drei Sterne. Die Zimmer sind zweckmäßig und schnörkellos.

246sf ad

Sport und Aktivitäten

- **Reiten:** *Centre Équestre,* Zaldi Xuri, Saint Palais, Tel. 05 59 65 97 73, http://cestpalais.jimdofree.com, Ponyreiten, Kurse.

Mauléon

Mit 3200 Einwohnern sticht Mauléon (auch: Mauléon-Licharre) als größte Ansiedlung weit und breit hervor. Mit der traditionellen Produktion von **Segeltuchsandalen** *(espadrilles)* hat man einen gewissen Bekanntheitsgrad erreicht. Bewährte Produktionsstätte ist *Espadrilles Prodiso* (route de Tardets, *Zone Artisanale;* www.espadrilles-mauleon.fr). Schicke Modelle für Erwachsene bewegen sich im Preisrahmen zwischen 26 und 70 Euro.

Samstags vormittags steigt der Wochenmarkt auf der *Place des Allées,* Käse gibt es in der *Crémerie Xirikota* (boulevard Gambetta 39, So. und Mo. geschl.). Erwähnung verdienen außerdem das **Château Fort de Mauléon** (Ursprung im 12. Jh.; besuchbar gewöhnlich nur Anfang April bis Ende September, Eintritt 3 €) und das **Château d'Andurain de Maytie.** Dieses datiert aus dem 17. Jh., besuchbar sind sieben möblierte Räume (Eintritt 6 €, ganzjährig; gewöhnlich Do. und So.-vorm. geschl.).

Information

- **Office de Tourisme,** 10 rue Jean Baptiste Heugas, Tel. 05 59 28 02 37, www.en-pays-basque.fr.

Unterkunft

- **Hôtel Domaine Agerria**①-②, 3 rue du Frère Alban, Tel. 05 59 19 19 19, http://domaine-agerria.com. Interessante Symbiose aus Alt und Neu – dieses Hotel ist in einem historischen Kloster eingerichtet. Zur Wahl stehen drei Zimmerkategorien. Mit Restaurant (Mi. und Do. geschl.).

In der Umgebung

L'Hôpital-Saint-Blaise

MEIN TIPP: Nordöstlich von Mauléon führt ein Sträßchen zur sehenswerten **Église de l'Hôpital-Saint-Blaise** (April bis Mitte Nov. täglich 10–19 Uhr, sonst Mo.–Fr. 9–17 Uhr; Apr. bis Mitte Nov. Ton- und Lichtschau um 11, 12, 14, 15, 16, 17, 18 und 18.30 Uhr (6 €), www.hopital-saint-blaise.fr). Der verschachtelt wirkende Kirchbau liegt im Dorf Hôpital Saint-Blaise und ist ein Werk der Romanik aus dem 12. Jh. Seinen Ursprung verdankt das Gotteshaus dem mittelalterlichen Pilgerboom um *Jakobus.* Die Steingitterfenster und die sternförmigen Verstrebungen unter der Kuppel verraten muselmanischen Einfluss, das Innere erstrahlt in warmem Licht. Zum Komplex gehörte ein Hospiz, um die Pilgerpflege kümmerten sich die Hospitaliter. Ab hier kann man weiter nach Oloron-Sainte-Marie anbinden.

Dörfer und Schluchten im Grenzgebiet und Grotte de la Verna

Südlich von Mauléon führt der Weg über **Gotein** (Dorfkirche mit drei Spitzen), **Trois-Villes** (Château du Comte de Tréville, 17. Jh.) und den 600-Einwohner-Ort **Tardets-Sorholus** dem Gebiet um den **Pic d'Orhy** entgegen, einem 2017-Meter-Riesen der Pyrenäen, dessen Gipfel auf der französisch-spanischen Grenze liegt. Eine schöne Aussicht bietet sich nordöstlich von Tardets-Sorholus auf knapp 800 m Höhe um die Chapelle La Madeleine, gebaut auf den Fundamenten eines römischen Tempels.

Wo sich derart hohe Gebirgsflanken aufwerfen, sind klaffende Schluchten nicht weit. Besonders spektakulär: die südöstlich von Larrau gelegenen **Gorges d'Holzarté** (auch: Holçarté) und die nahe Sainte Engrâce gelegenen **Gorges de Kakouetta** (Schreibweise auch: Kakuetta). Durch die immer schmaler werdende Kakouetta-Schlucht zieht sich die problemlos begehbare Strecke zum Teil über angesetzte Stege bis zu einem Wasserfall und der Grotte du Lac. Weniger bekannt sind die südlich von Sainte Engrâce gelegenen **Gorges d'Ehujarre.**

Ein gesondertes, abgelegenes Ziel in der Gegend ist die **Grotte de la Verna**. Es ist ein Stück geologische Wunderwelt im Innern der Erde, für Besucher perfekt ausgeleuchtet. Es gibt verschiedene Besuchstypen, je nachdem, wie viel Zeit und Abenteuergeist man mitbringt. Im Ort **Saint Engrâce** ist die Kirche mit ihrem vorliegenden Friedhof interessant.

- **Gorges de Kakouetta,** nur von Mitte März bis Mitte November zwischen 8 Uhr und Sonnenuntergang begehbar; 6 €, Kinder/Jugendliche 7–16 Jahre 4,50 €. Bei Redaktionsschluss vorübergehend geschl.; www.en-pays-basque.fr.
- **Grotte de la Verna,** Espace d'accueil Arrakotchepia, ganzjährig geöffnet. Da die Zahl der Besucher begrenzt ist, sollte man unbedingt eine Reservierung vornehmen (http://laverna.fr). Einstündiger Normalbesuch ab 14 € wochentags und außerhalb von Schulferien, sonst 18 €, zweistündige sportliche Entdeckung ab 24 € (wochentags und außerhalb von Schulferienzeiten), sonst 28 €. Aus Sicherheitsgründen dürfen Kinder unter 5 Jahren generell nicht hinein in die Höhle.

Forêt d'Iraty

Westlich von Larrau eröffnet sich Wanderern im französisch-spanischen Grenzraum mit dem Forêt d'Iraty ein beliebtes **Wanderterrain.** In der Gebirgslandschaft kommen Rot- und Schwarzwild, Marder und Siebenschläfer vor.

Information

- **Office de Tourisme,** rue Arhanpia, Tardets-Sorholus, Tel. 05 59 28 51 28, www.en-pays-basque.fr.

Unterkunft/Essen und Trinken

- **Hôtel Etchémaïté**①-②, Larrau, Tel. 05 59 28 61 45, www.hotel-etchemaite.fr. Rustikales 17-Zimmer-Haus; die besseren Zimmer haben Balkon. Mit Restaurant.
- **Hôtel Piellenia**①, Place Centrale, Tardets-Sorholus, Tel. 05 59 28 53 49, www.hotel-piellenia.com. Eine solide Zwei-Sterne-Wahl, die das Urlaubsbudget nicht übermäßig belastet. Einladend und rustikal ausstaffiert ist das hauseigene Restaurant.

Sauveterre-de-Béarn

Auf einem Plateau hoch über dem kleinen Strom des **Gave d'Oloron** breitet sich Sauveterre-de-Béarn aus. Vom Vorplatz der romanisch-gotischen Église Saint-André schauen Sie auf den über 30 m hohen **Tour de Montréal** (13. Jh.) sowie hinab auf die mittelalterliche Flussbrücke. Der Übergang trägt den Namen „Legendenbrücke" (Le Pont de la Légende), da hier einer adeligen Witwe namens *Sancie* Ende des 12. Jh. ein wundersames Gottesurteil widerfuhr. Des Mordes an ihrem eigenen Kind bezichtigt, warf man sie gefesselt in den Fluss – doch die Strömung trug sie ans Ufer, womit ihre Unschuld nach seinerzeitigem Weltverständnis als bewiesen galt.

Ebenso schön wie das monumentale Gepräge des alten Jakobspilgerortes Sauveterre wirkt das **Panorama der Pyrenäengipfel** im Hintergrund. Was für ein Kontrast, sollte man noch ein Stündchen zuvor am Atlantik gesessen haben.

Information

- **Office de Tourisme,** place Royale, Tel. 05 59 38 32 86, www.sauveterre-de-bearn.fr.

Unterkunft

- Kleines **Privatquartier**① ist das *Maison Bortu Begi* (route de Salies, Tel. 05 59 38 51 81), yetg.mas@neuf.fr

Camping

- **Camping du Gave,** chemin du Camping, Tel. 06 13 03 58 98, http://camping-du-gave.com. Kleiner, ruhiger Platz, Anfang März bis Mitte November. Auch Vermietung von *Mobile Homes* (in der Hauptsaison nur wochenweise, Sa. bis Sa.; in der Nebensaison auch wochenendweise).

In der Umgebung

Laàs

Südöstlich von Sauveterre-de-Béarn wartet in Laàs mit dem **Château de Laàs** eines der bemerkenswertesten Schlösser im Béarn. Eingefasst in einen 12-Hektar-Park, genossen die Blaublütler hier einst das Leben. Das Interieur umfasst sowohl wertvolles Mobiliar als auch Fayencen. So ist es offiziell als „Museum der Dekorativen Künste" etikettiert, einst auf den Weg gebracht von der Familie *Serbat*.

- **Château de Laàs/Musée,** www.musee-chateau-laas.com, nur Anfang April bis Anfang November geöffnet, wobei es je nach Jahreszeit 4 oder 5 Führungen gibt (Anfang Juli bis Anfang September um 11.30, 14, 15, 16, 17 und 18 Uhr, sonst nur um 11.30, 14, 15 und 16 Uhr); die Gärten öffnen Anfang Juli bis Anfang September von 10 bis 20, sonst bis 18 Uhr; Eintritt inkl. Gärten 11 €.

Navarrenx

Auf halbem Weg zwischen Sauveterre-de-Béarn und Oloron-Sainte-Marie liegt Navarrenx, das 1316 als **Bastide** aus der Taufe gehoben wurde. Zuvor hatte hier bereits eine Flussbrücke bestanden. Mitte des 16. Jh. erhielt Navarrenx einen 1,6 km langen Stadtmauergürtel, in dieselbe Zeit reichen die Anfänge der Kirche Saint-Germain zurück.

Information

- **Office de Tourisme,** 2 place des Casernes, Navarrenx, Tel. 05 59 38 00 33, www.tourisme-bearn-gaves.com.

Unterkunft/Essen und Trinken

- **Hôtel du Commerce**①-②, place des Casernes, Tel. 05 59 66 22 54, www.hotellecommerce.fr. Solides Zwei-Sterne-Haus, 10 Zimmer. Mit Restaurant, wo sich das Menü als Querschnitt durch die Regionalkost empfiehlt.

Salies-de-Béarn

MEIN TIPP: Nördlich von Sauveterre-de-Béarn erreichen Sie den regional bekannten Thermal- und Salzort Salies-de-Béarn, Mittelpunkt einer 5000-Einwohner-Gemeinde und mit netten Gassen und Häuserfassaden, die im Zentrum ihr Spiegelbild ins Wasser werfen. Die Salzvorkommen werden seit Ende des 16. Jh. wirtschaftlich genutzt, auch der Bayonner Schinken wird mit Salz aus Salies-de-Béarn eingesalzen. An den Salinen selber finden sich Erklärungstafeln. Um das „weiße Gold" – und auch Béarnaiser Traditionen – kreist ein Museum. Das Salz ist zehnmal salzhaltiger als das Meer. Im örtlichen Thermalkomplex kann man es sich wohl ergehen lassen. Kleines Kulturziel ist die *Crypte du Bayàa* (Infos im *Office de Tourisme*, Eintritt 4,50 €).

- **Musée du Sel et des Traditions Béarnaises,** rue des Puits Salants; www.museedusel64.fr, geöffnet Anfang März bis Mitte Dez. Mo.–Sa. 13.30–19 Uhr, Eintritt 6 €.

Information

- **Office de Tourisme,** 8 rue de la Fontaine salée, Tel. 05 59 38 00 33, www.tourisme-bearn-gaves.com.

Unterkunft/Essen und Trinken

■ **Hôtel du Parc**①-②, boulevard Saint Guilly, Tel. 05 59 38 31 27, www.hotelsalies.com. Feudales, ganzjährig geöffnetes Haus mit interessanter Innenarchitektur, Casino, Lounge Bar und Restaurant.

Sport und Aktivitäten

■ **Thermalkomplex** am cours du Jardin Public, Tel. 05 59 38 10 11, www.thermes-de-salies.com; Mo.–Fr. 8.30–19, Sa. 8–18, So. 9–12.30 und 14–18 Uhr.

Orthez

Salies-de-Béarn kann man gut mit einem Besuch des weiter östlich gelegenen Orthez kombinieren, der einstigen **Hauptstadt des Béarn.** Wahrzeichen ist die Brücke mit ihrem Wehrturm aus dem 13. Jh. Auch sehenswert: der Burgturm des **Château Moncade** (13./14. Jh.), die **Église Saint-Pierre** (ebenfalls 13./14. Jh.), das **Maison Jeanne d'Albret** (16. Jh.) mit historischem Museum und das aus dem 18. Jh. stammende **Maison Chrestia,** von 1897 bis 1907 Wohnsitz des französischen Dichters *Francis Jammes* (1868–1938).

■ **Château Moncade,** rue Moncade, Ende April/Mai/Juni und Sept. Sa. und So. 14–18 Uhr, im Juli und Aug. tägl. 10–12.30 und 14–18 Uhr; übriges Jahr geschl.; Eintritt 4 €.

■ **Musée Jeanne d'Albret,** 37 rue Bourg Vieux, geöffnet Mitte April bis Anfang Nov. Di.–Sa. 10–12 und 14–18 Uhr; Eintritt 5 €, zusätzlich 2 € für die Teilnahme an einer einstündigen Führung (immer um 10.30 und 15 Uhr).

■ **Maison Chrestia,** 7 avenue Francis Jammes; Anfang Januar bis Mitte Dezember Di., Fr. und Sa. 14.30–16.30 Uhr, Eintritt frei; www.francis-jammes.com

Information

■ **Office de Tourisme,** 1 rue des Jacobins, Tel. 05 59 12 30 40, www.coeurdebearn.com.

Unterkunft

■ **Hôtel Kyriad**①, rue du Soulor, Tel. 05 59 69 28 77, www.kyriad.com. Drei-Sterne-Hotel etwas außerhalb, mit 24 Zimmern und Restaurant. Vorteil für Autofahrer ist der kostenlose Parkplatz.

Oloron-Sainte-Marie

Das gefällige 10.500-Einwohner-Städtchen Oloron-Sainte-Marie ist seit römischen Zeiten als Bündelungspunkt bekannt. Hier fließen Gave d'Aspe und Gave d'Ossau zusammen, hier vereinen sich im Zeichen des Jakobus die beiden Pilgerachsen Via Tolosana und Pyrenäenweg, hier wurden die beiden Ortsteile Oloron und Sainte Marie Mitte des 19. Jh. zu einer Einheit verschnürt.

Kirchen und Kathedrale

Anlaufstelle der Wallfahrer von einst war zunächst das Quartier Sainte Croix mit seiner **Église Sainte-Croix,** einer von muselmanischen Einflüssen bestimmten romanische Kirche. Im Quartier Sainte-Croix erhebt sich auch der **Tour de la Grède,** ein mittelalterlicher Verteidigungsturm aus dem 13. Jh.

Vom 12. bis 14. Jh. trieb man den Bau der **Cathédrale Sainte-Marie** voran, die man allein wegen ihres skulpturenreichen Portals als eines der schönsten Gotteshäuser in Frankreichs Südwesten bezeichnen darf (geöffnet täglich etwa 8 bis 19.30 Uhr, außerhalb der Sommersaison meist etwas kürzer). Von einem Vorbau geschützt, begibt sich der Betrachter auf Bilderreise: von den 24 Ältesten der Apokalypse und dem Osterlamm in den Rundbögen bis zur Kreuzabnahme im Tympanon. Auch weltliche Aktivitäten aus dem Béarn sind zu erkennen, so wie die Brotherstellung und Schlachtungen von Wildschwein und Ente. Der marmorne Mittelpfeiler zeigt zwei Rücken an Rücken gekettete Männer, auf deren Schultern die Hauptlast des Portals zu ruhen scheint; vermutlich sind mit dem Menschenpaar gefangene Muselmanen dargestellt.

König *Heinrich IV.* stiftete die kunstvoll beschlagenen Türen, durch die man das Innere der Kathedrale betritt. Hier fällt der Blick auf das kuriose Weihwasserbecken der Aussätzigen *(benitier des lépreux),* ehe man sich der üppigen Glasfensterpracht mit Motiven wie der Geburt Christi und der Himmelfahrt Mariens widmet. Die Schnitzereien des Orgelgehäuses sind mit Blattgold belegt und stammen ebenso aus dem 17. Jh. wie die übermannsgroßen Engelsfiguren. Ins Gotteshaus integriert ist der Kirchenschatz *(Trésor).* In einer Novembernacht 2019 stiegen leider Diebe ein. Sie entwendeten aus dem Domschatz wertvolle historische Goldschmiedearbeiten, darunter Kelche und Monstranzen, überdies liturgische Gewänder aus dem 16. Jh., seinerzeit Geschenke von König *François (Franz) I.*

Eine neuere Kirche gibt es im Quartier Notre-Dame zu sehen: die zwischen 1869 und 1887 erbaute **Église Notre-Dame** (mit Krypta und Apsismalereien von *Paul Delance*).

In der Altstadt

Zwischen der Kathedrale und dem Brückenbereich am Fluss haben Stadtväter und -mütter das Ortsbild Olorons geschmackvoll aufbereiten lassen.

Information

■ **Office de Tourisme,** allées du Comte de Tréville, Tel. 05 59 39 98 00, www.oloron-ste-marie.fr, www.pyrenees-bearnaises.com.

Unterkunft/Essen und Trinken

■ **Hôtel Alysson**②-③, 24 boulevard des Pyrénées, Tel. 05 59 39 70 70, www.alysson-hotel.fr. Vier-Sterne-Hotel mit Fitnessraum und Sommerpool. Mehrere Zimmerkategorien, Restaurant mit Terrassenservice während der wärmeren Jahreszeit und jederzeit eine gute Adresse für den Abend. In einschlägigen Bewertungsforen steht dieses Haus meist an der Spitze in Oloron-Sainte-Marie.

■ **Hôtel de la Paix**①, avenue Sadi Carnot, Tel. 05 59 39 02 63, www.hotel-oloron.com. Eine solide Zwei-Sterne-Bleibe mit 24 Zimmern. Stadthausstil, aber einfache Einrichtung.

☒ Blick auf Oloron-Sainte-Marie

Camping

■ **Camping Pyrénées Nature,** chemin de la Lagravette, Tel. 05 59 39 11 26, http://campingpyreneesnature.fr. Drei-Sterne-Platz auf einem 3,5-Hektar-Areal. Große Stellplätze, Vermietung auch von Chalets (bis zu fünf Personen). Ganzjährig geöffnet.

Essen und Trinken

■ **La Part des Anges**②; 13 place de la Cathédrale, Tel. 05 59 36 01 96, auf Facebook vertreten. Schmackhafte und einfallsreiche Regionalkost. Auch Tischchen und Stühle draußen.

Sport und Aktivitäten

Skate Park: boulevard François Mitterand. Diverse Rampen, 85 m.

■ **Rafting , Kayak:** *Centre Nautique de Soeix,* 367 route du Gave d'Aspe, Tel. 05 59 39 61 00, http://raft-oloron.com.

In der Umgebung

Oloron-Sainte-Marie, eingefasst ins grüne Pyrenäen-Vorland, ist ein strategisch wichtiger Dreh- und Angelpunkt. Nordöstlich geht es durch grün gewellte Hügel und die Weinanbaugebiete um **Jurançon** 32 km weiter nach Pau.

Rund um Arette

Südwestwärts erreichen Sie **Aramits** und das Vallée de Barétous mit dem Hauptort **Arette.** Hier findet man eine alte Mühle, **Le Moulin d'Arette,** die an Natur und Traditionen geknüpften Ausstellungsräume im **Maison du Barétous** (place de la Mairie; nur Di.–Sa. geöffnet; Eintritt 5 €) sowie einen Naturkundepfad *(Sentier Découverte).* Von Arette aus können Sie an das **Wintersportgebiet La Pierre-Saint-Martin** anbinden, das sich über Höhen zwischen 1527 und fast 2200 m ausbrei-

Adobe.Stock ©MIMOHE

tet und mit diversen Liften ausstaffiert ist. Die Skisaison erstreckt sich von etwa Ende November bis Anfang April.

Information

- **Office de Tourisme,** place des Pollus, Arette, Tel. 05 59 66 20 09, http://arette.stationverte.com.

Unterkunft/Essen und Trinken

- **Hôtel de l'Ours**①, 1 rue de l'Arrou, Arette, Tel. 05 59 88 90 78, www.hoteldelours.com. Einfaches, zweckmäßiges Haus, zwei Sterne, 17 Zimmer. Im **Restaurant** kann man gut essen. Nimmt auch gerne Radfahrer auf. Die Unterkunft hat ihre jährliche Schließzeit von Mitte November bis Mitte Dezember.

Sport und Aktivitäten

- **Abenteuerpark:** *Aventure Parc,* Aramits, Tel. 05 59 34 64 79, www.aventure-parc.fr/aramits; Parcours mit zahlreichen Geschicklichkeitsübungen und ein wenig Nervenkitzel, verschiedene Preisstaffelungen je nach Altersgruppe bzw. Körpergröße (preisliche Bandbreite ab 10 € für kleine Kinder bis 25 € für Erwachsene, zusätzlich mit 1 Std. Paintball 43 €), tägl. Juli/August, ansonsten unregelmäßig und meist nur an den Wochenenden, Anfang November bis Mitte April ist der Park normalerweise geschlossen, einen Kalender mit den Öffnungstagen und -zeiten findet man auf der Homepage.
- **Wintersport,** La Pierre-Saint-Martin, 1527–annähernd 2200 m, 24 Pisten; www.lapierrestmartin.com.

Über den Pass von Somport ins spanische Jaca

Durch das Aspe-Tal

Südlich von Oloron-Sainte-Marie geht es dem Pyrenäenhochland um den magischen Pilgerpass Somport entgegen und mitten hinein ins **Vallée d'Aspe,** das sich immer weiter zusammenschnürt und beliebt unter Wanderfreunden ist; der Jakobsweg und der Fernwanderweg sind anspruchsvolle Strecken.

Auf der Talstraße geht es zunächst über **Sarrance** (Kirche Notre-Dame und Kreuzgang), **Bedous** und **Accous.** In der Gegend weiden glückliche Schafe auf glücklichen Wiesen, Glockengebimmel hängt in der Luft, ein ums andere Male weisen Schilder auf den **Verkauf von Käse.**

Ein lohnender kleiner Abstecher von der Route führt nach **Lescun,** das man als **eines der schönsten Dörfer der Pyrenäen** rühmt. Aus dem Ortsbild erhebt sich der gedrungene Turm der Église de Sarrance, im Hintergrund wirft sich das gewaltige Massiv um den 2504 m hohen Pic d'Anie ab.

Zurückgekehrt auf die Hauptachse, findet man in **Etsaut,** an der nördlichen Peripherie des *Parc National des Pyrénées* gelegen, eines der Infozentren des Nationalparks: das *Maison du Parc National* (Tel. 05 59 34 88 30, www.pyrenees-parcnational.fr).

In **Borce** macht das *Hôpital Saint-Jacques* mit der Pilgerbewegung nach Santiago vertraut, bei **Urdos** bewacht das *Fort du Portalet* das Tal. Im Rahmen von Führungen ist es möglich, das *Fort de Portalet* zu besuchen.

■ **Fort de Portalet,** Führungen zu extrem wechselnden Zugangszeiten, gewöhnlich Di.–So.; Eintritt 12 €.

Auf der Passhöhe

Für Fußpilger und Motorisierte geht es nun hinauf auf den sagenumwobenen Pass von Somport. Die kurvenreiche Auffahrt führt in faszinierende Gebirgspanoramen, nur Eilige kürzen den Weg nach Spanien durch den **Somport-Tunnel** ab. Der letzte Streckenteil führt durch den westlichen Teil des Pyrenäen-Nationalparks hoch hinauf auf den **Col du Somport,** dessen Höhe auf den meisten Karten mit 1632 m und vor Ort mit 1640 m angegeben wird.

Hier heißt es Fahrzeug auf dem Parkplatz abstellen, die Aussicht auf die imposanten Bergflanken genießen und die Höhenluft einatmen. Hinter der alten Grenzstation führt ein Zwei-Minuten-Aufstieg an einen kleinen Marienaltar heran. In Erinnerung geblieben ist die Legende von zwei französischen Pilgern, denen Schneetreiben und Wölfe bis zum Ende ihrer Kräfte zusetzten. „Sollten wir den kommenden Tag erleben", sagte der Eine, „gelobe ich den Bau eines Pilgerhospitals." Und so geschah es. Wer dem Jakobsweg ein Stück abwärts in den spanischen Wintersportort **Candanchú** folgt, kommt an den Ruinen des *Hospital de Santa Cristina* vorbei.

Jaca

Weiterer Ausflugstipp für Spanien: An den Skistationen um Candanchú vorbei geht es weiter nach Jaca. Hier wartet eine freundliche kleine Altstadt mit einer im romanischen Stil begonnenen **Kathedrale,** die im Altarbereich in mehreren silbernen Schreinen die Reliquien von vier Heiligen birgt (*Orosia, Indalecio, Voto* und *Félix*). Rund um den Kreuzgang ist der Kathedrale das sehenswerte **Diözesanmuseum** angeschlossen.

Das **historische Viertel** in der Altstadt ist sehr lebendig und bietet eine Vielzahl an günstigen und lohnenswerten Einkehrmöglichkeiten.

In den Gräben um die Zitadelle wird **Rotwild** gehalten – eine kostenlose Attraktion.

Information

■ **Office de Tourisme,** 5 place Sarraillé, Bedous, Tel. 05 59 34 57 57, www.pyrenees-bearnaises.com.

Unterkunft/Essen und Trinken

■ **Hôtel des Voyageurs Somport**①, Centre-Bourg, Urdos, Tel. 05 59 34 88 05, www.hotel-voyageurs-valleeaspe.com. Angenehmes Zwei-Sterne-Haus mit Restaurant, 23 Zimmer, eine gute Wahl.

■ In der Gegend gibt es eine Reihe an weiteren Hotels, Pensionen und Gites (gewöhnlich ①), etwa die **Le Pic d'Anie** in Lescun (Tel. 05 59 34 71 54; http://hebergement-picdanie.fr).

Sport und Aktivitäten

■ **Eselwandern:** *Le Parc aux Ânes,* Etsaut, Tel. 05 59 34 88 98, http://garbure.net.

■ **Gleitschirmfliegen:** *École de Parapente Ascendance,* chemin Esplate, Accous, Tel. 05 59 34 52 07, www.ascendance.fr.

771swf_ad

Parc National des Pyrénées

Der im Jahre 1967 geschaffene Pyrenäen-Nationalpark spannt sich von West nach Ost vom Pic Lariste (2168 m) über den Col du Somport (1640 m) bis zum Pic de la Munia (3133 m). Der südlich von Cauterets gelegene Pic de Vignemale kratzt mit 3298 m an den Wolken. Die Kernzone umfasst 457 km², der erweiterte Schutzraum nochmals 2064 km². Gleich noch ein paar Zahlen dazu: Rund 160 Arten an Vögeln, 64 verschiedene Säugetiere, 80 endemische Floravertreter sind im Park beheimatet. Im Park gibt es einige wenige Bären, dazu große Vorkommen an Gämsen, Rot- und Schwarzwild, Füchse, Murmeltiere. Mit etwas Glück bekommt man anderes typisches Wildlife zu Gesicht: Marder, Gänsegeier, Steinadler, den seltenen Fischotter, das Schneehuhn oder gar den Bisamrüssler (oder Pyrenäen-Desman). Wildromantische **Täler und Kessel** wie der Cirque de Troumouse

⌃ So kann es im Grenzgebiet zwischen Frankreich und Spanien im Winter aussehen

wechseln sich ab mit Canyons, Wasserfällen, eisigen Gipfeln, Buchen- und Nadelwäldern sowie etwa 200 Seen der verschiedensten Größen.

Wanderern steht ein **Wegenetz** von 350 km offen. Während der wärmeren Jahreszeit bieten bewirtschaftete **Hütten** *(refuges)* Unterschlupf, im Juli und August starten vielerorts geführte Tagestouren (Infos über die *Maisons du Parc*). Der **Fernwanderweg GR-10** zieht sich von Lescun bis Saint Lary-Soulan quer durchs Gebirge und im östlichen Teil durch das Seengebiet um den Lac d'Aubert und den Lac d'Aumar. Als Ausgangs- bzw. Stützpunkt dient Wanderern **Cauterets,** hier starten Touren zum Lac de Gaube und Lac du Pourtet. Ein Klassiker ist die *Route Cirque de Gavarnie,* zur Gegend um den 2884-Meter-Giganten Pic du Midi d'Ossau brechen Sie ab dem Parkplatz am Lac de Bious-Artigues auf.

Bequemer macht man sich im **Bergbähnchen** *Petit Train d'Artouste* (verkehrt etwa Mitte Mai bis Anfang Oktober; verschiedene Preise, hin und zurück ab 27 €; http://artouste.fr) mit dem wilden Hochgebirge bekannt. Eine Fahrt ist auch für Familien mit Kindern interessant. Es gibt einen Familientarif für die Tour.

Trotz aller natürlichen Schätze und Urgewalt sind Kern- und Randzonen des Nationalparks nicht von Menschenhand unberührt. Die jährliche Besucherzahl beläuft sich auf über 1,5 Mio., der Tunnel von Somport hat die Bergwelt perforiert. Passhöhen wie der **Col de Tourmalet** und der **Col d'Aubisque** zählen oft zum mörderischen Programm der **Tour de France.** Manche Straßen können im Sommer stark befahren sein.

Nationalparkverwaltung/ Information

- **Siège Parc National des Pyrénées,** 2 rue du IV Septembre, Tarbes, Tel. 05 62 54 16 40, www.pyrenees-parcnational.fr.
- *Maisons du Parc:* **Arrens-Marsous** im Val d'Azun (Tel. 05 62 97 49 49), **Cauterets** im Vallée de Cauterets (Tel. 05 62 92 52 56), **Etsaut** im Vallée d'Aspe (Tel. 05 59 34 88 30), **Gavarnie** (Tel. 05 62 92 42 48), **Laruns** im Vallée d'Ossau (Tel. 05 59 05 41 59) **Luz-Saint-Saveur** im Vallée de Luz (Tel. 05 62 92 38 38), **Saint-Lary-Soulan** im Vallée d'Aure (Tel. 05 62 39 40 91).

Pau

„Pau hat die schönste Aussicht aufs Land, so wie Neapel die schönste Aussicht aufs Meer besitzt", schwärmte der französische Dichter *Alphonse de Lamartine* (1790–1869). Klar, dass man ihn gern zitiert und die quicklebendige **Hauptstadt des Départements Pyrénées-Atlantiques** schmackhaft macht. Pau, weit auseinander gedriftet im Pyrenäenvorland gelegen, sonnt sich im Glanz seiner Monumente und trumpft mit geschmackvoll angelegten Grünanlagen auf. Einen besonderen Hauch von Geschichte umweht das prächtige Schloss, auf dem 1553 *Heinrich von Navarra* (später König *Heinrich IV.*) geboren wurde. Ob der Herrscher, wie örtliche Publikationen behaupten, mit einem guten Tropfen Jurançon-Wein getauft wurde, ist nicht mehr nachvollziehbar – hört sich aber gut an!

Heute konzentrieren sich Weinbau und -handel unverändert auf das benachbarte Jurançon, während die Arbeit in Metall-, Textil- und Lederindustrie sowie auf dem Dienstleistungssektor viele der rund 80.000 Einwohner Paus ernährt. Für junges Gepräge sorgt die **Universität;** nicht zuletzt die Studentenschaft hat Pau zu einem liberalen Pflaster gemacht.

Besonderheit ist die kleine **Standseilbahn** *(funiculaire,* gewöhnlich Mo.–Sa. 6.45–21.40, So. 13.30–20.50 Uhr, kostenlos), die den Höhenunterschied zwischen Unter- und Oberstadt überbrückt und deren Geschichte bis ins Jahr 1900 zurückreicht. Bei klarer Sicht schaut man von der Oberstadt aus bis zum Pyrenäenriesen Pic du Midi d'Ossau.

Sehenswertes

Die **Place Royale** mit Office de Tourisme und Rathaus und die **Place Georges Clémenceau** markieren die Dreh- und Angelpunkte im alten Pau, von wo aus die Fäden auf den Schlossbezirk zulaufen. Hinter dem Brückenzugang zum bombastischen **Château** grüßt den Besucher der hier geborene Heinrich IV. als Skulptur, ein Werk der Bildhauer *Barthélémy Tremblay* und *Germain Gissey.* Prägend im Stadtbild ist auch der **Boulevard des Pyrénées.**

Schloss

Die im Mittelalter begonnene und im Laufe der Jahrhunderte mehrfach erweiterte Anlage thront hoch über dem Fluss, gleich mehrere wuchtige Türme konkurrieren um den Platz an der Sonne und werfen ihre Schattenspitzen an die Hofwand. Im Innern des Schlosses ist das **Musée National du Château de Pau** untergebracht, ein Museum, in dem es in den prachtvollen „Saal der hundert Gedecke" *(Salle aux Cent Couverts)* hineingeht, mit seiner entsprechend voluminösen Tafel, Wandbehängen und einer neuerlichen Statue von *Heinrich IV.* Zu den weiteren Rundgangstationen zählen der Küchenbereich, die Ehrentreppe, der Familiensalon und die herrschaftlichen Schlafzimmertrakte. Es sind erstarrte Bilder der Vergangenheit, mit denen Besucher Bekanntschaft machen: schwere Vorhänge, schweres Mobiliar, feudale Leuchter und Kerzenhalter, Tapisserien, Wanduhren. Passend zum Flair: der Geruch, eine Mischung aus abgestandener Zeit und frisch aufgetragenem Bohnerwachs. Je nach Jahreszeit muss man sich geführten Rundgängen anschließen oder entdeckt das Ganze in Eigenregie; das macht keinen Preisunterschied.

Vom Vorplatz des Schlosses aus, der Place de la Déportation, bieten sich gute Ausblicke auf das grüne, waldreiche Umland. Typisch französisch ist der geschmackvolle Rahmen des Platzes mit Springbrunnen, Blumenkübeln und Bänkchen. Unterhalb des Schlosses liegt die Place de la Monnaie mit der **Tour de la Monnaie,** in der bis zur Französischen Revolution Münzen geprägt wurden.

■ **Musée National du Château de Pau,** http://chateau-pau.fr; täglich geöffnet, aber wechselnde Zugangszeiten, bei denen man sich für gewöhnlich einer Führung anschließen muss oder, im Sommer, das Schloss individuell entdecken darf. Eintritt 7 €, am ersten Sonntag im Monat Eintritt frei; der Zutritt in die Gärten ist stets kostenlos.

Im Herzen der City

Zurückgekehrt aufs Altstadtplateau mit der Place de la Déportation, können Sie die Zeit für eine stilvolle Einkehr nutzen: rund um die **Rue du Château,** die **Rue du Parlement** und die **Rue du Moulin.** Auf den Freiluftterrassen lässt man es sich rundum gut gehen. Hier zeigt sich Pau von seiner schönsten Seite, doch das ist nicht alles.

Freundlich empfangen darf man sich auch rund um die geschäftige **Place Georges Clémenceau** fühlen, wo Wasserspiele sprudeln und die Fußgängerzone der Rue Maréchal Foch zustößt. In der Altstadt erstrahlen manche Holzfensterläden in sanftem Blau oder Gelb, andere bräuchten dringend einen Anstrich.

Musée Bernadotte

Zu den typischen Béarnaiser Adelshäusern zählt auch jenes aus dem 18. Jh. in der Rue Tran Nr. 8, das heute das Musée Bernadotte beherbergt. Hier lebt die Erinnerung an den kuriosen Werdegang des aus Pau stammenden *Jean-Baptiste Bernadotte* (1763–1844) fort. Im Laufe seiner Militärlaufbahn wurde er von *Napoléon Bonaparte* 1804 zum Marschall erhoben und 1810 von den schwedischen Ständen zum Kronprinzen gewählt, ehe er den Anschluss Schwedens an die Gegner *Napoléons* veranlasste. Von Schwedens König *Karl XIII.* adoptiert, trat er 1818 dessen Nachfolge an

☑ Das Schloss von Pau

Adobe.Stock ©cynoclub

0 200 m

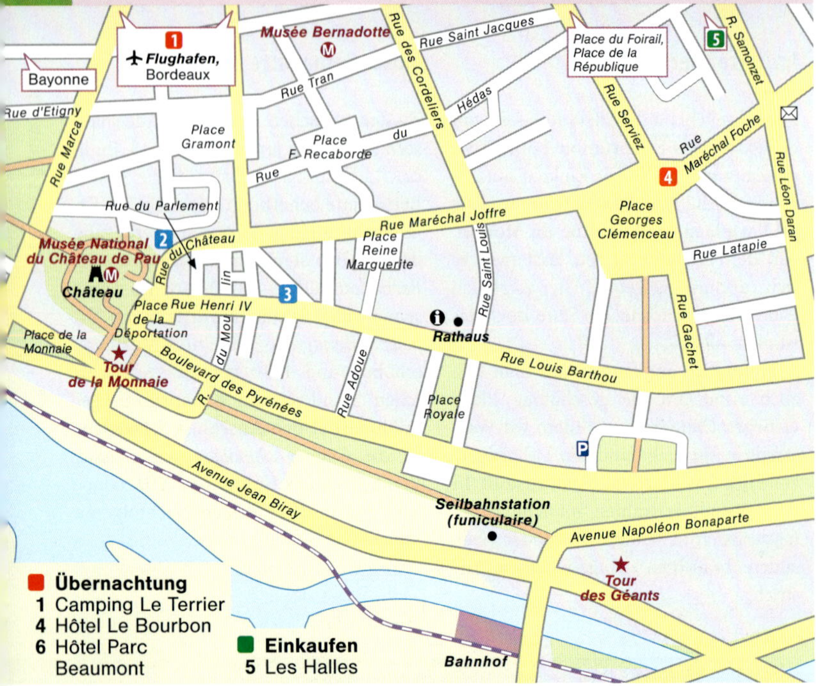

und nannte sich *Karl XIV. Johann;* bis zu seinem Tode 1844 hielt er sich an der Macht. Für Nicht-Franzosen und Nicht-Schweden dürfte die Persönlichkeit nicht ganz so wichtig sein, aber der Einblick in *Bernadottes* Geburtshaus mit seinem Mobiliar ist für eine breitere Öffentlichkeit durchaus interessant.

■ **Musée Bernadotte,** Di.–So. 11–18 Uhr; Eintritt frei, aber bei Redaktionsschluss vorübergehend geschlossen.

Musée des Beaux-Arts

Nicht allzu weit entfernt, in der Rue Mathieu Lalanne, liegt mit dem Musée des Beaux-Arts eine weitere kulturelle Anlaufstation. Dieses Museum der Schönen Künste mag auf den ersten Blick klein und beschaulich wirken, birgt aber eine erstaunliche Qualität. Die Spanne reicht von regionalen Malern wie dem aus Pau gebürtigen *Victor Galos* (1828–79) bis zu weithin bekannten Meistern aus Spanien, Frankreich, Deutschland und den Niederlanden. Zur Sammlung zählen beispielsweise Werke von *El Greco, Alonso Cano, Peter Paul Rubens, Joaquín Sorolla, Ignacio Zuloaga* und *Edgar Dégas.*

■ **Musée des Beaux-Arts,** Di.–So. 11–18 Uhr; Eintritt frei.

Parc Beaumont

Kein Besuch in Pau wäre komplett, ohne die Grünanlagen zu erkunden, in denen insgesamt mehr als 200 Baumarten wurzeln. Ideales Umfeld bietet der Ende des 19. Jh. in englischem Stil entworfene **Parc Beaumont** mit seinen Spazierwegen, den Ententeichen, dem Pavillon, dem Rosengarten und Pflanzen aus mehreren Kontinenten. Das um 1900 erbaute **Palais Beaumont** ist als Kongresszentrum und Casino zweckentfremdet worden.

Le Tour des Géants

Das, was etwas außerhalb der City im Herzen des Bois-Louis einer Anhäufung von Totems gleicht, ist den siegreichen Radhelden der Tour de France gewidmet: Le Tour des Géants (www.tourdesgeants.fr). Die „Totems“ setzen sich zu einer Art Freilichtmuseum zusammen und sind mit Fotos und Infos gespickt. Über das Thema Doping, das viele der Heroen ebenfalls begleitet hat, sei besser der Mantel des Schweigens gebreitet. Der Zugang ist jederzeit frei. Dieses Ziel sollte man allerdings nicht überbewerten.

Praktische Tipps

Information

■ **Office de Tourisme,** place Royale, Tel. 05 59 27 27 08, www.pau-pyrenees.com. Hier werden auch Stadtführungen angeboten.

Unterkunft

6 Hôtel Parc Beaumont③, 1 avenue Edouard VII, Tel. 05 59 11 84 00, www.hotel-parc-beaumont.com. Der moderne, lichtdurchflutete Block grenzt an die Parkanlage. Mit kleinem Hallenbad und Wellness-Anwendungen. Sehr gut eingerichtet und geführt. Eine gute Adresse ist auch das **Restaurant.**

4 Hôtel Le Bourbon①, 12 place Georges Clémenceau, Tel. 05 59 27 53 12, www.hotel-lebourbon.com. Zwei-Sterne-Haus in zentraler Lage, was seine Vor- und Nachteile hat: kurze Wege, aber nicht gerade eine Oase der Stille.

729swf ad

Camping

1 Außerhalb liegt der ganzjährig zugängliche Drei-Sterne-Campingplatz **Le Terrier** in Lescar (avenue du Vert Galant, Tel. 05 59 81 01 82, www.camping-terrier.fr). Auch Hütten *(chalets)* und *Mobile Homes.*

Essen und Trinken

3 Restaurant Henri IV②,18 rue Henri IV, Tel. 05 59 27 54 43, auf Facebook vertreten. Uriges Ambiente mit Holzdecke und kalkweißen Wänden, gute Menüs, Schafskäse aus dem Vallée d'Aspe. Falls es hier zu voll sein sollte, findet man rundum weitere Lokale.

2 Crêperie du Château „Chez Maman"①, 6 rue du Château, Tel. 05 59 27 59 88. Crêpes in verschiedensten Variationen inmitten einer stimmungsvollen Einkehrzone. Ein Evergreen seit Jahrzehnten.

Einkaufen

5 Gute Shoppingmöglichkeiten im Bereich von Rue Maréchal Foche und Place Georges Clémenceau. Allerlei Delikatessen in den **Markthallen** (*Les Halles,* place de la République; www.hallesdepau.fr). Hier kann man gut einen Gastro-Stopp einlegen.

Verkehrsanbindung

- **Flughafen:** *Aéroport Pau-Pyrénées,* liegt rund 10 km nordwestlich der City, Uzein, Tel. 05 59 33 33 00, www.pau.aeroport.fr. Flugverbindungen u.a. nach Paris und Lyon.
- **Bahnhof:** avenue Jean Biray. Verbindungen u.a. nach Bayonne, Bordeaux und Toulouse.

⌃ Pavillon im Parc Beaumont in Pau

In der Umgebung

Kirchen, Orte und Sehenswürdigkeiten westlich von Pau

An die aus Toulouse herleitende Jakobs-Variante *Via Tolosana* ist die Kathedrale von **Lescar** angeschlossen, ein Prachtbau aus dem 12. Jh. mit reich dekorierten Kapitellen. In der Kathedrale befinden sich die Gräber verschiedener Könige und Königinnen von Navarra, darunter *Cathérine de Foix* (gest. 1517), *Marguerite d'Angoulême* (gest. 1549) und *Henri II. d'Albret* (gest. 1555). Ebenfalls auf das 12. Jh. geht der Pilgerspitalkomplex von **Lacommande** („Ensemble Hospitalier" bzw. „La Commanderie") zurück. Begründer war der Kreuzritter *Gaston IV.* In Lacommande schliefen die Jakobspilger einst auch auf den Emporen der sehenswerten Kirche. Hinter dem Gotteshaus liegt ein Friedhof mit historischen kleinen Grabstelen, gegenüber das Weinhaus der Jurançon-Weine (→ Exkurs: „Auf Weintour").

MEIN TIPP: Ein Höhepunkt im Béarn erwartet Besucher im beschaulichen **Monein,** das weithin sichtbar vom 40 m hohen Turm der gotischen Kirche Saint-Girons (15./16. Jh.) überragt wird. Das einzigartige Dachgebälk *(charpente)* ist 50 m lang und 18 m hoch – ein kurioser Holzwald, für den über 1000 Eichen verwendet wurden. Eine Licht- und Tonschau verleiht dem Ganzen eine eindrucksvolle Stimmung.

Information

- **Office de Tourisme in Lescar,** place Royale, Tel. 05 59 81 15 98, www.lescar.fr.
- **Office de Tourisme in Monein,** 58 rue du Commerce, Tel. 05 59 12 30 40, www.monein.fr, www.coeurdebearn.com.
- **Kathedrale von Lescar,** für Besuche gewöhnlich geöffnet Mo.–Sa. 9–18, So. 13–18 Uhr; Eintritt frei.
- **Ensemble Hospitalier,** Lacommande, im Juli und August täglich 14–19 Uhr, während des übrigen Jahres nur Mi., Sa. und So. jeweils 14–18 Uhr; Eintritt 6 €; www.commanderie-lacommande.fr.
- **Église Saint-Girons,** Monein, wechselnde Anfangszeiten der Licht- und Tonschau, Infos im *Office de Tourisme* (s.o.). Meist gelten folgende Zeiten: Anfang Juli bis Anfang September Mo.–Sa. 11, 15 und 17 Uhr, sonntags 15 und 17 Uhr; Mitte April bis Anfang Juli sowie Anfang September bis Mitte Oktober Mo., Di., Do. und Fr. um 16 Uhr, Mi. und Sa. um 15 und 17 Uhr, während des übrigen Jahres Mi. und Sa. um 16 Uhr; Eintritt 5 € (auch abhängig von der Länge der im Preis eingeschlossenen Führung). Der Zutritt ist auf 19 Personen begrenzt, weshalb man frühzeitig reservieren bzw. sich einfinden sollte.

Weitere Entdeckungen ab Pau

Nördlich von Pau schließt der Landstrich Béarn-Adour das Béarn ab. Kleinere Entdeckungstouren führen nach **Morlaàs** mit seiner romanischen Kirche Sainte-Foy, nach **Sévignacq** mit einem interessanten Kirchenportal und – weit im Osten von Pau – zum **Château de Montaner** mit wuchtigem Wehrturm.

Mit dem **Château de Momas** (hier haben auch die Gärten ihren Rang) und dem **Château de Morlanne** erreicht man weitere altherrschaftliche Anlagen nordwestlich von Pau.

Information

- **Office de Tourisme,** place Sainte-Foy, Morlàas, Tel. 05 59 33 62 25, www.paysdemorlaas-tourisme.fr.
- **Château de Montaner,** www.chateau-montaner.fr; im Juli und August tägl. 10–12.30 und 13.30–18 Uhr, sonst Anfang April bis Ende Juni und Sept./Okt. Mi.–Mo. 14–18 Uhr; Eintritt 4,50 €, mit empfehlenswerter Führung durch den Burgturm 6 €. Mitte Juli steigt ein Mittelalter-Event (*Médiévales de Montaner*), Eintritt 16 €.
- **Château de Momas,** www.chateaudemomas.com; Fr.–Mi. 9.30–12 und 14.30–19 Uhr; Eintritt 5 €.
- **Château de Morlanne,** Tel. 05 59 81 60 27; www.chateaudemorlanne.fr; Mo. ist immer Schließtag; im Juli und August tägl. 10–12.30 und 14–18.30 Uhr, April und Mai und September bis Anfang November 14–18, im Juni 14–18.30 Uhr; Eintritt 5 €, Teilnahme an einer Führung gegen 2 € Aufpreis.

Unterkunft/Essen und Trinken

- **Hôtel Bourgneuf**①, 3 rue du Bourg Neuf, Morlaàs, http://hotel-bourgneuf.com. Zwei-Sterne-Hotel mit einem beliebten **Restaurant**②. Es gibt insgesamt zwölf Zimmer. Moderate Preise, einfache Ausstattung.

Von Pau ins Vallée d'Ossau

Auf dem Weg nach Laruns

Tief im Süden von Pau stößt man ins Vallée d'Ossau und einmal mehr in den Parc National des Pyrénées vor. Am Weg liegt das **Château de Sévignacq** (nicht zugänglich). Tor ins Tal von Ossau ist das geschäftige Arudy.

Bei Aste-Béon liegt ein Geierfelsen, bekannt als **Falaise aux Vautours;** ein kleines Ausstellungszentrum (www.falaise-aux-vautours.com; Eintritt 6 €, Kinder 4 €; bei Redaktionsschluss vorübergehend geschl.) macht mit den Raubvögeln vertraut.

Rund um Laruns

In Laruns gibt es ein Infohaus des Nationalparks und eine wichtige Straßengabelung. Die Links-Variante führt über den Thermalquellenort **Eaux-Bonnes** und die Skistation **Gourette** auf den 1709 m hohen **Col d'Aubisque,** einen der magischen Pässe der *Tour der France.*

Im Vallée d'Ossau

Die Hauptstrecke ab Laruns führt weiter durch das Vallée d'Ossau über den Thermalort Les Eaux-Chaudes nach **Gabas.** Am rund 1200 m hoch gelegenen **Lac de Fabrèges,** südöstlich von Gabas auf dem Weg zum Col du Pourtalet gelegen, startet ein **Bähnchen** zum Gare de la Sagette auf rund 2000 m Höhe. Die Sagette-Station ist Ausgangspunkt dieses populären Bergbähnchens *Petit Train d'Artouste,* das zwischen Mitte Mai und Anfang Oktober Richtung Lac d'Artouste auf einer etwa 10 km langen Strecke verkehrt – eine gute Gelegenheit, die Gipfel um den 2884 m hohen Pic du Midi d'Ossau näher in Augenschein zu nehmen und den See kennen zu lernen. Das macht auch Familien mit Kindern Spaß. Allerdings muss damit gerechnet werden, dass an manchen Tagen der Besucheransturm recht hoch sein kann.

Naturfreaks wird es ab Gabas einige Kilometer weiter an den **Lac de Bious-**

Artigues ziehen, der als Ausgangspunkt für Wandertouren im Bereich des Pic du Midi d'Ossau dient. Auf dem Fernwanderweg GR-10 geht es an die **Lacs d'Ayous** heran.

- **Petit Train d'Artouste,** http://artouste.fr; in der Nebensaison hin und zurück 27 €, Kinder 4–12 Jahre 19 €, Familienpass für 2 Erw. und 2 Kinder 84 €; in der Hauptsaison 33 € für Erwachsene, 29 € für Kinder .

Information

- **Office de Tourisme,** in **Arudy** (place de la Mairie, Tel. 05 59 05 77 11, www.valleedossau.com), **Laruns** (*Maison de la Vallée d'Ossau,* Tel. 05 59 05 31 41), **Eaux-Bonnes** (*Arcades du Casino,* Tel. 05 59 05 33 08) und **Gourette** (*Maison de Gourette,* Tel. 05 59 05 12 17, www.gourette.com).

Sport und Aktivitäten

- **Thermalanlagen** von **Eaux-Bonnes** und **Eaux-Chaudes.**

Von Pau nach Lourdes

Nay

Südöstlich von Pau sind es rund 40 km bis zur weltberühmten Pilgermetropole Lourdes. Auf dem Weg dorthin besteht die Gelegenheit zu einem Stopp in Nay, das auf eine Vergangenheit als 1302 gegründete Bastide zurückblickt. Erhalten haben sich Stadtmauerreste und die im 15./16. Jh. erbaute Église Saint-Vincent. **Das Baskenmützen-Museum** *(Musée du Béret)* an der Place Saint Roch steht ganz im Zeichen der traditionellen Kopfbedeckung. Weiterhin erwähnenswert ist das im 16. Jh. erbaute **Maison Carrée** an der Place de la République, einst das private Prachthaus eines wohlhabenden Tuchhändlers; heutzutage ist in dem Renaissancepalais das **Musée de l'Industrie** untergebracht, das die ländlichen Industriezweige Holz und Textilwaren thematisiert.

Information

- **Office de Tourisme in Nay,** place du 8 Mai 1945, Tel. 05 59 13 94 99, www.tourisme-bearn-paysdenay.com.

Wintersport im Béarn

MEIN TIPP: Die Pyrenäen üben riesige Zugkraft auf Anhänger des weißen Sports aus. Gute Übersicht unter: http://neige.tourisme64.com. Hier ein Kurzüberblick:

- **Artouste:** 18 Pisten, Snowpark, Kid Park, Freeride-Zone mit Snowpark und Snowcross; www.valleedossau.com.
- **Gourette:** Skischule, Snowpark, rund 40 Pisten; www.gourette.com.
- **Iraty:** insgesamt 28 km Langlaufpisten westlich von Larrau, http://chalets-iraty.com; www.pyrenees-bearnaises.com.
- **Issarbe:** Ski nordisch, 8 Pisten auf 31 km.
- **La Pierre-Saint-Martin:** Ski nordisch auf 25 km, Ski alpin auf über zwei Dutzend Pisten, www.pyrenees-bearnaises.com.
- **Le Somport:** Wintersport auf 1600–1700 m, 8 Pisten (Langlauf); http://lesomport.com.

Musée du Béret, www.museeduberet.com, Juli/August Mo.–Fr. 9.30–12.30 und 13.30–18, Sa. 9.30–12.30 Uhr, Januar–März Mo. 13.30–18, Di.–Fr. 10–12 und 13.45–18 Uhr; April–Juni und September–Dezember Mo. 14–18, Di.–Fr. 9.30–12 und 13.30–18, Sa. 9.30–12 Uhr; Eintritt für Individualisten frei, Gruppen 3,50 € p. P.

Maison Carrée/Musée de l'Industrie, place de la République, Juli, Aug. Di.–So. 10–12.30 und 14.30–18.30, sonst (allerdings gebunden an Wechselausstellungen) Di., Mi. und Sa. 10–12 und 15–18 Uhr, Do. und Fr. 15–18 Uhr, Eintritt 3 €; http://maison-carree-nay.fr.

Grottes de Bétharram

Rund 15 km vor Lourdes erreicht man den Parkplatz der *Grottes de Bétharram*. Dieser nahe Saint Pé-de-Bigorre gelegene **Tropfsteinhöhlenkomplex** ist mit unterirdischer Bootspassage und rauschender Bähnchentour stark touristisch aufbereitet – hat aber durchaus seinen Reiz. Besser nicht in luftiger Sommerkleidung kommen – sonst wird es zu kühl. Die Temperatur in der Höhle liegt konstant bei 14 Grad Celsius.

Grottes de Bétharram, www.betharram.com; Teilnahme an Führungen Ende März bis Ende Oktober tägl. 9–12 und 13.30–17.30 (etwa Mitte Juli bis Ende August durchgehend 9 bis 18) Uhr, Anfang Februar bis Ende März Führungen Mo.–Do. um 14.30 und 16, Fr. nur 14.30 Uhr; Eintritt 16,50 € für Erwachsene, 11,50 € für Kinder (4–12 Jahre).

Lestelle-Bétharram

Mit seiner Tradition als **Marienheiligtum** stimmt Lestelle-Bétharram, eine Bastide aus dem 14. Jh., auf die Wallfahrtshochburg Lourdes ein. Die Brücke von Bétharram wurde 1678–87 erbaut.

Kurz vor Lourdes lohnt sich ein Abstecher an die Ufer des **Lac de Lourdes,** der seinen Ursprung einem Gletscher verdankt und von Wäldern und ganz seichten Hügeln umzogen wird. An stillen Tagen kann man hier die Spiegelbilder

Angler auf dem Lac de Lourdes

730swf ad

Lourdes 275

auf der Wasseroberfläche tief in sich aufnehmen.

Im Juli und August ist der „Strandbereich" (**Lourdes-Plage**) des Sees geöffnet. Dann kann man Stand-up-Paddle oder Kanutouren angehen. Das Ganze eignet sich auch sehr gut als Ziel für Familien mit Kindern.

Lourdes

Was ist wahr, was ist nicht wahr? Für Gläubige steht unumstößlich fest, dass die junge *Bernadette Soubirous* (1844–79) im Jahre 1858 an den Flussufern des Gave de Pau in der Grotte von Massabielle tatsächlich eine Reihe von **Erscheinungen der heiligen Jungfrau** erlebte: zwischen Februar und Juli insgesamt 18, wobei niemand anders als *Bernadette* sie gewahr wird – obwohl bei einer Erscheinung am 1. März 1858 mehr als 1500 Menschen zugegen sind. „Ich sah eine weiß gekleidete Dame", sagte *Bernadette* über die erste Erscheinung aus, „sie trug ein weißes Kleid und einen weißen Schleier, einen blauen Gürtel und auf jedem Fuß eine gelbe Rose." Bei der neunten Erscheinung gebot ihr die Dame, aus einer Quelle zu trinken und sich darin zu waschen – hier liegt der Grund für das wundersame Wasser von Lourdes.

1862 wurden die Marienvisionen kirchlich bestätigt – die Pilgerstadt Lourdes, eine der bekanntesten in ganz Europa, war geboren. Heute zählt die im Département Hautes-Pyrénées und auf rund 420 m Höhe gelegene Stadt etwa 13.000 Einwohner und stellt mit ihrem Unterkunftangebot in Frankreich – bis auf Paris – alles in den Schatten. In und um Lourdes herum gibt es weit über 200 **Hotels;** insgesamt stehen über 35.000 Übernachtungsplätze zur Verfügung.

Ob Neugierige oder Glaubenseifrige – wer als einer von **jährlich mehr als fünf Millionen Besuchern** nach Lourdes kommt, muss wissen, was ihn erwartet: Rummel und Trubel, Wallfahrtstourismus in höchster Potenz – interessant, ernüchternd, schockierend, irgendwie alles parallel. Die Andenkenläden bersten vor Kitsch, der Handel mit Kerzen und leeren Kanistern und Fläschchen für **Heilwasser** hat beständig Konjunktur. Unablässig bringen Busse Ströme von Schwer- und Schwerstkranken in ihrer Hoffnung auf Genesung. Offiziell anerkannte **„Wunderheilungen"** sind selten: bis heute um die 70 von rund 7000 angezeigten Fällen. Im Gespräch mit dem Autor dieses Buches hat es ein Arzt, *Dr. Volker E.,* der regelmäßig Schwerstkranke von Deutschland nach Lourdes begleitet, auf den Punkt gebracht: „Wir fahren nicht nach Lourdes, um den Kranken zu sagen: Der Krebs geht weg. Nein, der Krebs geht nicht weg. Es geht darum, dass man mehr Kraft und innere Ruhe und Gottvertrauen bekommt, um die Krankheit anzunehmen und den letzten Weg zu gehen." **Versöhnung mit sich selbst,** das sei der Kern und Lourdes dazu der geeignete Platz, denn gerade hier, so glaubt er auch selbst, „ist man dem Himmel näher" als andernorts.

Regelmäßig sind Messen angesetzt, die Lichter- und eucharistischen Prozessionen mit der Krankensegnung bleiben für Gläubige unvergesslich.

In Lourdes richten sich alle Augen auf den weit ausgreifenden Pilgerkomplex **Sanctuaires Notre-Dame,** der auf seinen 51 Hektar jene **Grotte de Massabielle** umfasst, in der *Bernadette* am 11. Februar 1858 erstmals die Madonna erschienen sein soll. Ebenfalls zum Komplex gehörig: die Basilique de l'Immaculée Conception, der riesige Freiplatz, die Krypta, die Krankenbäder, die Basilique Notre-Dame de Rosaire, die Basilique Saint-Pie X, die Église Sainte-Bernadette, der *Chemin de Croix des Espélugues* (Kreuzweg) und die Chapelle de l'Adoration Eucharistique.

Den Spuren der im Jahre 1933 heilig gesprochenen *Bernadette* folgt man im Zentrum in ihrem **Geburtshaus** (Le Moulin de Boly), im **Museum Sainte-Bernadette,** im **„Cachot"** (vorübergehende ärmliche Bleibe der Familie *Soubirous* in der Rue des Petits Fossés) und in der **Pfarrkirche Sacré-Coeur,** in der sie 1844 getauft wurde. Allenfalls an übereifrige Bernadette-Gläubige richtet sich das **Musée de Lourdes.** Auf dem nahen Friedhof, dem **Cimetière de l'Egalité,** befindet sich das Grab der Familie *Soubirous* – allerdings ohne *Bernadette.* Nachdem sie 1860 in Lourdes Aufnahme bei den Ordensschwestern der Barmherzigkeit von Nevers gefunden hatte, verließ sie 1866 ihre Heimatstadt und kehrte nie mehr zurück. 35-jährig und schwer erkrankt, verstarb sie in Nevers und wurde dort beigesetzt. Ihr Leichnam wurde konserviert und liegt in einem Glassarg.

Abseits des Leitmotivs „Glauben" kann man das oberhalb gelegene **Château-Fort** besuchen, das sich markant gegen die Bergwelt abhebt und fantastische Ausblicke ermöglicht. Die Säle sind als „Pyrenäen-Museum" zum Teil volkskundlich aufbereitet, die Buntglasfenster in der kleinen Festungskapelle Notre-Dame du Château rufen die legendäre Belagerung des Kastells durch **Karl den Großen** ins Gedächtnis (Mitte April bis Mitte Oktober tägl. 10–13 und 14–19 (im Juli und August durchgehend 10–19 Uhr), sonst Di.–So. 10–13 und 14–18 Uhr sowie montags während der Schulferien; Eintritt 7,50 €, Kinder und Jugendliche 6–17 Jahre 3,50 €).

MEIN TIPP: Die Panoramaaussichten von der Burg toppt Lourdes' 948 m hoher **Hausberg Pic du Jer,** zu dem im Südteil der Stadt eine **Zahnradbahn** *(funiculaire)* hinaufführt *(www.picdujer.com;* Hin- und Rückfahrtticket 13,50 €). Den Winter über stehen die Räder allerdings still.

Ein letzter Abstecher auf den Spuren der *Bernadette* führt wenige Kilometer nördlich von Lourdes nach **Bartrès,** wo das Mädchen in der *Bergerie* (außerhalb des Ortskerns) Schafe hütete. Auf dem Lagües-Hof in Bartrès verrichtete *Bernadette* für kurze Zeit Landarbeiten.

Im tiefen Süden von Lourdes geht es den Pyrenäenspitzen um den 3298 m hohen **Pic de Vignemale** entgegen, zahlreichen Hochgebirgsseen und Wandergebieten sowie den **Skistationen** *Luz-Ardiden* und *Gavarnie-Gèdre.*

Information

- **Office de Tourisme,** place du Champ Commun, Tel. 05 62 42 77 40, www.lourdes-infotourisme.com bzw. auf Deutsch unter http://de.lourdes-infotourisme.com. Infos zu Sport, Thermaltourismus im Umland, Wanderwegen sowie dem 26 km langen Radweg *La Voie Verte des Gaves.* Unter religiösem Stern steht die Homepage des Heiligtumsbezirks (auch auf Deutsch): www.lourdes-france.org.

Adobe.Stock ©DoloresGiraldez

Unterkunft/Camping

- **Grand Hôtel Belfry Lourdes**③, 66 rue de la Grotte, Tel. 05 62 94 58 87, http://belfry.fr. Ein traditionelles Haus, Fünf-Sterne-Luxus auf den Stand der Moderne gehoben. Mit Pool, Spa, Wellness-Anwendungen.
- **Hôtel Majestic**①, 9 avenue Maransin, Tel. 05 62 94 27 23, http://hotel-lourdes-majestic.com. Viele Kunden rühmen dieses Drei-Sterne-Haus für sein gutes Preis-Leistungs-Verhältnis, diesbezüglich wird man hier kaum etwas Besseres finden. Partnerhaus ist das *Hôtel Le Petit Majestic*, wo es sogar noch preisgünstiger ist (und natürlich auch einfacher).
- **Camping Arrouach,** 9 rue des Trois Archanges, Tel. 05 62 42 11 43, www.camping-arrouach.com, Vier-Sterne-Platz, für Camper geöffnet Anfang April bis Mitte Oktober. Vermietung von *Mobile Homes/ Cottages,* die für 2–6 Personen ausgerichtet sind (Wochentarife). Geöffnet sind diese Unterkünfte gewöhnlich Ende März bis Ende Oktober sowie während der Weihnachtsferien.

Feste und Veranstaltungen

- Besonders festlich geht es in Lourdes am **Jahrestag der ersten Erscheinung** zu (11. Februar), am **Tag der heiligen Bernardette** (18. Februar), während der **Karwoche** und zu **Pfingsten,** an **Mariä Himmelfahrt** (15. August), während der **Rosenkranz-Wallfahrt** *(Pélerinage du Rosaire)* Anfang Oktober, am **Allerheiligen-Tag** (1. November) und an **Heiligabend.**

Verkehrsanbindung

- **Bahnhof:** avenue de la Gare. Anschluss nach Pau.

⌃ Messe in der Grotte des Massabielle in Lourdes

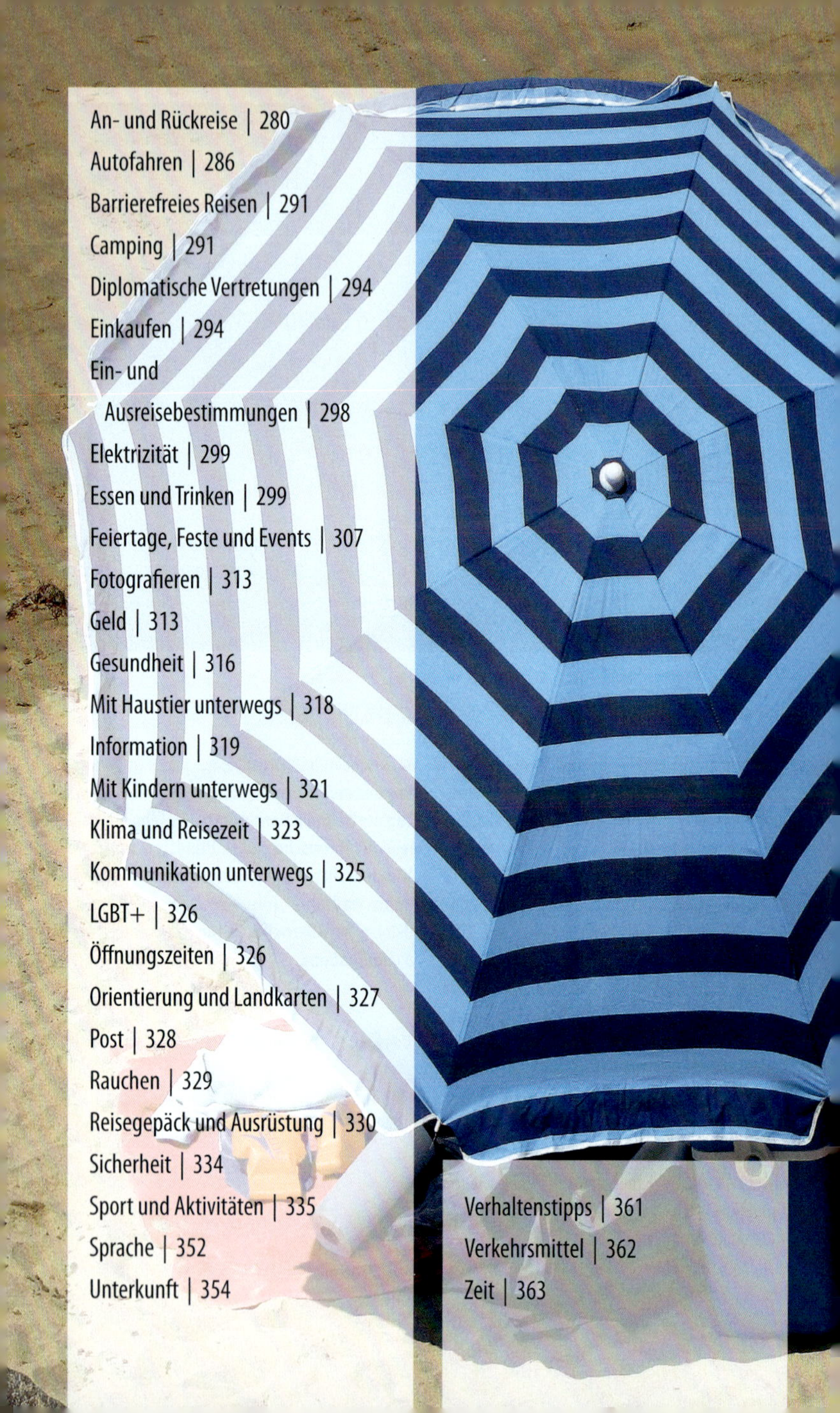

360sf ad

7
Praktische Reisetipps A–Z

< Nur nichts vergessen für einen perfekten Strandurlaub an der Atlantikküste!

An- und Rückreise

→ Verkehrsmittel

Für die An- und Rückreise bieten sich mehrere Optionen: mit dem eigenen Fahrzeug, mit Bus, Zug oder Flugzeug. Da die Automietpreise in Frankreich recht hoch und abgelegene Strände mit öffentlichen Verkehrsmitteln nicht zu erreichen sind, ist der eigene fahrbare Untersatz durchaus zu empfehlen.

Mit dem eigenen Fahrzeug

Nichts ist unmöglich – aber wer nicht zur Spezies der Bleifüßler zählt, wird die Anreise aus der Heimat kaum an einem Tag schaffen. Zwischen Köln und Bordeaux liegen – je nach Wahl von Autobahn oder Landstraßen – ca. 1100 km, also alles andere als eine stressfreie Tagesreise (zum Thema Autofahren in Frankreich → „Autofahren"). Wer mit dem Elektroauto nach Frankreich fährt, findet auf der Seite der Französischen Zentrale für Tourismus eine Fülle an Tipps unter: www.france.fr/de/nuetzliche-tipps/mit-dem-elektroauto-nach-frankreich. Die Zahl der Ladestationen steigt ständig an.

Anfahrtsstrecken

Aus dem Norden/Nordosten kommend, ist Paris Dreh- und Angelpunkt wichtiger Autobahnachsen, z.B. auf den Strecken Aachen – Lüttich – Mons – Valenciennes oder auch Saarbrücken – Metz – Reims. Auf den **Ringstraßen um Paris** ist äußerste Vorsicht bei den Abzweigungen und raschen Spurwechseln gefordert, Stoßzeiten sollte man möglichst umgehen; extrem nervig sind zudem die Pariser Vespa- und Motorradfahrer, die bei Staus in erheblichem Tempo zwischen den Autoreihen durchrauschen. Ab Paris führt die Autobahnfahrt auf der A 10 nach Südwestfrankreich über Orléans, Tours und Poitiers nach **Bordeaux.** Bei Saintes hat man die Möglichkeit, nach Royan abzubiegen, von dort die **Autofähre** *(bac)* über die **Gironde** zu nehmen und somit direkt an die nördlichsten Strände in Südwestfrankreich anzuknüpfen. Südlich von Bordeaux geht es rasch durch die Weiten des Landes voran, doch Vorsicht vor Radarfallen! Die mautpflichtige Strecke geht auch hier erheblich ins Geld; eine gangbare Alternative gibt es dazu leider nicht. Abzweige führen zu populären Ferienorten wie Mimizan-Plage. Wer bereits um Hossegor/Capbreton abfährt, um bis Hendaye, dem letzten Ort vor der spanischen Grenze, weitere Autobahngebühr zu sparen, wird mit äußerst zähflüssigem Verkehr konfrontiert (und das nicht nur zur Hochsommerzeit). Da sollte man nicht am falschen Ende sparen.

Ab Süddeutschland, der Schweiz und Österreich führt der traditionelle Autobahnweg über Lyon, Montpellier, Narbonne und Toulouse nach Agen bzw. weiter nach Bordeaux. Zwischendurch besteht in Toulouse die Möglichkeit des **Landstraßenabzweigs** über Auch nach Tarbes und dann auf der Autobahn weiter Richtung Bayonne und Biarritz. Kürzer als die lange, durchgehende Autobahnschleife Lyon – Bordeaux ist die von Landstraßenabschnitten unterbrochene Strecke über Clermont-Ferrand, Tulle, Cahors und Montauban – hier spart man viele Kilometer!

Angesichts der Autobahnmaut und der herrlichen französischen Landschaften am Wege entscheiden sich viele Reisende, auf **National- und Départementstraßen** auszuweichen. Als Alternativen zur Autobahn seien folgende Strecken vorgeschlagen:

- **Köln – Lüttich – Namur – Sedan – Reims – Troyes – Sens – Montargis – Orléans – Blois (hier kann man die Anreise mit einer kleinen Schlössertour an der Loire kombinieren!) – Tours – Poitiers – Bordeaux.**
- **Kaiserslautern – Saarbrücken – Nancy – Troyes – Auxerre – Bourges – Châteauroux – Poitiers – Bordeaux** (ab Châteauroux Alternativstrecke über Limoges und Périgueux nach Agen).
- Eine **kombinierte Anreise auf Landstraßen und Autobahnen** führt von Freiburg im Breisgau bzw. Basel über Mulhouse, Besançon und Beaune weiter durch Autun, Moulins, Montluçon, Guéret, Bellac und Angoulême nach Bordeaux.

Maut- und Fährgebühren

Von Ausnahmen wie Stadtumgehungen abgesehen, sind die **Autobahnen mautpflichtig.** Die großen Rast- und Parkplätze (die kleineren eher nicht) sind gut ausstaffiert – ideal für ein Picknick und oft mit Kinderspielgerät für die Kleinsten. Toiletten sind meist kostenlos, auch findet man häufig eine Baby-Wickelecke. Trotzdem darf man keine keimfreie Pflege der Sanitäranlagen erwarten. Wermutstropfen bei der Fahrt über Nationalstraßen: die oftmalige Überlastung durch den Schwerlastverkehr.

Bezüglich der Routenplanung und Kosten sollte man einen Blick auf die Webseite **www.autoroutes.fr** werfen, wo individuelle Eingaben zu Start- und Zielort einen optimalen Detailüberblick über die Mautgebühren auf französischen Autobahnstrecken ermöglichen. Ein Beispiel: Für die Strecke Saarbrücken – Bordeaux fallen für einen Pkw insgesamt über 100 € an. An den **Mautstellen** *(péage)* bezahlt man **in bar** oder mit **Kreditkarte. EC-/Maestro-Karten werden nicht akzeptiert.**

Eine Alternative ist das **elektronische Mautsystem (Télépéage):** Dazu muss man sich über einen vom französischen Fremdenverkehrsamt aufgeführten Anbieter *(Bip & Go, Tolltickets)* eine *Liber-t Box* besorgen, die einen Chip enthält. Beim Passieren der Mautstation – auf speziell ausgewiesener „t"-Spur bzw. „t"-Spuren – wird die Durchfahrt erfasst. Die Mautgebühren werden automatisch vom Konto des Fahrzeugbesitzers abgebucht. Zusätzlich zur Maut an sich fallen Aktivierungskosten und Versand an. Das kann sich summieren. Ob dieser Aufwand in Relation zur Zeitersparnis an den Mautstellen steht, muss jeder für sich entscheiden. Weitere Infos dazu unter: www.france.fr/de/nuetzliche-tipps/maut gebuehren-frankreich.

Mit Blick auf die Urlaubskasse sind auch die recht hohen **Fährtarife** zu beachten, sofern man zum nördlichsten Küstenzipfel Südwestfrankreichs den kürzesten Weg über die **Gironde** nehmen möchte. Von Norden her erreicht man die Gegend um **Soulac-sur-Mer** nur per Fahrzeugfähre *(bac)* ab **Royan.** Für einen Pkw kostet die Überfahrt in der Saison zwischen Anfang April und

Ende Oktober knapp 40 €, pro Person sind zwischen 2 € (Kinder 4–12 Jahre), 2,50 € (Altersklasse 13–25 Jahre) und 5 € (Erwachsene ab 26 Jahren) zu entrichten. Aktuelle Preise und Fahrpläne lassen sich per Suchbefehl „bac entre Royan et Le Verdon" im Netz prüfen, nämlich unter www.bernezac.com/passages_eau_royan_verdon.html.

Zwischenübernachtung

Will man bei An- oder Rückreise unterwegs vergleichsweise preisgünstig übernachten, bieten sich einfache Hotelketten wie **Première Classe** und **Ibis Budget** an. Quartiere wie diese sind schlicht und zweckmäßig und kosten für das Doppelzimmer um die 55–70 €.

Als Alternativen bieten sich die etwas komfortableren **Hotelketten** *Ibis, Ibis Styles, ACE* und *Campanile* **an.**

Bei den Hotels sind rechtzeitige Vorausbuchungen, besonders in der Hauptsaison, dringend zu empfehlen.

- Unter dem Portal http://all.accor.com findet man Ketten wie *Ibis, Ibis Budget* und *Ibis Styles* vereint; gute Vergleichsmöglichkeiten; auch teurere Häuser wie *Mercure* und *Novotel* sind verzeichnet.
- **Première Classe,** www.premiereclasse.com.
- **Campanile Hotels,** www.campanile.com.
- **ACE Hotels,** www.ace-hotel.com.

Mitfahrgelegenheiten

Eine Alternative zur (schrittweisen) Anreise kann eine Mitfahrgelegenheit sein. Dazu muss man sich auf einem einschlägigen Portal wie *BlaBlaCar* (www.blablacar.de) registrieren.

Mit dem Bus

Busverbindungen z.B. nach Bordeaux bietet **Flixbus** an. Reisen haben einen breiten Preisrahmen, abhängig von Ferienzeiten und entsprechender Nachfrage. Für eine Fahrt Aachen – Bordeaux zahlt man in der Zwischensaison etwa 42–90 €, muss aber auch bereit sein, bei günstigeren Preisen nach Mitternacht abzufahren oder mitten in der Nacht anzukommen.

Die Schnelligkeit des Fortkommens entspricht dem gewählten Verkehrsmittel und den Stopps. Zwischen einer **deutschen Ausgangsstadt** und Bordeaux ist man bis zu 24 Stunden unterwegs.

Busverbindungen **ab Österreich** und der Schweiz gibt es ebenfalls mit **Flixbus**.

Erkundigen Sie sich vorab nach den gültigen Gepäckbestimmungen!

- **Flixbus,** www.flixbus.de, www.flixbus.at, www.flixbus.ch

Mit dem Zug

Die meisten Verbindungen führen zunächst nach Paris. Aus der nördlichen Hälfte Deutschlands kommt man dort via Köln und Brüssel am Nordbahnhof (Gare du Nord) an, aus Süddeutschland und dem Nord-Elsass am Ostbahnhof (Gare de l'Est). Vom Südwesten Deutschlands und aus der Schweiz geht es zum Bahnhof Paris Gare de Lyon. Di-

[>] Im Zielgebiet ist man mit dem TGV unterwegs, hier im Bahnhof von Bordeaux

rekte Fahrten nach Paris gibt es z. B. ab Köln mit dem **Thalys,** ab Frankfurt mit dem **ICE,** ab München mit dem **TGV.**

Zur Weiterfahrt wechselt man in Paris per Metro zum Bahnhof Montparnasse, wofür ungefähr anderthalb Stunden eingeplant werden sollten (die Wege in den Metrostationen können lang sein). Bei guten Bahn-Agenturen gibt es für den Paris-Transit zu den Fahrscheinen auch gleich das Metro-Ticket dazu.

Ab Paris-Montparnasse fahren zahlreiche *TGV* in etwas mehr als 2 Stunden nach Bordeaux. Einige dieser Züge bedienen auch andere Ziele im Südwesten Frankreichs, wie z.B. Dax, Toulouse, Arcachon oder Bayonne.

Eine Alternative bei der Anreise ist das Elsass: Von Strasbourg aus fahren täglich mehrere TGV in knapp zwei Stunden nach Paris.

Alle TGV-Züge sind **reservierungspflichtig** und haben, je nach Auslastung, erwarteter Nachfrage und Buchungszeitpunkt stark unterschiedliche Preise. Der Buchungsbeginn bei den einzelnen Zügen ist unterschiedlich früh, teils schon sechs Monate vor dem Reisedatum. Je eher man dann bucht, desto billiger kann die Fahrt sein: die einfache Fahrt ab Köln nach Bordeaux für 100 € ist durchaus realisierbar. Gute Vergleichsmöglichkeiten gibt das Portal www.thetrainline.com, wo man auch gleich buchen kann.

Mit dem Flugzeug

Die wichtigsten Flughäfen in Südwestfrankreich sind **Bordeaux** und der

731swf ad

Aéroport „BAB" (Biarritz-Anglet-Bayonne); letztgenannter liegt in Biarritz-Parme. Auch nahe Lourdes gibt es einen kleineren Flughafen. Als Trendziel steht Bordeaux mittlerweile auf den Flugplänen diverser Airlines, es gibt Direktflüge aus mehreren deutschen Städten. Leider wechseln die Flugpläne der Airlines häufig, sodass Fortbestand/Erweiterung/Einstellung kaum zu prognostizieren sind. Zudem können Verbindungen saisonabhängig sein.

Flugpreise

Ein Economy-Ticket hin und zurück nach Bordeaux oder BAB bekommt man je nach Jahreszeit und Aufenthaltsdauer ab ca. 100 € (einschließlich aller Steuern, Gebühren und Entgelte). Am teuersten ist es in der Hauptsaison im Sommerhalbjahr, in der die Preise für Flüge im Juli und August besonders hoch sind und nicht selten über 350–400 € betragen können.

Kinder unter zwei Jahren fliegen ohne Sitzplatzanspruch für etwa 10 % des Erwachsenenpreises, für ältere Kinder werden die regulären Preise je nach Airline ermäßigt. Ab dem 12. Lebensjahr gilt der Erwachsenentarif.

Fluglinien

Gute Tarife für die Hauptsaison bekommt man oft, wenn man **sehr früh online bucht** (elektronische Buchungsnummer). Bei späteren Buchungen für die Zwischen- oder Nebensaison können die Preise mitunter immer noch akzeptabel sein. Zur Online-Bezahlung wird eine Kreditkarte verlangt, was mit einer Zusatzgebühr verbunden sein kann. Im Flugzeug gibt es reservierbare Sitzplätze mitunter nur gegen Aufpreis. **Verpflegung** wird gewöhnlich extra berechnet, auch aufgegebenes Gepäck. Für die Region relevant sind:

- **Eurowings** (www.eurowings.com) fliegt von Düsseldorf oder Stuttgart ins nordspanische Bilbao, ab dort reist man im Linienbus direkt vom Flughafen nach San Sebastián, steigt in den Nahverkehrszug „Topo" (ca. 15 Minuten Fußweg) und kommt so nach Hendaye in den äußersten Süden der französischen Atlantikküste.
- **Lufthansa** (www.lufthansa.com) ab/bis Frankfurt/M. Bordeaux per Direktflug. Oder ab Frankfurt/M. ebenfalls nach Bilbao.
- **Easy Jet,** www.easyjet.com. Von Berlin-Brandenburg, Genf und Basel nach Bordeaux. Teils nur Saisonflüge während der wärmeren Jahreszeit.
- **Ryanair,** www.ryanair.com. Von Köln oder dem belgischen Charleroi saisonal direkt nach Biarritz oder auch Charleroi-Bordeaux.
- **Transavia,** www.transavia.com. Von Rotterdam/Den Haag nach Bergerac.
- **Air France / Hop,** www.airfrance.de, mit Umsteigeverbindung u. a. von Düsseldorf oder München nach Bordeaux.
- **Volotea,** www.volotea.com, saisonal von Hamburg, Stuttgart, Düsseldorf und Straßburg nach Bordeaux.

Ankunft am Flughafen

Einmal in **Bordeaux** (www.bordeaux.aeroport.fr) gelandet, kann man einen direkten **Shuttlebus** (Navette) in die Stadt bis zum Gare St Jean (Hauptbahnhof) nehmen. Er verkehrt regelmäßig (saisonal wechselnd, aber selbst in der

Mini-„Flug-Know-how"

Check-In

Nicht vergessen: Ohne gültigen Reisepass oder Personalausweis kommt man nicht an Bord. Kinder benötigen einen eigenen Ausweis.

Bei innereuropäischen Flügen sollte man mindestens eineinhalb Stunden vor Abflug am Schalter der Airline eingecheckt haben, denn vor der folgendenen Sicherheitskontrolle können die Warteschlangen lang sein; beim Rückflug aus Frankreich geht es meist entspannter zu. Je nach Fluggesellschaft kann man den Check-In ab 23 Stunden vor Abflug auch vorab **zu Hause** im Internet erledigen und muss am Flughafen nur die ausgedruckte Board-Karte vorlegen (bei vielen Airlines reicht auch ein digitales Ticket, das auf dem Smartphone abrufbar ist) und sein Gepäck am entsprechenden Schalter abgeben.

Das Gepäck

In der **Economy Class** darf man pro Person in der Regel ein Handgepäckstück bis zu 8 kg in die Kabine mitnehmen (nicht größer als 55 x 40 x 20 cm) und bei Bedarf zusätzlich ein Gepäckstück bis zu 23 kg einchecken. In der **Business Class** ist das zulässige Gewicht deutlich höher.

Aufgepasst: Bei sogenannten **Billigfluggesellschaften** wie z. B. Ryanair gelten andere Gewichtsklassen. Und auch bei einer Airline wie Eurowings ist mittlerweile nur noch ein kleines Handgepäck (max. 40 x 30 x 25 cm) im Basic-Tarif enthalten. Schon beim Kauf des Tickets sollte man sich über die Bestimmungen der Airline informieren – Nachbuchungen am Flughafen gehen extrem ins Geld.

Beim Packen des **Handgepäcks** sollte man darauf achten, dass man Getränke oder vergleichbare Substanzen (Gel, Parfüm, Shampoo, Zahnpasta etc.) nur in geringen Mengen bis zu jeweils 100 ml mit ins Flugzeug nehmen darf. Diese Substanzen muss man separat in einem durchsichtigen Plastikbeutel (z. B. Gefrierbeutel mit Verschluss, max. 1 Liter Inhalt) transportieren, den man beim Durchleuchten in eine der bereitstehenden Schalen auf das Fließband legen muss. Auch das Notebook oder Smartphone muss in eine solche Schale gelegt werden. Hat man einen Gürtel mit einer Schnalle aus Metall, empfiehlt es sich, diesen auszuziehen und ebenfalls in die Schale zu legen, da sonst in der Regel der Metalldetektor anschlägt und man vom Flughafenpersonal abgetastet werden muss. Das Ablegen von Uhren wird uneinheitlich gehandhabt: mal ja, mal nein.

Aus **Sicherheitsgründen** dürfen Nagelfeilen sowie Messer und längere Scheren aller Art, also auch Taschenmesser, nicht im Handgepäck untergebracht werden. Diese Gegenstände sollte man unbedingt daheim lassen oder im aufzugebenden Gepäck verstauen, sonst werden sie bei der Sicherheitskontrolle einfach weggeworfen. Nagelscheren und Pinzetten sind hingegen erlaubt, sofern die Klingen kürzer als 6 cm sind. Darüber hinaus gilt, dass leicht entzündliche Gase in Sprühdosen (Schuhspray, Campinggas, Feuerzeugfüllung), Benzinfeuerzeuge und Feuerwerkskörper etc. nicht im Koffer oder dem Handgepäck transportiert werden dürfen.

Vom Verschließen des Gepäcks mittels eines Vorhängeschlosses ist abzuraten, da das Gepäck vom Flughafenpersonal bei Auffälligkeiten beim Durchleuchten durchsucht werden können muss.

Nebensaison mindestens zehn Verbindungen tagsüber) und braucht bei normalem Verkehr etwa 30 Minuten. Kosten: 8 € für die einfache Fahrt, kleiner Rabatt für Hin- und Rückfahrt bei Online-Buchung unter http://30direct.com.

Am **Aéroport Biarritz-Anglet-Bayonne** hält ein Linienbus nach Biarritz, Anglet und Bayonne (http://biarritz.aeroport.fr). Für den Kauf der Bustickets „Txik Txak" (www.txiktxak.fr) steht ein Automat zur Verfügung.

Alternativ kann man natürlich ein **Taxi** nehmen.

Autofahren

In Frankreich unterscheidet man Autobahnen (*autoroutes*, abgekürzt „A"), Nationalstraßen (*routes nationales*, abgekürzt „N") und Départementstraßen (*routes départementales*, abgekürzt „D"). **Die Geschwindigkeitsbegrenzungen** betragen 130 km/h auf Autobahnen (110 km/h bei Regen), 110 km/h auf zweispurigen Schnellstraßen, 80 km/h auf Landstraßen und 50 km/h innerhalb geschlossener Ortschaften. Wohnwagen-Gespanne über 3,5 t dürfen auf der Autobahn nur 90 km/h fahren. Es besteht Anschnallpflicht, und die **Promillegrenze** liegt bei 0,5. In Tunnels, bei Regen oder Schnee ist das **Abblendlicht** einzuschalten. Motorräder und Mopeds müssen stets das Abblendlicht eingeschaltet lassen; für Moped- und Motorradfahrer gilt über die Helmpflicht hinaus eine Handschuhpflicht, auch für Beifahrer.

Vorfahrt-beachten-Schilder sind mit dem Hinweis „Cedez le passage" untertitelt. Ausländische Besucher dürfen weder Führerschein noch Fahrzeugschein und Versicherungsnachweis vergessen.

Kinder bis zehn Jahre müssen hinten sitzen und durch ein Sicherungssystem angeschnallt sein.

Im Innern des Autos muss eine **reflektierende Schutzweste** mitgeführt werden, die man beim Ausstieg nach Unfällen oder Notstopps am Fahrbahnrand anzulegen hat. Obligatorisch ist auch ein Warndreieck, das mindestens 30 Meter entfernt vom Fahrzeug aufgestellt werden muss. Auch Motorradfahrer müssen eine reflektierende Warnweste mit sich führen.

732swf ad

[<] Die beliebte Weinregion mag verführerisch sein – aber auch hier gibt es eine Promillegrenze für Autofahrer

Verkehrsbesonderheiten

Franzosen gelten eigentlich als rücksichtsvolle Zeitgenossen auf den Straßen – wobei es immer wieder Ausnahmen gibt! Vor allem zu Ferienzeiten lässt die Konzentration am Steuer nach. Lenker von Autos und Wohnmobilen können kurzzeitig durch schöne Ausblicke abgelenkt werden. **Potenzielle Gefahrenquellen** – vor allem im Sommer – bilden jugendliche Heißsporne auf Mopeds und Vespas, die ihr Imponiergehabe an Lärm und Drehzahl knüpfen und sich oft in einen Geschwindkeitsrausch stürzen.

Zu den gewöhnungsbedürftigen Besonderheiten des Verkehrswesens zählen die inflationär verbreiteten **Kreisverkehre** *(rond-points),* die Raser in die Schranken weisen, auf manchen Landstraßen indes ein kontinuierliches Fortkommen erschweren. Die Einheimischen blinken gern links, solange sie im Rund bleiben, und erst dann ganz normal rechts, um abzubiegen.

Eine weitere Eigenheit, vor allem bei Stadtumgehungen, ist die **Beschilderung** mit „toutes directions“ (alle Richtungen). Falls das eigene Ziel auf Schildern plötzlich nicht mehr zu finden ist, folgt man diesen Tafeln. Mit „poids lourds“ sind gesonderte Umgehungsvarianten für Lkw ausgewiesen. Im Baskenland findet man vielerorts zweisprachige Beschilderungen von Stadtzentren, Häfen, Stränden und anderen markanten Punkten auf Französisch und Baskisch. In Bordeaux ist die große Autobahn-Stadtumgehung als „rocade“ ausgewiesen.

Es bietet sich an, die **Hauptstoßzeiten** in Städten und Stadtrandgebieten zu meiden; diese konzentrieren sich in der Regel werktags auf die Zeiten von etwa 7.30 bis 9 und 17.30 bis 19.30 Uhr. Es kann mitunter eine Stunde und länger dauern, bis man vom Zentrum Bordeaux' aus die Peripherie erreicht hat. Ebenso unerfreulich und nicht gerade zu empfehlen sind **Nachtfahrten** auf Nebenstraßen, da Rand- und gar Mittelmarkierungen fehlen können – von Leitplanken und Katzenaugen gar nicht zu reden. Speziell bei Dunkelheit in Wohngebieten zu beachten: die künstlichen Bodenwellen, mitunter verknüpft mit einem markierten Übergang für Fußgänger *(passage surélevé).*

Panne und Unfall

Im Falle eines Unfalls ist Recht haben und Recht bekommen immer zweierlei – und die internationale Schadensabwicklung kann über Monate und länger zur nervlichen Zerreißprobe ausarten! Eine Erfahrung, die niemandem zu gönnen ist und bei der man am Ende meist auf der Verliererseite steht – und sei es nur ein kleiner Verlust! Wer auf einer Polizeidienststelle eine Anzeige erstatten will, kommt im Regelfall nur mit Französisch vorwärts.

Bei Panne oder Unfall **auf der Autobahn** nimmt man über die SOS-Notrufsäule Kontakt mit der Gendarmerie bzw. der Autobahngesellschaft auf. Für die Meldung benötigt man die Autobahnnummer, die Kilometermarkierung und die Fahrtrichtung – am besten, man schreibt sich kurz alles auf oder orientiert sich per GPS. **Abschleppdienste** auf Autobahnen und Schnellstraßen dürfen lediglich Firmen mit entsprechender Konzession ausführen, die Preise sind reglementiert.

Man kann sich bei Unfall oder Panne auch direkt an seinen Automobilclub wenden. Die drei größten für Deutschland, Österreich und die Schweiz:

- **ADAC,** Tel. 0049-89 222 222 bei Fahrzeugschaden (man wird eventuell mit einer deutschsprachigen Notrufstation vor Ort verbunden), Tel. 0049-89 767 677 ist der Kontakt zum Reisemedizinischen Informationsservice. Es gibt auch eine Pannenhilfe-App. oder Pannenhilfe online..
- **ÖAMTC,** Tel. 0043-1 2512000.
- **TCS,** 0041-58 8272220.

Umweltzonen in Frankreich

In Frankreich gibt es Umweltzonen, für die **Autofahrer** eine gültige **Plakette** am Fahrzeug benötigen. Diese heißt auf Französisch *Certificat Qualité de l'Air (CRIT'Air)*. Es gibt sie in sechs verschiedenen Kategorien (und Farben), abhängig vom Alter und der EURO-Klasse des Fahrzeugs. Ältere Fahrzeuge können keine Plakette erhalten.

Es gibt **zwei verschiedene Arten** von Umweltzonen: Die festen Umweltzonen *(ZCR – zones à circulation restreinte)* befinden sich meist im Zentrum von größeren Städten. Sie sind ausgeschildert, und es ist zudem ersichtlich, mit wel cher Vignette zu welcher Tageszeit man einfahren darf. Wetterabhängige Umweltzonen *(ZPA – zones de protection de l'air)* gelten bei schlechter Wetterlage und wenn die Grenzwerte für Luftverschmutzung überschritten werden. ZPA-Umweltzonen sind zumeist relativ groß und in der Regel nicht ausgeschildert.

Die **Ausweisung der Zonen** und ihren aktuellen Tages-Status finden Reisende in der Tagespresse vor Ort und unter urbanaccessregulations.eu. Eine fehlende oder falsche Vignette kostet eine Geldstrafe von 68 Euro (gilt für alle Fahrzeuge außer Lkw und Bus).

Die Plakette kann auf der Internetseite www.certificat-air.gouv.fr/de für 3,11 Euro plus Porto **beantragt** werden, bei Redaktionsschluss 3,72 €. Hier finden sich auch weiteren Infos zu den Fahrzeugklassen. Aufgrund des Postversandweges sollte die Beantragung rechtzeitig **vor der Reise geschehen.**

Achtung: Es gibt auch private Anbieter, die die Plakette anbieten, hier fallen jedoch mitunter deutlich höhere Kosten an.

Tanken

Mitunter differieren die Literpreise innerhalb kleiner Umkreise erheblich, Vergleiche lohnen sich daher (und sind im Internet leicht aufzuspüren, z. B. unter http://plein-moins-cher.fr). Die günstigsten Preise bieten in der Regel die **Tankstellen an Großsupermärkten,** doch manche Fahrer setzen lieber weiterhin auf ihre bekannte Marke. Am teuersten tankt man – wie in anderen Ländern auch – an Autobahnen, durchweg preisgünstig ist es an Automaten-Tankstellen (mittlerweile Standard). Vorteil: Diese sind auch zu extrem früher oder später Uhrzeit benutzbar (oder auch rund um die Uhr). Nachteil: Der automatisierte Ablauf samt Eingabe per Kreditkarte kann sich etwas kompliziert gestalten.

Tipp: Wer sich **nahe der spanischen Grenze** aufhält, kann einen Abstecher zum Nachbarn einschieben. Dort liegen die Benzinpreise um 10–20 % unter denen in Frankreich!

Parken

Frankreichs **Parkscheinautomaten,** mit denen die Innenstädte weitläufig abgedeckt sind, heißen *horodateurs*. Unterschiedlich wie die von Städten und Stadtvierteln abhängige Gebührenhöhe sind auch die Gebührenzeiten. In Anlehnung an die Mittagspause braucht man mancherorts die Automaten lediglich von 9 bis 12 und 14 bis 18.30 Uhr zu füttern. In touristisch besonders frequentierten Orten sind sie sieben Tage in der Woche von 9 bis 19 Uhr in Betrieb. In manchen Orten ist die maximale Parkdauer mitunter beschränkt.

Im Gegensatz zum gebührenpflichtigen Parkplatz *(parking payant)* bzw. zum Parkhaus findet man gelegentlich noch den **kostenfreien Parkplatz** *(parking gratuit)* in Citynähe. An gelb markierten Fahrbahnrändern herrscht Parkverbot, die Strafen sind drastisch!

Tipp: Bei der Unterkunftsuche in stark frequentierten Ferienorten kann es sich lohnen, ein wenig mehr für eine **Unterkunft mit eigenem Parkplatz** *(parking privé)* zu bezahlen!

Motorisierte, die mit dem **Wohnmobil** *(camping-car)* oder **Wohnwagen** *(caravane)* unterwegs sind, müssen überall besonders auf Verbotsschilder achten. Viele normale Park- und auch Rastplätze sind für Campingfahrzeuge gesperrt und aus diesem Grund mit Hochbarrieren ausstaffiert worden; die Höhen liegen um 2–2,20 m. Für Wohnmobile können in Küstenorten gesondert ausgewiesene (kostenpflichtige) Plätze zur Verfügung stehen. Laut französischer Straßenverkehrsordnung darf man jedoch sein Wohnmobil gemeinhin an Straßen parken, sofern es durch die Größe nicht den Verkehr oder die Sicht anderer Verkehrsteilnehmer behindert und nicht länger als sieben Tage an derselben Stelle steht. Tische oder Stühle daneben aufzustellen, ist nicht gestattet.

Nicht nur für Wohnmobile gilt: Wer in Innenstädten die Busspur benutzt, riskiert drastische Strafen!

Wer sein Gefährt auf einem Parkplatz abstellt, sollte **Vorsichtsmaßnahmen** treffen. Also: niemals Wertsachen im Fahrzeuginnern liegen lassen, im Zweifelsfall Alarmanlage aktivieren! Auch in diesem Teil Frankreichs sind immer wieder Langfinger unterwegs, vor allem zur Sommersaison.

Französische Hinweisschilder

- **Attention!** – Achtung!
- **Cedez le passage!** – Vorfahrt beachten!
- **centre ville** – Stadtzentrum
- **chaussée déformée** – Fahrbahnschäden
- **Danger!** – Gefahr!
- **déviation** – Umleitung
- **horodateur** – Parkscheinautomat
- **parking gratuit** – gebührenfreier Parkplatz
- **parking payant** – gebührenpflichtiger Parkplatz
- **passage surélevé** – erhöhter Fußgängerübergang
- **Passage interdit!** – Durchfahrt verboten!
- **poids lourds** – Lkw
- **Ralentir!** – Langsam fahren!
- **rond-point** – Kreisverkehr
- **rue barrée** – Straße gesperrt
- **sens unique** – Einbahnstraße
- **toutes directions** – alle Richtungen

Schöne Campingplätze

■ Pinien und Seen komponieren die Kulissen rund um zwei besonders schöne Campingplätze in Biscarrosse und Maubuisson. Die Anlage **Mayotte Vacances** in Biscarrosse (Le Lac, 368 chemin des Roseaux, Biscarrosse, Tel. 05 35 37 14 11, www.mayottevacances.com) erstreckt sich über 15 ha und bietet 630 Stellplätze. Außerdem werden fest installierte Großzelte und gut ausstaffierte *Maisonnettes* bzw. *Mobile Homes* vermietet. *Mayotte Vacances* bietet eine Schwimmbad-Landschaft inklusive Rutschen für die Kleinsten, Restaurant-Bar, Abendunterhaltung und vielerlei mehr. Am See von Biscarrosse wird natürlich Wassersport groß geschrieben. Anfang April bis Ende September geöffnet. Fünf-Sterne-Anlage.

Camping de Maubuisson, ein herrlich ins Grün eingebetteter Campingplatz

016sf ad

■ Eine weitläufige Anlage ist der **Camping de Maubuisson** (81 avenue de Maubuisson, Maubuisson, Tel. 05 56 03 30 12, www.camping-maubuisson.com). Der Drei-Sterne-Platz liegt fünf Gehminuten vom Strand des Lac d'Hourtin et de Carcans und wenige Kilometer vom nächstgelegenen Meeresstrand Carcans-Plage entfernt. Die rund 550 Stellplätze verteilen sich über ein ausgedehntes 12-ha-Gelände mit Kiefernbeständen. Es gibt ein Schwimmbad, sportliche Animation im Hochsommer und die Vermietung von Holzhäuschen, festen *Mobile Homes* und kleinen *Chalets*. Kurios sind die mit Matratzen ausstaffierten „Hängezelte" *(pendolas)*. Für Wanderer und Radler stehen sogenannte „Moorea"-Zelte für zwei Personen zur Verfügung. Glamping ist in Fünf-Personen-Lodgezelten möglich. Geöffnet Mitte März bis etwa Mitte November.

Die ausgedehnte Poollandschaft macht den kiefernbestandenen Fünf-Sterne-Platz **Le Vieux Port Camping Village Resort & Spa** (850 Route de la Plage Sud, Messanges, Tel. 05 58 48 22 00, www.levieuxport.com) vor allem bei Familien mit Kindern beliebt. Zum Angebot rund ums Wasser gehören mehrere Becken, Rutschen, ein beheiztes Hallenbad, ein Wellenbad, ein Wellensimulator, zwei Jacuzzis und der Aquasplash-Bereich für Kinder. Auch sonst kommen Sport und Animation nicht zu kurz. Zudem Wellnessbereich mit Sauna, Dampfbad. Im Hochsommer Abendveranstaltungen/Themenabende. Derart breit gefächerte Angebote bedeuten im Umkehrschluss: Das ist weder preisgünstig noch fühlen sich hier Ruhesuchende angesprochen. Vermietung von *Mobile Homes, Bungalows, Cottages* und mehreren Zeltmodellen. Zugang zum Strand. Geöffnet Anfang April bis Mitte Okt.

■ Zwischen Hendaye und Saint Jean-de-Luz, ein Stückchen hinter der Küste gelegen, an die Straße grenzend, breitet sich das grüne

10-ha-Areal der **Camping Village Eskualduna** aus (Route de la Corniche, Hendaye, Tel. 05 59 20 04 64, www.camping-eskualduna.fr); in der Regel für Camping-Caravaning geöffnet von Anfang Mai bis Mitte/Ende September, Verleih von *Mobile Homes* und *Chalets* jedoch schon ab Anfang April. Zur Ausstattung gehören ein Schwimmbad und kleine Sportanlagen. Während der Hauptsaison steigen Animationsprogramme. Der Platz ist mit vier Sternen ausgezeichnet. Direkt vor dem Eingang fahren Busse an den Strand von Hendaye ab, im Hochsommer für Campingplatzgäste kostenlos *(navette gratuite)*. Überquert man diese Straße zu Fuß, erreicht man das Wegenetz des zwischen Meer und Wiesen verlaufenden Naturschutzgebietes *Domaine d'Abbadia*.

- Das Grün gibt den Ton an auf dem Vier-Sterne-Platz **Le Truc Vert** (Route du Truc Vert, Lège-Cap Ferret, Tel. 05 56 60 89 55, www.trucvert.com). Hier gibt es reichlich Kiefernwald, der Sandstrand liegt wenige Hundert Meter entfernt. Es gibt ein Restaurant und einen Kinderspielplatz. Die Umgebung der Halbinsel Cap-Ferret lädt zum Surfen und Radfahren ein. Was hier und andernorts an der Küste niemals auszuschließen ist: dass es Jugendliche in Feierlaune mal lauthals krachen lassen. Geöffnet ist der Platz Anfang Mai bis Ende September.
- Mitten im Kiefernwald liegt das 30-ha-Gelände des **Camping Municipal La Grigne** in Le Porge-Océan (35 avenue de l'Òcéan, Tel. 05 56 26 54 88, http://camping-leporge.fr/de/). Dieser Platz hat zwar „nur" drei Sterne und ist gewiss nicht so komfortabel wie andere, doch die Natur rundherum wird viele begeistern. Wem es möglich ist, der vermeidet die volle Hochsaison. Der Strand liegt etwa 600 Meter entfernt. Es gibt insgesamt 700 Stellplätze, außerdem Vermietung von *Mobile Homes* und Zelt-Bungalows. Geöffnet etwa Mitte April bis Anfang November.

Barrierefreies Reisen

Franzosen legen großen Wert auf Alltagserleichterungen ihrer gehbehinderten Mitbürger bzw. Besucher. Gesondert ausgewiesene **Parkplätze für Rollstuhlfahrer** gehören gleichermaßen zum Standard wie **rollstuhlgerechte** Toiletten, Hotelzimmer und Zugänge in Museen, die mit dem internationalen Rollstuhlsymbol *(accés handicapés/personnes à mobilité reduite)* markiert sind. Nach grober Schätzung kann man davon ausgehen, dass etwa 20 % der Hotels in Südwestfrankreich über mindestens ein rollstuhlgerechtes Zimmer verfügen. Aufschluss darüber geben Hotelangaben online. Auf der Homepage der Französischen Zentrale für Tourismus (www.france.fr/de/) lassen sich Infos zu barrierefreiem Reisen aufrufen, z.B. zu Stränden, Camping und Reisen mit der Bahn nach Frankreich. Wichtig zu wissen: In Bordeaux sind die Straßenbahnen vollständig für Gehbehinderte und Rollstuhlfahrer zugänglich, neuere Buslinien mit Rollstühlen oder Gehhilfen gut erreichbar.

Camping

Franzosen sind leidenschaftliche Camper, über das ganze Land verteilen sich zahlreiche Plätze in europäischer Rekordzahl! Auch im Südwesten Frankreichs pflegen die Einheimischen mit

Hingabe ihre *hôtellerie de plein air,* die „Freiluft-Hotellerie". Man findet wirklich fantastische Anlagen an Seeufern und in Meeresnähe. Zu den **Campinghochburgen** zählen die Küstenbereiche um Arcachon und Lacanau-Océan. Wer „wild" campt, sollte sich mit Blick auf mögliche Probleme mit dem Grundbesitzer einigen. Ansonsten ist das **„wilde Campen" offiziell nicht gestattet** – so schön die Landschaft und das Plätzchen sein mögen. Man riskiert ein Bußgeld!

Campingplätze sind mit **Sternen** klassifiziert (von einem Stern = ganz einfach bis zu fünf Sternen = Luxus) und liegen erfreulich oft in grüner Umgebung mit Pinienwäldern oder Wiesen; auf **Gepflegtheit und Rundum-Service** lassen die Besitzer oder Pächter nichts kommen. Solide Qualität versprechen Ein- und Zwei-Sterne-Plätze, höhere Ansprüche bedienen Drei- und Vier-Sterne-Plätze. Der Gipfel ist ein „Fünfer"! Natürlich sind solche Anlagen im Sommer bestens gefüllt – mit allem, was zwangsläufig dazugehört. Einsamkeit und klösterliche Stille darf man hier nicht erwarten.

Wesentlich einfacher geht es beim **Camping auf dem Bauernhof** *(camping à la ferme)* zu, das sich bei naturverbundenen Familien besonderer Beliebtheit erfreut. Die Anlagen verfügen meist über eine bescheidene Anzahl an Stellplätzen, was eine familiäre Atmosphäre garantiert. Je nach gewähltem Platz kann man direkt beim Bauern Wurst, Käse, Eier, Milch, Obst oder Gemüse einkaufen. Auf der Internetseite von *Bienvenue à la ferme* („Willkommen auf dem Bauernhof", www.bienvenue-a-la-ferme.com) sind landesweit zahlreiche Campingmöglichkeiten verzeichnet.

Fußballfeld auf dem Campingplatz Eskualduna zwischen Saint Jean-de-Luz und Hendaye

222sf ad

Auf einem **städtischen/gemeindlichen Campingplatz** *(camping municipal)* kommt man preiswerter unter, wobei es meist mehr auf Zweckmäßigkeit, denn auf Lage, Komfort und Idylle ankommt. Ausnahmen bestätigen allerdings die Regel. Und beim Blick auf das Urlaubsbudget für Familien mit Kindern hellen sich die Mienen auf.

Preise und Ausstattung

In der Regel sind die Campingplatzpreise gestaffelt und schlüsseln sich in eine **Grundpauschale für die Parzelle** (*emplacement;* inklusive Auto) sowie die Anzahl der Personen auf. Für Kinder gibt es sehr unterschiedliche Ermäßigungen. Familien sollten mit einem durchschnittlichen **Übernachtungspreis** von rund 30–40 € rechnen. Auf einfachen Plätzen kommt eine Kleinfamilie in der Nebensaison schon für ca. 20 € pro Nacht unter, auf Megaanlagen in der Hauptsaison erreichen die Preise durchaus Größenordnungen um die 50–70 €. Zudem schlägt eine **Kurtaxe** zu Buche, auch das mitgebrachte Boot kann mit einer Tagespauschale zusätzlich in Rechnung gestellt werden.

Plätze der oberen Kategorie gleichen nicht selten riesigen Freizeitparks, die während der sommerlichen Hochsaison mit **Animationsprogrammen** und Sportturnieren auftrumpfen. Wer sich auspowern will, findet Tennisplätze, Fitnessstudio, Tischtennisplatten, Fußball- und Volleyballfelder sowie häufig auch Fahrradverleihstellen. Für das Wohlbefinden sorgen Whirlpool und Sauna. Oftmals findet man ein Kinderbecken und ein oder mehrere **Schwimmbäder** (gelegentlich sogar beheizt) samt Wasserrutschen, außerdem Kinderspielgerät und ein akzeptables **Restaurant.** Mitunter stehen Waschmaschinenräume zur Verfügung.

Vor allem mit Blick auf die Hochsaison (Juli und August) sollte man sich rechtzeitig um **Reservierungen** kümmern. Auf manchen Websites lassen sich Reservierungsformulare auf Deutsch ausfüllen und absenden. Äußerst kundenunfreundlich können zusätzliche Reservierungsgebühren *(frais de réservation)* sein.

An- und Abreise

Am **Anreisetag** sollte man sich in der Nebensaison bis spätestens 18 Uhr, in der Hauptsaison bis 19.30 Uhr einfinden. Ansonsten läuft man Gefahr, vor verschlossenen Rezeptionsräumen und Schranken zu stehen. **Checkoutzeit** ist in der Regel 12 Uhr mittags. Viele Anlagen öffnen nur während der lukrativeren Monate von Mai bis September.

Mietbare Bungalows und Campingwagen

Alternative zum eigenen Zelt oder Caravan sind die auf manchen Plätzen **fest installierten Campingwagen, Chalets und Mobile Homes,** deren Tages- bzw. Wochenpreise zwischen Haupt- und Nebensaison ganz erheblich schwanken. Ein für bis zu sechs Personen geeigneter Wagen ist in der Nebensaison für rund 350–450 € pro Woche mietbar und erreicht im August Spitzenpreise um 700–900 €, gelegentlich wird die

1000-€-Marke überschritten; auf einfacheren Drei-Sterne-Plätzen können sich Wochenmiettarife für ein Vierer-*Mobile-Home* zwischen 250 und 550/600 € bewegen.

Hilfreiche Internetseiten

Wer Begriffe wie „Camping Landes“ (also im Département Landes) googelt, erhält umfangreiche Aufstellungen, beispielsweise unter www.campingfrance.com oder unter www.camping.info/de. Unter dem Oberbegriff *Camping Qualité* haben Campingplätze mit selbsterhobenen hohen Qualitätsansprüchen ihren Web-Auftritt (http://campingqualite.com, auch auf Deutsch). Ebenfalls sehr hilfreich, allerdings nur auf Französisch, ist die Homepage der französischen Camping-Caravaning-Vereinigung: www.ffcc.fr bzw. Weiterleitung auf www.camp-in-france.fr. Gleiches gilt für die Internetseite der städtischen/gemeindlichen Campingplätze: www.camping-municipal.org.

Diplomatische Vertretungen

Französische Botschaften

- **Deutschland:** Pariser Platz 5, D-10117 Berlin, Tel. 030 590 03 90 00, http://de.ambafrance.org.
- **Österreich:** Technikerstraße 2, D-1040 Wien, Tel. 01 50 27 50, http://at.ambafrance.org.
- **Schweiz:** Schosshaldenstraße 46, CH-3006 Bern, Tel. 031 359 21 11, http://ch.ambafrance.org.

Vertretungen in Frankreich

- **Deutschland:** Deutsche Botschaft in **Paris,** 13-15 avenue Franklin D. Roosevelt, Tel. 01 53 83 45 00 oder in Notfällen außerhalb der Öffnungszeiten Tel. 06 11 76 22 55; Generalkonsulat in **Bordeaux,** 35 cours de Verdun, Tel. 05 56 17 12 22, http://allemagneenfrance.diplo.de.
- **Österreich:** Österreichische Botschaft in **Paris,** 6 rue Fabert, Tel. 01 40 63 30 63, www.bmeia.gv.at/oeb-paris; Honorarkonsulat in **Bordeaux**, 88 quai de Bacalan, Tel. 05 56 00 00 70, consulatautriche.bordeaux@borie-manoux.fr
- **Schweiz:** Schweizer Botschaft in **Paris,** 142 rue de Grenelle, Tel. 01 49 55 67 00, www.eda.admin.ch; Honorarkonsulat in **Bordeaux**, 22 rue Le Chapelier, Tel. 09 50 41 40 95, bordeaux@honrep.ch.

Einkaufen

→ Essen und Trinken

Angesichts der Arbeitslöhne und Steuern, die Café- und Restaurantpreise auch in Frankreich auf hohem Niveau halten, werden viele Selbstversorger vor allem **Wochenmärkte** *(marchés)* und **Supermärkte** *(supermarchés)* bzw. Großsupermärkte *(hypermarchés)* ansteuern. In Frankreichs Südwesten sind Ketten wie *Carrefour, Intermarché* und *Leclerc* verbreitet. Als Discounter ist *Lidl* populär. Wer Sportzubehör sucht – vom Jogging- bis zum Wasser-Equipment – darf sich im **Sportsupermarkt** *Decathlon* gut aufgehoben fühlen. Die größten Angebote an Surfshops findet man in und um Biarritz.

Aufschnitt und Fleisch gibt es in der **Metzgerei** *(boucherie, charcuterie)*, verführerische Süßwaren in der **Konditorei** *(pâtisserie, confiserie)*, ofenfrisches Baguette und Croissants in der **Bäckerei** *(boulangerie)*. Backwaren sind – zu günstigerem Preis mit entsprechender Qualität – auch in Supermärkten zu haben; die tiefgefrorenen Teile werden vor Ort „frisch“ aufgebacken.

Auf Märkten (und ggf. in Supermärkten) findet man über reichhaltige Obst- und Gemüseangebote hinaus gelegentlich einen **Hähnchenbratstand** und warme Fertiggerichte – für den einen oder anderen sicher ein guter Tipp, denn das nächste Picknickplätzchen ist bestimmt nicht weit. Auch kann man sich auf dem Markt gut mit einem bunten Allerlei von Wein *(vin)* bis Knoblauch *(ail)* eindecken.

Ähnlich wie ihre deutschen Nachbarn achten auch die Franzosen beim Einkauf auf **Qualitätsprädikate, Warenherkunft** *(origine)* möglichst aus dem eigenen Land sowie Fettstufen und Fettgehalt *(matière grasse)*. Das gilt z.B. für Quark *(fromage frais)* oder Jogurt *(yaourt)*. Allseits beliebt sind Produkte frisch vom Bauernhof *(ferme)* und kleine **Kostproben** *(dégustations)*, wobei erwartet wird, dass man etwas kauft!

Ebenfalls zu beachten sind **Sonderangebote** wie etwa die beigefügte zweite Produktpackung zum halben Preis *(le 2ème à moitié prix)*. Um die Preisvergleiche zu erleichtern, schlüsseln Supermärkte zu Produkten die Kilo- und Literpreise auf *(soit le kilo, soit le litre)*. Dosenpfand wird in Frankreich nicht erhoben.

Tipp: Bei den Kassen in Supermärkten und Großsupermärkten gibt es oft die **caisse rapide** – an der „schnellen Kasse“ kommt man mit kleineren Einkäufen von wenigen Artikeln durch.

017sf ad

Tabakwaren erhält man in Frankreich nur in besonders gekennzeichneten *Bar Tabacs*, die dafür eine eigene Verkaufstheke haben.

Preisbeispiele aus dem Reisealltag

- **Anisschnaps** (Pastis): Liter (abhängig von Qualität und Marke) 10–18 €
- **Äpfel:** ab ca. 2 € pro Kilo
- **Apfelwein** *(cidre)*: Liter 2 – 4 €
- **Baguette:** ab 0,80 € im Supermarkt
- **Butter:** ab ca. 2 € pro 250 g
- **Hartwurst:** Kilopreis ab etwa 10–12 €
- **Jogurt:** Kilo ab etwa 2 €
- **Käse:** Kilopreis Hartkäse beim Discounter ab etwa 9–10 €, die Preise für Weichkäse beginnen bei

Sonntags findet man Bäckereien geöffnet vor

772swf_ad

7–8 € (dies sind Supermarktpreise, in Käsegeschäften deutlich teurer)

- **Milch:** Liter H-Vollmilch ab ca. 1,10 €
- **Mineralwasser:** ab ca. 0,35 € pro Liter für Wasser ohne Kohlensäure (beim Discounter); Markenflaschen ab 1 €/l
- **Orangensaft:** Liter ab etwa 1,20 € (Discounterware)
- **Quark:** Kilo ab etwa 2 €
- **Tomaten:** ab ca. 3 € pro Kilo
- **Wein:** einfacher Landwein ab etwa 5–6 € für eine 0,75-Liter-Flasche

⌃ Beliebte Einkaufsprodukte sind Espadrilles

› Espandrilles sind in Miniaturform auch als Schlüsselanhänger erhältlich

Souvenirs

Die „Souvenirkultur" – will man sie überhaupt als solche bezeichnen – beschränkt sich auf ausgewählte Stücke: eine Baskenmütze *(béret)* z.B., ein Keramikbild als Untersetzer, eine Sonnenuhr für die Wand oder Segeltuchsandalen *(espadrilles;* in origineller Miniaturform auch als Schlüsselanhänger erhältlich*)*. Auch feines baskisches Leinen *(linge basque)* in Form von Tischdecken und Servietten ist ein beliebter Einkauf in Biarritz oder auf Märkten im Rahmen von Stadtfesten. In touristischen Städtchen der Pyrenäen stehen – wie in Saint Jean-Pied-de-Port – Schafwolljacken und mit Schafwolle gefütterte Lederhausschuhe im Angebot. Eine Sonderrolle fällt Lourdes zu mit Kommerz in höchster Potenz und Pilgernippes in allen Farben und Formen. Erhältlich sind auch leere, mitunter farbig bedruckte Plastikflaschen und -kanister, in die man sich Lourdes-Wasser von der heiligen Quelle selber abfüllen kann.

Ob Ölgemälde oder Aquarell – auf der Suche nach dem besonderen Souvenir kann man in einer der zahlreichen Galerien oder bei temporären Ausstellungen Ausschau nach einer typischen Orts- oder Hafenansicht halten und auf diesem Weg lokale Künstler fördern. Zum Stöbern laden **Antiquitätengeschäfte** ein, vor allem in Bordeaux – wobei man sich nirgendwo der Illusion eines „Schnäppchens" hingeben sollte. Die Antiquare wissen ebenso, was ihre guten Stücke wert sind wie die Verkäufer an Ständen von Flohmärkten *(marchés aux puces).*

Während der sommerlichen Hochsaison pflegen die Franzosen ihr Faible für **Freiluft- und Allerleimärkte,** auf denen Kräuter, Marmeladengläser, Wein und Kleidungsstücke ebenso erhältlich sind wie Keramiktöpfe. Manche Orte locken sogar mit Abend- und Nachtmärkten *(marchés nocturnes).* Günstig? Meist nicht. Aber stimmungsvoll!

In Südwestfrankreich sind einige **Glasbläser** und auch **kunsthandwerkliche Töpfereien** ansässig.

Originellere Souvenirs gefällig? Wie wäre es mit einer *chistera,* jener bananenförmigen **Wurf- und Fangröhre** aus Weidengeflecht, mit der sich die baskischen Pelota-Spieler sportlich bekriegen? Oder mit einer *makila,* jenem altbekannten baskischen **Wanderstock** aus Mispelholz, der schon in mittelalterlichen Jakobswegführern erwähnt und heute noch im Baskenland gefertigt wird. Eine *makila* trägt eine Spitze, die ihr gleichzeitig den Charakter einer Waffe verleiht – ein hieb- und stichfestes Argument von *makila*-Trägern, die sich einst von Wegelagerern oder wildem Gebirgsgetier angegriffen sahen! *Makilas* und auch *chisteras* dürften den meisten eher als Dekorations- denn als Gebrauchsgegenstand dienen, gehören aber zu den preislich respektablen Produkten.

Im Haute-Couture-Land Frankreich treffen erlesene **Boutiquen** in Biarritz und Arcachon den Geschmack der Geldpotenz. Auch viele Modeläden in Bordeaux, Bayonne und Saint Jean-de-Luz tragen exklusiven Charakter.

Zu den bleibenden Erinnerungen „auf Zeit" zählen **Alkoholika** ebenso wie einige **Kulinaria** (→ „Essen und Trinken").

773swf_ad

Ein- und Ausreisebestimmungen

Für die Einreise nach Frankreich benötigen Bürger der EU sowie Schweizer einen **Personalausweis oder Reisepass. Kinder** brauchen **eigene Reisedokumente.** Über Bestimmungen für längere Aufenthalte sowie Visa für Nicht-EU-Bürger informieren die **französischen Botschaften** (→ „Diplomatische Vertretungen“).

Grenzkontrollen an den deutsch-französischen Übergängen sind bis auf gelegentliche Stichproben (Schmuggel, Furcht vor Terrorismus) abgeschafft.

Zollbestimmungen in der EU

Für den **privaten Warenverkehr** innerhalb der EU gelten die üblichen Freigrenzen:

- **Alkohol** (für Personen über 17 Jahre): 90 Liter Wein (davon maximal 60 Liter Schaumwein) oder 110 Liter Bier oder 10 Liter Spirituosen (über 22 Vol.-%) oder die gleiche Menge Alkopops oder 20 Liter (unter 22 Vol.-%) oder eine anteilige Zusammenstellung dieser Waren.
- **Tabakwaren** (für Personen über 17 Jahre): 800 Zigaretten oder 400 Zigarillos oder 200 Zigarren oder 1 kg Tabak oder eine anteilige Zusammenstellung dieser Waren.
- **Anderes:** 10 kg Kaffee und 20 Liter Kraftstoff im Benzinkanister.

Für die Schweiz

Für Reisende aus der Schweiz gelten Freigrenzen von Nicht-EU-Staaten:

- **Alkohol:** (für Personen ab 17 Jahren): 1 Liter Spirituosen (über 22 Vol.-%) oder 2 Liter Spirituosen (unter 22 Vol.-%) oder eine anteilige Zusammenstellung dieser Waren, und 4 Liter nicht-schäumende Weine, und 16 Liter Bier.
- **Tabakwaren:** (für Personen ab 17 Jahren): 200 Zigaretten oder 100 Zigarillos oder 50 Zigarren oder 250 g Tabak oder eine anteilige Zusammenstellung dieser Waren.
- **Andere Waren:** für Flugreisende bis zu einem Warenwert von insgesamt 430 €, über Land Reisende 300 €, alle Reisenden unter 15 Jahren 175 €; 10 Liter Kraftstoff im Benzinkanister.

Bei der **Rückreise in die Schweiz** muss man folgende Freimengen beachten:

- **Alkohol** (für Personen ab 17 Jahren): 5 Liter bis 18 Vol.-% und 1 Liter über 18 Vol.-%.
- **Tabakwaren** (für Personen ab 17 Jahren): 250 Zigaretten/Zigarren oder 250 g Tabak.
- **Anderes:** 25 Liter Kraftstoff im Benzinkanister, 1 kg Fleisch/Fisch, 1 kg Butter, 5 kg Speisefette/-öle. Übersteigt der Gesamtwert der mitgeführten Waren (inkl. der Wert aller Lebensmittel) 300 SFr, muss man in jedem Fall die Mehrwertsteuer bezahlen.

Weitere Informationen

- **Deutschland:** www.zoll.de, Zoll- und Reise-App
- **Österreich:** www.bmf.gv.at, BMF-App
- **Schweiz:** www.ezv.admin.ch, *QuickZoll*-App

Mitnahme von Tieren

- → „Mit Haustier unterwegs“.

Elektrizität

Die Netzspannung beträgt in Frankreich 230 Volt. Die Steckdosen haben einen zusätzlichen Stift, weswegen die normalen flachen Eurostecker, nicht aber Schutzkontaktstecker passen. Abhilfe schafft ein **Adapter,** den man am besten schon von zu Hause mitbringt.

Essen und Trinken

→ Anhang: Kleine Sprachhilfe

In Frankreichs Südwesten genießt man Gaumenfreuden satt: vom Bayonner Schinken bis zum erlesenen Schafskäse, von Steinpilzen bis zur Entenstopfleber. Allerdings beginnt der kulinarische Auftakt des Tages alles andere als verheißungsvoll. Franzosen sind keine ausdauernden Frühstücker und geben sich mit einem Croissant und einer Tasse Milchkaffee *(café au lait)* zufrieden. Solcherlei Trauerspiel ist vergessen, wenn man sich mittags zum *déjeuner* oder abends zum *dîner* niederlässt. Beschwichtigend sei gesagt: In guten Hotels gibt es auch gute Frühstücksbüffets.

Buchtipps

- Endlich richtig eintauchen in die kulinarische Welt Frankreichs kann man mit dem Band **„Schlemmerlexikon für Gourmets",** Reise Know-How Verlag.

Cafés und Bars haben von morgens durchgehend bis zum frühen Abend geöffnet. Außerhalb der Hauptsaison ist hier ebenso mit einem wöchentlichen Ruhetag *(fermeture hebdomadaire)* zu rechnen wie in den Restaurants. Verbreiteter **Ruhetag bei Restaurants** ist der Montag (zusätzlich mitunter sonntagabends), ansonsten kann man sich mittags zwischen 12 und 14 Uhr und abends ab 19/19.30 Uhr zum Tafeln niederlassen. Nach 22 Uhr gestaltet es sich schwierig bis unmöglich, noch etwas Warmes serviert zu bekommen. Gleichermaßen ist es geradezu unmöglich, nach 14 Uhr im Restaurant noch eine Bestellung an die Küche zu geben.

Restaurantsitten und Essgewohnheiten

Zum guten Ton gehört es, sich im Restaurant vom Ober bzw. der Kellnerin einen **Tisch zuweisen** zu lassen. Meist kommt die Bedienung dem Gast entgegen, wenn er das Restaurant betritt. Während der Hauptferienzeiten empfiehlt sich in manchen Speisetempeln eine Reservierung *(réservation).* Wer bei der Speiseauswahl unsicher ist, sollte nach den Empfehlungen des Küchenchefs *(suggestions du chef)* fragen – man wird Sie gern beraten, aber auch immer ans Geschäft denken und sicher nicht das Preisgünstigste empfehlen! Spitzenrestaurants sind als *grandes tables* ausgewiesen, höchstes aller Gefühle sind die legendären Sternebewertungen im *Michelin* (wie immer man dazu stehen mag, wie und unter welchen Umständen Sterne vergeben werden).

Wer sich seine Speisen **à la carte** zusammenstellt, bezahlt meist mehr, als wenn er das angebotene Menü bestellt. Vergleichsweise gut steht man sich mittags mit dem **Tagesmenü** *(menu du jour;* alternativer Ausdruck: *formule)* oder dem einfachen Tagesgericht *(plat du jour).* Gleiches gilt am Morgen für ein **komplettes Frühstück** inklusive Orangensaft *(jus d'orange;* dieser ist mehrheitlich allerdings nicht frisch gepresst). Kulinarische Warnung vor der **Butter** *(beurre):* Normale Butter firmiert unter dem Begriff *beurre doux* („süße Butter"), doch es gibt auch salzige!

Guter Service für Familien: Viele Restaurants bieten ein erschwingliches **Kindermenü** *(menu enfant)* an, das in der Regel aus zwei oder drei Gängen besteht. Als Hauptspeise gibt es meist ein Hackfleischsteak oder Spaghetti, als Nachtisch eine Kugel Eis oder einen dünnen Pfannkuchen *(crêpe).*

Französische **Restaurantportionen** sind häufig – vorsichtig formuliert – nicht gerade üppig bemessen. Stilles Motto: klein, aber fein, nett präsentiert und alles mit einem Schuss kulinarischer Raffinesse. Wer glaubt, seinen Bärenhunger einzig mit einem Hauptgericht stillen zu können, läuft Gefahr, mit leicht knurrendem Magen vom Tisch aufzustehen. Im Gourmetland Frankreich gehen die Einheimischen nicht ins Restaurant, um zu sparen oder um unter Zeitdruck lieblos zur bloßen Nahrungsaufnahme zu schreiten. Hier vermengen sich Klischees und Wirklichkeit des französischen Genussmenschen. In der Regel bestellt man mehrere Gänge (Vorspeise, Hauptgericht, Nachtisch und/oder Käse), bei denen vor allem abends leicht zwei Stündchen oder mehr verstreichen. Wird der Käse in

734swf ad

einem Käsewagen an den Tisch gerollt, verlangt der gute Ton, dass man sich auf maximal drei Sorten beschränkt (und nicht Kostproben der kompletten Palette bestellt). Als **Aperitif** ordert man gern einen *Campari*-Orange oder einen *Pastis,* jenen hochprozentigen Anisschnaps, den man mit Wasser zu einem milchig aussehenden, anregenden Trunk verdünnt. Zum Essen gehört selbstverständlich Wein, ob als Karaffe *(carafe),* Viertelliter *(quart)* oder halber Liter *(demi-litre).* Am Ende des Mahls steht oft ein kleiner schwarzer Kaffee *(café noir),* als **Digestif** trinkt man gern einen Armagnac.

Franzosen legen Wert auf höflichen, zuvorkommenden Service und runden den Rechnungsbetrag großzügig auf, auch wenn das **Trinkgeld** bereits enthalten ist *(service compris).* Ist es nicht enthalten *(service non compris),* sollte man – vollste Zufriedenheit vorausgesetzt – bis zu 5 % des Endbetrags ansetzen; eine 10-%-Marke ist nicht üblich. Das Trinkgeld lässt man am Ende auf dem Tisch liegen, ohne bereits bei der Bezahlung der Rechnung den Betrag genannt oder aufgerundet zu haben. Nicht üblich ist es, eine Rechnung für mehrere Leute getrennt zu bezahlen.

Vegetarisch und vegan

In einer Traditionsregion von Entenstopfleber und Bayonner Schinken stellen sich Restaurants gleichwohl zunehmend mehr auf Vegetarier und Veganer ein – aber natürlich nicht allerorten! Und im Detail wird sich nicht jedem die französische Speisekarte erschließen. Am Tisch sollte man sich nicht scheuen, offen darauf hinzuweisen: „Je suis végan/végane" („Ich bin Veganer/Veganerin") bzw. „Je suis végétarien/végétarienne" („Ich bin Vegetarier/Vegetarierin"). Ist das Personal engagiert, steht es mit Rat und Tat zur Seite. Hilfreich: Unter www.happycow.net/europe/france/ findet man Aufstellungen von veganen/vegetarischen Restaurants in Frankreich und kann diese nach Gegenden filtern (z.B. Bordeaux, Biarritz, Pau).

☒ Portionen in französischen Restaurants sind oft kunstvolle Miniaturen

Preise rund ums Essen

Wer regelmäßig ins Café, in die Brasserie oder ins Restaurant geht, sollte ein adäquates Budget einplanen! Die Preise für **Tagesmenüs** können zwar im Bereich von 14–15 € starten, doch ebenso gut ist man auch mit 25–30 € dabei. Es versteht sich von selbst, dass die Preisspanne in Feinschmeckerrestaurants nach

Preiskategorien der Restaurants

In diesem Buch werden die Restaurants in drei Preiskategorien unterteilt, dargestellt durch Ziffern. Die Preise gelten jeweils für ein **Menü pro Person** (ohne Getränke), wobei es bei der persönlichen Zusammenstellung selbstverständlich Abweichungen geben kann. Die Durchschnittswerte sind diese:

①	unter 30 €
②	30 – 50 €
③	über 50 €

oben hin weit offen ist. Bei den Menüs sind Getränke in den wenigsten Fällen inklusive. Mitunter kommt eine kostenlose Karaffe mit kaltem Leitungswasser auf den Tisch, ansonsten kann man Mineralwasser ordern. Eine gute Flasche Wein in einem ordentlichen Restaurant kann durchaus 40–60 € kosten.

Für die **persönliche Finanzkalkulation** ist zu beachten, dass ein einfacher Milchkaffee mit 3 € und mehr zu Buche schlägt. Eis *(glace)* essen kommt purem Luxus gleich und grenzt mancherorts an riesigen Nepp! Zu den erschwinglicheren Zwischenmahlzeiten zählen *crêpes,* Waffeln *(gaufres)* oder herzhafte Pfannkuchen *(galettes)* von der Imbissbude. So oder so dürfte auf Dauer der eine oder andere in die Kategorie der Selbstversorger abdriften (Preisbeispiele aus Märkten und Supermärkten → „Einkaufen“).

Spezialitäten

Fisch und Meeresfrüchte

Faustregel hier und andernorts: fang-, jagd- und erntefrische Produkte am besten gleich von dort, wo sie herkommen! Meeresfrüchte sind, klar, am frischesten direkt an der Küste. Frisch auf den Tisch kommen beispielsweise **Austern** *(huîtres)* aus dem Becken von Arcachon; aus den dortigen Austernparks stammt ein gewichtiger Teil der gesamten französischen Glibberproduktion.

Auf den Speisekarten treiben weitere **Schätze aus dem Ozean:** von Miesmuscheln *(moules)* bis zum gegrillten Hummer *(homard grillé),* von Garnelen *(crevettes)* bis zur Seezunge *(sole),* vom Seehecht *(merlu)* bis zu den festfleischigen Jakobsmuscheln *(coquillages Saint Jacques* bzw. *coquilles).* In Restaurants liefern der **gemischte Fischteller** *(assiette du pêcheur)* oder der **gemischte Meeresfrüchteteller** *(plateau des fruits de mer* bzw. *plateau marine)* bunte Querschnitte aus den Tiefen des Meeres. Goldbrasse *(dorade)* und Seewolf *(loup de mer)* bereitet man gern im Salzmantel zu.

Unter den **baskischen Spezialitäten** stechen das würzige Thunfischragout *(marmitako;* mit Kartoffeln, Tomaten, Erbsen, Paprika) und die in eigener Tinte gekochten Tintenfische *(chipirons à l'encre)* hervor. Im Hinterland sind geräucherte Forellen *(truites fumées)* und geräucherte Aale *(anguilles fumées)* beliebt.

Fleischeslust

Statt Fisch und Meeresfrüchten bestellt man im Hinterland gegebenenfalls eher Schafsfleisch, Lammfleisch und Eintopf. In Bayonne führt kein kulinarischer Weg am **Bayonner Schinken** vorbei. Der *jambon de Bayonne* kommt zunächst zwei Wochen lang in eine Einlegemischung aus Salz, Knoblauch, Essig und Pfefferschoten. Danach hängen die Keulen weitere fünfzehn Tage in vier Grad kühlen Räumen ab, bis sie in speziellen Trockenräumen *(séchoirs à jambons)* rund zehn Monate lufttrocknen müssen und erst dann ihr urtypisch-herzhaftes Aroma entfalten. Ein paar Scheiben rohen Schinken serviert man gern zur *piperade basquaise,* dem baskischen Gemüseomelette, zu dessen Zubereitung rote und grüne Paprikaschoten ebenso gehören wie Tomaten und Zwiebeln (→ Exkurs: „Typische Rezepte“).

Für den persönlichen Export geeignet sind **Hartwürste** *(saucissons)* und – in Gläsern konserviert – diverse Pasteten *(pâtés)*, wobei die „Landpastete“ *(pâté de campagne)* gröbere Stücke enthält. Als baskische Spezialität sticht u.a. die Dauerwurst *chorizo* mit ihrem tagesbegleitenden Paprika- und Knoblaucharoma hervor (man habe nach dem Genuss im Zweifel ein Stück Zahnseide zur Hand).

Ganz im Zeichen **baskischer Fleischeslust** stehen *zikiro* (gegrilltes Hammelfleisch) und *axoa* bzw. *axoa de veau*, Kalbfleisch mit grünem Pfeffer und Paprikaschoten. Beliebt sind auch das Lamm *(agneau)* und die Rinder- oder

Typische Rezepte

Baskisches Gemüseomelette

(piperade basquaise)

Zutaten (4 Personen): 1 kg Tomaten, 4 Eier, 2 große Zwiebeln, jeweils 4 rote und grüne Paprikaschoten, 1 Knoblauchzehe, Öl, Salz, Pfeffer. Zusatz für Nicht-Vegetarier: pro Person 1 Scheibe rohen Schinken.

Zubereitung: Zunächst Paprikaschoten anbraten, etwa 15 Min. in Alufolie wickeln, dann Haut abziehen und in feine Scheiben schneiden. Tomaten 1 Min. in kochendes Wasser legen, um ebenfalls die Haut abziehen zu können. Zwiebeln und Tomaten schneiden. Zwiebeln und Öl in einen Schmortopf geben, auf kleiner Stufe köcheln lassen. Danach in dieser Reihenfolge hinzugeben: Paprikastreifen, Tomaten, Knoblauch. Ohne Deckel kochen lassen, um den Saftanteil zu reduzieren. Salzen, pfeffern nicht vergessen! In großer Pfanne vier Eier mit dem Gemüsetopf verrühren.

Warme Austern mit Enten- oder Gänsestopfleber

Zutaten: Austern und *foie gras de canard* (Entenstopfleber) oder *foie gras d'oie* (Gänsestopfleber), Menge je nach Essern beliebig wählbar, 1 Prise Salz, 1 Prise Pfeffer, Paniermehl.

Zubereitung: Austern in den erhitzten Backofen geben, bis sie sich öffnen. Herausnehmen und den oberen Teil der Schale entfernen. Jede Auster mit einer passenden dünnen Scheibe *foie gras* belegen, salzen, pfeffern und mit ein wenig Paniermehl bestreuen. Dann nochmals ein paar Minuten in den Backofen. Heiß servieren.

Crêpes

Zutaten (15–20 Stück): 2 Eier, 75 g Butter, 250 g Mehl, 0,125 l Milch, 1 TL Zucker, Salz, Öl. Für die spätere Füllung hat man freie Hand, z.B. Zucker, Honig, dünne Apfel- oder Bananenscheibchen, geraspelte Kokosnuss, Schokoladencreme, Konfitüre oder Kompott.

Zubereitung: Teig aus Mehl, Eiern, Butter, Zucker und einer Prise Salz rühren; zwischendurch langsam Flüssigkeit aus einem halb mit Milch und halb mit Wasser gefüllten Wasserglas hinzugeben, bis der Teig die gewünschte Konsistenz erreicht hat. Teig mind. 60 Min. lang ruhen lassen, ehe man beginnt, Öl in einer Pfanne zu erhitzen. Man wählt eine beschichtete Pfanne mit einem Boden von 14 cm Durchmesser. Teig dünn hineinstreichen. Kurz backen (es reichen 1–2 Min.), wenden und von der anderen Seite backen. Bevor man den Pfannkuchen zusammenfaltet, kann man ihn nach Belieben belegen.

Ochsenzunge *(langue de bœuf)*. Ein Entrecôte serviert man gern mit Roquefortsauce oder Kräuterbutter.

Franzosen vergöttern die Ente *(canard)* und die Gans *(oie)* – am liebsten in verschiedensten Formen auf dem Teller. Obenan in der Gunst steht die **Stopfleber** *(foie gras)*, die auf grausam einfache Weise erzeugt wird. Im ureigensten Wortsinn bekommen die Tiere solange Nahrung „eingetrichtert", bis sie sich nicht mehr bewegen können und die Leber sich auf Maximalgröße ausgedehnt hat – dann bringt Gevatter Tod Erleichterung. Im Übrigen ist die Stopfleberproduktion keine Geheimniskrämerei, manche Bauernhöfe öffnen ihre Tore zur Besichtigung und verweisen auf die strikte Einhaltung europäischer Normen. Stopfleber kann kalt oder warm gegessen werden. Sie passt zum krossen Baguette und zur Kartoffel ebenso wie zum Apfel und in den Landaiser Salat *(salade landaise)*, in den auch Spargel und/oder Pinienkerne wandern können. Für Enten- und Gänsestopfleber gibt es 1001 Zubereitungs- und Serviervorschläge, einer davon findet sich im Exkurs „Typische Rezepte". Im Supermarkt hat die Stopfleber ihren Weg in alle erdenklichen Dosengrößen gefunden – als besonders exquisite Zubereitungsart mit Trüffeln *(truffes)*.

Foie gras zählt ebenso wenig zu den Schlankmachern wie Hasenpfeffer *(civet de lièvre)*, eingekochte Gänseteile *(confit d'oie)* und Ententeile *(confit de canard)*.

Gemüse und Pilze

Im Béarn reichert man die üppige **Gemüsesuppe** *(garbure)* gern mit *confit* oder auch mit Schinken an. Wer es gesünder und vegetarisch liebt, bestellt eine *porrusalda*, eine im Baskenland gern gegessene Suppe aus Kartoffeln und Lauch. Auf den etwas anderen Geschmacksnerv setzen **Pilzgerichte** wie Morcheln *(morilles)* und die in Öl gebackenen Steinpilze *(cèpes)*. Deftig-kräftig kommen Einmachgläser mit gekochten **Linsen** *(lentilles)*, **weißen Bohnen** *(haricots)*, **Fischsuppe** *(soupe de poissons)* oder baskischem Hähnchen in Pfeffersauce *(poulet basquaise au piment d'Espelette)* daher. Außerdem gibt es **Spargel** *(asperge)* aus den Landes im Glas.

Käse und süße Sachen

Franzosen lassen nichts auf ihren Käse *(fromage)* kommen und geben sich dem Genuss insbesondere mit **Ziegenkäse** *(fromage de chèvre)* und **Schafskäse** *(fromage de brebis)* hin. Der aus den Pyrenäen stammende Schafskäse Ossau-Iraty zählt zu den Spitzenprodukten und trägt die geschützte Herkunftbezeichnung *Appellation d'Origine Contrôlée (AOC)*. Vorsicht jedoch beim „Fromage"-Vokabular – *fromage frais* bedeutet frischer Speisequark, der wahlweise locker geschlagen *(battu)* und in Fettgehaltstufen von 0 %, 20 % und 40 % daherkommt. Will man gute Käsestücke nach Hause mitnehmen, dürfte nur ein Hartkäse den Transport unbeschadet überstehen, es sei denn, man hat eine Kühlbox für den Transport dabei.

Kalorienstarke **süße Klassiker** sind *mousse au chocolat* und *crème caramel*, in Bäckereien findet man die mit Schokolade gefüllten Croissants und auch Apfeltaschen. Dem baskischen Mandel-

774swf_ad

kuchen *(gâteau basque)* gibt man mit schwarzer Kirschkonfitüre *(confiture de cerises noires)* gern das gewisse Extra. Im Béarn ist *pastis* populär, ein Gebäck mit Anisgeschmack. Beliebt in Bordeaux sind *cannelés*, winzige Küchlein mit Zucker- und knuspriger Karamellkruste, unter der sich ein luftig-weiches Gebäck verbirgt; die Geschmacksvarianten reichen von Rum-Aroma bis Vanille. Gebacken werden sie traditionell in Kupferförmchen.

Zum baldigen Verzehr bestimmt sind auch erlesene Süßwaren der **Schokoladenmacher** *(chocolatiers)*, wie man sie in den baskischen Städten Bayonne und Biarritz antrifft. In den Auslagen lassen einem fein drapierte Pralinés und Schokoplättchen das Wasser im Munde zusammenlaufen. Kalorienbomben wie aus dem Bilderbuch – einzig die stolzen Preise dürften bei manchen für automatische Bremswirkung beim Kauf sorgen. Das Niveau liegt mitunter weit über dem von Filetsteaks, sofern man den Kilopreis ansetzt.

Den süßen Geschmacksnerv treffen außerdem die hausgemachten **Konfitüren** und Marmeladen, die auch gern auf Märkten angeboten werden – wobei sich allerdings die Frage stellt, ob sie nicht daheim günstiger und in ähnlicher Qualität erhältlich sind. Gleiches gilt für Honig *(miel)*, bei dem man unter den Regionen den Béarn zu den Toperzeugern rechnet.

⌃ Die berühmten cannelés aus Bordeaux

Getränke – Wein und mehr

Eine Frankreichreise ohne Wein? Für viele gibt es nichts Abwegigeres! Zumal sich das Ziel- mit dem Anbaugebiet der **Bordeauxweine** bzw. mit dem **Médoc** deckt, wo man sich entlang der Quellen bewegt und die Trauben aus kalk-,

735swf ad

lehm- und kieshaltigen Böden erwachsen. Seit römischen Zeiten ist die flussreiche Gegend um Bordeaux für ihre exquisiten Tropfen bekannt. Auf rund 110.000 Hektar breiten sich die heutigen Weinanbauflächen aus, je nach Jahrgang steht eine Produktion von über fünf Millionen Hektolitern Rot-, Rosé- und Weißwein an – ein Rebensaftparadies!

Für den Einkauf kommen gut sortierte Vinotheken, das eine oder andere Weinhaus (Maison du Vin) und der Direktkauf bei Erzeugern in Frage. Auch auf Märkten und in Supermärkten bietet sich eine akzeptable Auswahl. Getreu dem alten Motto „Man bekommt das, für was man bezahlt" darf man sich als Käufer nicht wundern, wenn ein preiswerter französischer Landwein *(vin de pays)* oder Tafelwein *(vin de table)* rasch zu Kopfe steigt.

Kenner investieren in edlere Tröpfchen, **Spitzenweine** *(vins fins)* und achten auf die geschützte Herkunftbezeichnung *Appellation d'Origine Contrôlée (AOC)*. Auf das weite Feld der Bordeauxweine entfallen mehrere Tausend *châteaux!* Im Internet kann man sich über die Weine informieren:

- **www.bordeaux.com/de,** hier auf Deutsch alles über die weltberühmten Bordeauxweine, die Weinwirtschaft, Rebsorten, Terroir, Jahrgänge, Weinrouten etc.
- **www.medoc-bordeaux.com,** Geschichte, Böden, Lagen, Weingüter.

Auf manchen Weingütern (und auch in Supermärkten und Einzelhandels-

Typisches Weinfasslager in Bordeaux

geschäften) kann man übrigens hochwertiges **Traubenkernöl** *(huile de pépins de raisin)* kaufen – und das zu deutlich günstigeren Preisen als daheim.

Spirituosen

In hochprozentigeren Sphären bewegt man sich mit dem auch in anderen Gegenden Frankreichs beliebten **Pastis** (Anisschnaps), dem aus **Cognac** stammenden gleichnamigen Weinbrand (dort: viele Touren durch die örtlichen Cognaclager), dem aus der Gascogne stammenden **Armagnac,** einem klaren Branntwein (*eau de vie,* „Lebenswässerchen"), sowie dem baskischen **„Izarra"-Kräuterlikör** (gelb oder grün). Beliebt sind ferner der **Pineau des Charentes,** ein Aperitif aus Traubenmost und Cognac, sowie der wahlweise rote oder weiße **Floc de Gascogne,** bei dem man seit dem 16. Jh. nach altem Landrezept Weinmost und *Armagnac* mischt. Ein paar Alkoholgehaltsstufen darunter bewegt sich der fein moussierende **Cidre** (Apfelwein).

Kauftipp für Spirituosen

Vergleichsweise günstige Spirituosen aus Frankreich bekommt man in den Ladenkomplexen an der **französisch-spanischen Grenze** bei Béhobie: auf der N 10 aus Richtung Saint Jean-de-Luz kommend, direkt rechts hinter der Brücke über den Grenzfluss Bidassoa, also auf spanischem Terrain. Eine Zusatzinvestition erfordern die gebührenpflichtigen Parkplätze (strenge Kontrollen!).

Weitere Getränke

Im Weinland Frankreich fließen natürlich auch **Bier** *(bière),* **Säfte** aller Art *(jus)* und **Mineral- bzw. Quellwasser** *(eau minérale, eau de source)* mit oder ohne Kohlensäure *(gazeuse* oder *non-gazeuse).*

Feiertage, Feste und Events

Keine Frage, in Frankreich versteht man zu feiern. Vielleicht nicht so südländisch exzessiv, sondern etwas gesetzter – aber mit viel, viel Enthusiasmus. Der bunte Reigen an Festen und Festivals umfasst schier unüberschaubare Mengen von Terminen, ist an die Jahreszeiten gekoppelt und erstreckt sich in erster Linie **von Mai bis Oktober.** Der Höhepunkt ist im Juli und August, wenn viele Urlaubsgemeinden mit einem regelrechten Überangebot von Festen und Veranstaltungen auftrumpfen: Konzerte, Feuerwerk, Ausstellungen, Folklore oder Sportturniere. Oder im Rahmen von Patronatsfeierlichkeiten, *fêtes patronales,* alles zusammen innerhalb weniger Tage! Tatsächlich von Einfallsreichtum beseelt sind die Macher der umfangreichen **Sommerprogramme,** denen es stets gelingt, breit gefächerte Kulturangebote auf die Beine zu stellen. Atlantikstrände und kleine Kirchen bilden einen ebenso gelungenen Rahmen für Konzerte und allerlei andere Veranstaltungen wie Schlösser und Burgen. Die Organisation ist meist vorbildlich.

In der Pflege von Althergebrachtem gebührt den Basken mit ihrem blitzschnellen **Pelota-Spiel** und diversen Kraftsportwettbewerben einmal mehr eine Sonderstellung (→ Exkurs: „Traditionen der Basken").

Ein Herz für Kinder zeigt man mit **Unterhaltungsprogrammen für Kinder:** Straßenanimation *(animation de rue),* Akrobatik *(acrobaties),* Jonglieren *(jongleries),* Clownshow *(spectacle de clowns),* Zirkus *(cirque)* und Marionetten- bzw. Kasperletheater *(guignol).*

Märkte

Allerseits beliebt sind **Open-Air-Märkte** mit Trödel oder Antiquitäten *(brocante, antiquités)* bzw. reine **Flohmärkte** *(marchés aux puces).* Oder generell Allerleimärkte mit Obst, Gemüse, Wein, Kräutern, Kleidern, Gebrauchsgegenständen, Mitbringseln wie baskischem Leinen, Decken, Tischdecken und Strandtüchern. Gern veranstaltet man auch einen mittelalterlichen Markt *(marché médiéval)* mit entsprechendem Dekor sowie **Nachtmärkte** *(marchés nocturnes),* bei denen man zwischen acht Uhr abends und Mitternacht an Kunsthandwerk- und Kulinariaständen vorbeistreift und/oder zugreift.

Im Dezember sorgt mancherorts ein **Weihnachtsmarkt** *(Marché de Noël)* für festliche Stimmung – inklusive Glühwein *(vin chaud)* aus der Thermoskanne, aber meist mit sehr teuren Produkten. Außerordentlich groß ist der Weihnachtsmarkt im Zentrum von Bordeaux. Über Straßenstände hinaus sieht man andernorts mitunter eine mühevoll aufbereitete „lebende Krippe".

Stierkämpfe und Kuhrennen

Für Tierfreunde abstoßend: Unter dem Einfluss Spaniens pflegt man zwischen Juli und September mancherorts die Tradition des **Stierkampfs** *(course de taureaux, corrida)* und Jungstierkampfs *(novilladas).* Bei Volksfesten kommt ein auch auf spanischen Vorbildern fußender **„Feuerstier"** *(toro de fuego)* daher. Der Stier ist in diesem Fall nichts weiter als ein Mensch, der mit aufgesetzten Hörnern und einem Gestellaufbau voll explodierender Feuerwerkskörper durch die Straßen rennt, eine Volksbelustigung, die nicht ganz ungefährlich ist. Für Zaungäste gilt im Zweifelsfall: rechtzeitig in Deckung gehen!

Sonderbare tierische Traditionen pflegt man mit den **Landaiser „Kuhrennen"** *(courses landaises;* auch *courses de vache),* eine aus dem Département Landes stammende Gaudi in der Arena, bei der Mensch und Rind schlechtestenfalls aufeinander prallen! Grundsätzlich gilt allerdings, dass Zweibeiner den heranstürzenden Vierbeinern mit athletischen Sprüngen oder auf andere Weise ausweichen. Natürlich möglichst elegant und im letzten Augenblick – verständlich, dass das nicht immer plangemäß abläuft! Landauf land-ab finden in den Départements Landes und Lot-et-Garonne jährlich rund hundert *courses landaises* statt.

Die eigentliche „Kuhrennen"-Saison startet im April (es gibt aber bereits vereinzelt Termine im Februar/März). Nach den Highlights im Sommer folgen im Oktober die letzten wichtigen Veranstaltungen. Die Tiere werden nicht gequält, aber gestresst - auch das eine Art von Qual.

775swf_ad

Kulinarische Treffs

Während der Sommerzeit bringen sich Franzosen selbst auf den Geschmack kulinarischer Festivals, Verkostung *(dégustation)* inklusive. Vielerorts im Küstenbereich sind bei Patronatsfeierlichkeiten **Sardinengrillen** *(sardinade)* oder **Thunfischgrillen** *(thonade)* angesetzt, bei denen natürlich auch Auswärtige willkommen sind und sich an durchweg guter Preis-Leistungs-Qualität erfreuen dürfen. Gleiches gilt für ein großes **Schinkenessen** *(jambonnade)* oder ein **Aalgrillen** *(anguillade)*. Als Leitmotiv werden ebenso gern Stopfleber *(foie gras)* oder Muscheln *(moules)* in den Mittelpunkt gestellt oder aber eine zünftige ländliche Mahlzeit *(repas champêtre)* und ein Barbecue-Abend *(soirée barbecue)*. Als Rahmen für Verkostungen dient mitunter ein **See- oder Hafenfest.**

⌃ Decken und Strandtücher an einem Markt

Im Bann der Musik

Während die Franzosen zur kühleren Jahreszeit bereits früh die Bürgersteige hochklappen und ihre Abende tendenziell daheim verbringen, bricht es im Sommer umso urgewaltiger aus vielen heraus. Bei manchen Patronatsfesten geben Rock und Salsarhythmen den Ton an, Straßenmusiker bringen internationale Klänge von Spanien bis Brasilien zu Gehör. Dafür werden immer wieder Gelder aus Kulturetats locker gemacht.

Eines besonderen Zuspruchs erfreut sich das Jazzfestival von Andernos-les-Bains, das gegen Ende Juli steigt, drei Tage dauert und für besondere Klänge am Bassin d'Arcachon sorgt. Andere Konzerte finden im Laufe des Veranstaltungsjahrs ihre Anhänger: ob die

Konzerte der *Académie Maurice Ravel* in Saint Jean-de-Luz (http://festivalravel.fr, Ende Aug./Anfang Sept.), das Flamencofestival Ende Juni/Anfang Juli in Mont-de-Marsan (http://festivalarteflamenco.fr) oder die „Atypischen Nächte" *(nuits atypiques*; www.nuitsatypiques.org) von Langon, bei denen im Juni/Juli bis zu fortgeschrittenen Stunden Musikinstrumente aus aller Welt erklingen. Eine Sonderstellung gebührt den Ballettveranstaltungen *Le temps d'aimer* (http://letempsdaimer.com) im September in Biarritz. Bei Interesse an getragener Chormusik sollte man ein Auge auf Auftritte des berühmtesten baskischen Männerchors *Oldarra* werfen; Konzerttermine werden auf der Homepage angekündigt (www.oldarra.com).

Folkloristischer Rahmen

Von folkloristischem Rahmen umzogen sind eine Reihe ungewöhnlicherer Festivitäten, so das seit dem Jahr 1283 dokumentierte „Fest der fetten Ochsen" im Februar in Bazas (mit Umzug, Musikanten, Stelzenläufern und Prämierung der schönsten geschmückten Tiere; http://festivalarteflamenco.fr) sowie das von geschmückten Bötchen begleitete Meeresfest am 1. Mai in Mimizan-Plage.

Nationalfeiertag

Eine festliche Sonderstellung nimmt der Nationalfeiertag **14. Juli** ein, der an den Sturm auf die Bastille und damit die Französische Revolution anno 1789 erinnert. Jeder Ort begeht den Tag bzw. den Vorabend auf eigene Art, mit Konfettischlacht oder Tanzball, in den meisten Fällen mit **Feuerwerk** *(feu d'artifice)*. Mitunter wird das blitzende Lichterspektakel musikalisch unterlegt. Feuerwerksveranstaltungen (bei denen der Gedanke an Feinstaub keine Rolle spielt) bekommt man beispielsweise in Bayonne, Biarritz, Biscarrosse-Plage, Bordeaux, Carcans-Maubuisson und Lacanau-Océan zu sehen.

Festkalender

Die **gesetzlichen Feiertage** sind nachfolgend immer mit einem **Stern*** markiert; dazu zählt zur Osterzeit übrigens nicht der Karfreitag, sondern nur der Montag. Bei den lokalen Festtagen kann lediglich eine Auswahl vorgestellt werden. Insgesamt ist die Zahl der Veranstaltungen kaum überschaubar. Über alte Traditionen hinaus – alleine das Schinkenfest in Bayonne blickt auf über 550 Jahre Geschichte zurück – entstehen immer neue Initiativen, um den Besucherzulauf zu stimulieren. Die genauen Termine aller Festtage und Patronatsfeierlichkeiten *(fêtes patronales)* mit ihren Tagesprogrammen erfährt man in dem Heftchen „Programme des animations/fêtes" der örtlichen Touristeninformationen (oder online; da reicht es gewöhnlich, den Ortsnamen im Zusammenhang mit dem Stichwort „Agenda" zu googeln); Hinweise auf Events lassen sich Webseiten wie www.leguidedesfestivals.com entnehmen. Mitunter kann es zu kleinen Terminverschiebungen kommen. Ebenfalls zu beachten: Witterungsbedingt können Veranstaltungen im wahrsten Sinne des Wortes ins Wasser fallen.

Januar

- **Neujahrstag*,** 1. Januar
- **Foire aux pottoks,** Pottok-Pferdemarkt in Espelette, zumeist Ende des Monats
- **Fête de la Truffe,** Trüffelfest in Sorges, im Regelfall um den letzten Sonntag im Januar

Februar

- **Fête des Bœufs Gras,** „Fest der fetten Ochsen" in Bazas, mit Umzug und Preisen für die besten geschmückten Tiere; gewöhnlich Mitte des Monats
- **Carnaval,** u.a. in Bayonne, Ciboure, Dax und Saint Jean-de-Luz, je nach Jahr auch erst Anfang März

März

- In der ersten März-Hälfte Internationales Festival der Zirkusartisten **(Festival International des Artistes de Cirque)** in Saint Paul-Lès-Dax
- **Fête d'Arcachon,** Patronatsfest am 25. März

April

- **Ostermontag***
- **Foire au Jambon,** Schinkenfest in Bayonne, dokumentiert seit 1462, mitunter bereits Ende März beginnend
- **Courses landaises,** Beginn der Kuhrennen-Saison, vor allem im Département Landes

Mai

- **Tag der Arbeit*,** 1. Mai
- **Fête de la Mer,** immer am 1. Mai in Mimizan-Plage, mit kleiner Bootsparade und Straßenfest
- **Christi Himmelfahrt*,** Donnerstag 40 Tage nach Ostern
- **Gedenktag zum Ende des Zweiten Weltkrieges*,** 8. Mai
- **Tonte des moutons,** Schafschur in Sabres *(Ecomusée de Marquèze),* meist Ende des Monats

Juni

- **Pfingstmontag*** (je nach Jahr bereits im Mai)
- **Fête de la Morue,** Stockfischfest in Bègles, gewöhnlich zu Monatsbeginn
- **Jumping des Sables** in Arcachon, Pferdespringen am Strand, Anfang des Monats
- **Meeresfest** Anfang Juni in Capbreton
- **Gay Pride** in Bordeaux, Parade etwa Mitte Juni
- **Fête de la Musique,** der große Musiktag am 21. Juni, u.a. in Bayonne und Arcachon
- **Patronatsfest von Saint Jean-de-Luz,** um den 24. Juni
- **Weinfest** in Bordeaux, etwa Ende des Monats, aber nur in zweijährigem Rhythmus (gerade Jahreszahlen); www.bordeaux-fete-le-vin.com; während der ungeraden Jahre ist dann das Flussfest an der Reihe (gewöhnlich im Juni, begleitet von kostenlosen Konzerten, Segelschiff-Parade, Feuerwerk, Kunstinstallationen)
- **Festival des Abbayes,** Musikalisches Abteien-Festival im ganzen Monat Juni (letzte Veranstaltungen mitunter Anfang Juli bzw. die ersten Ende Mai); in verschiedenen Orten des Départements Landes; klassische Musik; www.festivaldesabbayes.org
- **Force Basque,** Demonstrationswettkämpfe baskischer Kraftsportarten u.a. in Anglet, Arbonne, Arcangues, Bidart, Hendaye, Saint Jean-de-Luz, Saint-Palais, Sare und Urrugne, gewöhnlich Juni bis September
- **Pelotamatches,** u.a. in Anglet, Bayonne, Biarritz, Bidart, Biriatou, Ciboure, Hasparren, Hendaye, Mauléon, Saint Jean-de-Luz, Saint-Jean-Pied-de-Port, Saint-Palais, Saint-Pée-sur-Nivelle und Sare; insbesondere Juni bis September
- **Nuits Atypiques,** „Atypische Nächte" in Langon, bei denen Musikinstrumente aus aller Welt erklingen; viele Veranstaltungstermine zwischen Anfang Juni und dem letzten Juli-Drittel; www.nuits atypiques.org
- **Bordeaux Open Air,** musikalisches Sommerfestival in Bordeaux, was etwa um den 20. Juni in Parks und Gärten startet und bis in den September hinein anhält; www.bordeauxopenair.fr

Juli

- **Flamencofestival** in Mont-de-Marsan, Anfang Juli/Beginn Ende Juni, http://festivalartefla menco.fr

- **Patronatsfeiern, Saint-Justin,** um den 10. Juli
- **Französischer Nationalfeiertag*,** 14. Juli, am Tag selbst bzw. am Vorabend vielerorts Feuerwerk, so in Bayonne, Biarritz, Biscarrosse-Plage, Bordeaux, Cambo-les-Bains, Carcans-Maubuisson, Ciboure, Hendaye, Lacanau-Océan, Mauléon, Saint Jean-de-Luz und Saint Jean-Pied-de-Port; gewöhnlich etwas vor dem 14. Juli auch Mittelaltermarkt *(Marché médiéval)* in der Altstadt von Bayonne
- **Fête du Thon,** Thunfischfest, Saint Jean-de-Luz, Monatsmitte
- **Fête du Chipiron,** Tintenfischfest in Hendaye, etwa Mitte des Monats
- **La Junte de Roncal/choix de trois vaches,** „Tribut der drei Kühe" auf dem Pyrenäengipfel Saint Martín, bei dem eine Abordnung der Bewohner des spanischen Tals von Roncal ihren französischen Talnachbarn drei Kühe übergibt – Zeichen eines im Mittelalter besiegelten Friedensschlusses; 13. Juli
- **Bataille de Castillon,** in etwa fünfzehn Vorstellungen und mithilfe von einigen Hundert Laiendarstellern wird das Ende des Hundertjährigen Krieges zwischen Franzosen und Engländern lebendig, ein Schauspiel; zwischen Mitte Juli und Mitte Aug., Beginn ist erst um 22 oder 22.30 Uhr; www.batailledecastillon.com
- **Fêtes de la Madeleine** in Mont-de-Marsan, inklusive Stierkämpfe und Kuhrennen; um den 22. Juli
- **Fêtes de Bayonne,** mehrtägiges Stadtfest etwa Mitte Juli
- **Jazzfestival** in Andernos-les-Bains; Ende des Monats; www.andernos-jazz-festival.fr
- **Festival du Périgord Noir,** Beginn am Monatsende, Veranstaltungen bis etwa Mitte August; klassische und Barockkonzerte an ausgewählten Punkten in der Dordogne; http://festivalmusiqueperigordnoir.com

August

- **Reggae Sun Ska Festival** zu Monatsbeginn in Vertheuil, www.sunska.fr
- **Ortsfeste** in Parentis-en-Born und Monein, jeweils Monatsanfang
- **Mariä Himmelfahrt*,** 15. August
- **Hestiv'Òc,** Musik- und Kulturfestival in Pau, etwa Mitte August; www.hestivoc.com
- **Fête de l'Huître,** Austernfest am Bassin d'Arcachon (Arès), etwa Monatsmitte
- **Fêtes de la Mer,** Meeres- und Hafenfest, Mitte des Monats in Arcachon
- **Feria de Dax,** Stadtfest von Dax mit viel Musik, Feuerwerk und Stierkämpfen; etwa in der Monatsmitte; www.daxlaferia.fr
- **Festival de Force Basque,** Festival des baskischen Kraftsports in Saint Palais , wo man sich einen Überblick über die verschiedensten Disziplinen verschaffen kann; Eintrittsgebühr, Monatsmitte; www.forcebasquesaintpalais.com
- **Cross des Contrebandiers,** „Schmuggler-Crosslauf" in Sare; in der Regel am dritten oder vierten Augustsonntag
- **Theaterfestival** (Festival Trace) in der Zitadelle von Blaye, etwa Ende August

September

- **Le temps d'aimer,** Ballettveranstaltungen in Biarritz; www.letempsdaimer.com
- **Médoc-Marathon** durch lauschige Orte und Weingegenden, auch mit einem gewissen Spaßfaktor mit Verkleidungen etc., gewöhnlich zu Monatsanfang; www.marathondumedoc.com
- **„Sarako bestak",** Volksfest in Sare mit baskischen Traditionen, etwa Monatsmitte
- **Schäferfest** *(Fête des Bergers)* in Aramits, in der Regel am dritten September-Wochenende; www.aramitsfetedesbergers.com
- **Fête du Sel,** Salzfest, etwa um das zweite September-Wochenende mit Musik und Tänzen in Salies-de-Béarn
- **Triathlon** in Saint-Jean-de-Luz, um den 10./15. Sept.; http://urkirolak-triathlon.fr
- **Cadences-Festival** in Arcachon mit Ballett- und Tanzaufführungen, um den 20. September
- **Weinlesebeginn** in Saint Émilion
- **Filmfestival,** Filmkunst und Kultur aus Lateinamerika in Biarritz (*Festival de Biarritz – Cinémas et*

Culture d'Amérique Latine; www.festivaldebiarritz.com); meist Ende September bis Anfang Oktober

Oktober

- **Käsemarkt** in Laruns *(Foire au fromage),* im Regelfall am ersten Oktober-Wochenende
- **Marathon** am westlichen Teil des Bassin d'Arcachon („Marathon des Villages"; http://marathon-des-villages.com)
- **Internationales Festival des unabhängigen Films** (Festival International du Film Indépendant) in Bordeaux; www.fifib.com
- **Internationales Kunstfestival** (Festival International des Arts) in Bordeaux; http://fab.festivalbordeaux.com
- **Fête du Piment,** Pfefferschotenfest in Espelette; gegen Ende des Monats
- **Schokoladenfest** in Bayonne, Ende Oktober
- **Halloween-Feste** Ende des Monats, u.a. in Arcachon

November

- **Allerheiligen*,** 1. November
- **Gedenktag Waffenstillstand 1918*,** 11. November
- **Filmfestival** in Sarlat; http://festivaldufilmdesarlat.com
- **Fêtes de Saint Martin,** in Biarritz, um den Martinstag (11. November)

Dezember

- **Weihnachten*,** 25. Dezember
- **Marché de Noël,** Weihnachtsmärkte u.a. in Aire-sur-l'Adour, Biscarrosse, Bayonne, Bordeaux, Dax und Saint Vincent-de-Tyrosse.

Fotografieren

Falls man nicht mit dem Smartphone fotografiert – Speicherkarten, Batterien und Ladegerät bringt man am besten von daheim mit; in Frankreich ist alles etwas teurer. Hilfreich ist eine Kamera mit guten Zoomfunktionen, falls man die Natur – nicht nur im Vogelpark von Le Teich – vor die Linse holen will. Zu beachten ist, dass in manchen Museen, Kirchen, Schlössern, Höhlen etc. das Fotografieren komplett bzw. mit Blitzlicht verboten ist. Ein Stativ tut manchmal gute Dienste, z.B., um den spätabendlichen Lichterglanz in Bordeaux einzufangen.

Geld

Die Unterschiede im **Euroland Frankreich** markieren – wie in den anderen Mitgliedsstaaten des Finanzverbunds – die Rückseiten der Münzen. Auf den 1-, 2- und 5-Cent-Münzen ist die Büste der Marianne zu sehen, eine Personifikation der französischen Republik. Die 10-, 20- und 50-Cent-Münzen ziert das Motiv der Säerin, Symbol für die „Frau auf dem Weg" und gleichermaßen Ausdruck für Hoffnung wie für Freiheit. Auf den 1- und 2-Euro-Münzen schaut man auf einen stilisierten Baum, Sinnbild des Lebens und des Wachstums. Das Wort *Euro* spricht sich im Französischen „Öro".

Kredit- und EC-Karten

Weit verbreitet sind **Geldautomaten,** bei denen sich das Bedienungsmenü oft auf Deutsch aufrufen lässt. Geheimzahl nicht vergessen! Ob **Kosten für die Barabhebung** entstehen und wie hoch sie sind, ist abhängig von der kartenaustellenden Bank und von der Bank, bei der die Abhebung erfolgt. Man sollte sich daher vor der Reise bei seiner Hausbank informieren, mit welcher französischen Bank sie zusammenarbeitet und auch bei www.geld-abheben-im-ausland.de die Konditionen für die Kreditkarten vergleichen, mit denen man im Ausland gebührenfrei Bargeld abheben kann. Schweizer sollten beachten, dass sie am Geldautomaten den Betrag immer in Euro abbuchen lassen und nicht in Schweizer Franken. Bei Letzterem wird die *Dynamic Currency Conversion* zugrunde gelegt, die erhebliche Kosten verursachen kann, bei Abbuchung in Euro wird hingegen der vorteilhaftere offizielle Devisenkurs der eigenen Bank zugrunde gelegt.

Grundsätzlich vorteilhafter als eine Barabhebung ist das **bargeldlose Bezahlen** im Geschäft mit der Bank- oder Kreditkarte. Fast überall akzeptiert man gängige **Kreditkarten,** mit denen auch an den Autobahnmautstellen bezahlt werden kann. Bei Bezahlung mit Kreditkarte wird gelegentlich der Personalausweis verlangt, wobei eine gewissenhafte Prüfung die Ausnahme bleibt.

Wer mit seiner normalen Bankkarte (statt einer Kreditkarte) im Ausland zahlt, nutzte dafür bisher meist den Maestro- oder VPAY-Standard (zu erkennen am entsprechenden Zeichen auf der Karte). Diese von den Kreditkartenfirmen Mastercard und Visa angebotenen Systeme laufen aus und werden durch die neuen Standards Mastercard debit und Visa debit ersetzt. Bankkunden erfahren das in der Regel dadurch, dass sie eine entsprechende neue Karte ausgestellt bekommen. Ob die neuen Karten dann schon überall funktionieren, lässt sich zurzeit noch nicht sagen. Im Zweifel erkundigen Sie sich vor der Reise bei Ihrer Bank.

Verlust von Plastikkarten

Bei Verlust oder Diebstahl der Kredit- oder Debitkarte sollte man diese umgehend sperren lassen. Tipp: Die Notrufnummer mit IBAN bzw. Kreditkartennummer im Mobiltelefon speichern.

Deutscher Sperr-Notruf für alle Debit- und Kreditkarten Tel. 0049 116116, aus dem Ausland alternativ auch Tel. 0049 30 40504050. Wer Vorsorge betreiben will: Fürs Smartphone lässt sich eine kostenlose SperrApp herunterladen.

Österreichischer Sperr-Notruf für Bankomat-Karten, Tel. 0043 1 204 8800.

Schweizerischer Kartensperrservice für TCS-Mitglieder, www.tcs.ch.

Weitere Notfälle

Wer dringend Bargeld benötigt, kann einen Geldtransfer über Western Union (www.westernunion.com) regeln.

Bei weiteren Notfällen wendet man sich an die nächste diplomatische Auslandsvertretung seines Landes → „Diplomatische Vertretungen“.

Reisekosten

Frankreich ist ein durchweg **teures Reisepflaster,** wo die gebotene Qualität ihren Preis hat. Lebensstandard, allgemeine Kosten und Dienstleistungstarife entsprechen jenen aus anderen Ländern Mitteleuropas – oder liegen zuweilen darüber! Wer auf den Cent achten muss, wird jedoch manche Schlupflöcher entdecken, die das Budget nicht über alle Maßen belasten.

Spartipps

- Camper werden nicht ohne **eigenen Kocher** auskommen, im französischen *Lidl* einkaufen und sich reichlich mit Landwein, Baguette und Käse versorgen – da kommt man durchaus günstig weg! Auch Milchprodukte sind in den großen Supermärkten deutlich billiger als in kleinen Läden.
- Bei der Planung sollte man sich fragen, ob man sich angesichts herrlicher Radwege nicht öfters aufs **Fahrrad** schwingen will – dann könnte es sich lohnen, das eigene Rad mitzubringen, also auf dem Fahrzeugdach per Dachfahrradträger; am Heck per Heckklappenfahrradträger oder im Wohnmobil; alternativ: ein Klapprad (oder auch ein Roller).
- In der **Nebensaison** kann man günstig campen bzw. auf **Campingplätzen** wochenweise Wohnwagen/Hütten mieten. Hauptsaison ist im Grunde nur Juli/August, die Vor- bzw. Nachsaison liegt im Juni und September sowie um Ostern herum. Ansonsten herrscht wirklich Nebensaison – wobei man den Winter ausklammern sollte, denn dann sind viele Plätze ohnehin zu.
- Im grenznahen Gebiet zum **Volltanken nach Spanien** fahren, wo Benzin mindestens 10 % billiger ist (abhängig vom Tagespreis)!
- **Bei Museen** auf Tage mit Gratis-Eintritt *(entrée gratuite)* achten bzw. auf ein Kombiticket *(billet jumelé)* für zwei Museen; auch Familientickets sind mitunter erhältlich.
- Im Restaurant für den Nachwuchs das günstige **Kindermenü** *(menu d'enfant)* bestellen.
- Für **Senioren** (über 65 Jahre) gibt es auch Ermäßigungen; ggf. Personalausweis bereit halten!
- Zur **Reduktion der Mautgebühren** auf Nationalstraßen fahren. Ausnahmen: in Feriengebieten zur Sommersaison, da kann eine Investition in *péage* deutlich Zeit, eine Menge Nerven und nicht zuletzt Benzinkosten während des leidigen Stop-and-go sparen!

Preisbeispiele

- **Eintritt Museum:** ca. 5–8 € (bei Top-Museen in Bordeaux deutlich darüber)
- **Eintritt Vogel-/Blumenparks:** ca. 7,50–12 €
- **Eintritt Aquarium:** um 16–18 €
- **Doppelzimmer, einfaches Hotel:** 55–75 €
- **Doppelzimmer, Drei-Sterne-Hotel:** 80–180 € (je nach Saison)
- **Frühstück** ab 5 € (sehr einfach) bis ca. 20 € (Luxus)
- **Zeltparzelle, einfacher Campingplatz:** ab ca. 12–15 € in der Nebensaison
- **Stellplatz, guter Campingplatz:** um 40–60 € in der Hochsaison
- **fest installierter Wohnwagen auf Campingplatz:** Wochenmiete ab ca. 250 € in der Nebensaison und 550–600 € im Hochsommer
- **Espresso in der Bar:** ab ca. 2 €
- **Tagesmenü, einfaches Restaurant:** ab ca. 14–15 € (ohne Getränke)
- **Abendessen à la carte, gutes Restaurant:** ab ca. 35–50 € (drei Gänge, Getränke extra)
- **Fahrradmiete (klassisch):** ab ca. 10 € für einen halben und ab ca. 15 € für einen ganzen Tag
- **Fahrradmiete (E-Bike):** ab ca. 25 € für einen halben und 30 € für einen ganzen Tag
- **Surfbrettverleih,** ab ca. 15 € pro Tag und 75 € pro Woche

■ Weitere Preisbeispiele → „Einkaufen und Souvenirs"

Kurtaxe

Uneinheitlich geregelt ist das Thema Kurtaxe *(taxe de séjour)*. Je nach Kategorie und Standard der Unterkunft muss man **pro Person und Tag** zwischen etwa 30 Eurocent und 2 € Kurtaxe einkalkulieren; zum Glück ist man häufig unter 1 € dabei. Es versteht sich von selbst, dass ein Campingplatz billiger ist als ein Drei-Sterne-Haus.

Die Gesamtkosten werden auf die Endrechnung aufgeschlagen. Um Überraschungen zu vermeiden, sollte man vorab nach der Höhe der Kurtaxe fragen bzw. einen Blick auf den Aushang werfen.

Gesundheit

Für gesetzlich Versicherte besteht zwischen Frankreich und anderen EU-Ländern ein gegenseitiges Abkommen über die Behandlung. Dazu braucht man die **Europäische Krankenversicherungskarte**. Im Unfall- oder Krankheitsfall besteht ein Anspruch auf ambulante/stationäre Behandlung bei jedem zugelassenen Arzt und in staatlichen Krankenhäusern. Über aktuelle Bestimmungen, zu denen u. a. Vorauszahlungen bei Arztbesuchen und verschriebene Medikamente gehören können, informiert die Krankenkasse.

Bei der medizinischen Versorgung bewegen sich Verlässlichkeit und Ausbildungsstandard auf dem von zu Hause gewohnten Niveau, inklusive Göttern in Weiß und schwarzen Schafen.

In Frankreich gilt es zu unterscheiden zwischen **Vertragsärzten**, deren Honorare nach der gesetzlichen Versicherung festgelegt sind, sowie **freien Ärzten** mit ebenso freien (= hohen) Honorarforderungen. Um böse finanzielle Überraschungen zu vermeiden, sollte man sich nicht scheuen, im Vorfeld der Behandlung nach den Konditionen zu fragen.

Mediziner mit Deutschkenntnissen kann man in Frankreich nicht erwarten. Adressen von **deutschsprachigen Ärzten** vermitteln gewöhnlich die diplomatischen Vertretungen.

Französische **Apotheken** (pharmacies) zeigen sich durchweg gut sortiert und haben außen mit Kondomautomaten Vorbeugung für hormonelle Notfälle getroffen. Die Adressen der Notapotheken sind online aufgeführt bzw. hängen an den einzelnen Apotheken aus.

Auch in Apotheken wird man deutschsprachiges Personal nur in Ausnahmefällen antreffen. Wer ein ähnliches Mittel braucht wie jenes, das er gerade aufgebraucht hat, sollte den Beipackzettel mit der Zusammensetzung des Medikaments mitnehmen – so lässt sich ein vergleichbares leichter finden.

Der **Rettungsdienst** (*Samu*) ist landesweit über die Telefonnummer 15 oder 112 erreichbar, Krankenwagen heißt *ambulance*. Bei einem Notfall lässt man sich umgehend zum nächsten Arzt (*médecin*) oder Krankenhaus (*hôpital/clinique*) bringen.

Bei Notfällen am Strand oder im Meer: Zu beachten sind die hinter manchen Stränden angebrachten Notrufsäulen mit dem Zeichen „S.O.S.".

Adobe.Stock©Jonathan Stutz

Private Auslandskrankenversicherung

Wer bei medizinischen Behandlungen und eventuellen Notfällen auf „Nummer sicher“ gehen will, kann den Abschluss einer privaten Auslandskrankenversicherung in Erwägung ziehen – muss aber auf das berühmte Kleingedruckte achten. Die private Auslandskrankenversicherung sollte eine **Reiserückholversicherung** enthalten, denn der Krankenrücktransport wird von den gesetzlichen Krankenkassen nicht übernommen. Zur **Erstattung der Kosten** benötigt man ausführliche **Quittungen** (mit Datum, Namen, Bericht über Art und Umfang der Behandlung, Kosten der Behandlung und Medikamente).

Bei Abschluss einer privaten Auslandskrankenversicherung sollte man überdies auf folgende Punkte achten:

– Vergütung der Arzt-, Zahnarzt- und Krankenhauskosten ohne Summenbeschränkung
– Deckung bei Krankheit und Unfall
– Deckung bei einer Pandemie
– Vergütung von Krankentransporten, Rettungungskosten und Krankenrücktransport ohne Einschränkungen und nicht nur, wenn es medizinisch notwendig ist oder der Krankenhausaufenthalt länger als 14 Tage dauert
– Abdeckung der gesamten Aufenthaltsdauer mit automatischer Verlängerung über die festgelegte Zeit hinaus, wenn die Rückreise nicht möglich ist (durch Krankheit oder Unfall)
– Abdeckung der Reise- und Unterkunftskosten von Familienangehörigen, wenn diese zur Betreuung anreisen. Dabei sollte man im Vorfeld in Zeiten von Patchwork-Familien und verschiedensten Lebenspartnerschaften die Definition von „Familie“ genau erfragen und sich schriftlich bestätigen lassen.

Apotheken sind in Frankreich mit einem grünen Kreuz gekennzeichnet

Mit Haustier unterwegs

In Frankreich sind Haustiere nicht überall willkommen. In Restaurant-, Hotel- und Campingverzeichnissen gibt meist ein **Hundesymbol** darüber Aufschluss, ob Haustiere Zugang haben *(animaux acceptés)*. Budgetbewusste dürften angesichts der Haustieraufschläge bei Unterkünften Preisvergleiche anstellen.

Naturschutzpfade und Strände sind für Hunde gewöhnlich geschlossen, an den Zugängen sind vielfach Betretenverboten-Schilder aufgestellt. Dabei spielt es keine Rolle, ob der Hund an der Leine geführt wird oder nicht. Auf einem andern Blatt steht, ob sich jeder an die Vorschriften hält (an manchen Verbotsstränden sieht man durchaus Hunde).

Für die EU-Länder gilt, dass man eine **Tollwutschutzimpfung** und einen **EU-Heimtierausweis** für Hund oder Katze haben muss. Darüber hinaus muss das Tier mit einem **Microchip** gekennzeichnet sein. Tollwutimpfungen, die drei Jahre gültig sind, sind auch in Frankreich anerkannt, sofern der Impfstoff explizit auf dem Impfpass angegeben ist. Kampfhunde werden nach französischem Gesetz beurteilt und in zwei Kategorien unterteilt; da sollte man sich vorab im Detail erkundigen, z.B. auf www.france.fr/de.

Weitere Informationen gibt es beim Tierarzt.

776swf_ad

Information

„Atout France“ heißt die Französische Zentrale für Tourismus, die sich um die Vermarktung der Reisedestination Frankreich kümmert, auch mit dem komplexen Auftritt im Netz: www.france.fr/de.

In Frankreich sind die Öffnungszeiten der lokalen **Touristeninformationen** *(Office de Tourisme* bzw. *Office du Tourisme)* in der Nebensaison Mo.–Fr. ab 9/10 bis 17/18 Uhr (gelegentlich mit Mittagspause) und samstags nur bis Mittag. Im Juli und August öffnet manches Büro täglich von 8 bis 20 Uhr.

Ist unterwegs etwas verloren gegangen? In größeren Städten ist das **Fundbüro** *(bureau des objets trouvés)* meist im Rathaus *(mairie, hôtel de ville)* oder gelegentlich auch in einer Außenstelle untergebracht. In kleineren Orten können Fundsachen in der Regel bei der Polizeiwache *(gendarmerie)* abgegeben oder abgeholt werden.

Infos im Internet – hilfreiche Websites

Nachfolgend ein Überblick über **hilfreiche Websites zu Südwestfrankreich bzw. Frankreich,** unterteilt in Stichworte: Frankreich allgemein, Kultur, Natur, Orte und Regionen.

◁ Mit Haustieren unterwegs in Frankreich, das ist nicht überall einfach

Frankreich allgemein

- **http://de.ambafrance.org,** viele Frankreich-Infos auf dieser Seite der Französischen Botschaft in Berlin.
- **www.wissenschaft-frankreich.de,** das Wissenschafts- und Technologieportal der Französischen Botschaft in Deutschland; bunter Themenmix, auch Termine werden genannt.
- **www.les-plus-beaux-villages-de-france.org,** Seite zu den „schönsten Dörfern Frankreichs“ – und davon gibt es auch in Neu-Aquitanien einige!
- **www.france.fr/de/,** offizielle Informationsseite über Tourismus in Frankreich mit einer bunten Themenpalette u.a. zu Natur, Kultur, Wellness, Festen und Veranstaltungen; aufschlussreiche praktische Infos und die Möglichkeit, mit dem acht- bis zehnmal jährlich verschickten Newsletter auf dem neuesten Stand zu bleiben.
- **www.frankreich-info.de,** deutschsprachiges Portal, das eine Mischung von allgemeinen und praktischen Infos bietet.
- **www.insee.fr,** Homepage des Nationalinstituts für Statistik und Wirtschaftsstudien *(Institut National de la Statistique et des Études Économiques);* hilfreiche aktuelle Zahlen zu Frankreich, z.B. zu Wirtschaft, Inflation, Bevölkerung; auf Französisch oder Englisch.
- **www.villes-et-villages-fleuris.com,** Wettbewerb um die schönsten blumen- und pflanzenreich gestalteten Städte und Dörfer *(villes et villages fleuris)* und die Preisträger.
- **www.francoallemand.com,** Homepage der Deutsch-Französischen Industrie- und Handelskammer; deutschsprachige Infos u.a. zu Themen wie Recht und Steuern; außerdem Stellenmarkt.
- **www.reise-know-how.de,** auf der Homepage des Verlags findet man aktuelle Informationen und eine ganze Reihe an Links.

Kultur

- **www.daad.de,** die Homepage des Deutschen Akademischen Austauschdienstes bietet u.a. Infos zu

Bildungs- und Hochschulwesen in Frankreich; Förderungsmöglichkeiten/Stipendien, Kooperationen und Hochschulprojekte. Aufschlussreich sind auch Stichpunkte wie „Studieren und leben in Frankreich".

- **www.institutfrancais.de,** Website des französischen Kulturnetzwerkes in Deutschland, Infos zu Kursangeboten und Kulturprogrammen.
- **http://jakobsweg-frankreich.de,** Infos zu Jakobswegen durch Frankreich.

Natur

- **www.parc-landes-de-gascogne.fr,** alles Wissenswerte zum Parc Naturel Régional des Landes de Gascogne.
- **www.reserve-ornithologique-du-teich.com,** Vogelpark von Le Teich.
- **www.pyrenees-parcnational.fr,** alles über den Pyrenäen-Nationalpark.
- **www.parcs-naturels-regionaux.fr,** Vereinigung der Französischen Regionalnaturparks *(Fédération des Parcs Naturels Regionaux),* hilfreich die interaktive Übersichtskarte für die Auffindung.
- **www.voiesvertes.com,** das französische Portal für „Grüne Routen" (Fahrradrouten).
- **www.francevelotourisme.com,** alles über Radstrecken in Frankreich; detalliert aufgeführt sind auch Etappen in Neu-Aquitanien; auch auf Deutsch unter http://de.francevelotourisme.com.
- **www.lavelodyssee.com** – der Fernradweg *Vélodyssée* den Atlantik entlang. (Start ist hoch oben in der Bretagne.)

⊡ Für Wandertouren auch mit Kindern bietet sich, wie hier in den Pyrenäen, ein Stück des mit gelbblauen Symbolen ausgewiesenen Jakobswegs an

Orte und Regionen

- **Agen,** www.destination-agen.com
- **Anglet,** www.anglet-tourisme.com
- **Arcachon,** www.arcachon.com, http://bassin-arcachon.com
- **Baskenland/Pays Basque,** http://pays-basque.tourisme64.com
- **Bayonne,** www.visitbayonne.com
- **Béarn,** www.bearntourisme.fr
- **Biarritz,** http://tourisme.biarritz.fr
- **Biscarrosse-Plage,** www.biscagrandslacs.de
- **Blaye,** www.bbte.fr/de
- **Bordeaux,** www.bordeaux-tourismus.de
- **Cap Ferret,** www.lege-capferret.com
- **Carcans-Maubuisson,** www.medoc-atlantique.de
- **Contis-Plage,** www.cotelandesnaturetourisme.de
- **Dax,** www.dax-tourisme.com
- **Dordogne,** www.dordogne-perigord-tourisme.fr
- **Espelette,** www.en-pays-basque.fr
- **Gironde,** www.gironde-tourisme.fr
- **Hendaye,** www.hendaye-tourisme.fr
- **Hossegor,** www.hossegor.fr
- **Hourtin,** www.medoc-atlantique.de
- **Lacanau-Océan,** www.medoc-atlantique.de
- **Landes,** www.tourismelandes.com, www.atlantikkuste-sudfrankreich.de
- **Langon,** www.tourisme-sud-gironde.com
- **Le Porge-Océan,** www.medocpleinsud.com
- **Lot-et-Garonne,** www.tourisme-lotetgaronne.com
- **Lourdes,** http://de.lourdes-infotourisme.com
- **Mimizan, Mimizan-Plage,** www.mimizan-tourisme.com
- **Navarrenx,** www.tourisme-bearn-gaves.com (auch für Orte wie Salies de Béarn und Sauveterre-de-Béarn)
- **Neu-Aquitanien,** www.nouvelle-aquitaine-tourisme.com
- **Oloron-Sainte-Marie,** www.pyrenees-bearnaises.com

- **Pau,** www.pau-pyrenees.com
- **Pyrenées-Atlantiques,** www.tourisme64.com
- **Pyrénées Béarnaises,** ein Zusammenschluss mehrerer Täler und Orte in den aquitanischen Pyrenäen: www.pyrenees-bearnaises.com
- **Saint Émilion,** www.saint-emilion-tourisme.com
- **Saint Jean-de-Luz,** www.saint-jean-de-luz.com
- **Saint Jean-Pied-de-Port,** www.en-pays-basque.fr
- **Saint Pée-sur-Nivelle,** www.en-pays-basque.fr
- **Soulac-sur-Mer,** www.medoc-atlantique.de
- **Soustons,** www.soustons.fr
- **Vieux-Boucau-les-Bains,** www.tourisme-vieuxboucau.com

Mit Kindern unterwegs

→ Hinweise zur Benutzung, 🚸

In Frankreich sind Kinder willkommene Gäste. Vielerorts zeigt man sich bestens auf die Bedürfnisse von Familien eingestellt: ob mit der Wickelecke auf dem Rastplatz, dem Abenteuerspielplatz am Meer, dem sommerlichen Trampolinspringen am Strand. Im Restaurant trifft das portionsgerechte **Kindermenü** *(menu d'enfant)* den Geschmack, in manchen Museen haben Kinder und Jugendliche bis 18 Jahre **freien Eintritt.** Beim Eintritt in ein Aquarium oder bei der Mitfahrt in einem Ausflugsbähnchen kann man oft von Kinderfreundlichkeit für die Kleinsten ausgehen; mancherorts bezahlen Kinder bis vier Jahre nichts.

Viele **Campingplätze** präsentieren sich als wahre Spielparadiese und trumpfen mit Kinderbädern und Klettergerüsten auf, mit Wasserrutschen, Tischtennisplatten, Volleyballfeldern und speziellen Animationsprogrammen. Ebenfalls beliebt: **„Camping auf dem Bauernhof"** *(camping à la ferme)* mit Kontakt zu Schweinen und Kühen – und zu anderen naturbegeisterten Familien!

Für das Vergnügen der **Strandburgenbauer** sorgen die zahlreichen traumhaften Strände – wobei die Strömungen und der extrem starke Tidenhub des Atlantiks keinesfalls unterschätzt werden dürfen und besondere Vorsicht erfordern (→ „Sicherheit"). Jungen Sportskanonen stehen Reit- und Tenniscenter offen, ein guter Radverleiher hält stets Kinderbikes samt -helmen bereit.

777swf_ad

Burgen und Schlösser tragen ebenso Erlebnischarakter wie Binnenseen, Bootstouren, bunte Volksfeste mit viel Musik und spannende Pfade durch Naturschutzgebiete. Als Zugabe hält Frankreichs Südwesten einige **besondere Attraktionen** bereit, die in den jeweiligen Regionalkapiteln dieses Buches detaillierter beschrieben sind: in Le Teich der Streifzug durch den Vogelpark, südlich von Arcachon die Besteigung der sagenhaften 104-Meter-Düne von Pilat, in Biarritz der Besuch des Aquariums, in Sare und Isturitz-Oxocelhaya das Eintauchen in Höhlenwelten.

Ein schönes Erlebnis ist sicher, Wanderwege gemeinsam zu entdecken – und davon gibt es im Zielgebiet eine ganze Menge! Man könnte z. B. eine kleine Teilstrecke des Jakobswegs gehen.

Kinderstrandclubs

Familienfreundliche Hits schlechthin sind die Sand- und Spielparadiese der Kinderstrandclubs *(clubs de plage)*, die im Sommer Hochkonjunktur haben. Wo welcher Strandclub zu welcher Zeit zugänglich ist, erfährt man im örtlichen *Office de Tourisme*. Aus Wetter- und Zulaufgründen öffnen viele Clubs nur im Juli und August, schließen häufig über Mittag und haben sonntags ihren Ruhetag. Die untere **Altersgrenze** liegt bei drei oder vier Jahren, nach oben hin ist zwischen 12 und 14 Jahren Schluss. Jungen und Mädchen können halbe oder ganze Tage an den verschiedenen Spiel-, Wettbewerbs- und Animationsprogrammen teilnehmen sowie Schaukeln, Rutschen, Trampoline und Kinderspielgerät benutzen.

736swf ad

Das Angebot hat aber auch seinen **Preis;** Schwimmstunden in den kleinen Bädern kosten extra. Ehe man preisgünstigere Ganztages- oder Wochenpakete im Strandclub bucht, sollte man den Nachwuchs testen lassen, ob er sich wohl fühlt – allein schon wegen der **Sprache,** denn es wird natürlich Französisch gesprochen. Oft wird verlangt, dass Kinder einen beschrifteten Beutel mit Handtuch, Ersatzkleidung und Sonnenschutz mitbringen.

„Fischfang zu Fuß“

Drei Dinge braucht das Kind: Eimerchen, Rechen und Schaufel. Damit ist man bestens gerüstet für einen Erlebnis-Evergreen unter französischen Familien, dem Auswärtige gern nacheifern: *pêche à pied,* wörtlich „Fischfang zu Fuß“. Zieht sich das Meer zur Ebbe zurück, schwärmen die Kleinsten mit Feuereifer an all den leergelaufenen Strandstücken aus und suchen den Grund nach zurückgebliebenen **Muscheln und Krebsen** ab. Wer keine Utensilien für solcherlei Beutezüge mitgebracht hat, braucht in den Küstenorten nicht lange Ausschau in den Strandläden zu halten. Vielerorts stehen komplette „Fischfang“-Sets inklusive Kescher im Angebot.

◁ Bootsfahrschule auf der Garonne

Klima und Reisezeit

→ Südwestfrankreich: Zu jeder Zeit

Zum Klima und seinen Unwägbarkeiten vgl. das Unterkap. im Kapitel *Land und Leute.*

Reisezeit

Franzosen lieben Urlaub im eigenen Land, sodass während der **französischen Schulferien** hinsichtlich Unterkunftssuche und Verkehr naturgemäß am meisten los ist. Vor allem im **August** setzt ein beispielloser Run auf die Ferienkolonien *(colonies vacances)* der Kinder ein – und auf die Strände sowieso! Frankreichs Lehrer und Schüler nehmen sich nicht weniger als fünf Ferienauszeiten pro Jahr: zwei Wochen im Februar/März („Winterferien“, *Vacances d'hiver*) sowie zwei weitere Wochen im Frühjahr („Frühlingsferien“, *Vacances de printemps*), die großen Sommerferien im Juli und August (*Vacances d'été;* zwei Monate; mitunter ist erst Anfang September wieder Schulbeginn), etwa zehn Tage Ende Oktober/Anfang November, eine Woche um Allerheiligen *(Vacances de la Toussaint)* sowie zwei Wochen Weihnachtsferien *(Vacances de Noël).*

Die **Wahl der Reisezeit** hängt natürlich von individuellen Ansprüchen, Bedürfnissen und Zielgebieten ab. Wer Highlife und Nightlife sucht bzw. auf die eigenen schulischen Sommerferien angewiesen ist, kommt im Juli und August. Etwas **ruhiger** geht es im Juni und September zu, auch April und Mai sind empfehlenswert – für viele die idealen Reisemonate! Je weiter man sich vom Sommer wegbewegt, desto stärker sinken natürlich Wasser- und Außentemperaturen – was nicht ausschließt, dass man mancherorts an der Küste selbst an manch sonnig-mildem Wintertag im ärmellosen Shirt auf der Terrasse sitzen kann! Allerdings wird man bewachte Strände in der Nebensaison nicht mehr finden. Ausflugsboote bleiben mangels Nachfrage an Land, Touristenbähnchen stehen bis zum nächsten Sommer auf dem Abstellgleis.

Saisonale Vor- und Nachteile

Vor- und Nachteile von Haupt- bzw. Nebensaison sollte man genauestens abwägen. Im Juli und August sind **rechtzeitige Reservierung** von Hotel und Campingplatz in beliebten Ferienorten dringend anzuraten. Volle Tische im Restaurant sind im Hochsommer ebenso die Regel wie ausgelastete Parkplätze und Strände, auf mancher Straße kann das Fortkommen zur Geduldsprobe werden.

Bei Unterkünften kommt man außerhalb der Sommersaison in den Genuss deutlich **günstigerer Nebensaisontarife,** im Restaurant bekommt man problemlos sein freies Plätzchen. Allerdings steigen während der Monate Juni bis September die meisten bunten **Volksfeste,** und überall herrscht richtige Sommerstimmung. Ob mit Discos und Freiluftbars, Märkten und Sport en masse – ideale Gelegenheiten für jene, die Kontakte suchen! Bade- und Aktivtourismus stehen auf dem Höhepunkt. Manche Gemeinden fahren im Sommer ihre eigenen Programme auf. Da gibt es Open-Air-Theater und Straßenkonzerte, Turniere und Feten sowie diverse **Ferienkurse** *(stages)* vom Trommeln bis zu Afrikanischen Tänzen. Tipp: In der örtlichen Touristinformation nach dem **Veranstaltungskalender** *(programme des animations)* fragen, der detailliert Aufschluss gibt, wo und wann was los ist; der Check geht natürlich auch online.

Wer in der Nebensaison kommt, kann **Ruhe und Natur** genießen und hat weniger Kosten – muss jedoch damit rechnen, dass er nicht alles geöffnet vorfindet. Manche Hotels und Campingplätze sind nur von Ostern (oder sogar erst Mai oder Mitte Juni) bis Mitte/Ende September zugänglich. Gleiches gilt für eine Reihe von Surf- und Reitcentern, für Radverleiher und Kinderstrandclubs und sogar für touristische Sehenswürdigkeiten wie Blumenparks. Zur kühleren Jahreszeit haben sich brodelnde Strände in einsame, sandige Weiten verwandelt und locken Spaziergänger an, in Häfen schaut man ungestört den landenden Fischern zu, vor Museen bilden sich keine Warteschlangen. Und Unterkunft findet man immer!

Im März und April erwacht die Natur zur Blüte, und selbst in Herbst und Winter versprüht eine **Museums- und Shoppingstadt** wie Bordeaux ihren Reiz. In welch krasser Form sich die Gesichter der Küste ändern, mag das Beispiel Arcachon zeigen. Im Hochsommer steigt die Einwohnerzahl des 12.000 Einwohner starken Städtchens um ein Vielfaches an, ab Ende der zweiten Jahreshälfte hält Arcachon Winterschlaf.

Der Winter ist eine ideale Jahreszeit, um in **Thermal- und Thalassozentren** auszuspannen! Und natürlich für Anhänger des weißen Sports, denn im Département Pyrénées-Atlantiques ist vielerorts Wintersport möglich. Allein im Bereich von Gourette und Artouste gibt es Dutzende Skipisten und mehrere Skischulen.

Eine Anmerkung zur Reisezeit **Herbst:** nicht überall empfehlenswert! Dann beginnen Frankreichs Männer ihren **Jagdtrieben** nachzugehen, schultern ihre Flinten und halten die Stellung in Unterständen. Selbst in der Nähe von Wohngebieten zerreißen Schüsse mancherorts die morgendliche Stille!

Kommunikation unterwegs

Telefonieren

Das **eigene Handy** ist vielen Reisenden der Standardbegleiter in Frankreich. Im EU-Ausland zahlt man längst keine zusätzlichen Roaminggebühren mehr, sondern es gelten die gleichen Tarife wie im eigenen Land.

Insbesondere bei Internetnutzung fährt man mit **kostenlosen WLAN-Verbindungen** sicherlich am günstigsten – zum Schreiben von E-Mails (vor allem mit Anhängen), Zoom-Calls, Skypen oder auch Teilen von Fotos/Dateien etc. über WhatsApp und vergleichbare Apps.

Französische Telefonnummern haben keine Vorwahl und setzen sich aus zehn Stellen zusammen, wobei die beiden ersten die Region verraten: 01 Île de France, 02 Nordwest, 03 Nordost, 04 Südost, 05 Südwest. Bei nationalen Gesprächen muss man stets die gesamten zehn Nummern wählen, auch innerorts. Sogenannte Servicenummern (oft kostenpflichtig) beginnen mit 08, Handynummern mit 06 oder 07.

Vorwahlnummern

Nach der Landeskennzahl entfällt immer die erste Null der eigentlichen Rufnummer bzw. Vorwahl. Das gilt gleichermaßen bei Gesprächen nach Frankreich wie aus Frankreich ins Ausland.

- **Deutschland:** 0049
- **Österreich:** 0043
- **Schweiz:** 0041
- **Frankreich:** 0033

Internet

WLAN ist auf Französisch als **WiFi** bekannt. Unterkünfte, Cafés, Schnellrestaurants etc. bieten WiFi kostenlos an, gleichermaßen sieht man WiFi-Punkte in Bahnhöfen, auf öffentlichen Plätzen etc. Unterkünfte, die ihre Gäste für den Internetzugang zahlen lassen gibt es allerdings immer noch (obgleich wenige).

Informative Websites zum Reisegebiet → „Information“.

Wichtige Notrufnummern

Die europaweite Notrufnummer ist die **112.** Sonst gilt in Frankreich auch:

- **Krankenwagen** *(ambulance)* **15**
- **Polizei** *(police)* **17**
- **Feuerwehr** *(pompiers)* **18**

LGBT+

Frankreich zeichnet sich als **liberales Land** aus – auch in der Hinsicht LGBT+. Ein Eheschluss ist auch für gleichgeschlechtliche Partner seit langen Jahren möglich. Für Urlauber hat das Französische Fremdenverkehrsamt auf seiner Homepage eine Liste mit **Gay-freundlichen Stränden** erstellt, auch für Neu-Aquitanien (www.france.fr/de/nuetzliche-tipps/gay-freundliche-straende-frankreich). **Bordeaux** gilt maßgeblich als offene Stadt für LGBT+; die Parade *Gay Pride* gibt es seit Mitte der 1990er Jahre; sie steigt gewöhnlich Mitte Juni.

⌃ Ein Zebrastreifen in Regenbogenfarben schmückt passend zum Pride Month die Straßen von Bordeaux

Öffnungszeiten

Geschäfte öffnen von 9/9.30 bis 12/12.30 Uhr, legen eine Mittagspause ein (in touristisch relevanten Gebieten während der Hochsaison aber nicht unbedingt) und öffnen dann wieder nachmittags von 14 bis 18.30/19 Uhr; Montag ist häufig ganz oder zumindest am Vormittag geschlossen. Gleiches gilt für **Fischverkaufsstände**, da die Fischer sonntags ihren Ruhetag einlegen und somit für den Montag nicht liefern können.

Im Gegensatz dazu sind **Großsupermärkte** (*hypermarchés*) von Montag bis Samstag meist durchgehend von 9.30/10 bis 20/21 Uhr zugänglich. Darüber hinaus öffnen sie manchmal auch am Sonntagvormittag. Ebenfalls sonntags vormittags kann man eine **Bäckerei** bzw. Konditorei finden, in der man sich mit frischen Backwaren eindecken kann.

In Ferienorten gibt es in der **Hauptsaison** viele Shops und kleinere Supermärkte, die jeden Tag öffnen.

Die Öffnungszeiten der französischen **Banken** sind Di.–Fr. 9/9.30 bis 12 Uhr und 14 bis 16/16.30 Uhr sowie samstags vormittags. Montags sind Banken oft geschlossen. Keine Regel ohne Ausnahme: Einige Geldinstitute öffnen montags, samstags steht man dann vor verschlossener Tür.

Die Öffnungszeiten der **Postämter** sind Mo.–Fr. 9 bis 12 und 14 bis 17/17.30 Uhr, samstags nur vormittags; in größeren Städten sind die Hauptpostämter mitunter durchgehend geöffnet.

Orientierung und Landkarten

Navigationssystem hin oder her: Fährt man in Städte bzw. größere Orte ein, orientiert man sich an den Schildern Richtung Zentrum *(centre ville)* und hält dort nach **Parkplatz-Schildern** *(parking)* Ausschau. Wohnmobil- und Wohnwagenfahrer müssen dringend auf Durchfahrt-verboten-Schilder achten, was sich auch auf Zufahrten zu Parkplätzen bezieht, wo metallene Höhenbarrieren angebracht sind!

Mitunter teilen sich Küstenorte in ein Stadtviertel *bourg* (eigentlich: „Marktflecken", hier liegt der ältere Teil der Stadt) und ein Viertel *plage* (Strand). Im **Stadt- oder Ortsmittelpunkt** bieten sich als

180sf ad

Gibt gute Orientierung in einer Stadt wie Bordeaux: der Hauptplatz vor dem Theater

Adobe.Stock ©Pascale Gueret

Orientierungsmarken meist die Kathedrale *(cathédrale)* oder das Rathaus *(mairie/hôtel de ville)* an. Der Hauptplatz trägt oft patriotisch angehauchte Bezeichnungen wie *Place de la République* oder *Place de la Liberté* bzw. Namen illustrer französischer Persönlichkeiten. Ebenfalls zentral gelegen sind die Markthallen *(halles)* bzw. der Markt *(marché)* und das Postamt *(poste)*. Da Franzosen das Grün auch in der Innenstadt lieben, dürfte der nächste öffentliche Park *(parc/ jardin public)* nicht allzu weit entfernt sein. Wer an den Strand will, folgt den Schildern „plage". Der Sport-, Handels- oder Fischerhafen ist als „port" ausgeschildert. In der Stadtmitte liegt meist die **Touristinformation** *(office de tourisme)*, in der ein Stadtplan erhältlich ist. Zu Städten, Ferienregionen etc. gibt es natürlich auch Apps.

Blicken wir kurz aufs **Kartenmaterial** und auf die, die nicht online unterwegs sind und noch immer etwas Größeres in der Hand halten wollen: Wer seinen Schwerpunkt auf die **Pyrenäen** legt, ist mit der im Reise Know-How Verlag erschienenen Karte „Pyrenäen" (Maßstab 1:250 000) aus dem *world mapping project* gut beraten. Die Karte hat ein ausführliches Ortsregister, farbige Höhenschichten und ist GPS-tauglich. In französischen Buchhandlungen und Supermärkten (auch vereinzelt an Tankstellen) sind diverse **Regionalkarten** erhältlich. In den Touristenbüros vor Ort gibt es – je nach Vorrat – **lokale Übersichtskarten und Stadtpläne**.

Auch die Türme der Kathedrale von Bordeaux helfen, um sich in der Stadt zu orientieren

Post

Frankreichs Post arbeitet gut und zuverlässig. Bei Briefen und Postkarten ins europäische Ausland darf man von einer Zustellung **innerhalb von drei bis vier Tagen** ausgehen. Größere Sendungen können allerdings etwas länger unterwegs sein.

Bei den **Briefkästen** ist auf die unterschiedlichen Aufschriften zu achten: Bei den Schlitzen ist gelegentlich einer den regionalen Zielen vorbehalten, der andere mit dem Vermerk „autres destinations" (andere Bestimmungsorte) versehen.

Versender von Briefen und Karten sollten das **Landeskürzel** mit Bindestrich vor die Postleitzahl stellen: „D-“ für Deutschland *(Allemagne),* „A-“ für Österreich *(Autriche)* und „CH-“ für die Schweiz *(Suisse).*

Die **Portokosten** ändern sich so schnell wie andernorts auch. Auf der Homepage der französischen Post (www.laposte.fr) sind die aktuellen Tarife einsehbar. Hilfreich ist der Online-Portokalkulator *(calculateur de tarifs).* Briefmarken sind auch in Tabak- und Zeitschriftenläden erhältlich. Alternative für Paketzustellungen sind international bekannte Kurierdienste.

Beim Postverkehr nach Frankreich findet man bei Adressenangaben stets fünfstellige **Postleitzahlen,** wobei die ersten beiden Ziffern für die Kennzahl des Départements stehen. Maßgeblich für Südwestfrankreich sind die Départements Gironde (33), Lot-et-Garonne (47), Landes (40) und Pyrénées Atlantiques (64). Bei Adressenhinweisen steht die Abkürzung „BP“ für *boîte postale* (Postfach).

Eine französische **Besonderheit** bei Angaben von Adressen ist das verbreitete **„bis“.** Ein Beispiel: Haus „numéro 14 bis“ heißt schlicht „Nummer 14 a“.

Rauchen

In Frankreich gilt ein **umfassendes Rauchverbot** u.a. für öffentliche Gebäude und Verkehrsmittel, Kinderspielplätze und die Gastronomie. Draußen vor Cafés und Restaurants steigt der Qualm in die Luft; dort entstehen immer wieder Rauchertreffs (echte Kommunikationsforen). Die Bußgelder bei Zuwiderhandlungen können drastisch sein – und auch die Preise für Zigarettenpackungen haben astronomische Ausmaße erreicht. Mittlerweile sind vereinzelte Parks und Strände zu rauchfreien Zonen erklärt worden – Tendenz steigend. Dass man der Zigarette definitiv *Adieu* sagt, soweit ist es aber (noch) nicht.

☐ Hier kann die Urlaubspost eingeworfen werden

Adobe.Stock ©maho

Reisegepäck und Ausrüstung

→ Klima und Reisezeit

Wie man sein Gepäck zusammenstellt, hängt natürlich ganz von der Art des Urlaubs, den persönlichen Schwerpunkten und der Jahreszeit ab. In Südwestfrankreich werden viele Reisende während der wärmeren Jahreszeit ihr Hauptaugenmerk auf die Küste legen und entsprechend präpariert sein: von Badehose und Bikini über die Strandlaken bis zur Sonnenbrille.

Man bedenke auch, dass es an vielen der traumhaft langen Strände an natürlichem Schatten mangelt. Über eine wirksame **Sonnenschutzcreme** hinaus sollte man mit Kopfbedeckungen gut gerüstet sein. Manche Selbstfahrer werden ihren transportablen Sonnenschirm mitbringen, begeisterte Picknicker (Frankreich ist schon dahingehend ein Traum!) ihre Vorratsbox. An manchen Tagen leistet auch ein **Windschutz** gute Dienste. Ebenfalls nützliche Strandutensilien sind Bast- oder Isomatte und – vor allem wegen möglicher schmerzhafter Muschelstückchen – ein Paar **Badeschlappen** bzw. Plastiksandalen. Im Sand sind überdies Hinterlassenschaften unachtsamer Urlauber bzw. Anspülungen (z.B. Glasscherben) niemals auszuschließen.

Angesichts herrlicher Strecken und Wege dürften **Sportbegeisterte** weder auf Jogging- noch auf Wanderschuhe verzichten – vorzugsweise natürlich keine nagelneuen, sondern „eingelaufene". Ob sich die Mitnahme des eigenen **Fahrrads oder Surfbretts** in Relation zur Ausleihe vor Ort lohnt, muss jeder selbst entscheiden.

Für den Sommerurlaub empfiehlt sich die Mitnahme **leichter Baumwollkleidung,** doch lange Hose, leichter Pullover und leichte Jacke sollten keinesfalls im Gepäck fehlen – vor allem, wenn man Exkursionen ins Hinterland der Pyrenäen plant. Da die seenahe Bergkette Wolken anzieht und für unberechenbares Wetter sorgt, sollte man zusätzlich **Regenschutz** mitbringen. Dieser Hinweis gilt generell für Wanderer und Radler an der Küste, die mitunter von sommerlichen Wärmegewittern heimgesucht wird. Außerhalb der Sommerzeit sind ein **windfester Anorak und Pullover** selbstverständlich. In höheren Lagen der Pyrenäen kann es zwischen Herbst und Frühjahr bitterkalt werden.

Ein Ausflug an die heiligen Stätten von Lourdes verlangt ebenso nach **angemessener Kleidung** wie ein Theater- oder Konzertbesuch in Bordeaux. Im Gegensatz dazu herrscht bei der Flut der sommerlichen Open-Air-Veranstaltungen legere Atmosphäre.

Zur Ausrüstung sollte gemeinhin eine **kleine Reiseapotheke** mit Verbänden, Pflastern, Desinfektions- und Schmerzmittel gehören. Für die kleine Wanderung oder Städtetour zwischendurch bietet sich ein **Tagesrucksack** an, Naturbegeisterte werden sich Vögel vors **Fernglas** holen. Gleichfalls nützlich: **Taschenmesser, Taschenlampe.**

Frankreich ist kein exotisches Land. Sämtliche Ausrüstungs- und Bekleidungsartikel sind vor Ort problemlos erhältlich, obgleich mitunter zu höherem Preis als gewohnt.

Reisevorschläge – Zusatztipps

Hier folgen zusätzlich einige ausführlichere Informationen zum Kapitel „Reiserouten und Touren" im Vorspann dieses Buches.

Das Gros der Urlauber dürfte sich zunächst einmal den Küstengegenden zuwenden, die sich wegen ihrer naturräumlichen Lage in zwei große Bereiche splitten: das nördliche Küstenstück zwischen dem Bassin d'Arcachon und der Gironde-Mündung sowie der südliche Küstenteil zwischen Arcachon und der französisch-spanischen Grenze. Wo auch immer man zu Entdeckungstouren starten will, man sollte sich stets vor Augen halten, dass es **keine durchgehende „klassische" Küstenstraße** gibt. Immer wieder sind es Nebensträßchen, über die man Strände erreicht.

Nördliche Küste und Weingebiete

Setzt man mit der kostenintensiven Fähre *(bac)* ab Royan über die Gironde, lädt die küstennahe Strecke unter dem **Leitmotiv „Strände"** bis zum Becken von Arcachon zu folgendem Verlauf ein: Soulac-sur-Mer, Montalivet-les-Bains, Hourtin-Plage, Carcans-Plage, Lacanau-Océan, Le Porge-Océan, Lège und dann hinunter bis Cap-Ferret. Auf schnellster Strecke liegen etwa 100 km zwischen Gironde und dem Becken von Arcachon, doch mit allen Abstechern kommt man leicht auf das Doppelte. Außerdem lädt die Seenplatte mit dem Étang d'Hourtin-Carcans, Étang de Cousseau und Lac de Lacanau zu Entdeckungen ein.

Unter dem **Leitmotiv „Wein"** gäbe es weiter östlich eine Strecke nahe der Gironde über Saint Vivien-de-Médoc, Pauillac und Cussac-Fort-Médoc nach Lamarque; in Lamarque gibt es eine regelmäßig verkehrende Fahrzeugfähre über die Gironde in die Festungsstadt Blaye, von wo aus man die Fahrt nach Bordeaux fortsetzen kann.

Tipp: In den Strand- bzw. Weingebieten des Médoc nord-nordwestlich von Bordeaux sollte man sein Quartier beziehen und von dort aus Touren starten. Klassiker an der nördlichen Küste ist Lacanau-Océan, doch das kann manchem während der Saison zu überlaufen vorkommen;

778swf_ad

> Segelboote in der Gironde-Mündung

gute Alternativen bieten die Gegenden um Carcans-Maubuisson. Ab hier können jene, die weniger Wert auf eine Großstadt legen, Bordeaux als Tagesausflug angehen.

Von Bordeaux zu den Vorpyrenäen

Wer Museen und Shopping, Kirchen, Märkte und Ausgehvergnügen liebt, dürfte sich vorübergehend in Bordeaux einquartieren. Ausflugsklassiker ab Bordeaux ist das mittelalterlich geprägte Städtchen **Saint Émilion,** wo man der Großstadt ebensogut den Rücken kehren und sich in der Nähe behaglich in einem Landhaus einquartieren kann. Ab Saint-Émilion geht es weiter östlich hinein in die Dordogne (ein Abstecher ist im Kapitel „Bordeaux und Umgebung" beschrieben). Wer sich in Bordeaux für die **Inlandsstrecke Richtung Arcachon** entscheidet, folgt dem Lauf der Garonne über Cadillac und Langon nach Agen; Abstecher führen zu bermerkenswerten Monumenten nach Bazas, Roquetaillade und Villandraut. Ab Agen kann man nördlich über Villeneuve-sur-Lot wieder an die Dordogne anknüpfen, weiter südwestlich schafft man über Aire-sur-l'Adour die Anbindung an Pau und die Vorpyrenäen.

Ein **Hinweis für Eilige:** Die Strecke Bordeaux – Pau lässt sich auch wesentlich schneller über die Autobahn bewältigen: auf der A 62 und A 65. Pau ist auch sehr gut ans Autobahnnetz weiter west- und ostwärts angeschlossen.

Arcachon und südliche Küste

Meeres- und Naturliebhaber sollten ihr **Quartier** am südlichen Teil des Beckens von Arcachon beziehen: entweder in Arcachon oder bei Le Teich mit Anbindung an schöne **Feucht- und Wandergebiete** im Naturschutzgebiet des L'Eyre-Deltas.

Südlich von Arcachon stehen Entdeckungen des längsten und für viele **schönsten Küstenstücks** an, für das man sich Zeit nehmen und an folgendem Verlauf orientieren sollte: Biscarrosse-Plage mit umliegender Seenplatte, Mimizan-Plage, Contis-Plage, Saint-Girons-Plage, Vieux-Boucau, Soustons, Hossegor, Capbreton, Anglet, Biarritz, Saint Jean-de-Luz, Hendaye. Unterwegs bieten sich gut gelegene Quartiere an, von wo aus sich die Strände erkunden lassen und auch Abstecher ins Hinterland lohnen: Biscarrosse-Plage (Abstecher in den Parc Naturel Régional des Landes de Gascogne mit Wanderwegen), Mimizan-Plage, Capbreton (Abstecher in die Thermalstadt Dax), Biarritz oder Anglet (Abstecher in die Kathedralstadt Bayonne) und Saint Jean-de-Luz (Abstecher auf den Berg La Rhune). Luftlinie liegen zwischen Arcachon und Hendaye, dem südlichsten Ort der französischen Atlantikküste, gerade einmal 150 km, aber mit den Abstechern kann man es leicht auf das Drei- bis Vierfache bringen.

737swf_ad

In den Weingärten von Bordeaux während der Weinlese im Herbst

779swf_ad

Pyrenäenlandschaften im Baskenland und Béarn

Östlich des Küstenstädtchens Saint Jean-de-Luz fühlt man sich bald von den **Gebirgswelten** der Pyrenäen verschluckt – eine Kombination von Meer und Bergen, die Südwestfrankreich für viele so reizvoll macht! Hier kann man die Pyrenäenlandschaften des Baskenlands und des Béarn erkunden, heute Verwaltungseinheit des Départements Pyrénées-Atlantiques. Eine **klassische Strecke** führt von Saint Jean-de-Luz ins Jakobswegstädtchen Saint Jean-Pied-de-Port. Ab dort erreicht man weiter nordöstlich Saint Palais und Sauveterre-de-Béarn, ehe man Richtung Südosten nach Oloron-Sainte-Marie abdreht. Dort besteht Gelegenheit zu Abstechern gen Süden in die höheren Gebirgsgegenden der Pyrenäen bzw. den **Pyrenäen-Nationalpark,** während man rund 30 km nordöstlich an Pau anbindet.

Ab Pau wiederum kann man Ziele wie die **Wallfahrtsmetropole Lourdes** ansteuern bzw. über andere Anfahrtswege tiefer in den Pyrenäen-Nationalpark eintauchen. An Pau vorbei verläuft jene Autobahnachse, die einen über die Ostvariante (Toulouse – Montpellier – Lyon) gen Heimat oder über die Westvariante (Bayonne) an die Atlantikküste zurückträgt.

780swf_ad

⌃ Bootstour durch das Becken von Arcachon mit Blick auf die Düne von Pilat

› Spaziergang am Strand von Hendaye

Sicherheit

Diebstahl

Frankreich ist kein Räuberpflaster – was aber nicht ausschließt, dass auch hier Gelegenheit Diebe macht. Zu den goldenen Regeln zählt, keine **Wertsachen** mit an den Strand zu nehmen oder im Inneren des Wagens liegen zu lassen. Im dichten Gedränge von (Trödel-)Märkten trägt man die Tasche lieber vor dem Bauch als auf dem Rücken – man weiß ja, wie flink Taschendiebe sein können. In einer Großstadt wie Bordeaux sollte man einem vertrauenerweckenden, gebührenpflichtigen **Parkplatz** den Vorzug vor einer dunklen Gratisecke geben.

539sf ad

Furcht vor Anschlägen

Nach diversen traurigen Beispielen aus der Vergangenheit herrscht in Frankreich eine chronische Furcht vor islamistischen Attentaten. Es ist ein hochsensibles Thema und erklärt die beispielsweise an Flughäfen gestiegene Polizeipräsenz. Selbst an Strandpromenaden sieht man gelegentlich Patrouillen von Bewaffneten in voller Montur, die man lieber nicht wahrnehmen würde. Verbreitet sind Taschenkontrollen an Zugängen zu Museen, Sehenswürdigkeiten etc. Je nach Zulauf und abgestelltem Personal kann das für Wartezeiten sorgen – aber Sicherheit muss sein. Dafür wird jeder Verständnis haben.

Gefahren am Wasser

Der Atlantik ist nicht zu unterschätzen! Das gilt nicht nur für den oftmals rauen Wellengang an den Stränden, die dem offenen Meer ungeschützt zugewandt sind, sondern auch für unterseeische **Strömungen.** Besonders starke Strömungen bilden sich erfahrungsgemäß an vorgelagerten Sandbänken. Der Tidenhub an der französischen Atlantikküste tut sein Übriges, mitunter liegen die Unterschiede zwischen **Ebbe und Flut** bei 4 m. Bei Ebbe wird die Sogwirkung der Strömungen noch verstärkt. Die Flut kommt schneller zurück als man denkt, und ganze Strandlakenlandschaften werden weggespült! Man kann sich in der örtlichen Touristeninformation eine im

[<] So kann es an einem Junitag am Hauptstrand von Biarritz aussehen

Regelfall kostenlos erhältliche Gezeitentabelle *(table des marées)* besorgen, die Aufschluss über die täglichen Höchststände *(pleins mers)* und Niedrigstständе *(basses mers)* des Meeres gibt. Auch online findet man Angaben zu Gezeiten.

Man sollte darauf achten, ob es sich um einen **bewachten Strand** *(plage surveillée)* oder einen unbewachten *(plage non surveillée)* handelt. An bewachten Stränden mit Lebensretterposten *(poste de sécours)* signalisiert die grüne **Signalflagge** „bewachtes Baden ohne Gefahr" *(baignade surveillée sans danger)* und die gelbe „bewachtes Baden, aber gefährlich" *(baignade dangereuse surveillée)*. Rot signalisiert Badeverbot *(baignade interdite)*.

In Frankreich sind natürlich nicht so viele Lebensretter verfügbar, dass alle Strände Kilometer um Kilometer und zu jeder Jahreszeit überblickt werden könnten. So gilt es für Badegäste, auf **Masten mit blauen Fähnchen** zu achten, die die bewachten Abschnitte eingrenzen. In der Regel sind die Lebensretter maximal von Juni bis Anfang September im Einsatz – aber nicht von Sonnenauf- bis Sonnenuntergang! Meist halten sie täglich von 11 bis 19 Uhr Ausschau.

Sport und Aktivitäten

→ Camping

Nichts ist unmöglich in Frankreichs Südwesten, der zwischen Atlantik und Pyrenäen ein Neid erweckendes Umfeld bietet. Ob Wälder, Strände, Seen oder Berge: In einer solchen Sport- und Erlebnisregion kann man hiken und biken, segeln, surfen, tauchen und Stand-Up-Paddling-Kurse belegen, golfen, reiten und sogar Wintersport treiben. **Besonders wichtig:** Bei Kursen bzw. Veranstaltungen von Sportarten, die nach besonderen körperlichen Anforderungen verlangen (z.B. Fallschirmspringen, Marathons etc.), ist häufig ein **Gesundheitszertifikat** beizubringen, das aus medizinischer Sicht die **Unbedenklichkeit der Teilnahme** bestätigt. Ehe man sich zu einem Kurs oder einer Veranstaltung einschreibt, sollte man sich lange vorher bei der jeweils verantwortlichen Stelle erkundigen, ob solch eine Bescheinigung (und in welcher Sprache!) gebraucht wird.

Allgemeine Informationen über das Angebot sind hier nachfolgend von A bis Z aufgelistet. Die einzelnen **Adressen** stehen in den jeweiligen **Ortsbeschreibungen** unter „Sport und Freizeit".

Broschüren über das Sport- und Freizeitangebot sind bei zahlreichen lokalen Touristinformationen erhältlich; am besten man fragt nach der aktuellen Ausgabe des „guide loisirs". Alternativ genügen ein paar Mausklicks im Internet; viele Stadt- und Gemeindeseiten sind samt solcher Hinweise gut aufgebaut.

Abenteuerparks

In der ganzen Zielregion ziehen einige Abenteuerparks (ausgewiesen als *Aventure Parc* oder *Parc d'aventure*) Besucher in den Bann. Hier kann jeder Wagemut, Akrobatik und Geschicklichkeit austesten. Zugänge gibt es mancherorts bereits

781swf_ad

für Kinder ab vier bzw. sechs Jahren. Beliebt ist der Abenteuerpark in Aramits (www.aventure-parc.fr/aramits), in Biscarrosse findet Bisc'Aventure (http://biscaventure.fr) seine Anhänger. Auf jeden Fall sollte man Sportschuhe tragen. Der Eintritt ist nicht ganz billig und liegt je nach gewähltem Abenteuerparcours und Altersgruppe zwischen etwa 20 und 25 €, kann jedoch bei Zusatzaktivitäten auch höher liegen. Je nach Park kann Paintball als gesonderte Aktivität angeboten werden.

Bootsausflüge

Frankreichs Südwesten von der Seeseite erleben – in einigen Atlantikhäfen machen es vornehmlich während der von April/Mai bis September/Oktober laufenden Saison diverse Bootstouren möglich. Für eineinhalb- bis zweistündige Fahrten sollte man von Preisen um 15 bis 25 € für Erwachsene und die Hälfte für Kinder ausgehen. Halbtagestrips auf einem vom Skipper begleiteten Segelboot schlagen mit etwa 50 bis 70 € pro Person zu Buche.

Für hohen Erlebniswert bürgen Bootstouren durch die 155 km² umfassende **Bucht von Arcachon,** die zu den Austernparks und an die Vogelinsel führen. Auch die typischen Watthütten *(cabanes tchanquées)* bekommt man zu Gesicht. Eine ausgedehntere Tour schließt schöne Blicke auf die Düne von Pilat mit ein. Fahrten starten in Arcachon. Während der Saison lässt sich außerdem ab diversen Häfen tageweise zum Sportfischen (*pêche sportive* bzw. *pêche de loisirs*) in See stechen. Beliebter Hafen ist ebenfalls Arcachon. Im Baskenland kann man z.B. ab Hendaye ausfahren.

⌃ Abenteuerpark mit Geschicklichkeitsparcours zwischen Bäumen, hier bei Hendaye

› Den Aktivitäten rund ums Wasser, wie hier auf der Nive, sind keine Grenzen gesetzt

Boule

Mit dem Klischee vom ewig Boule-spielenden Franzosen liegt man gar nicht so falsch. Selbst Jugendliche, die man eher als Heißsporne auf Motorrollern vermuten würde, schieben gelassen, aber hochkonzentriert ihre ruhige Kugel. Boule-Bahnen bzw. improvisierte Spielstätten gibt es wie Sand am Meer.

Auch Campingplätze bieten immer wieder ein Spieleckchen – eine ideale Gelegenheit, mit Franzosen in Kontakt zu kommen. Nur eines sollte man sich abschminken: siegen zu wollen. Gegen Einheimische, die quasi mit ihren Kugeln aufgewachsen sind, kommt man schwerlich an.

Canyoning

Wo sich die Schluchten der Pyrenäen spektakulär öffnen und schließen, sind Canyoning-Anbieter nicht weit. Adrenalinausstöße besonderer Art garantieren die Gebirgslandschaften des Baskenlands und des Béarn. Für eine Canyoning-Tagestour muss man mit ca. 60–70 € pro Person rechnen, Anbieter veranstalten Trips nur von April/Mai bis Oktober/November. Touranbieter gibt es z.B. bei Bidarray und im Tal von Barétous in den Pyrenäen.

Fahrradfahren

Frankreichs Südwesten ist eine ausgesprochen fahrradfreundliche Region, Radeln vielerorts ein richtiger Traum – im Duft von Pinien und mit dem Rauschen der Brandung im Ohr. Durch die Kulissen aus Wäldern und Dünen laufen in Neu-Aquitanien vielfach **ausgewiesene Radwege** *(pistes cyclables),* oftmals abseits von Straßen. Gerade das macht das Naturerleben so angenehm. Besonders schöne Streckenabschnitte findet man **südlich von Arcachon** auf der Achse Biscarrosse-Plage, Mimizan-Pla-

782swf_ad

ge, Vieux-Boucau, Hossegor. Zwischendurch sind immer wieder Abstecher zu Stränden und Binnenseen möglich, als Übernachtungsquartiere bieten sich Campingplätze an. Eine gute Radelgegend gibt es auch weiter nördlich an der **Küste** rund um Lacanau-Océan, Maubuisson, Carcans-Plage, Bombannes, Hourtin-Plage und Hourtin.

Im Süden ist eine *piste cyclable* von **Bayonne nach Hendaye** ausgeschildert, wobei man sich dort Nebenstraßen mit motorisierten Fahrzeugen teilen muss. Die von Saint Jean-de-Luz nach Hendaye verlaufende Küstenstrecke **Corniche** ist zwar wunderschön und bietet herrliche Ausblicke, aber vor allem während der Sommersaison ist die Straße extrem stark befahren und deshalb nicht ungefährlich. Im ferneren Pyrenäenhinterland kann man all den Radsporthelden (ob gedopt oder ungedopt) nacheifern, die im Zuge der Tour de France legendäre Berge wie den Tourmalet hinaufgeklettert sind. Wer es nicht ganz so extrem liebt, geht im **Hinterland von Sare,** Cambo-les-Bains, Bidarray und Saint Etienne-de-Baigorry Pässe Richtung Spanien an. **Jakobswegradler** erwartet hinter Saint Jean-Pied-de-Port eine kurvige und lange Auffahrt zum legendären Ibañeta-Pass bei Roncesvalles. Attraktiv sind auch Abschnitte am Canal de Deux Mers entlang, ihrerseits Bestandteil einer Langstreckenfahrt von Bordeaux nach Toulouse; und ab Toulouse lässt sich sogar weiterradeln ans Mittelmeer.

Selbst in Küstennähe sollte man die Anforderungen an Radfahrer nicht unterschätzen. Häufig wird einem der Atlantikwind ins Gesicht blasen, kleine Aufs und Abs zehren an der Kondition, sofern man – dies als genereller Hinweis – „klassisch" unterwegs ist. E-Biker schaffen Anstiege ohne nennenswerte Schnaufer. Wo keine Radwege sind, stößt man immer wieder auf wenig be-

783swf_ad

fahrene Nebensträßchen, auf denen es sich exzellent radeln lässt.

Auf die Nachfrage von Pedalrittern haben sich **Radverleiher** eingestellt, entsprechende Adressen finden sich in den Ortsbeschreibungen unter dem Stichpunkt „Sport und Freizeit“. Im Übrigen bieten gelegentlich auch Campingplätze Fahrräder zum Verleih an. Vor Ort muss man mit folgenden **Preisen** rechnen: einfaches klassisches Tourenbike halber Tag ab ca. 10–15 € und ganzer Tag ab ca. 15–20 €, E-Bike 25 € für den halben, 30 € für den ganzen Tag. Ohne Aufschlag ist oft ein Kindersitz erhältlich, manchmal kostet er aber auch 3–4 €/Tag. Für einen Kinderanhänger *(remorque)* sind in etwa die gleichen Preise wie beim Tourenbike selber anzusetzen. Die Kaution (bar oder Belastung per Kreditkarte) kann 300 € und mehr für ein Bike betragen – schließlich will es der Verleiher auch wieder zurückhaben, und zwar im gleichen Zustand. Manche Radverleiher schließen mangels Nachfrage ihre Pforten zwischen Herbst und Frühjahr.

Bei den Radverleihern bzw. gut sortierten Touristinformationen kann man sich nach **Streckenplänen** mit eingezeichneten Radwegen *(pistes cyclables)* bzw. Mountainbikepisten *(pistes VTT)* erkundigen. Vereinzelt gibt es auch *Apps.*

Wichtiger Sicherheitshinweis für Radler: Bei schlechter Sicht – nicht nur bei Dunkelheit, auch über Tag – müssen Radler zu ihrem eigenen Schutz eine re-

Gute Radstrecken

Eine **küstennahe 279-km-Route** führt über diese Etappen: Montalivet-les-Bains – Lacanau-Océan – Le Porge-Océan (60 km) – Arcachon – Parentis (83 km) – Mimizan – Saint-Girons (55 km) – Bayonne – Biarritz – Saint Jean-de-Luz (81 km).

Im **Baskenland** können ausdauernde Radwanderer eine große 643-km-Hinterlandsschleife angehen: Saint Jean-de-Luz – Saint-Jean-Pied-de-Port – Mauléon (103 km) – Mauléon – Lestelle-Bétharram (86 km) – Lourdes – Mauvezin (53 km) – L'Isle-en-Dodon (63 km) – Toulouse (64 km) – Moissac (73 km) – Agen (56 km) – Barbaste (36 km) – Langon (64 km) – Bordeaux (45 km).

Guter Einstieg für eine kleinere **283-km-Hinterlandrunde** ab der Côte d'Argent ist Parentis-en-Born. Ab hier sind die Etappen: Sabres (40 km) – Silo la Gare (47 km) – Barbaste (48 km) – Langon (64 km) – Bordeaux (45 km) – Facture (39 km) und zurück ins Küstengebiet.

738swf ad

▷ In der Region Südwestfrankreich gibt es jede Menge Radwege

◁ Spiegelbilder inklusive – im Hafen von Hendaye

Leinen los – Flusskreuzfahrten ab Bordeaux

Schwimmende Hotels sind nicht nur auf den Weltmeeren unterwegs, sondern auch auf Frankreichs Flüssen. Hier sind die Wassergefährte aber zum Glück viel, viel kleiner. Die Zahl der Passagiere geht nicht in die Tausende, sondern bewegt sich eher um eine Hundertschaft.

Start- und Zielpunkt für Flusskreuzfahrten im Gebiet dieses Reiseführers ist **Bordeaux.** Der besondere Reiz liegt darin, dass man ausgiebig die **Gironde** erkundet, das größte Deltagebiet seiner Art in Europa, das sich aus dem Zusammenfluss von **Garonne** und **Dordogne** formt. Unterwegs ziehen Orte und Wälder vorbei, Häfen und die typischen Fischerhütten auf Stelzen. Vorteil ist außerdem, dass diese Gebiete nicht so überlaufen sind.

784swf_ad

An Bord verstehen sich Querschnitte der regionalen Gastronomie von selber, unterlegt mit Bordeaux-Weinen. Dabei geht es komfortabel, aber nicht übertrieben elitär zu. Und die Kleiderordnung wird recht locker gehandhabt, wobei man natürlich nicht in Shorts und Flipflops am Esstisch erscheint. Separat zu zahlende **Landausflüge** können per Bus mal zu einem Weingut führen oder in historisch bedeutsame Städtchen. Andererseits lässt sich von den Anlegern aus auch gut in Eigenregie aufbrechen, falls man gut zu Fuß ist.

Die Touren dauern **fünf bis acht Tage,** immer **zwischen April und Oktober**. Typische Stationen sind u.a. Pauillac, Libourne und Blaye.

Bewährter **Anbieter** solcher Flusskreuzfahrten ist *CroisiEurope* (www.croisieurope. com). Die Reederei bietet ihre Reisen für ein internationales Publikum an, wobei 60-plus-„Best Ager" oft die meisten Teilnehmer stellen. Bordsprachen sind in der Regel Französisch und Englisch. Für den deutschen Markt hat *CroisiEurope* als Generalvertreter *Anton Götten Reisen* in Saarbrücken (Tel. 0681-30 32 555; www.croisieurope.de). Treffender Slogan für die Touren: „Sonne, Wein und Wasser."

Typisches Flusskreuzfahrtschiff in der Gironde-Mündung

flektierende Sicherheitsweste anlegen. Wer dem nicht nachkommt, riskiert ein Bußgeld. Ob dies bei einer Kontrolle vor Ort wirklich greift, ist nicht zuletzt Auslegungssache der Beamten. Untersagt ist es, mit Ohr-/Kopfhörern zu radeln. Es ist übrigens keine Pflicht, einen Fahrradhelm zu tragen – für Kinder unter zwölf Jahren allerdings schon. Dabei spielt es keine Rolle, ob sie alleine radeln oder im Kindersitz bzw. Fahrradanhänger Platz nehmen.

Fallschirmspringen

Clubs für Fallschirmspringen *(parachutisme)* findet man bei Arcachon in La Teste-de-Buch (*Aérodrome de Villemarie;* http://arcachon-parachutisme.fr), Mimizan (www.ojbpara.com) und Soulac-sur-Mer (www.xlrparachutisme.com).

- Unter **www.ffp.asso.fr** Infos der Französischen Fallschirmspringer-Vereinigung *(Fédération Française de Parachutisme).*

Führungen

Eine Reise auf eigene Faust muss die gelegentliche Teilnahme an Führungen nicht ausschließen. Das gilt nicht nur für interessante Rundgänge durch Schlösser, sondern auch für **Stadt- und Naturerkundungen.** Schwerpunktmäßig im Sommer offeriert man über die Touristeninformationen Führungen (*visites guidées*), die Gelegenheit geben, sich in Städten und Ferienorten in kompakter Form auf das Wesentliche zu konzentrieren. Über Preise, Sprachenwahl und gegebenenfalls die Notwendigkeit einer Reservierung *(réservation)* informiert das jeweilige örtliche Office de Tourisme. In Schutzgebieten werden mitunter **naturkundliche Exkursionen** *(visites guidées naturalistes)* angeboten. Touren durch die Natur gibt es nicht nur zu Fuß, sondern – im Falle des L'Eyre-Deltas – auch per Kanu. Mitunter findet man spezielle **Angebote für Kinder,** allerdings wird dabei nur Französisch gesprochen.

Gleitschirmfliegen

Gleitschirmfliegen *(parapente)* ist in Neu-Aquitanien u.a. um die Düne von Pilat möglich (www.pyla-parapente.com, www.parapentedunedupyla.com). Weitere Informationen, die allerdings Französischkenntnisse voraussetzen, unter http://parapente.ffvl.fr.

Golf

Längst hat der „Golfstrom" Frankreichs Südwesten erfasst, über das Zielgebiet verteilen sich mehr als 40 Plätze. Der bereits 1856 ins Leben gerufene Pau Golf Club gilt als ältester Golfplatz des Landes. Auch Biarritz blickt auf eine lange Tradition als Golf-Hochburg zurück und veranstaltet zahlreiche Wettbewerbe. Schon 1888 wurde der „Golf de Biarritz Le Phare" angelegt. Im Umkreis von Biarritz liegen eine ganze Reihe weiterer Plätze, zu denen Hossegor und Seignosse ebenso gehören wie Moliets-et-Maa und Arcangues. In Bidart gibt es drei Golfplätze. Weiter nördlich treibt man die Kugel auf Courts in

Lacanau-Océan und La Teste de Buch durchs Grün. Die jeweiligen **Gebühren** fürs „Green" sind saisonabhängig.

- Unter **www.ffgolf.org** findet man alle maßgeblichen Infos und News der Französischen Golfvereinigung *(Fédération Française de Golf)*.
- Informationen zu Golfen in Neu-Aquitanien findet man unter: **www.nouvelle-aquitaine-tourisme.com/de/thema-golf.** Und hier der Link zu zehn charmanten Golfplätzen in der Region: **www.nouvelle-aquitaine-tourisme.com/de/news/10-charmante-golfplaetze-in-nouvelle-aquitaine.**

Jogging und Walking

Überall laden herrliche Promenaden und Wege zum Joggen und Walken ein – in den Hochsaisonmonaten Juli und August allerdings weitaus weniger, weil manche Passagen einem Menschenslalom gleichkämen. Auch an den zahlreichen Stränden kann man den Sand unter die Füße nehmen, vorzugsweise bei Ebbe, um auf hartem Untergrund gegen den Wind und das eigene Ich zu kämpfen. Manche Orte unterhalten einen Fitnessparcours *(parcours de santé)*.

Wer höhere Ansprüche hat, kann sich diverse **Langlaufveranstaltungen** vormerken, so z.B. den alljährlich im September stattfindenden Médoc-Marathon durch die Weingärten (www.marathondumedoc.com). Wer sich als Teilnehmer derlei Strapazen unterwerfen will, muss aus versicherungstechnischen Gründen eine Fitnessbestätigung *(certificat médical)* seines Hausarztes vorlegen.

Rafting auf der Nive

Kanu und Kajak

Selbstentdeckern bietet sich rund um das vogelreiche Becken von Arcachon im Kanu *(canoë)* ein ideales Terrain, vor allem im grünen L'Eyre-Delta bei Le Teich (siehe dort). Das Areal gehört zum nordwestlichen Gebiet des *Parc Naturel Régional des Landes de Gascogne.* Kanutouren kann man mancherorts als begleitete Touren *(randonnées accompagnées, balades accompagnées)* buchen, wahlweise einen halben Tag *(demi-journée)* oder ganztägig *(journée)*.

Während der Sommermonate bestehen vielerorts Möglichkeiten, sich ein **Seekajak** *(kayak de mer)* zu mieten. Dies gilt vor allem für die von kleinen Buchten durchsetzte Küstenlinie des Baskenlands. Doch Vorsicht, Seekajaks, ob Ein- oder Zweisitzer, sind extrem leicht und schnell, daher kann man schon bei einer geringen Seitenverlagerung des Gewichtes kentern! Eine Kajakfahrt setzt einen sicheren Umgang mit Gleichgewicht und Wellen voraus. Wer dahingehend nicht ganz standfest ist, sollte zumindest an einer Einführung teilnehmen bzw. einen mehrtägigen Anfängerkurs buchen. Eine zweistündige Einführung in die Techniken kostet etwa 25–35 €. Mit Ciboure/Saint Jean-de-Luz und Hendaye sind beliebte Ausgangsziele für Seekajaktouren genannt. Die Verleiher haben in der Regel nur in den Sommermonaten geöffnet.

Wer sich Kajaks auf eigene Faust ausleiht, sollte von folgenden **Preisen** ausgehen: Zweier-Kajak: eine Stunde 18 €, zwei Stunden 28 €, halber Tag 40 €, ganzer Tag 50–60 €.

Pelota

Der **baskische Traditionssport** Pelota (→ Exkurs: „Traditionen der Basken“) ist knallhart und verlangt nach ausgefeilter Technik und einem guten Auge. Man knüppelt dabei einen Gummiball mit Holzschlägern oder gar der blanken Hand gegen die Wand. Profis müssen beidhändig gleich gut spielen. Wer Pelota unter fachkundiger Anleitung selbst einmal austesten möchte, wende sich am besten an die Französische Pelota-Vereinigung in Bayonne (60 avenue Dubrocq, Tel. 05 59 59 22 34, www.ffpb.net); mancherorts werden Ferienkurse angeboten.

Rafting

An den Wasserläufen der Pyrenäen gibt es Rafting-Anbieter, die sich über Baskenland und Béarn verteilen. Besonders beliebt sind die **Wildbäche,** die nach der Schneeschmelze stark anschwellen. Als Raftingziele populär: die Nive, die Gave d'Ossau, die Gave de Pau und die Gave d'Oloron.

Man sollte von **Preisen** von 30–35 € pro Person für eineinhalb- bis zweistündige Touren sowie 50–60 € für Ganztagestrips ausgehen. Je nach Anbieter kann man zu kleinem Aufpreis eine individuelle Unfallversicherung abschließen *(assurance individuelle accident).* Helme, Rettungswesten und Neopren-Kombis werden gestellt. Mitbringen muss man wasserfestes Schuhwerk, Handtuch, Badezeug und Kleidung zum Wechseln.

786swf_ad

Über das klassische Groß-Schlauchboot hinaus gibt es mancherorts auch kleinere Schlauchboote *(mini-raft, cata-raft, torpille)*, Zweisitzer *(hot dog)* und Einsitzer *(air boat)*. Wichtig: Oft hängt die Durchführung der Touren von der Saison (Wasserstand!) und der ausreichenden Teilnehmerzahl ab. Es gibt diverse Anbieter, z.B. www.cocktail-aventure.com und www.rafting-pays-basque.com.

Reiten

Populär bei Jung und Alt, ob an der Küste oder im Hinterland, sind die zahlreichen **Reitcenter** *(centres équestres/fermes équestres)* bzw. Pferdeclubs *(clubs hippiques)*. Hier findet man umfangreiche Angebote sowohl für Anfänger als auch Fortgeschrittene: von Ponyausritten für die Kleinsten *(promenades à poney)* über individuellen Unterricht bis hin zu geführten Ausritten *(promenades à cheval)* durch Pinienwälder und an Stränden entlang. Mancherorts werden auch Ferienkurse *(stages)* angeboten.

Mit folgenden **Preisen** sollte man rechnen: halbstündiges Ponyreiten für Kinder ab etwa 8 €, Reitunterricht für Kinder um 20–25 € pro Stunde, Reitunterricht für Erwachsene ca. 25–35 € pro Stunde, geführte Forst- und Strandausritte im Bereich zwischen 25 und 35 € pro Stunde bzw. je nach Gruppengröße 40–80 € pro Tag, fünftägiger Ferienkurs im Durchschnitt 300–400 €. Alle Angaben sind Richtwerte!

■ **Reiterreisen** in den Südwesten Frankreichs organisiert u.a. der Veranstalter *Pegasus* (www.reiterreisen.com).

■ Unter **www.ffe.com** bietet die Französische Reitsportvereinigung *(Fédération Française d'Équitation)* vertiefende Infos.

Schwimmen und Baden

Bei einem **Bad im Meer** sollten Sie niemals die Kraft und Wucht des Atlantiks unterschätzen. Auch gehören geschützte Buchten in Südwestfrankreich eher zur Ausnahme als zur Regel, und die Strömungen können selbst geübten Schwimmern zusetzen. Devise: nicht weit hinausschwimmen und an bewachten Stränden stets die **farbigen Signalflaggen** beachten. Zu Gefahrenhinweisen und Sicherheitstipps rund ums Wasser: → „Sicherheit“. Hinzu kommt der Gefahrenfaktor Mensch in Form von Jetski-Fahrern und Bootshaltern!

Für Schwimmer bieten zahlreiche **Seen** sowie öffentliche **Schwimmbäder** *(piscines municipales)*, die der jeweiligen Gemeinde unterstehen, eine Alternative zum Atlantik. Über aktuelle Preise und Öffnungszeiten der Bäder geben die Touristinformationen bzw. deren Web-Auftritte Aufschluss. Campingfreaks wird es freuen, dass auf höherklassigen Plätzen im Sommer oft Freibäder zu finden sind. Wer wärmere künstliche Gewässer bevorzugt und es sich richtig gut gehen lassen will, blättere vor zum Stichwort „Wellness“ bzw. zum Exkurs über die Thalassotherapie.

Was FKK betrifft: Für die Damenwelt an Frankreichs Stränden zählt es zu den Selbstverständlichkeiten, die oberen Hüllen fallen zu lassen. Im kompletten Adams- und Evakostüm sonnt man sich an einsameren Stränden, abgelegenen Buchten oder speziell ausgewiesenen

Strandbereichen *(plages des naturistes)*. Einige Ferienzentren und Campingplätze haben sich ganz auf die Anhänger der Freikörperkultur *(naturisme)* eingestellt, insgesamt gibt es landesweit einige Dutzend FKK-Zentren.

Segeln

Arcachon, Hossegor sowie die baskischen Jachthäfen von Saint Jean-de-Luz und Hendaye zählen zu den Küstenhighlights unter Seglern. Auch in Andernos-les-Bains, Anglet, Arès, Biscarrosse, Cazaux, Lanton, Lège-Cap Ferret, Mimizan, Pyla-sur-Mer und Socoa findet man diverse Segel- und Wassersportclubs *(cercles de voile, clubs nautiques)*. Vereinzelt sind **Segelschulen** *(école de voiles)* zu finden, die vornehmlich während der Sommersaison Anfänger- und Fortgeschrittenenkurse mit diplomierten Lehrern anbieten.

Bevor man einen Kurs bucht, sollte man selbstkritisch checken, ob man genügend Französischkenntnisse hat. Nicht zu vergessen: Auch die Binnenseen wie der Lac de Lacanau und der Lac d'Hourtin et de Carcans zählen zu den Segelrevieren!

Wer Törns auf eigene Faust plant, hat in manchen Häfen die Möglichkeit, Jachten ohne Skipper zu **chartern.** Voraussetzungen: der entsprechende Segelschein und ein adäquates Budget ab etwa 700–800 € pro Woche für das kleinste Modell. Die Preise sind nach Saison gestaffelt und können bei größeren Booten während der Sommersaison durchaus über der 2500-Euro-Marke pro Woche liegen. Allein in und um Arcachon bzw. die Bucht von Arcachon sind über zehn Segelbootverleiher und -clubs ansässig.

Für einen Fünf-Tages-Kurs (wahlweise vor- oder nachmittags) mit Katamaran oder 420-Optimist zahlen Kinder und Jugendliche ab etwa 140–200 € und Erwachsene bis zu 230/250 €. Eine Privatstunde mit diplomiertem Lehrer kann 50–70 € kosten.

■ Unter **www.ffvoile.fr** bietet die Französische Segelvereinigung *(Fédération Française de Voile)* weitere Infos.

Sehenswürdigkeiten

Südwestfrankreich hat keinen Eiffelturm und keinen Louvre, dafür eine ganze Menge an interessanten **Burgen** und **Museen** zu bieten. Nicht zu vergessen: die Pegelausschläge zwischen historischer und moderner Architektur, wie man sie in Bordeaux findet, von der Kathedrale bis zur *Cité du Vin*. Das große Kulturleben beschränkt sich im Wesentlichen ebenfalls auf Bordeaux. Für das Baskenland stellt die Website www.sitespaysbasque.com mit der herunterladbaren Broschüre *Sites et Musées* en Pays Basque" alle wichtigen Museen und sonstigen Sehenswürdigkeiten gebündelt vor.

Bei den **Museen** ist in der Regel montags oder dienstags Ruhetag, manchmal auch feiertags. Ansonsten gilt der grobe tägliche Standard von 10 bis 12.30 und 14 bis 18 Uhr, wobei es zwischen dem Winterplan *(horaire d'hiver)* und dem Sommerplan *(horaire d'été)* zu unterscheiden gilt. „Winterplan" bedeutet meist November bis April, „Sommerplan" Mai bis September.

Adobe.Stock ©makasana photo

Im Sommer kann man – auch bei anderen touristischen Sehenswürdigkeiten – mit durchgehenden und abends etwas längeren Öffnungszeiten rechnen, gelegentlich sind im Juli oder August Nachtbesuche angesetzt. Manche touristischen Attraktionen schließen komplett während der Wintermonate.

Stand-Up-Paddling

Stehpaddeln hat sich vielerorts etabliert – und der Atlantik stellt besondere Herausforderungen für das Halten des Gleichgewichts. Doch es geht auch auf Flüssen wie der Dordogne. Es gibt Kurse und/oder Boardverleih, zudem werden mancherorts (Sommer-)Camps veranstaltet, die einen regen Zulauf finden.

Surfer am Strand von Biarritz

Surfen

Als Surferhochburgen des französischen Südwestens gelten **Anglet und Biarritz.** In Biarritz wurde – einer modernen Legende zufolge – das Surfen (wohlgemerkt das segellose Wellenreiten) Ende der 1950er Jahre geboren, hier konzentrieren sich die meisten Surferläden und Surfschulen, hier finden die meisten Wettbewerbe statt. Weitere beliebte Spots liegen u.a. um Hossegor, Mimizan-Plage, Guéthary, Hendaye und Arcachon. Zu wechselnden Terminen finden an der südlichen Küste – auch dort sind Biarritz und Anglet Vorreiter – immer wieder Surfwettbewerbe statt.

Wer sich in einer der Surfschulen *(écoles de surf)* zu einem Anfänger- oder Fortgeschrittenenkurs anmeldet, sollte sich – ebenso wie bei anderen Sportarten – vorab selbstkritisch fragen, ob er auch mit Details der Landessprache zurecht kommt. Bei Surfkursen liegt die maximale **Teilnehmerzahl** in der Regel bei acht Personen, Material und obligatorische Versicherung sind – falls nicht anders angegeben – im Preis enthalten. Als Anhaltspunkt: Für einen Fünf-Tages-Kurs in der Gruppe mit eineinhalb oder zwei Übungsstunden täglich sind etwa 200–230 € für Erwachsene realistisch (Intensivkurse mit doppelter Zeit: ab 360 €), 90 Min. Schnuppereinstiege *(formule découverte/séance découverte)* werden im Bereich von 45–55 € angeboten, eine Privatstunde mit einem diplomierten Lehrer kann durchaus 100 € kosten. Wer sich ein Brett ausleihen will, sollte mit einem Tagestarif von 15–25 € rechnen. Zeitlicher Schwerpunkt der Surfkurse ist naturgemäß der Sommer, Einstiegsalter für Kinder sechs Jahre.

■ Unter **www.surfingfrance.com** bietet die Französische Surfvereinigung *(Fédération Française de Surf)* Hinweise auf Wettbewerbe.

Tauchen

Arcachon und die baskische Küste (Biarritz, Biscarrosse, Ciboure, Socoa und Hendaye) sind Ausgangspunkte für organisierte Tauchtrips. Diverse Tauchcenter *(centres de plongée)* bieten Einstiege für Anfänger und Fortgeschrittene an, die Erfahrensten gleiten beim Nachttauchen durchs Wasser. Für einen Tauchgang sollte man inklusive Material ab 45–50 € einkalkulieren, für ein Zehnerpaket ab 300 €. Richtwerte für Kurse: *Scuba Diver* 350 €, *Open Water Diver* 650 €.

■ **Französische Unterwassersport-Vereinigung:** unter www.plongee-cias.org.

Tennis

Tennisspieler suchen sich gern ein Hotel oder einen Campingplatz mit angeschlossenen Courts aus, meist Aschen- oder Hartplätze. Vielerorts lassen sich Courts mieten, z.B. **städtische Tennisplätze** *(courts de tennis municipaux)*.

In manchen Tennisclubs kann man **Einzelstunden** *(leçons particulières)* bzw. **Gruppenunterricht** *(cours collectifs)* mit diplomierten Tennislehrern nehmen. Außerdem gibt es wochenweise Ferienkurse *(stages)*, vor allem im Hochsommer, mit bis zu zweieinhalb Stunden Praxis pro Tag.

■ Im Land der French Open weist die Französische Tennisvereinigung *(Fédération Française de Tennis)* auf ihrer Website auf Turniere hin: **www.fft.fr.**

Wandern

Franzosen zählen zur Gattung der begeisterten Wandervögel und haben entsprechend viele Wege und Fernwanderwege *(Grandes Randonnées, GR)* in Mutter Natur gut markiert. Guter Westeinstieg in die Pyrenäen ist der Ort Biriatou. Großer internationaler Beliebtheit erfreuen sich die verschiedenen Varianten auf dem **Jakobsweg** (franz. *Chemin de Saint Jacques,* → Exkurs: „Der Jakobsweg“).

Die **Naturschutzgebiete** laden zu Erkundungen ein, so der über 300.000 ha große *Parc Naturel Régional des Landes de Gascogne.* Als Wanderpardies gilt der von Bergriesen durchzogene **Pyrenäen-Nationalpark,** der *Parc National des Pyrénées.* Bergwanderungen in den Pyrenäen erfordern große Vorsicht, da stets mit raschen Wetterwechseln gerechnet werden muss.

Auch kleinere Naturschutzareale bürgen für besondere Wandererlebnisse, so z.B. die **Réserve Naturelle de l'Étang de Cousseau** (bei Maubuisson) und die **Site Naturel Protégé Domaine d'Abbadia** (bei Hendaye); detaillierte Infos mit Hinweisen auf empfehlenswerte Wegstrecken findet man in den Ortsbeschreibungen. Hoch im Kurs stehen ebenfalls die Wandergebiete rund ums **Becken von Arcachon,** speziell das Gebiet um den Vogelpark von Le Teich und der markierte Küstenweg *(Sentier du Littoral).* Zwischen Mont-de-Marsan und Gabarret ist ein vormaliges Stück Bahnstrecke in einen „Grünen Weg" *(Voie Verte)* verwandelt worden; der ca. 50 km lange Abschnitt ist für Radler und Wanderer geeignet.

Im Sommer veranstalten manche Urlaubsgemeinden **naturkundliche Wanderungen,** an denen auch Kinder teilnehmen können; Informationen erteilen die Touristinformationen.

Im Béarn haben sich Heerscharen von **Wanderführern** auf die Nachfrage von Bewegungshungrigen eingestellt. Die *Guides* kann man in vielen Ortschaften kontaktieren; Infos bekommt man über die lokalen Fremdenverkehrsämter.

■ **Infos über die Naturschutzgebiete** erteilen die Touristinfos und – in diesem Fall speziell zum *Parc Naturel Régional des Landes de Gascogne* – das *Maison du Parc* in 33830 Belin-Béliet, 33 route de Bayonne, www.parc-landes-de-gascogne.fr.

⊡ Dünenwanderung
auf dem Dünenriesen von Pilat

787swf_ad

Adobe.Stock ©Stéphane Bidouze

- **Infos über den Pyrenäen-Nationalpark** gibt es unter www.pyrenees-parcnational.fr oder über den Sitz des *Parc National des Pyrénées,* 2 rue du IV Septembre, F-65007 Tarbes, Tel. 05 62 54 16 40.
- Unter Titeln wie **„Itinéraires"** und **„Randonnées Pédestres"** hält man in den Touristinfos Faltblätter, Broschüren und Büchlein zum Wandern bereit. Manche werden kostenlos abgegeben, andere zu stattlichen Preisen verkauft. Die beiden oben genannten Stichpunkte lassen sich zusammen mit dem jeweiligen Ortsnamen auch googeln.
- Unter **www.ffrandonnee.fr** gibt es mehr Informationen der Französischen Wandervereinigung *(Fédération Française de la Randonnée Pédestre).*

Weingüter besuchen – Verkostungen direkt beim Erzeuger

Im Anbaugebiet der weltberühmten Bordeauxweine bzw. im Médoc ist und bleibt der Weinkauf direkt beim Erzeuger ein Klassiker. Es gibt Unmengen von großen und kleinen Weingütern *(châteaux),* die an den Landstraßen mit Direktverkauf *(vente directe)* samt Kostpröbchen *(dégustation)* locken – diese Verkleinerungsform ist bewusst gewählt, denn die Gläser werden oft nur sparsam gefüllt. Es wird zudem erwartet, dass man etwas kauft. Das Ambiente gibt dazu einen stilvollen Rahmen. Oft ist es der Winzer persönlich, mit dem man plauscht.

Nach Voranmeldung sind verschiedenste Weingüter in der Region besuchbar. Dann erklären Experten die Techniken der Weinherstellung und öffnen die Pforten ins Allerheiligste, nämlich die Keller, und beschließen den Rundgang mit einer Kostprobe. Bei Standard-Besuchen sollte man mit Preisen von 12–15 € pro Person rechnen, bei einer Begleitung von Brot / Käse / Hartwurst zur Wein-

◁ Einblick in einen Weinkeller mit moderner Note

762swf_ad

kostprobe mit 25 €. Ob Besuche nur auf Französisch oder ggf. auf Englisch stattfinden, sollte man vorab erfragen.

Zum Besuch von Weingütern im Médoc vgl. die Aufstellung unter www.medoc-atlantique.de.

Wellness

Ob erwärmtes Meerwasser oder heiße Quellen – dank der Kraft der Natur schwimmt der Südwesten Frankreichs erfolgreich auf der **Wellnesswelle.** Besonders unter Dampf steht die Stadt **Dax.** Schon die alten Römer aalten sich in den kalk- und schwefelhaltigen Thermen des Städtchens am Adour, 1871 wurde das erste **Thermalzentrum** eröffnet; zu Zeiten der Belle Époque begann auch andernorts die Blüte vieler Einrichtungen. Nach Dax kommen heute jährlich mehrere zehntausend Gäste, um in verschiedenen Thermaleinrichtungen Rheuma und andere Leiden zu lindern. Basis vieler Anwendungen ist der „péloïde", ein aus dem Adourlehm gewonnener und in einem langen Prozess aufbereiteter **Naturschlamm,** der in Temperaturen zwischen 38 und 44 °C auf die Körperzonen aufgetragen wird. Und schon spürt man inmitten des Gefühls von Wärme und Gelöstheit Lust auf eine kleine Schlummereinheit ...

Ob Schlamm- oder Schwitzbad, Heilgymnastik oder Hochdruckduschen – nicht nur Dax erfüllt alle Ansprüche an eine besondere Art der Erholung. Dabei bewegt sich die **Altersklasse** der Klientel nicht, wie oft fälschlich vermutet, zwischen Sechzig und „Scheintot". Junge Manager und Wissenschaftler schöpfen gleichermaßen **neue Kraft** wie ganze Familien. Mitunter gibt es Spezialkurprogramme wie „Junge Mutter" *(jeune maman),* „Mann spezial" *(spécial homme),* „Anti-Stress" *(anti-stress)* und „Anti-Tabak" *(anti-tabac).*

Bekannte Thermalstation im Béarn ist das historische Salzstädtchen **Salies-de-Béarn.** Über die Küste verteilen sich zwischen Arcachon und Hendaye diverse **Thalassotherapie-Zentren,** darunter die Gruppe **„Biarritz Thalasso Resort"** mit Einrichtungen in Anglet und Biarritz (www.biarritz-thalasso.com; → Exkurs: „Thalassotherapie").

Viele Zentren stehen in einer Kombination mit Hotels, manche Pakete sind auch ohne Unterkunft buchbar. Außer-

⌃ Entspannte Atmosphäre für eine Massage

› Winterlandschaft nahe dem Somport-Pass

dem lassen sich Thermal- und Thalassoanlagen samt Meerwasser- und Whirlpools je nach Einrichtung **stunden- und tagesweise** nutzen, wobei die Angebote variieren. Die Spanne reicht vom Stunden- bzw. Zwei-Stunden-Ticket *Remise en forme* über den Tageseintritt bis zum Tagespaket mit mehreren Anwendungen. Im Netz finden sich unter **www.thalasso-line.com** (kommerzielle Website, mit Buchungsmöglichkeit) Beschreibungen diverser Thalassozentren, einen Überblick über Thermaleinrichtungen gibt **www.medecinethermale.fr.**

Wintersport

In den Pyrenäen ist im Winter vielerorts Skisport möglich. Allein im **Béarn** stehen eine ganze Reihe von Stationen offen.

Zu den **beliebten Skigebieten** und -stationen zählen Artouste, Gourette (www.gourette.com), La Pierre-Saint-Martin (www.pyrenees-bearnaises.com); ski nordisch in Issarbe) und Le Somport (http://lesomport.com; Langlauf, nahe dem Pass auf spanischer Seite Ski alpin in Candanchú).

Wellness-Glossar

Nachfolgend ein Wellness-Glossar, das die französische Tourismus-Zentrale *Atout France* erstellt und für das sie den Abdruck freundlicherweise erlaubt hat.

- **application de boues marines** – Maritime Fangopackungen
- **aquagym** – Aqua-Fitness
- **bain bouillonnant** – Sprudelbad
- **bain hydromassant** – Hydromassage-Bad
- **douche à affusion** – Vichy-Dusche
- **douche à jet** – Jet-Dusche
- **douche sous-marine** – Unterwasser-massagebad
- **enveloppements d'algues marines** – Maritime Algenpackungen
- **enveloppements réfrigérants** – Frigi-Kältewickel
- **gommage du corps** – Körperpeeling
- **hydrojet** – Hydrojet-Massage
- **jet sous-marin** – Unterwasser-Jet
- **massage détente** – Entspannungsmassage
- **massage sous affusion** – Vichy-Massage
- **modelage drainant lymphatique** – Lymphdrainage
- **oxygénothérapie** – Sauerstofftherapie
- **réflexologie plantaire** – Fußreflex-zonenmassage

173sf ad

Studieren und Französisch lernen in Frankreich

Ein, zwei Semester Frankreich oder ein mehrwöchiger Sprachkurs bieten einen Anreiz, das Nützliche mit Urlaubsambiente zu verbinden. Größte Lehrmetropole in Südwestfrankreich ist Bordeaux. Informationen über **Förderprogramme in Frankreich** vermittelt der *Deutsche Akademische Austauschdienst (DAAD),* Kennedyallee 50, 53175 Bonn, Tel. 0228 88 20, www.daad.de.

Von Deutschland aus kann man **Sprachreisen** nach Südwestfrankreich buchen, als Hauptanlaufstelle tritt auch hier Bordeaux hervor. Sprachreisen nach Bordeaux und Biarritz organisiert u.a. *ESL Sprachreisen* (www.esl.de, www.esl.ch).

Adobe.Stock ©OceanProd

Eingangsportal der medizinischen und pharmazeutischen Fakultät in Bordeaux

Sprache

→ Anhang: Kleine Sprachhilfe

Wer mit den Einheimischen in Kontakt kommen will, wird an der französischen Sprache nicht vorbeikommen. Allerdings gehört jene strikte Verbohrtheit, nach der die Einheimischen einzig Französisch verstehen wollen, zu den angestaubten Klischees. Klar, dass es Ausnahmen gibt, doch vor allem jüngere Leute pflegen einen ungezwungenen Umgang und freuen sich mitunter sogar, ihre **Deutsch- oder Englischkenntnisse** zu testen. Im Umgang mit Behörden findet man die Vorurteile jedoch oft bestätigt. Natürlich bricht man stärker und schneller das Eis, wenn man als Besucher Französisch spricht. Perfekte Kenntnisse setzt niemand voraus, allein Wille und Bemühen sorgen für

Pluspunkte. Um dahingehend gut gerüstet zu sein, hilft schon eine kleine Nachhilfe daheim in Form eines Auffrischungskurses an der Volkshochschule; eine Alternative ist ein Onlinekurs. Die **Französisch-Sprachhilfe im Anhang** dieses Buches ist nicht zuletzt dazu gedacht, zur Entdeckung oder Wiederentdeckung dieser melodischen Sprache zu animieren.

Auf **Französischkurse** mit Muttersprachlern und facettenreiche kulturelle Veranstaltungen setzen die französischen Kulturinstitute, die in Deutschland u.a. in Berlin, Köln und Dresden zu finden sind. Außerdem gibt es noch deutsch-französische Kulturzentren, u.a. in Freiburg, Rostock und Tübingen. Im Netz kann man unter www.institutfrancais.de auch gut Veranstaltungshinweise abrufen und den Sprachlevel mit einem Online-Einstufungstest ausloten. Auch die Buchung von Online-Kursen in der Gruppe ist möglich.

Gascognisch und Baskisch

In der Gascogne hat sich das Gascognische erhalten, ein provenzalischer, also französischer, Dialekt. Im Béarn pflegt man Gascognisch als „bearnesische Variante“ *(variété béarnaise).*

Außer Französisch ist im südlichen Teil Südwestfrankreichs Baskisch verbreitet (→ Exkurs: „Euskera – baskische Sprache im Baskenland“). Das Baskische *(euskera)* gehört nicht zu den indogermanischen Sprachen und hat somit keinerlei Verwandtschaft mit dem Französischen, von einigen übernommenen Wörtern abgesehen. Von Ausländern werden keine Baskisch-Kenntnisse erwartet. Gleichwohl kommen Reisende mit *euskera* spätestens auf zweisprachig ausgewiesenen **Straßenschildern** in Berührung. Strand (franz. *plage*) heißt hier *hondartza,* der Hafen (franz. *port*) *portua,* das Rathaus (franz. *mairie*) *udala,* die lokale Polizei (franz. *police municipale*) *udaltzaingoa,* die Touristinformation (franz. *office de tourisme*) *turismo bulegoa.* Außerdem weichen baskische von französischen **Stadt- und Ortsnamen** ab. Für den Außenstehenden mag dies bei Bayonne – baskisch *Baiona* – noch ersichtlich sein, nicht aber bei Saint Jean-Pied-de-Port, dessen baskische Bezeichnung *Donibane Garazi* lautet.

Baskisch-Sprachhilfe

Willkommen! –ongi etorri
Guten Tag! – egun on
Guten Abend! – arratsalde on; gau on
Auf Wiedersehen! – ikus arte
Bis morgen! – bihar arte
ja – bai
nein – ez
danke – eskerrik asko
Vielen Dank! – milesker
Entschuldigung! – barkatu
Sprechen Sie langsam!– emeki mintz zaitez
Ich verstehe nicht – ez dut ulertzen
eins – bat
zwei – bi
drei – hiru
vier – lau
fünf – bost
sechs – sei
sieben – sazpi
acht – zortzi
neun – bederatzi
zehn – hamar
hundert – ehun
tausend – mila

Unterkunft

→ Camping

In Südwestfrankreich kann man in altehrwürdigen Häusern logieren wie Gott in Frankreich, in rustikalen Landhotels unterschlüpfen, ein durchgelegenes Doppelbett in einer Pension austesten, auf dem Campingplatz sein Zelt aufschlagen oder ein fest installiertes Mobile Home mieten (→ „Camping"), sein Quartier im Schlafsaal oder in einem privaten Appartement über *Airbnb* (→ „Überblick Buchungsportale") beziehen – eine breite Spanne für jeden Geschmack und Geldbeutel.

Private Gästezimmer sind als *chambres d'hôtes* ausgewiesen. Zu beachten ist, dass in manchen Hotels und Pensionen nur Saisonbetrieb herrscht, d.h. manche Häuser legen in der Winterzeit häufig einen **Ruhemonat** ein oder sie öffnen ohnehin nur zwischen Frühjahr und Herbst.

Angesichts des Urlauberansturms in den Sommermonaten Juli/August ist es mancherorts ratsam, das Hotelzimmer und auch die Ferienwohnung *(studio, résidence meublée)* Monate vorher online zu **reservieren.** Außerhalb der Schulferien bzw. vor Ende Juni und nach Anfang September ist es meist kein Problem, die Unterkunft ohne Reservierung zu bekommen.

In der **Hauptsaison** ziehen die Übernachtungspreise stark an und können bis zu 100 % über den Nebensaisontarifen liegen. Die Touristinformationen halten aktuelle Unterkunftslisten *(guides hébergements touristiques)* bereit bzw. haben diese auf ihre Website gestellt.

Individualisten müssen sich darauf einstellen, oft den **vollen Doppelzimmerpreis** für ein Zimmer zu bezahlen – egal, ob sie einzeln oder zu zweit darin nächtigen.

Das **Frühstück** *(pétit déjeuner)* ist in französischen Hotels gewöhnlich nicht im Preis inbegriffen.

Vorsicht ist in Feriensiedlungen geboten, die bei der Vermietung von Bungalows oder Hütten vorab eine überhöhte **Geldgarantie** für „mögliche Reinigungskosten" erheben wollen. Unseriös arbeitende Unternehmen können durchaus 500 € fordern, was außerhalb jeglicher Relation steht – solch eine Unterkunft sollte man erst gar nicht beziehen.

Luxus: „Relais & Châteaux"

Im Luxusbereich angesiedelt sind die mit Gourmettempeln verbundenen Spitzenhotels der Kette *Relais & Châteaux* (www.relaischateaux.com). Diese werben nicht nur mit größtmöglichem Komfort, sondern auch mit Charme. Im Zielgebiet gibt es Häuser u.a. in **Magesq** *(Relais de la Poste),* **Pauillac** *(Château Cordeillan-Bages),* **Saint-Émilion** *(Hôtel de Pavie),* **Saint Jean-de-Luz** *(Le Parc Victoria).* Die jeweiligen Zimmerpreise beginnen oft erst bei 250 oder gar 300 Euro.

Bekannt, mitunter gleichförmig: Hotelketten

In Südwestfrankreich sind international bekannte Hotelketten wie *Best Western* vertreten. Auf soliderer Basis in der Preiskategorie darunter stehen *Ibis* und

Campanile. Ganz im Sinne preisgünstiger Zweckmäßigkeit für Zwischenübernachtungen bei der An- und Rückreise stehen Hotelketten wie *Ibis Budget Hôtel* (→ „An- und Rückreise“). Für einen längeren Urlaubsaufenthalt sind sie aber nicht geeignet.

Komfortabel: Hotels

Landesweit haben sich zahlreiche Hotels mit jeweils angegliedertem Restaurant zum Verband **„Logis“** zusammengeschlossen, darunter eine signifikante Zahl im Zielgebiet dieses Reiseführers.

Je nach Saison findet man ansprechende, bezahlbare Angebote. Die **Qualitätsstufen** der Hotels sind mit Sternen gekennzeichnet, meist befinden sie sich in dörflicher Lage. Innerstädtisch liegen manche Hotels direkt an stark befahrenen Straßen. Oft handelt es sich um kleine oder mittelgroße **Familienbetriebe,** die seit Jahrzehnten Lebenskunst *à la française* pflegen und im Durchschnitt knapp 20 Zimmer haben. Die Küchenchefs der Logis verstehen sich als Botschafter ihrer Region und machen ihren Gästen mit Hingabe typische Spezialitätengerichte schmackhaft.

Die gut und übersichtlich aufgebaute Website www.logishotels.com ist auch auf Deutsch aufrufbar.

Noch ein Tipp: Häuser mit Charme haben sich zum Verbund *The Originals Hotels* zusammengeschlossen, einige sind im Zielgebiet vertreten. Infos unter www.theoriginalshotels.com.

Schönes Quartier in Mont-de-Marsan: das Hotel Villa Mirasol

542sf ad

788swf_ad

Hausbootferien – unterwegs auf Frankreichs Flüssen

Wasserwege aus neuer Perspektive, im Schneckentempo an Wiesen und Rinderweiden vorbei, Entschleunigung vom Alltag – in Frankreich lässt sich der Wunschtraum, sein eigener Kapitän zu sein, problemlos erfüllen! Mit 8500 Fluss- und Kanalkilometern hat man es mit dem **größten befahrbaren Wassernetz Europas** zu tun. Kein Wunder, dass Hausbootferien besonders hoch im Kurs stehen – zumal den motorisierten Gästen keine bürokratischen Knüppel zwischen die Beine geworfen werden. Die offiziellen Bestimmungen besagen, dass man ein bewohnbares Boot unter 15 m Länge **ohne Bootsführerschein** mieten darf. Voraussetzung ist, dass man mindestens 18 Jahre alt ist und sich einer detaillierten **Einweisung** unterzieht. Gewöhnlich gibt es zum Abschluss eine kurze Probefahrt unter dem kritischen Blick des Experten. Der Verleiher stellt für unterwegs eine Navigationskarte.

⌃ Gemeinsames Essen auf dem Oberdeck eines Hausboots

› Komfortable Doppelkabine auf einem Hausboot

Hausboote werden gern für eine oder zwei Wochen gemietet. Die Maße liegen bei 8–15 m, an Bord finden je nach Bootstyp **zwei bis zwölf Personen** Platz. Somit bietet sich ein idealer Rahmen für ein Paar, die Familie, den Freundeskreis. Von der kompletten Ausstattung des Bootes kann man ausgehen: Kombüse samt Kühlschrank und Herd sowie Kochzubehör, Tischdecken, Spültücher, Bettzeug, Heizung sowie Bad mit Dusche und Toilette bzw. Privatbäder, die zu jeder Kabine gehören. Gelegentlich steht ein Safe zur Verfügung, ein WLAN-Gerät lässt sich bei vielen Veranstaltern dazubuchen, eine Heckplattform erlaubt den Sprung ins erfrischende Nass. Beliebt sind zwischendurch auch Fahrradtouren an den Kanalufern entlang;

Fahrräder lassen sich je nach Veranstalter hinzubuchen und mitnehmen.

Die wenigsten Passagiere werden an Bord gehen, um Kilometerrekorde zu brechen. Dafür sorgen schon die zulässigen **Höchstgeschwindigkeiten:** 10 km/h auf Flüssen, 6 km/h auf Kanälen. Welch wunderbare Form der Entschleunigung! **Nach Sonnenuntergang ist das Fahren verboten,** Anlegen ist an (fast) jedem beliebigen Ort möglich, Saison ist von Frühjahr bis Herbst. Die Passagen durch Schleusen erfordern besondere Vorsicht – und Augenmaß!

Zu den **befahrbaren Flüssen** Südwestfrankreichs zählen Dordogne, Garonne und Lot. Eine Sonderrolle hat der Canal du Midi, der die Garonne bei Toulouse mit dem Mittelmeer bei Sète verbindet. Auf der Homepage von *Voies Navigables de France* (*VNF*, www.vnf.fr) kann man sich zu weiteren Informationen durchklicken.

In Südwestfrankreich unterhalten mehrere **Verleiher** ihre Basen, so wie *Le Boat*, der mehrere Routenvorschläge an die Hand gibt. Im deutschsprachigen Raum vermitteln auch *Locaboat* und *Hausboot Böckl Touren* durch den Südwesten Frankreichs. Fragen zu Mietpreisen, Kaution, Preisnachlässen in der Nebensaison und bei Langzeitbuchungen, Versicherungen und Pannenhilfsdienst richtet man an den jeweiligen Verleiher. Die Hausbootsaison läuft von April bis Oktober. Zu den zubuchbaren Extras zählen (abhängig vom Verleiher) über Fahrräder und WLAN-Geräte hinaus auch: Kajaks, Gasgrill, LED-Laternen, Komfort-Sitzkissen, Einkauf eines Lebensmittelpakets vorab, frühere Übernahme / spätere Rückgabe des Boots. Die Endreinigung kann man selbst übernehmen oder zu einem Festpreis in Auftrag geben. Bei *Le Boat* sind an Bord maximal zwei Hunde erlaubt; für jedes Haustier fällt separat ein Reinigungszuschlag an.

- **Le Boat,** Vertretung in Deutschland: Theodor-Heuss-Str. 53–63, Eingang B, 61118 Bad Vilbel, Tel. (06101) 55 791 75, www.leboat.de.
- **Locabout** Rehlingstr. 17, 79100 Freiburg, Tel. (0761) 207 370, www.locaboat.com.
- **Hausboot Böckl** in Österreich, Tel. 01 470 47 08; deutsche Vertretung in München, Tel. (089) 40 10 10, http://hausboot-boeckl.com.
- Zwecks Vergleich von Preisen und Qualität kommen fernerhin **Nautic Tours** (http://nautic-tours.de) und **Nicols Hausboot** (www.hausboot-nicols.de) in Betracht.

789swf_ad

Adobe.Stock©OceanProd

Ferienwohnungen, Ferienhäuser, Gästezimmer

Das Quartier in einer **Gîtes de France,** einem traditionellen Verband für Ferienunterkünfte, kann eine Ferienwohnung, ein Ferienhaus oder auch ein Gästezimmer sein. Meist liegen die Unterkünfte auf dem Land, weshalb bei der Anreise ein eigenes Fahrzeug unerlässlich ist.

Die *gîtes ruraux* sind mehrheitlich Unterkünfte **mit Selbstverpflegung**. Eine *gîte* kann man für eine Nacht (selten) oder wochenweise (Standard) mieten, was während der französischen Schulferien besonders beliebt ist.

Unter **www.gites-de-france.com** findet man alle Adressen. Alternativen sind die Angebote auf *Airbnb*.

- **www.gites-de-france.com** (auch auf Deutsch) mit Online-Reservierungen und interaktiven Suchfunktionen per Landkarte in den verschiedensten Regionen von Neu-Aquitanien.

⌃ Private Gästezimmer werden vom französischen Tourismusverband mit einem Schild gekennzeichnet

Preiskategorien der Unterkünfte

In diesem Buch sind Unterkünfte preislich in **drei Kategorien** unterteilt, dargestellt durch Ziffern. Diese Preiskategorien haben mit der offiziellen Einteilung nach Sternen nichts zu tun; die Sterne werden bei den meisten Hotels aber zusätzlich angegeben. Die unten genannten Preise verstehen sich für zwei Personen im Doppelzimmer.

①	unter 100 €
②	100–150 €
③	über 150 €

Clévacances (www.clevacances.com) verfügt ebenfalls über eine breite Auswahl, wobei Städte ebenso vertreten sind wie Ziele im ländlichen Raum.

Charmante, teils sehr erlesene Unterkünfte lassen sich in Neu-Aquitanien über www.chambresdhotesdecharme.com finden. Darüber hinaus findet man diverse Vermittler von **Ferienhäusern und -wohnungen.** Dazu zählen *Inter Chalet* (www.interchalet.de) und *Atraveo* (www.atraveo.de).

Überblick Buchungsportale

Als Ergänzung zu den sorgfältig zusammengetragenen Unterkunftsempfehlungen in diesem Buch können **Buchungsportale** wie *Booking.com, Agoda.com* oder *Airbnb* dazu genutzt werden, aktuelle Preise und die Bewertungen anderer Reisender einzusehen sowie Unterkünfte direkt zu buchen.

Die Plattformen arbeiten mit Unterkünften aller Art zusammen und machen diese für Reisende leicht auffindbar. Sie übernehmen bürokratische Aufgaben wie die Abwicklung der Bezahlung oder stellen den Kontakt zwischen Unterkunft und Unterkunftssuchenden her.

Hilfreich bei der Entscheidungsfindung sind die **Bewertungen** anderer Kunden in diesen Portalen. Gäste bewerten eine Unterkunft nach oder während ihres Aufenthalts und sorgen im besten Fall für aussagekräftige Benotungen. Je mehr Nutzer eine Bewertung abgegeben haben, desto verlässlicher ist das Ergebnis. Vorsicht ist geboten, wenn nur sehr wenige Nutzer ihre Meinung abgegeben haben. Aber auch sonst lohnt es sich, kritisch zu lesen: Achtet man auf die zu den Rezensionen verfassten Texte, so erhält man oft Aufschluss über die Echtheit der Bewertung. Auch lassen sich Veränderungen im Qualitätsstandard erkennen, wenn eine insgesamt positiv bewertete Unterkunft in jüngster Zeit zahlreiche schlechte Bewertungen erhalten hat. Dahinter könnte die Konkurrenz stecken ...

Über die Plattform **Airbnb** können private und gewerbliche Vermieter ihr „Zuhause", einen Teil davon oder sonstige Unterkünfte anbieten. Auch hier vermittelt das Portal zwischen Anbieter und Kunde.

Tripadvisor ermöglicht es, auch Bewertungen ohne eine Buchung abzugeben. Dies hat Vor- und Nachteile. Bei den Gastronomietipps ist es ein Vorteil, da auch Gäste, die nicht über ein Buchungsportal einen Tisch reserviert haben, eine Bewertung abgeben können und somit deutlich mehr Bewertungen zustande kommen.

Ob man sich für die Buchung über ein **Online-Buchungsportal** entscheidet, hängt weitestgehend von der Präferenz der Nutzer ab. Zu einer generellen Sondierung der Marktsituation und zur Einschätzung von Unterkünften sind die Portale meist recht empfehlenswert. Die Nutzung ist für Endkunden zunächst kostenlos, für die Betreiber der Unterkünfte fällt jedoch eine Provision an – die im Zweifel irgendwann eingepreist wird. Die Haltung der Betreiber ist unterschiedlich: Während manche über das Portal sogar günstigere Preise anbieten, freuen sich andere ausdrücklich, wenn man persönlich und direkt bucht. Das gilt aber auch für Hotels: Nicht immer bieten Buchungsportale die günstigsten Preise, was man irrtümlich vermuten könnte.

541sf ad

Urlaub auf dem Bauernhof

Wer Urlaub auf dem Bauernhof machen will, klickt sich am besten auf der Homepage des Netzes *Bienvenue à la ferme* durch (www.bienvenue-a-la-ferme.com). Bei *Bienvenue à la ferme* haben sich landesweit zahlreiche Landwirte zusammengeschlossen. Je nach Hof gibt es Fremdenzimmer, Camping- und Speisemöglichkeiten. Mitunter kann man auch gleich die Hofprodukte kaufen.

⌃ Eine Fahrzeugfähre pendelt regelmäßig zwischen Blaye (hier im Hintergrund) und Lamarque hin und her

Praktisch: Schlafplatz für Wanderer

Über ganz Frankreich verteilen sich zahlreiche **gîtes d'étape et refuges;** hier handelt es sich um einfache Unterkünfte, die nur nichtmotorisierten Reisenden offen stehen und überwiegend von Wanderern genutzt werden. Dies verheißt schon ihre Lage an den populären **Fernwanderwegen** *(Grandes Randonnées).* Klar, dass die meisten Gäste die Bleibe nur für kurze Stopovers nutzen.

Diese Art der *gîtes* verfügt über Schlafzimmer, sanitäre Einrichtungen und mitunter Küche und Aufenthaltsraum. Unter **www.gites-refuges.com** kann man diese Herbergen und auch Refuges in den einzelnen Départements durchsurfen. Die Karteien listen Kontaktadressen und Kapazitäten auf. In der Hauptsaison sollte man es nicht versäumen, vor der geplanten Übernachtung telefonisch Kontakt aufzunehmen.

Jugendherbergen

Über Südwestfrankreich verteilen sich nur ganz wenige Jugendherbergen *(auberges de jeunesse)*, die dem französischen Jugendherbergsnetz *Fédération Unie des Auberges de Jeunesse (FUAJ)* und somit dem Internationalen Jugendherbergsverband angeschlossen sind u.a. in Bordeaux.

- **www.hifrance.org**

Verhaltenstipps

→ Land und Leute: Bevölkerung

Die französische Gesellschaft zeichnet sich durch Höflichkeit und Zuvorkommenheit aus (auch wenn das manchmal nur an der Oberfläche bleibt). Es ist stets angebracht, sich gegenseitig zu grüßen (*Bonjour,* „Guten Tag", am besten noch mit dem Zusatz von *Madame* bzw. *Monsieur,* also „Dame" oder „Herr"). Am besten, man grüßt zuerst – dann hat man schon einen Pluspunkt gesammelt. Auch die Dankesformeln (*Merci,* das einfache „Danke", bzw. *Merci beaucoup* als „Danke vielmals") gehören zum guten Umgangston. Viele Franzosen mögen es immer noch gern förmlich mit viel Etikette.

Ansonsten ein paar versprengte Notizen für einen **„Kleinen Reise-Knigge":**

- **Anredeformeln** besser formal mit „Sie" *(Vous),* nur unter Freunden duzt man sich *(Tu).*
- Bei **Begrüßungen/Verabschiedungen** sind Wangenküsschen üblich – aber nicht aufdringlich und schmatzend, sondern eher leicht dahingehaucht.
- **FKK** nur an ausgewiesenen Stränden.
- Niemals nackt in die **Sauna,** sondern in Badebekleidung.
- In **Museen** gewöhnlich keine Fotos mit Blitzlicht.
- Im **Taxi** setzt man sich nicht auf den Beifahrersitz, sondern nach hinten.
- Im **Restaurant** wird man stets von der Bedienung zum Tisch geleitet (Ausnahmen sind einfache Bars, Cafés). Eine Karaffe mit Leitungswasser gibt es immer kostenlos; im Zweifelsfall fragt man freundlich danach. Im Restaurant nie das eigene Glas auffüllen – das sieht zu gierig aus. Geht es zum Abschluss eines Essens an die Käseauswahl, sollte man maximal drei Stückchen nehmen. Getrenntes Zahlen im Restaurant ist nicht üblich; man kann es ja untereinander vorher oder nachher aufteilen. Baguettes brechen, nicht schneiden. Bei den Tischsitten im Restaurant ist es unüblich, eine Hähnchenkeule oder das Obst zum Nachtisch in die Hand zu nehmen – bitte mit Messer und Gabel.
- Ein **Trinkgeld** *(pourboire)* ist immer willkommen, selbst wenn die Rechnung im Restaurant mitunter schon „Service inbegriffen" *(service compris)* ausweist. Ist dies nicht der Fall *(service non compris),* kann man von 5 % der Gesamtsumme ausgehen (die alte 10-%-Regel ist überholt und entspricht nicht mehr der Realität). Auch Gepäckträger, Garderobenpersonal, Platzanweiser in Theatern, Fremdenführer und Zimmerreinigungskräfte in Hotels freuen sich über ein finanzielles Zubrot – die Höhe sollte man stets an die erbrachte Leistung, Freundlichkeit und Aufmerksamkeit knüpfen. Schlechter Service im Restaurant, eine heruntergeleierte Führung oder das Tappen in eine Touristenfalle sollten nicht zusätzlich honoriert werden, weil man denkt, Trinkgeld sei Pflicht.

Verkehrsmittel

→ Anreise

Ein eigener fahrbarer Untersatz ist für ausgiebige Entdeckungen in Südwestfrankreich so gut wie unverzichtbar, und sei es ein Fahrrad (→ „Fahrradfahren“ in „Sport und Aktivitäten“). Wer ganz oder teils trotzdem auf Busse und Bahnen angewiesen ist, sucht online die Standorte von Busterminal *(gare routière)* bzw. Bushaltestelle *(arrêt/bus stop)* sowie Bahnhof *(gare SNCF)*.

Wichtiger Hinweis: Während der Sommersaison bieten manche Feriengemeinden ihren Gästen **kostenlose Busverbindungen zu den Stränden** an und entlasten damit erheblich den Straßenverkehr. Die Haltepunkte befinden sich dann oft auch in der Nähe von Campingplätzen. Mancherorts rollen umweltfreundliche **Elektrobusse.** Besonderes Fortbewegungsmittel in Bordeaux ist die **Straßenbahn** *(tramway)*.

Regionalbusse und -bahnen

Regionalbusse verbinden wichtige Städte untereinander. Verbindungen mit der Regionalbahn *(Transport Express Régional)* sind Alternativen.

Noch schneller ist man mit den **TGV-Hochgeschwindigkeitszügen** unterwegs, die auf der Achse Bordeaux – Dax – Biarritz – Saint Jean-de-Luz – Hendaye verkehren. Selbst Paris ist quasi als Abstecher erreichbar – im *TGV* in etwas mehr als zwei Stunden ab Bordeaux.

Übersichten über nationale Zugstrecken bei *SNCF* unter **www.sncf.com.**

Taxis

Taxis warten – ähnlich wie daheim – an Bahnhöfen und großen Plätzen. Es gibt unterschiedliche Tarife für Tagesfahrten *(tarif de jour)* und für Fahrten in der Nacht *(tarif de nuit)*, der Mindestbetrag ist jederzeit recht hoch. Ein Trinkgeld braucht man nicht zu geben.

Mietwagen

Leihwagenfirmen findet man in größeren Städten und Urlaubsorten. An Flughäfen wie Biarritz-Anglet-Bayonne sind diverse Repräsentanzen von Verleihern ansässig, z.B. *Avis, Europcar, Hertz* und *Sixt;* Infos über deren Homepages, Vorbestellungen online oder über die Reservierungshotlines. Es lohnt sich, Tarife und Service bei gängigen Vermittlern zu vergleichen. Zu empfehlen ist dabei „Billiger Mietwagen“, bei dem sich bis zu 24 Stunden vor Anmietung kostenlos stornieren lässt und der auch sonst mit Kundenfreundlichkeit punktet. Buchungszentrale in Deutschland: Tel. (0221) 567 999 11; www.billiger-mietwagen.de.

Vorbestellungen sind erfahrungsgemäß deutlich günstiger als (spontane) Buchungen direkt in Frankreich.

Vor Ort sollte man auf gelegentlich auftauchende **Wochenendangebote** *(spécial week-end)* achten sowie darauf, ob der Preis Freikilometer, Steuern und Versicherungsleistungen einschließt. Alles, was über eine Freikilometer-Grenze geht, kann viel Geld kosten. Und Verschmutzungen des Autos ebenso! Ein Vermieter wie Avis behält sich vor, gesondert Reinigungsgebühren zu kassieren, sollte das Fahrzeug im Innern allzu verschmutzt zurückgebracht werden. Ob man unter diesen Vorzeichen trotzdem bei einem solchen Anbieter bucht, bleibt jedem selbst überlassen.

Man sollte ebenfalls bedenken, dass das **Mindestalter** bei der Fahrzeugmiete bei 21 oder mitunter bei 25 Jahren liegen kann. Zudem muss man bereits mindestens ein Jahr (gelegentlich: drei Jahre) im Besitz der gültigen Fahrerlaubnis sein. Wer zwischen 21 und 25 oder über 65 Jahre alt ist, muss manchmal mit einem Zuschlag rechnen. Der nationale Führerschein reicht aus.

Zeit

Zwischen Deutschland, Österreich, der Schweiz und Frankreich gibt es keine Zeitverschiebung.

Haltestelle der Straßenbahn am Bahnhof Saint-Jean in Bordeaux

Adobe.Stock©Georges Blond

8 Land und Leute

739swf ad

Franzosen haben ein Gespür für nette Dekoration

Geografie

Frankreich (ohne Überseegebiete) breitet sich auf einer Fläche von rund 544.000 km² aus, ist damit in etwa so groß wie Spanien und die Schweiz zusammen und wird von etwa 67 Millionen Menschen bewohnt. Weite Teile des Gebietes, das in diesem Buch beschrieben wird, gehören zum **Aquitanischen Becken,** das sich im Westen vom Atlantik und im Süden von den Bergflanken der Pyrenäen begrenzt sieht. Weiter östlich und nordöstlich geht es hinein ins Zentralmassiv, im hohen Küstennorden schließt sich die Vendée mit der Poitou-Schwelle sowie mehreren vorgelagerten Inseln (Noirmoutier, Oléron, Ré, Aix, Yeu) an.

Im Aquitanischen Becken wechseln sich die Hügelländer im Einzugsgebiet der **Flüsse Garonne** (647 km lang, Einzugsgebiet rund 94.000 km²) und **Dordogne** (490 km lang, Einzugsgebiet rund 24.000 km²) mit langen sandigen Strandweiten und Dünenwellungen ab. Als wahrer Gigant erhebt sich südwestlich von Arcachon zwischen Pinienwäldern und Ozean die **Dune du Pilat,** Europas mächtigste Düne.

Einen markanten Küsteneinschnitt formt das breite **Delta der Gironde,** die ihrerseits aus den Zusammenflüssen von Garonne und Dordogne gebildet wird. Als breites Band zieht sich die Gironde über eine Strecke von rund 75 km dahin, lässt das Médoc zur Linken und das Zitadellenstädtchen Blaye zur Rechten liegen und erreicht in ihrem Mündungsgebiet eine maximale Breite von 12 km. Mittendrin, auf der ersten Weghälfte zum Atlantik, liegen Inseln wie die Île Verte, die Île de Patiras und die Île San Pain. Das Gironde-Delta ist mit über 600 km² das größte in Europa; typisch sind stets die schlammbraune Wasserfärbung und die Schlickzonen am Ufer.

Südlich der Gironde-Mündung erstreckt sich eine knapp 250 km lange Küste, die einzig vom 155 km² umfassenden **Becken von Arcachon** sowie kleineren Flussmündungen unterbrochen wird; den Schlusspunkt setzt bei Bayonne die Mündung des **Adour,** der in den Pyrenäen entspringt und mit seinen 335 km Länge alles andere als ein Flusszwerg ist.

Im südöstlichen Bereich nimmt das Becken von Arcachon den Flusslauf der **L'Eyre** auf, weiter im Inland strömt der in den Cevennen entspringende **Lot** dahin und mündet bei Aiguillon in die Garonne. Der Lot ist rund 500 km lang und umfasst ein über 11.000 km² großes Einzugsgebiet.

Andernorts haben sich im unmittelbaren Küstenhinterland **Binnenseen** gebildet. Die bedeutendsten dieser Wasserflächen sind der Lac d'Hourtin et de Carcans (bei Hourtin, Maubuisson und Carcans), der Lac de Lacanau (bei Lacanau), der Étang de Cazaux-Biscarrosse-Sanguinet (bei Biscarrosse), der Étang de Biscarrosse-Parentis (ebenfalls dort) sowie der Étang de Mimizan-Aureilhan (bei Mimizan).

Die weit ins Hinterland greifende Küstenebene zwischen der Gironde und dem Golf von Biscaya wird von den **Landes de Gascogne** geprägt, einem

☒ An der Gironde

rund 14.000 km^2 großen Landstrich, dessen Name auf die ursprüngliche Vegetationsdecke aus Mooren und Heidekraut weist. Heute prägen die von Menschenhand angelegten **Pinienwälder** das Bild, viele Gebiete sind längst entsumpft.

Südlich der **Côte d'Argent** (Silberküste) schließt sich die stark zergliederte **baskische Küste** mit einigen Klippenlandschaften an. Der Fluss Bidassoa/Bidasoa bildet die Grenze zu Spanien. Im Blickfeld liegen bereits die Pyrenäen (franz. *Pyrénées,* span. *Pirineos*), deren westliche Ausläufer hier ins Meer abfallen und die weiter landeinwärts Höhen von über 3400 m erreichen. Auf einer Breite von über 400 km bilden die Pyrenäen eine natürliche Sperre zwischen Frankreich und der Iberischen Halbinsel. Der Ursprung der Bergbarriere liegt in einem vor über 300 Millionen Jahren gebildeten Faltengebirge, das durch spätere Anhebungen weitere Veränderungen erfuhr. Zudem bildeten sich immer wieder **Höhlen,** von denen manche – wie die Grottes de Sare – besuchbar sind.

Neu-Aquitanien und wichtige Départements

Zum Kernraum des Aquitanischen Beckens gehört die weit und breit größte Metropole **Bordeaux,** Verwaltungssitz der Großregion Nouvelle-Aquitai-

543sf ad

ne (Neu-Aquitanien). Diese entstand 2016 durch die Zusammenlegung der Regionen Aquitanien, Limousin und Poitou-Charentes und ist 84.036 km^2 groß. Relevant für diesen Band sind die Départements (Verwaltungsgebiete) **Gironde** (knapp 10.000 km^2; Hauptstadt Bordeaux), **Dordogne** (9060 km^2; Hauptstadt Périgueux), **Landes** (9243 km^2; Hauptstadt Mont-de-Marsan), **Lot-et-Garonne** (5361 km^2; Hauptstadt Agen) und **Pyrénées-Atlantiques** (7645 km^2; Hauptstadt Pau). Im Norden grenzt das historische Gebiet Aquitanien an Poitou-Charentes, im Nordosten an das Limousin, im Osten und Südosten an Midi-Pyrénées, im Süden an Spanien und im Westen komplett an den Atlantik.

Verwaltungstechnisch tragen die Départements **Kennzahlen,** hier eine kleine Übersicht:

- **Dordogne:** 24
- **Gironde:** 33
- **Landes:** 40
- **Lot-et-Garonne:** 47
- **Pyrénées-Atlantiques:** 64

188sf ad

Typisch für das Küstenflachland Aquitaniens sind die Pinienhaine

233sf ad

Klima

Mit den Worten „stark wechselhaft" und „schwer prognostizierbar" (nicht zuletzt durch den fortschreitenden Klimawandel) wird man dem Klima Südwestfrankreichs am ehesten gerecht. Mancherorts schlagen an der Atlantikküste bis zu 2500 Sonnenstunden jährlich zu Buche, doch vor Regen und Stürmen ist man nie sicher. Der ständige Einfluss des Atlantiks sorgt für ein buntes **Wechselspiel aus Wolken und Sonne** und macht verlässliche Vorhersagen schwierig bis unmöglich. Selbst Erfahrungswerte sind wenig aussagekräftig, denn alle Extreme sind vertreten. So gab es im Baskenland in manchem Juli schon 28 reine Sonnentage und ebenso viele regendurchflutete Tage! Im Frühsommer können **Stürme** und verheerende Gewitter über die Silberküste hinwegziehen, wie man sie im Normalfall nicht einmal im Herbst und Winter erlebt. Ähnlich wie in heimischen Gefilden muss im Sommer mit **Wärmegewittern** gerechnet werden.

Als grobe Faustregel bleibt: Je näher man den Pyrenäen auf den schroffen Pelz rückt, desto größere Feuchtigkeit ist zu erwarten. Doch es sind gerade die **Niederschläge** – örtlich vereinzelt über 2000 mm pro Jahr –, die das Pflanzenkleid so herrlich frisch und grün halten! Selbst in Arcachon muss man im Sommer mit monatlich sieben bis neun Tagen rechnen, an denen Schauer niedergehen – dem stehen im selben Zeitraum im Tagesdurchschnitt allerdings acht bis neun Sonnenstunden entgegen ...

⌃ Rau, frisch und beeindruckend: Der Atlantik an der Silberküste

047sf ad

[^] Stechginster zählt zu den verbreitetsten Pflanzenarten

An der Küste kann man im Allgemeinen von **Tagestemperaturen** zwischen 19 und 20 °C im Mai, 21–22 °C im Juni, 24–25 °C im Juli, 25 °C im August, 22 °C im September sowie 18–19 °C im Oktober ausgehen. Ein Blick auf die Klimawerte der Nebensaison in einer Küstenstadt wie Biarritz zeigt, dass die täglichen Durchschnittstemperaturen im Januar dort um 8–9 °C und im April um 13 °C liegen. Im Hochsommer steigt die Quecksilbersäule nicht allzu oft über die 30-Grad-Marke, der **Atlantik** erwärmt sich gemeinhin selten über 20–22 °C. Allerdings ist der Hochsommer gleichermaßen mit der Gefahr von Waldbränden verbunden.

[>] Möglichkeiten zur Erkundung der Vogelwelt geben zahlreiche Gewässer, wie hier der See bei Saint Pée-sur-Nivelle

Flora, Fauna und Schutzgebiete

Mit Stränden, Sümpfen und Gebirgsriesen blättert sich die Natur im Südwesten Frankreichs **facettenreich** auf. Zusätze bieten ausgedehnte Pinienwälder und Binnenseen, bei Arcachon buckelt sich die Düne von Pilat (auch: Pyla) spektakuläre 104 m hoch auf. Im tiefen Süden Südwestfrankreichs geht das Küstenflach- ins Pyrenäenvorland über, sandige Strandadern wechseln sich mit rauen baskischen Buchten und Klippen ab. Vor dem Hintergrund der Pyrenäen-Bergriesen markiert der Fluss Bidassoa den französisch-spanischen Grenzverlauf. Kurz vor seiner Mündung verbreitert sich der nur 65 km lange Strom in der **Baie de Txingudy,** die als Réserve Naturelle unter Schutz steht und vielen Seevögeln ebenso eine temporäre Heimat gibt wie die **Banc d'Arguin,** eine hell leuchtende Sandbank am Auslauf des Beckens von Arcachon. Auf ihrem Weg in die afrikanischen Winterquartiere machen dort immer wieder Zugvögel Station.

Die Baie de Txingudy und die Banc d'Arguin gehören ebenso zum Verbund **kleinerer Schutzgebiete** wie die *Site Naturel Protegé Domaine d'Abbadia* bei Hendaye und die *Réserve Naturelle de l'Étang de Cousseau* bei Maubuisson.

Wichtigste und größte Naturschutzareale sind der **Parc Naturel Régional des Landes de Gascogne** und der **Parc National des Pyrénées.**

Auf Streifzügen durch die Naturvielfalt kann man sich am Himmelgewimmel der **Vögel** ebenso erfreuen wie an dem, was in Bodennähe kreucht und fleucht – von der Eidechse oder Libelle bis zum Schmetterling. Südwestfrankreich ist allerdings kein Stück Tropenexotik. Zwangsläufig entdecken Besucher in Fauna und Flora manch **Altbekanntes aus der Heimat** wieder. Das gilt gleichermaßen für Fingerhüte und Farnwiesen, für Stechginster und Brombeerhecken, für Heidekraut und Seerosenteiche.

Obgleich man herrliche Küsten- und Waldlandschaften durchstreift und in reichlich **ökologische Nischen** vorstößt, darf man in Südwestfrankreich nicht von grundsätzlich „unberührten Gegenden" ausgehen. Allein im weit über 3000 km² großen *Parc Naturel Régional des Landes de Gascogne* leben rund 60.000 Menschen. Im Laufe der Jahrhunderte wurden die Forst- und Landwirtschaft mit aller Macht vorangetrieben. So haben all die **Weingärten** und **Mais- und Sonnenblumenfelder** die Ur-Natur abgelöst, Abermillionen von Strandkiefern sind seit dem 19. Jh. in die Harzgewinnung und Papierindustrie gewandert. Zu den ernüchternden Eindrücken in Aquitanien zählen einige Papierfabriken wie jene von Mimizan, das militärische Sperrgebiet südlich von Biscarrosse sowie die Raffinerien und Industrien im Großraum Bordeaux. Demhingegen wirkt die gigantische **Austernzucht** im Becken von

405sf ad

740swf ad

Arcachon nicht wie ein Fremdkörper, da sie zu den naturräumlichen Gegebenheiten passt.

Artenreiche Vogelwelt

Von Krähenscharben und Störchen, Reihern und Geiern

Zu den stattlichen Vertretern der Vogelwelt zählt die dunkel gefärbte Krähenscharbe *(Phalacrocorax aristotelis),* die zur Familie der Kormorane gehört, eine Körperlänge von bis zu 75 cm erreicht und an einem langen Hakenschnabel erkennbar ist. Krähenscharben finden an den Küsten Südwestfrankreichs einen ebenso reich gedeckten Fischtisch wie der kleine, azurblaue **Europäische Eisvogel** *(Alcedo atthis)* und **Möwenarten** wie die grau-schwarz geflügelte Heringsmöwe *(Larus fuscus)* und die überwiegend weiß gefiederte Lachmöwe *(Larus ridibundus).* Ein roter Fleck am gelben Schnabel verrät die silbrig-grau gefiederte Silbermöwe *(Larus argentarus).*

Zur Familie der langbeinigen Schreitvögel gehören der bis zu 1 m große und grau-weiß gefärbte **Graureiher** *(Ardea cinerea),* der leuchtend weiße **Silberreiher** *(Casmerodius albus)* und der **Seidenreiher** *(Egretta garzetta).* Viele Reiher treten als Einzeljäger hervor und verharren vor dem raschen Beutestoß reglos in Lauerstellung – ein guter Beobachtungsmoment für Birdwatcher! Auf Rinderweiden sieht man den vergleichsweise klein gewachsenen **Kuhreiher** *(Bubulcus ibis)* in charakteristischer Duckhaltung.

An und um Binnengewässer und Sümpfe wimmelt es vor Enten, Gänsen und Schwänen. Verbreitet sind die **Stockente** *(Anas platyrhynchos)*, die kleine **Krickente** *(Anas crecca)*, die **Knäkente** *(Anas querquedula)* und die mit einem breiten Löffelschnabel ausgestattete **Löffelente** *(Anas clypeata)*. Im Pflanzendickicht von Flüssen und Bächen verschwindet das entengroße **Blässhuhn** *(Fulica atra)*, dessen weißer Stirnschild in deutlichem Kontrast zum schwarzen Gefieder steht. Lebensgenosse in Feuchtgebieten ist die **Graugans** *(Anser anser)*.

Während aus heimischen Gefilden auch der **Höckerschwan** *(Cygnus olor)* und der **Buntspecht** *(Dendrocopos major)* bekannt sind, bieten der **Storch** *(Ciconia ciconia)* und der **Schwarze Milan** *(Milvus migrans)* eher ungewöhnliche Anblicke. In den Küstenregionen lassen sich der **Küstenstrandläufer** *(Calidris canutus)* und der rotschnäbelige **Austernfischer** *(Haematopus ostralegus)* beobachten. Im felsigen Hinterland der Pyrenäen erheben **Gänsegeier** *(Gyps fulvus)*, **Bartgeier** *(Gypaetus barbatus)* und **Steinadler** *(Aquila chrysaetus)* ihre Schwingen.

In der Region kommen Blässhühner vor

Ebenso vertreten sind unterschiedlichste Entenarten, hier an der Gironde

741swf ad

234sf ad

Paradiese für Ornithologen

An der Küste findet man immer wieder kleine Unterstände und Aussichtsplateaus – Paradiese für Ornithologen. Eine klasse Adresse zum Birdwatching ist die **Réserve Ornithologique von Le Teich,** die mit ihren 110 ha einen Teil der natürlichen Ökosysteme zwischen dem L'Eyre-Delta und dem Bassin d'Arcachon einnimmt. Auf Rundwanderwegen durch Feuchtgebiete bietet dieser einzigartige Vogelpark Gelegenheit, sich mit allen erdenklichen Arten gefiederter Freunde vertraut zu machen – und das in absolut freier Wildbahn! In manchen Jahren registriert der Park bis zu **300.000 Zugvögel,** von über 320 beobachteten Arten nistet etwa ein Drittel hier. Je nach Jahreszeit und Glück erspäht man diverse Möwen- und Reiherarten, Haubentaucher und Wasserrallen, Bekassine und Bussarde. Krähenscharben breiten auf Holzstelzen gerne ihre Flügel zum Trocknen aus. Eher den „Exoten" zuzuordnen sind Kraniche und Wildgänse.

Bisamratte an der Garonne

Zwischen Sumpfschildkröten, Feuersalamandern und Pottok-Pferden

Abseits der Vogelwelten kommt in Feuchtgebieten ein Minireptil vor, die **Europäische Sumpfschildkröte** *(Enys orbicularis)*, deren Panzerlänge allenfalls 35 cm erreicht. Nahe am Wasser hält sich gern die **Ringelnatter** *(Natrix natrix)* auf, eine gefährlich aussehende und bis zu 1 m lange Schlange, die absolut harmlos ist und gelbe Flecken am Hinterhaupt trägt. Giftig hingegen ist die **Kreuzotter** *(Vipera berus),* die ein dunkles Zickzackband auf dem Rücken trägt und sich überwiegend von Fröschen, Mäusen und Eidechsen ernährt. Leuchtend grün bis grün-blau gefärbt kommt die **Smaragdeidechse** *(Lacerta viridis)* daher, die es von Kopf bis Schwanz auf eine Länge von bis zu 40 cm bringt. Mit Glück bekommt man den schwarz-gelb gefärbten Feuersalamander *(Salamandra salamandra)* zu Gesicht. Nicht zu den Ratten, sondern zu den Wühlmäusen zählt die **Bisamratte** *(Ondatra zibethicus),* die an Flüssen wie der Garonne lebt und an ihrem langen, dicken Schwanz erkennbar ist.

In den Gebirgswäldern leben **Wildschweine** und **Rotwild,** auch die **Wildkatze** kommt noch vor. Zu den Besonderheiten der Pyrenäen zählen die halbwilden **Pottok-Pferde,** eine kleinwüchsige und extrem robuste Rasse. In den Berggegenden tragen andere Pferde und auch Schafe ein klimaresistentes Fellkleid. Autofahrer müssen auf abwegigen Routen auf Begegnungen mit **Schaf- und Rinderherden und deren Hinterlassenschaften** gefasst sein.

Aus den Tiefen des Meeres

Ein Blick auf den Teller im Restaurant reicht meist, um der Atlantikfauna auf den Grund zu gehen. Aus professioneller Zucht stammen **Austern und Miesmuscheln,** „wild" aus dem Ozean zieht man **Sardinen, Seehechte** und **Makrelen.** Haupthafen für **Thunfische** ist das baskische Städtchen Saint Jean-de-Luz. Im Süßwasser bringt man Forellen, Aale und Karpfen an Land.

Immer wieder kommt es an der Küste zu Anspülungen von **Seegras** – für Badende nicht das angenehmste Erlebnis, doch für die Selbstreinigung der Gewässer sind die Pflanzen unentbehrlich. Besonders üppige Seegras-Anschwemmungen sind in Hendaye zu verzeichnen.

Geschichte und Gegenwart

Steinzeitmenschen und Basken

Was für den Steinzeitler gut war, soll für den Menschen des dritten Jahrtausends recht und billig sein: Die einen waren, die anderen sind vom Südwesten Frankreichs angetan. Nicht alle Vorväter und -mütter folgten vor rund 20.000 Jahren jedoch ausschließlich niederen Instinkten und beschränkten sich auf muntere Kopulationen und Nahrungssuche. Mitunter schufen sie auf steinernen Wänden und Decken fantastische Kunstwerke, man denke nur an die Grotten von Isturitz-Oxocelhaya und Lascaux. Letztgenannte gehört, etwas außerhalb des

Der Jakobsweg – vom Pilgerpfad zur sportlichen Herausforderung

Das Apostelgrab

Es begab sich zu Beginn des 9. Jh., als Sternenlichter einem Einsiedler – und dann einem Bischof – auf wundersame Weise das vergessene Grab des **Apostels Jakobus** anzeigten. Der Schauplatz: ein abgeschiedenes Fleckchen Erde im äußersten Nordwesten Spaniens, dem heutigen **Santiago de Compostela.** Warum gerade dort? Weil der Apostel *Jakobus* – der Legende zufolge – nach seinem Märtyrertod im Heiligen Land von seinen Getreuen auf einem Engelsschiff bis ins galicische *Padrón* und auf einem Ochsenkarren ein Stück weiter ins Landesinnere gebracht worden war. Nun war das Grab neu aufgefunden, Bischof *Teodomiro* und das herrschende asturisch-leonesische Königshaus bestätigten die **Echtheit des Grabes** und ließen eine erste kleine Kapelle errichten – die Geburt des Wallfahrtsortes Santiago de Compostela.

Ein Wunder, eine Sensation? Kritische Jakobswegforscher haben die Geschehnisse nüchterner auf den Punkt gebracht und zielen eher auf eine gelungene PR-Strategie im Mittelalter ab. In seinem Buch „Sternenstraße und Pilgerweg" hat der Forscher *Rolf Legler* einmal treffend geschrieben: „Jakobus der Ältere war zu Beginn des 9. Jh. ein fast vergessener Apostel. Er war sozusagen verwendungsfrei. Deshalb konnte man auch, per Legendenbildung, nicht ohne Zwischenschaltung eines Wunders, sein Grab in Compostela propagieren."

0505f ad

Beginn der Wallfahrt

Die Kunde des sensationellen Fundes verbreitete sich wie ein Lauffeuer durch Europa. Schubwirkung erhielt der Kult um Jakobus (span. *Santiago,* franz. *Saint-Jacques*) dadurch, dass der Heilige von den spanischen Christen zum **Schutzheiligen im Kampf gegen die Mauren** erhoben wurde. Schließlich soll er schon Mitte des 9. Jh. entscheidend in die Schlacht von Clavijo eingegriffen und als Schwert schwingender Schlächter gezeigt haben, wie man die Feinde besiegt! Ein Vorbild, dem jeder Kämpfer auf den Schlachtfeldern der *Reconquista,* der Rückeroberung Spaniens, nachzueifern versuchte. Noch heute findet man sonderbare Darstellungen des „Maurentöters Santiago" an und in vielerlei Kirchen. Beflügelt von all den Pilgerscha-

◁ Eine der Varianten des Jakobsweges läuft nahe der französischen Atlantikküste entlang

ren, stieg Santiago de Compostela bald zum **drittwichtigsten christlichen Wallfahrtsziel** im Abendland auf und wurde einzig von Rom und Jerusalem übertroffen.

Pilgerrouten und kulturelle Zentren

Frankreich ist seit jeher das wichtigste Durchzugsgebiet der internationalen Pilgerschaft gewesen. Schon früh brachten Mönche aus Cluny den Stein ins Rollen und organisierten die ersten grenzübergreifenden **Pilgerzüge,** die im Laufe des 10. Jh. wesentlich Gestalt annahmen. Später traf sich in Frankreich und Spanien halb Europa auf dem Weg nach Santiago: Deutsche und Nordländer, Italiener und Engländer. Im Mittelalter zogen sich mehrere **Hauptpilgerwege durch Frankreich** in Richtung Pyrenäen. Zu den Ausgangs- bzw. Bündelungspunkten gehörten Paris, Le Puy, Vézelay und Arles. Hauptpässe über die Pyrenäen waren Ibañeta (1057 m) und Somport (1640 m). Beide Hauptwege vereinten und vereinen sich im spanischen Puente la Reina südwestlich von Pamplona.

Die Pilger belebten den **Handel,** sorgten für monumentalen Reichtum und kulturelle Einflüsse aller Art. Entlang der Straßen und Wege ließen regionale Herrscher Klöster, Kathedralen, Krankenhäuser, Kirchen, Kapellen und Brücken errichten. Kirchen und Klöster erhielten Schenkungen aus ganz Europa, von denen wiederum Bauwerke und Wallfahrer profitierten. Viele **Klöster** stiegen zu **geistigen und kulturellen Zentren** auf, die Kirche schuf sich eine Position geistlicher und weltlicher Macht. Zu den schönsten **Kirchen** am *Chemin de Saint Jacques* zählt jene von **Oloron-Sainte-Marie,** ein Bauwerk aus dem 12. bis 14. Jh. mit kunstvoll gearbeitetem Portal und Kuriositäten wie dem Weihwasserbecken der Aussätzigen *(benitier des lépreux).*

354sf ad

Ein historischer Pilgerbericht

Eindrucksvolles Zeugnis einer Jakobswegtour hin und zurück durch Frankreich mit Wendepunkt am Grab des Apostels legt der 1495 erschienene Pilgerbericht **„Die walfart und Straß zu sant Jacob"** ab (Nachdruck: „Pilgerführer nach Santiago de Compostela", Nink-Verlag, Solingen), ein höchst amüsantes Werk. Sein Autor, der Servitenmönch *Hermann Künig van Vach,* beschreibt u.a. den Weg ab Toulouse (Tolosa), gibt diverse Einkehr- und Unterkunftstipps, weist auf unvermeidbare Ausgaben wie den Wegezoll hin und erwähnt den seinerzeitigen „Schusterort" Larceveau.

Privatunterkunft-Angebot für Pilger im wichtigen Durchgangsort Saint Jean-Pied-de-Port

742swf ad

Von Kirche zu Kirche – moderner Erlebnisurlaub auch für Nicht-Gläubige

Der Jakobsweg-Reichtum hat sich in Frankreich in Form von **romanischen und gotischen Bauten** bis heute erhalten. Manche Orte am Weg wirken unverändert wie Museen unter freiem Himmel. 1998 wurden die französischen Achsen des Jakobsweges von der UNESCO zum **Weltkulturerbe** ernannt.

Nicht nur der katholische Glaube versetzt bis in unsere Zeit hinein Berge. Vor dem Hintergrund spiritueller Neuorientierungen, sportlicher Herausforderungen und individueller Selbstfindungen in den Hightech- und Hochstressgesellschaften feiert der Jakobsweg als **Wander- und Fahrradroute** seit den 1990er Jahren eine ungebremste Renaissance. Das „Ich bin denn mal weg" klingt verlockend, viele überdenken ihr Leben, ihre berufliche und private Situation, begreifen das Pilgern als große Zäsur. Außerdem ist dieses Pilgern – Hand aufs Herz – eine recht preisgünstige Form des Erlebnisurlaubs, bei dem man Kontakte zu Mitwanderern und Mitradlern aus aller Welt knüpfen kann. Nebenbei sei erwähnt, dass aus Pilgerschon viele Partnerschaften geworden sind. Verbindendes Symbol aller Pilger ist die Schale der Jakobsmuschel, die als stilisiertes Motiv auf Schildern auch den Weg weist.

⌃ Wichtige Pilgerstation ist seit alters her Bordeaux, hier Kerzen in der Basilika Saint-Michel

Unterwegs auf dem Jakobsweg

Wanderer sollten nicht mehr als **zehn Kilogramm Gepäck** schultern (ideal wäre: max. 10 % des eigenen Körpergewichts) und sich nur mit gut eingelaufenen – keinesfalls brandneuen – **Schuhen** auf den Weg machen. Empfehlenswerte **Wandermonate** sind im Frühjahr und Herbst, dies vor allem als Hinweis für jene, die es in wochenlangem Marsch tatsächlich bis nach Santiago de Compostela schaffen wollen. Natürlich braucht man es den Pilgern des Mittelalters nicht gleich zu tun, die seinerzeit auf Schusters Rappen auch wieder zurück in die Heimat mussten. Ab Santiago bieten sich **Flüge** und internationale **Busse** für die Rückkehr in die Heimat an. Umfangreiche Informationen zu den Jakobswegstrecken auf den Websites http://chemindecompostelle.com und www.jakobus-info.de.

Die Routen durch Südwestfrankreich

Auf dem Weg zum spanischen Sehnsuchtsziel Santiago de Compostela laufen in Frankreichs Südwesten mehrere Jakobswegstrecken zusammen und ziehen sich in **zwei Hauptachsen** über die Pyrenäen: ab Oloron-Sainte-Marie über den 1640 m hohen Somport-Pass hinab nach Jaca sowie ab Saint Jean-Pied-de-Port über den 1057 m hohen Ibañeta-Pass Richtung Roncesvalles und Pamplona. Die Strecke über den Pyrenäenpass Ibañeta ist die meistbegangene Variante und längst nicht so kräfteraubend wie die Strecke über den Somport. Im Winter kann der Somport-Pass wegen Eis und Schnee gesperrt sein.

Von Nord nach Süd zieht sich die aus Tours herführende Jakobswegvariante **Via Turonensis** durch Südwestfrankreich. Sie führt durch die Weinbaugebiete um Blaye und durch Bordeaux und weiter über Labouheyre, Dax und Peyrehorade nach Ostabat. Dort vereint sich die Via Turonensis mit der **Via Lemovicensis** (aus Périgueux, Bazas, Mont-de-Marsan, Orthez, Sauveterre-de-Béarn, Saint-Palais) und der **Via Podiensis** (aus Cahors, Condom, Aire sur l'Adour). Die bei Ostabat verschmelzenden Achsen ziehen sich nun als eine einzige nach Saint Jean-Pied-de-Port und zum Ibañeta-Pass.

Weiter östlich vereinen sich in Oloron-Sainte-Marie die **Via Tolosana** (aus Toulouse, Auch, Lescar) und der **Pyrenäenweg** (aus Carcassonne, Saint-Lizier, Lourdes), ehe es hinaufgeht zum Pass von Somport.

Eine Sonderrolle nimmt der **Küstenweg** ein, der sich mit den in diesem Buch beschriebenen Zielen deckt und traditionell die Zugangsstrecken vom Nordwesten und Norden her aufnahm. Allerdings setzten Sand und Sümpfe den Altvorderen zu. Als Anhaltspunkt dient **Soulac-sur-Mer,** dann geht es gen Süden bis zur französisch-spanischen Grenze über folgende Stationen: Hourtin, Carcans, Lacanau, Lège-Cap Ferret, Biganos, Le Teich, Biscarrosse, Mimizan, Aureilhan, Moliets, Capbreton, Bayonne, Biarritz, Saint Jean-de-Luz und **Hendaye.** Generell sei bemerkt, dass die Infrastruktur mit Pilgerunterkünften (Herbergen) auf französischer Seite längst nicht so gut aufgestellt ist wie später auf der spanischen.

Der Pilgerweg in Spanien

Von den Pyrenäenübergängen bis Santiago de Compostela verbleiben etwa 760 km (Ibañeta) bzw. 858 km (Somport). Das Netz der spanischen **Pilgerherbergen** ist vorzüglich ausgebaut und setzt die Benutzung eines **Pilgerausweises** zwingend voraus. Dieser Pilgerausweis ist per Online-Antrag, stets verbunden mit kleinem Kostenbeitrag plus Porto für den Postversand, bei diversen Jakobusweggesellschaften im deutschen Sprachraum erhältlich, u.a. bei:

- **Fränkische St. Jakobus-Gesellschaft,** Petristr. 33 a, D-97080 Würzburg, Tel. 0931 250 88 50, www.jakobus-franken.de.
- **Freundeskreis der Jakobuspilger – Hermandad Santiago Paderborn,** Busdorfmauer 33, D-33098 Paderborn, Tel. 05251 506 86 77, http://jakobusfreunde-paderborn.com.
- **Sankt-Jakobusbruderschaft Düsseldorf,** Lützowstr. 245, D-42653 Solingen, www.jakobusbruderschaft.de.

236sf ad

Ins Pflaster eingelegte Jakobsmuscheln zeigen in Bordeaux den Verlauf des Jakobsweges durch die Innenstadt an

Urkunden und Rekordzuläufe

Pilger können sich auf dem Jakobsweg zu „Urkundenjägern" entwickeln, was das Ziel Santiago de Compostela anbelangt. Wer im Pilgerausweis per Stempeln aus Herbergen, Kirchen usw. nachweist, mindestens die letzten 100 Kilometer bis Santiago de Compostela zu Fuß oder die finalen 200 Kilometer mit dem Fahrrad zurückgelegt zu haben, bekommt im dortigen Pilgerbüro die **„Compostela"-Urkunde**.

2022, nach dem Durchhänger durch die Corona-Krise, vermeldete das Pilgerbüro einen neuen Rekord: 438.307 Pilgerinnen und Pilger erhielten ihr Wallfahrtsdiplom. Der ungebremste Aufschwung setzte sich 2023 fort.

Wer einfach mal zwei oder drei Wochen über die französischen Jakobswege pilgert, bekommt allerdings kein Diplom. Aber um ein Stück Papier sollte es auf der Pilgerschaft ohnehin nicht gehen.

in diesem Buch beschriebenen Gebietes, zum Flusstal der Vézère, das sich wiederum Wiege des **Cro-Magnon-Menschen** nennt – und der war bekanntermaßen kein Geringerer als ein Extremtypus des frühen Homo sapiens sapiens!

In direkter Abstammungslinie des Cro-Magnon-Menschen könnten die Basken stehen, die sich selbst die **„ältesten Europäer"** nennen. Warum? Weil, so wollen sie glaubhaft machen, sie sich diesseits und jenseits der Pyrenäen aus sich selbst heraus entwickelt haben. Andere Theorien besagen, dass sie von anderen Völkern aus Osteuropa bis zu den Pyrenäen getrieben wurden oder aus dem vorderindogermanischen Volk der Liguren hervorgegangen sein könnten. Wie dem auch sei, ihre wahre Herkunft und die ihrer **Sprache Euskera** (→ Exkurs: „Euskera – baskische Sprache im Baskenland") geben bis heute Rätsel auf. Die historischen Siedlungsgebiete der Basken umfassen Teile des Départements Pyrénées-Atlantiques sowie die spanischen Autonomen Gemeinschaften Baskenland und Navarra. Ihrer Sonderrolle entspricht es, dass sie nach wie vor ein unverwechselbares **folkloristisches Gut** pflegen. Die ersten fassbaren Zeugnisse dieses Volkes weisen auf Zeiten vor etwa 10.000 bis 8000 Jahren. Im Zuge ihrer religiösen Praktiken (Totenkult) hinterließen sie monumentale Steinkonstruktionen in Gestalt von Dolmen und Menhiren.

Römer und Franken

Auf ein längeres Gastspiel der Kelten im ersten vorchristlichen Jahrtausend folgten die Römer und zementierten nach den letzten großen Eroberungszügen 56 v. Chr. unter *Julius Caesar* ihre Macht. Es dauerte nicht lange, bis Bordeaux, das vormalige „Burdigala", zum Dreh- und Angelpunkt der bis an die Loire heranreichenden **römischen Provinz Aquitanien** aufstieg. In überschwänglichem Rückblick bezeichnen manche das Bordeaux jener Ära als „das kleine Rom". Die römische Herrschaft auf französischem Boden währte ein gutes halbes Jahrtausend.

Den Römern folgten im 5. Jh. die Westgoten, die sich bald darauf von den Franken abgelöst sahen. Im Jahre 507 konnte *Chlodwig I.*, **Begründer**

235sf ad

☒ Darstellung Karls des Großen auf einem Buntglasfenster in der Kapelle der Festung von Lourdes

189sf ad

des Frankenreiches, bei Poitiers den entscheidenden Sieg über die Westgoten erringen und sicherte sich und den Seinen die Gebiete zwischen Loire und Garonne.

Karl Martell und seine Streiter bewahrten 732 durch die Schlacht von Tours und Poitiers das Frankenreich und damit Mitteleuropa vor den feindlichen Mauren, die nur zwei Jahrzehnte zuvor weite Teile der Iberischen Halbinsel unter ihre Kontrolle gebracht hatten. Mit *Martell* (um 688–741) setzte der Aufstieg der **karolingischen Dynastie** ein, dank des historischen Sieges war die Großmachtstellung des **Fränkischen Reiches** gesichert. Auf dieser Schiene fuhr *Karl der Große* (747–814) weiter, König der Franken und Römischer Kaiser. Von Expansionseifer gezeichnet, erweiterte er das Imperium bis zum Oberlauf des Ebro. Allerdings mussten seine Kämpfer 778 bei der legendären Schlacht von Roncesvalles eine empfindliche Niederlage einstecken. In den Pyrenäen, oberhalb von Saint Jean-Pied-de-Port, geriet die von *Roland* angeführte Heeresnachhut in einen tödlichen Hinterhalt. Ob es Basken oder Mauren oder beide mit vereinter Kraft waren, ist im Dunkel der Geschichte verhüllt geblieben. Eine weitere Episode ist für Lourdes verbürgt. Laut Überlieferung hatten sich die Mauren nach der Schlacht von Tours und Poitiers auf das Felsenkastell zurückgezogen und lebten dort Jahrzehnte in Ruhe, bis die Armee *Karls des Großen* auftauchte. Der Monarch ordnete die Belagerung an, doch das Geschehen nahm letztlich einen unblutigen Ausgang. Gegen Zusicherung vielfacher Privilegien nahm Maurenführer *Mirat* den christlichen Glauben an und gab die Burg friedlich aus der Hand.

Unwesentlich später diente das historische Siedlungsgebiet der Basken ganz anders gesonnenen Durchzüglern: **Jakobspilger** machten sich auf den Weg zum Apostelgrab nach Santiago de Compostela. Für Bedrohung von außen sorgten gelegentliche Einfälle von Normannen, so 848 in Bordeaux.

Wirren des Mittelalters

Von innen heraus sah sich Frankreichs Südwesten im Mittelalter nicht als geschlossener Block, was sich durch die Teilung in die beiden **Herzogtümer Aquitanien und Gascogne** ausdrückte. Mitte des 11. Jh. wurden sie vereint, das politische Fahrwasser schien ruhiger.

Statue von Heinrich IV. vor dem Schloss von Pau

Ein Jahrhundert später kam es jedoch zu ganz **neuen Machtkonstellationen.** Nach Annullierung der 1137 in Bordeaux geschlossenen Ehe zwischen Frankreichs König *Ludwig VII.* (um 1120–80) und *Eleonore von Aquitanien* (1122–1204) verlor der Herrscher die reiche west- und südwestfranzösische Erbschaft *Eleonores.* Doch das war nicht alles. *Eleonore,* die nebenbei die Troubadourdichtung maßgeblich beeinflusste, schloss einen neuerlichen Bund fürs Leben: diesmal mit *Heinrich Plantagenet* (1133–89), Graf von Anjou und aufgrund seines Erbes ab 1154 König *Heinrich II.* von England.

Somit fielen **weite Teile Frankreichs an England** und bewirkten dauerhaft schwelende Konflikte, eine Stadt wie Bayonne blieb gleich drei Jahrhunderte lang unter feindlicher Herrschaft. Was jedoch nicht bedeutete, dass die lokalen Autoritäten darüber übermäßig unglücklich waren – denn die Engländer waren weit weg, wenn es um die Beschneidung der örtlichen Freiheiten ging. *Eleonore von Aquitanien* war im Übrigen Mutter von **Richard Löwenherz** (1157–99), der in jungen Jahren die Herzogswürden von Aquitanien und Poitiers annahm. Ab 1189 verteidigte *Richard I. Löwenherz* den englischen Festlandsbesitz gegen den französischen König *Philipp II. August.* Später war Aquitanien besser bekannt unter dem Namen Guyenne.

Englands Festlandsbesitz in Frankreich war Auslöser des **Hundertjährigen Krieges** (1337/39–1453), der auf französischem Boden Bauernaufstände und Machtkämpfe des Adels mit sich brachte. Im Bordeaux des 14. Jh. bezog *Eduard,* „Der Schwarze Prinz", Sohn von Englands König *Eduard III.,* sein Quartier und startete erfolgreiche Kriegs- und Beutezüge. Die von *Jeanne d'Arc* (um 1410–31) bewirkte **Befreiung von Orléans** führte zur Wende und schließlich zum Sieg der Franzosen im Hundertjährigen Krieg. Erst Mitte des 15. Jh. kamen Städte wie das seinerzeit bereits vom Weinhandel geprägte Bordeaux und auch Bayonne wieder in französische Hand. In Castillon-la-Bataille ruft alljährlich zu mehreren Spielterminen im Sommer das pompöse Historienschauspiel „Bataille de Castillon" das Ende des Hundertjährigen Krieges ins Gedächtnis.

Glaubenskriege und Absolutismus

Siegesgestärkt durch den letztendlichen Erfolg im Hundertjährigen Krieg, richtete Frankreich in der frühen Neuzeit sein Augenmerk auf weitere territoriale Gewinne und schuf die Basis absolutistischer Strukturen. Die aus Pau gebürtige *Johanna von Albret* (1528–72) führte den **Calvinismus** ein, dem rasch ein eisiger Wind entgegenstrich. Die Glaubenskonfrontationen eskalierten, bald schlugen sich die Franzosen gegenseitig die Köpfe ein. Im Zeichen des Kreuzes standen sich Katholiken und Hugenotten (calvinistische Protestanten) gegenüber, 1562 begannen die **Hugenottenkriege.**

Als besonders tragischer Markstein ist die **Bartholomäusnacht** („Pariser Bluthochzeit") in die Geschichte eingegangen. Damals, 1572, waren die Hugenotten um Admiral *Gaspard de Coligny* anlässlich einer außergewöhnlichen Hochzeit zusammengekommen: die des ursprünglich protestantischen und aus

Pau gebürtigen *Heinrich von Navarra* (später König *Heinrich IV.*, 1553–1610) mit *Margarete von Valois*. Auf Geheiß *Katharina von Medicis* wurden *Coligny* und die Seinen zu Tausenden ermordet.

Zu Beginn der französischen Königsherrschaft **Heinrichs IV.,** 1589, fiel die vormalige südwestfranzösische Vizegrafschaft Béarn offiziell an die Krone. Wenige Jahre später trat *Heinrich IV.* offiziell zum **Katholizismus** über („Paris ist eine Messe wert“) und wahrte damit Frankreichs nationale Einheit. Indes gewährte er den Hugenotten durch das 1598 erlassene Edikt von Nantes **freie Religionsausübung,** was nicht gleichbedeutend war mit dem Ende des Glaubensstreits. Zu Zeiten von *Ludwig XIII.* (1601–43) war der umtriebige **Kardinal Richelieu** (1585–1642) vor allem darauf bedacht, die Sonderstellung der unliebsamen Hugenotten zu beseitigen. Mit dem Fall des hugenottischen La Rochelle erreichten die Konflikte 1628 einen neuerlichen traurigen Höhepunkt. *Richelieu* ließ ihnen im Gnadenedikt von Alès (1629) zumindest die kirchliche Organisation. Wenige Jahre später griff er in den **Dreißigjährigen Krieg** (bis 1648) ein und bekämpfte die Übermacht des Hauses Habsburg.

Richelieus Politik stand ganz im Zeichen des Absolutismus und ließ König **Ludwig XIV.** (1638–1715) in ein gemachtes Nest fallen. Der Leitspruch des „Sonnenkönigs“ hat Geschichte gemacht: „L'État c'est moi“ (Der Staat bin ich). Mit dem Aufbau einer mächtigen Kriegsflotte, der Ausweitung des französischen **Kolonialreiches,** diversen

743swf ad

Eroberungskriegen sowie schier unübertrefflichem **höfischem Prunk** an der Heimatfront durfte sich *Ludwig XIV.* fürwahr auf der Sonnenseite des Lebens fühlen.

Nach langen kriegerischen Jahren mit Spanien bescherte ihm der 1659 geschlossene **Pyrenäenfrieden** territoriale Zugewinne in Form von Roussillon und Artois. An den Pyrenäenfrieden war ein Heiratsvertrag geschlossen, der sogleich erfüllt wurde: In Saint Jean-de-Luz ehelichte *Ludwig XIV.* die spanische Infantin **Maria Theresia,** Tochter des spanischen Königs *Philipp IV.* Diese Heirat sollte den Weg frei machen für spätere **Erbansprüche des Hauses Bourbon** auf den spanischen Thron.

Trotz des Hochzeitsschauplatzes Saint Jean-de-Luz dümpelte Frankreichs Südwesten dennoch eher als Randregion durch die Zeiten, das Scheinwerferlicht der Geschichte richtete sich vor allem auf Paris und Versailles. Mit der 1678 erfol+ten Ernennung von Baumeister *Sébastien le Prestre de Vauban* (1633–1707) zum Generalinspekteur des Festungswesens erhielten zahlreiche Zitadellen – wie jene in Blaye und Saint Jean-Pied-de-Port – eine unverwechselbare Gestalt.

Finanzdesaster und Revolution

Was mit politisch-kultureller Vorherrschaft in Europa begann, endete zu Beginn des 18. Jh. im Desaster: *Ludwig XIV.* hinterließ zerrüttete Staatskassen. Gleichwohl hielt sein Nachfolger *Ludwig XV.* (1710–74) an Verschwendungssucht und aufwändiger Kriegspolitik fest, territoriale Verluste und Mätressenwirtschaft riefen seine Kritiker auf den Plan. Allerdings traten die Vertreter der Aufklärung nicht in geschlossener Front gegen Monarchie und katholische Kirche auf. Während des **Siebenjährigen Krieges** (1756–63) ging es um den Kolonialkonflikt zwischen **Briten** und Franzosen, wobei Erstgenannte klar die Oberhand behielten und überseeische Besitztümer in Indien und Nordamerika an sich rissen.

Die politisch-gesellschaftliche Großwetterlage änderte sich mit der **Französischen Revolution** 1789; der Sturm auf die Bastille am 14. Juli jenen Jahres wird noch heute als hochheiligster **National- feiertag** begangen. Nach Ausrufung der Republik wurden König *Ludwig XVI.* und seine Frau *Marie Antoinette* ebenso hingerichtet (1793) wie maßgebliche Vertreter der **Girondisten,** benannt nach jenen Abgeordneten aus dem Département Gironde, die zu den gemäßigten Republikanern der Französischen Revolution gehörten. Das große Girondistendenkmal in Bordeaux ruft bis heute jene düsteren Ereignisse ins Gedächtnis, auf die der machthungrige *Maximilien de Robespierre* (1758–94) hingearbeitet hatte – doch der Lauf der Geschichte rächte sich, er wurde selbst hingerichtet. Bereits zu Zeiten der Revolution stellte Paris mit über einer halben Million Einwohnern alles andere in den Schatten; auf Rang zwei der Bevölkerungsstatistik folgte Lyon, immerhin auf Platz drei Bordeaux.

[<] Das Girondistendenkmal in Bordeaux

Frankreichs Geschichte im Überblick

- **Etwa 20.000–15.000 v. Chr.:** Im Flusstal der Vézère (Département Dordogne) werden Höhlen von Menschen genutzt; in Grotten wie Lascaux und Font-de-Gaume hinterlassen sie künstlerische Zeugnisse ersten Grades.
- **Ab etwa 8000 v. Chr.:** Erste fassbare Spuren der Basken im Bereich der Pyrenäen
- **Ab etwa 4000 v. Chr.:** Kultische Errichtung von Dolmen und Menhiren
- **1. Jahrtausend v. Chr.:** Ausdehnung der Kelten
- **56 v. Chr.:** Eroberung Aquitaniens (Teil Galliens) zu Zeiten von *Julius Caesar;* Ende der Kelten-Kultur
- **28 v. Chr.:** Burdigala (Bordeaux) steigt zur Hauptstadt der Provinz Aquitania auf.
- **1.–4. Jh. n. Chr.:** Romanisierung und Christianisierung des Landes
- **5. Jh.:** Verstärkte Völkerwanderungen, Ablösung der Römer durch die Westgoten
- **6. Jh.:** Ablösung der Westgoten durch die Franken, 507 unterwirft der fränkische König *Chlodwig I.* das Westgotenterritorium zwischen Loire und Garonne.
- **Beginn 7. Jh.:** Merowinger unterwerfen die Vaskonen und gliedern die Gascogne in Aquitanien ein.
- **732:** Schlacht von Tours und Poitiers, bei der die Truppen von *Karl Martell* die Mauren am weiteren Vordringen nach Zentraleuropa hindern.
- **768:** *Karl der Große* (747–814) wird König der Franken und bleibt es bis zu seinem Tod.
- **778:** Die vom legendären *Roland* angeführte Truppennachhut *Karls des Großen* gerät in den Pyrenäen in einen tödlichen Hinterhalt; die Geschehnisse gehen später ins älteste französische Heldenepos („Rolandslied") ein.
- **Ab dem 9. Jh.:** Einfälle von Normannen, u.a. 848 in Bordeaux
- **Anfang 9. Jh.:** Entdeckung des Apostelgrabes von *Jakobus dem Älteren* im nordwestspanischen Santiago de Compostela; Beginn der Pilgerfahrten, die im weiteren Verlauf des Mittelalters durch den Südwesten Frankreichs verlaufen.
- **Mitte 11. Jh.:** Die eigenständigen Herzogtümer Gascogne und Aquitanien vereinen sich.
- **Ab dem 11. Jh.:** Im Zuge des internationalen Jakobswegbooms Bau zahlreicher Kirchen und Klöster auch im Südwesten Frankreichs
- **Ab dem 12. Jh.:** Verbreitung der Troubadourdichtung, maßgeblich beeinflusst von Aquitaniens Herzog *Wilhelm IX.* (1071–1127) und *Eleonore von Aquitanien*
- **1137:** In Bordeaux ehelicht die Erbtochter *Wilhelms X.* von Aquitanien, *Eleonore von Aquitanien* (um 1122–1204), König *Ludwig VII.* (1120–80) und bringt als Mitgift u.a. die Gascogne und das Poitou mit ein.
- **1152:** *Eleonore von Aquitanien* heiratet *Heinrich Plantagenet* (1133–89), ab 1154 König *Heinrich II.* von England. Weite Teile des Landes fallen an England. Beginn langer kriegerischer Zeiten.
- **1157:** Aus der Verbindung *Eleonores* mit *Heinrich II.* geht *Richard Löwenherz* (gestorben 1199) hervor, der später den englischen Festlandsbesitz gegen den französischen König *Philipp II. August* verteidigt.
- **1314:** Tod von Papst *Klemens V.*, der in der Stiftskirche von Uzeste beigesetzt ist.
- **1337:** Beginn des Hundertjährigen Krieges zwischen Frankreich und England um die Vorherrschaft in Westeuropa; Kämpfe auch in Südwestfrankreich.
- **1362:** *Eduard,* Sohn von Englands König *Eduard III.*, erhält als Herzog von Aquitanien die englischen Besitzungen in Südwestfrankreich und wählt Bordeaux als Stützpunkt.
- **1453:** Ende des Hundertjährigen Krieges. Mit dem Ende der englischen Fremdherrschaft

gehen Städte wie Bayonne und Bordeaux zurück in französischen Besitz.

- **1527:** *Margarete von Angoulême* (1492–1549), die Schwester von König *Franz I.* von Frankreich, heiratet *Heinrich von Albret*.
- **1562:** Beginn der Hugenottenkriege
- **1572:** Bartholomäusnacht, Anführer des hugenottischen Adels und Tausende von Glaubensgenossen werden ermordet.
- **1582–86:** Der Schriftsteller und Philosoph *Michel de Montaigne* (1533–92) ist Bürgermeister von Bordeaux.
- **1589:** Beginn der Herrschaft König *Heinrichs IV.*, das Béarn fällt an die Krone.
- **1593:** Heinrich IV. tritt zum Katholizismus über, belässt den Hugenotten jedoch freie Ausübung ihrer Religion (Edikt von Nantes, 1598).
- **Ab Anfang 17. Jh.:** Frankreich wird aufstrebende Kolonialmacht.
- **1628:** Fall der Hugenottenhochburg La Rochelle
- **1643:** Beginn der Herrschaft des „Sonnenkönigs" *Ludwig XIV.* (1638–1715), Frankreich auf dem Höhepunkt des Absolutismus.
- **1648:** Ende des Dreißigjährigen Krieges
- **1659:** Pyrenäenfrieden zwischen Frankreich und Spanien, gefolgt von der prunkvollen Heirat von Ludwig XIV. und der spanischen Infantin *Maria Theresia* in Saint Jean-de-Luz
- **1678:** *Sébastien le Prestre de Vauban* (1633–1707) wird zum Generalinspekteur des Festungswesens ernannt, zahlreiche Zitadellen (u.a. Blaye) bekommen eine neue Gestalt.
- **1685:** Aufhebung des Ediktes von Nantes, was zur Flucht vieler Hugenotten führt
- **1689:** Auf dem Château de La Brède Geburt des Aufklärers und Staatstheoretikers *Charles de Montesquieu* (gest. 1755); sein Hauptwerk „Vom Geist der Gesetze" erscheint 1748.
- **1756–63:** Siebenjähriger Krieg unter König *Ludwig XV.*
- **1789:** Französische Revolution, Sturm auf die Bastille am 14. Juli
- **1792:** Ausrufung der Republik
- **1793:** König *Ludwig XVI.* wird in Paris hingerichtet.
- **1801:** Erste offizielle Volkszählung: Frankreich hat 29,4 Millionen Einwohner.
- **1804:** *Napoléon Bonaparte* (1769–1821) krönt sich selbst zum „Kaiser der Franzosen".
- **1812:** Vernichtender Russlandfeldzug der napoleonischen Truppen, Untergang der „Großen Armee"
- **1815:** Schlacht von Waterloo und Verbannung Napoléons nach Sankt Helena
- **1828:** Der wenige Jahre zuvor aus seiner Heimat Spanien emigrierte Maler *Francisco José de Goya* stirbt in Bordeaux.
- **1854:** Der kaiserliche Palast von Kaiserin *Eugénie* und *Napoléon III.* entsteht in Biarritz, das bald zum Seebad aufsteigt.
- **1858:** Marienvisionen der jungen Bernardette (1844–79) in einer Höhle in Lourdes; mit der kirchlichen Akzeptanz der Erscheinungen (1862) Beginn der Wallfahrten
- **1867:** Erste Reblausplagen, die rund um Bordeaux Weinernten vernichten
- **1870/71:** Deutsch-Französischer Krieg, Ende des französischen Kaiserreiches, Proklamation der Republik
- **1914–18:** Erster Weltkrieg; 1,5 Mio. Franzosen sterben, 3 Mio. werden verwundet.
- **1939–45:** Zweiter Weltkrieg
- **1940:** Wiederentdeckung der Höhle von Lascaux (Département Dordogne)
- **1944:** Landung der Alliierten in der Normandie
- **1945:** Bombardement von Royan durch die Alliierten, die dort deutsche Truppen vermuten
- **1945/46:** Kurzzeitige Präsidentschaft von *Charles de Gaulle* (1890–1970)
- **1946–58:** Vierte Republik mit mehr als zwei Dutzend verschiedenen Regierungen
- **1952:** Nobelpreis für Literatur an den aus Bordeaux stammenden Schriftsteller *François Mauriac* (1885–1970)

- **1958:** Fünfte Republik, neue Verfassung, *General de Gaulle* wird Präsident, bleibt es bis 1969.
- **1959:** Gründung der baskischen Terrororganisation ETA.
- **1963:** Deutsch-Französischer Vertrag als Zeichen der Aussöhnung
- **1969:** Studententumulte, nationale Revolte, Rücktritt *de Gaulles*
- **1969–74:** Präsidentschaft von *Georges Pompidou*
- **1974–81:** Präsidentschaft von *Valéry Giscard d'Estaing*
- **1981:** *François Mitterrand* wird Nachfolger von Giscard d'Estaing.
- **1992:** Referendum zum Vertrag von Maastricht; 51 % Ja- und 49 % Nein-Stimmen
- **Ab den 1990er Jahren:** Renaissance des Jakobswegbooms, von dem das Tourismusgeschäft in Südwestfrankreich profitiert
- **1995:** *Jacques Chirac* wird Nachfolger von *François Mitterrand.*
- **1997:** Wegfall des konventionellen Wehrdienstes
- **1998:** Frankreich wird im eigenen Land Fußball-Weltmeister. Der Jakobsweg wird von der UNESCO zum Weltkulturerbe erklärt.
- **2002:** Frankreich ist Euro-Land. Beginn der weiteren Amtszeit von Staatspräsident *Chirac*
- **2003:** Frankreich stellt sich gegen den Irak-Krieg.
- **2005:** Ergebnis des französischen Referendums zur Europäischen Verfassung: mehrheitlich „Nein".
- **2007:** *Nicolas Sarkozy* wird Staatspräsident; Ernennung von Bordeaux zum Weltkulturerbe der UNESCO
- **2012:** Bei den Präsidentschaftswahlen siegt der Sozialist *François Hollande,* der im Laufe seiner Amtszeit bis yum Jahr 2017 aus mehreren Gründen (politisch wie privat-amourös) unter Druck gerät.
- **Ab 2014:** Politisch steigt der Zulauf zur Ultra-Rechten.
- **2015:** Islamistische Attentate in Paris; seitdem landesweit erhöhte Sicherheitsvorkehrungen
- **2016:** Neugestaltung und Verringerung der Regionen Frankreichs; so wird aus dem alten Aquitanien das wesentlich größere Neu-Aquitanien (Nouvelle-Aquitaine).
- **2016:** In Bordeaux wird ein kommender Touristenmagnet eröffnet, aufgezogen am Leitmotiv Wein: der architektonische Komplex La Cité du Vin.
- **2017:** Sieg des unabhängigen sozial- und wirtschaftsliberalen Politikers *Emmanuel Macron* bei den Präsidentschaftswahlen; die Stichwahl gegen die Rechtspopulistin *Marine Le Pen* hatte bereits einen ultimativen Rechtsruck in Frankreich befürchten lassen.
- **2018:** Der Kampf gegen die Staatsverschuldung setzt sich fort, der politische Kurs ist weiterhin auf den europäischen Zusammenhalt bedacht; Freudenstürme lösen die Fußballer aus, die sich den Weltmeistertitel holen; Auflösung der baskischen Separatistenorganisation *ETA;* Proteste der Bürgerbewegung der „Gelbwesten".
- **2019/2020:** Diverse Neuprojekte und -eröffnungen in Bordeaux, u.a. Meeresmuseum, Erweiterungen des Straßenbahnliniennetzes; Umstrittener G7-Gipfel in Biarritz; Frankreich kämpft mit einer riesigen Schuldenlast.
- **2020/21:** Die Corona-Krise trifft Frankreich hart. Wirtschaft und Tourismus brechen ein.
- **2022:** Nach der Corona-Krise schrittweise Rückkehr zur Normalität, überall verbunden mit Preiserhöhungen, um Verdienstausfälle hereinzuholen. Bei der Präsidentschaftswahl wird *Emmanuel Macron* wiedergewählt. Bei Waldbränden im Südwesten Frankreichs werden viele tausend Hektar zerstört.
- **2023:** Im Sommer wüten in Südwestfrankreich abermals Waldbrände. Trotz landesweiter Proteste tritt die von Präsident *Macron* initiierte Rentenreform in Kraft; sie sieht vor, das Renteneintrittsalter schrittweise von 62 auf 64 Jahre anzuheben.

Napoléon – Wahn und Untergang

Kleiner Mann ganz groß und größenwahnsinnig: Der aus dem korsischen Ajaccio stammende *Napoléon Bonaparte* (1769–1821) hatte bereits eine glänzende Militärkarriere hinter sich, als ihm der Staatsstreich von 1799 oberste Machtbefugnisse bescherte. Sein Aufstieg verlief unaufhaltsam, 1804 krönte er sich in Paris zum **„Kaiser der Franzosen"**. Was folgte, waren *Napoléons* goldene Herrschafts- und Expansionsjahre. Europaweit trieb es ihn und die Seinen an die verschiedensten Fronten, er selbst befehligte Aufgebote von hunderttausenden Soldaten. Ein ums andere Mal war Frankreichs Südwesten Truppendurchlaufstation.

Seine Geschwister setzte der selbsternannte Kaiser an diversen Schaltzentralen der Macht ein. Sein ältester Bruder *Joseph* fungierte 1808–13 als König Spaniens, *Louis* wurde König von Holland, *Jérôme* König von Westfalen, *Caroline* Königin von Neapel, *Elisa* Fürstin von Lucca und Piombino. *Napoléons* Anfang vom Ende läutete der Russlandfeldzug ein, der 1812 mit dem Untergang der „Großen Armee" endete. 1813 folgte die verheerende **Niederlage in der Völkerschlacht bei Leipzig**, 1814 dankte er zwangsweise ab und wurde auf die Insel Elba verbannt. Noch einmal, im März 1815, kehrte *Napoléon* nach Paris zurück, doch drei Monate darauf erlebte er sein Waterloo. Nun brachten ihn die Engländer als Gefangenen auf die Südatlantikinsel Sankt Helena, wo er 1821 sein einsames Leben aushauchte.

Wechselbäder im 19. Jh.

Nach der Ära Napoléon traten im weiteren Verlauf des 19. Jh. Machtkämpfe auf höchster politischer Ebene ebenso zu Tage wie ein verschärfter sozialer Unfriede. Auch einer aus der Napoléon-Dynastie mischte wieder mit: des verbannten Ex-Potentaten Neffe *Charles Louis Napoléon Bonaparte* (1808–73), der dem **Zweiten Kaiserreich** seinen Stempel aufdrückte und 1852–70 als Kaiser *Napoléon III.* den Thron bestieg. Gemeinsam mit seiner Gemahlin *Eugénie* (1826–1920), einer spanischen Grafentochter, wählte er das sturmumtoste südwestfranzösische Atlantiknest **Biarritz als Sitz eines kaiserlichen Palastes** aus – und legte gleichsam den Grundstein für ein Seebad, das bis heute seinen Ruf genießt – allerdings nicht zwangsläufig für die Geldelite, sondern auch als bodenständigeres Bade- und Surferziel.

Tiefer im Inland trugen sich Ereignisse zu, die von der breiten Öffentlichkeit zunächst unbeachtet blieben. Man schrieb den 11. Februar 1858, als einem jungen Mädchen, *Bernadette Soubirous*, beim Holzsammeln in einer Grotte der Ortschaft **Lourdes** die **heilige Jungfrau Maria erschien** – so ist es aufgrund der Erzählungen der *Bernadette* verbürgt. Bis Mitte desselben Jahres folgten weitere Erscheinungen, die erst vier Jahre später von der Kirche offiziell anerkannt wurden. Damit war der Weg geebnet zu einem der weltweit bekanntesten Marienwallfahrtsziele. Bis heute verehrt man auch die **heilige Seherin Bernadette** (1844–1879).

Zurück zum Kaiserpaar *Eugénie* und *Napoléon III.* Dieses trieb sein Land in den **Deutsch-Französischen Krieg**

1870/71. Nach der Gefangennahme *Napoléons III.* 1870 in Sedan war die Revolution nicht mehr zu stoppen, der linksgerichtete *Léon Gambetta* (1838–1882) rief die Dritte Republik aus – doch aus gesellschaftlicher und wirtschaftlicher Sicht änderte sich so gut wie nichts. Mit seiner Kolonialpolitik in Nordafrika und Indochina fing Frankreich verlorenes Kolonialterrain auf, während in den 1890er Jahren der Finanzskandal um *Lesseps'* missglückten Bau des Panamakanals und die antisemitisch bestimmte Affäre um *Alfred Dreyfus* für politische Beben sorgten.

Schwerer Weg durch das 20. Jh.

Anfang des 20. Jh. kam es zur gesetzlich verankerten **Trennung von Staat und Kirche,** ehe der **Erste Weltkrieg** 1914–18 Elend und Schrecken brachte: allein 1,5 Mio. Tote und drei Mio. Verwundete auf französischer Seite. Aus anderer Sicht gehörte Frankreich zu den Gewinnern, bekam per Versailler Vertrag Elsass-Lothringen zugesprochen und durfte sich einer starken Position im Völkerbund wähnen. In der kurzen Epoche danach sah man Bilder, die in anderen Ländern ähnlich abliefen: Weltwirtschaftskrise, wechselnde Kabinette, Radikalisierung. Zu Beginn des **Zweiten Weltkriegs** 1939–45 sah sich Frankreich zunächst von der deutschen Wehrmacht überrannt, ehe die Landung der Alliierten in der Normandie (1944) die Wende einleitete. Noch 1945 kam es seitens der Alliierten zum verheerenden **Bombardement von Royan,** da man hier deutsche Truppen vermutete. Im Süden der Atlantikküste erinnern bis heute Bunkerreste an den Krieg – und in Bordeaux ist der damalige deutsche U-Boot-Bunker (Base sous-marine) in ein Kunstausstellungszentrum verwandelt worden.

Nach **Ende des Zweiten Weltkriegs** trat General *Charles de Gaulle* (1890–1970) Ende 1945 bis Anfang 1946 eine kurzzeitige Präsidentschaft an, dann setzte während der Vierten Republik (bis 1958) ein Wechselspiel von Regierungen ein. Das Jahr 1958 brachte eine neue Verfassung und **General de Gaulle als Ministerpräsident** der Fünften Republik zurück an die Macht (bis 1969).

Die 1959 erfolgte Gründung der **baskischen Terrororganisation ETA** nahm man allenfalls am Rande zur Kenntnis (Ziel der Radikalen war vor allem das diktatorische *Franco*-Regime im benachbarten Spanien) und konzentrierte sich auf das Wesentlichere: die afrikanischen Kolonien ab Ende der 1950er Jahre in die Unabhängigkeit zu entlassen und gleichwohl seiner internationalen Rolle als **Großmacht** gerecht zu werden. General *de Gaulle* näherte sich sowohl Deutschland (Deutsch-Französischer Vertrag 1963) als auch den Staaten des Ostblocks an, doch Studententumulte und ein Generalstreik läuteten den Anfang seines politischen Endes ein. 1969 trat *de Gaulle* zurück.

Sein Nachfolger, der Gaullist *Georges Pompidou* (1911–74), legte die Schwerpunkte seiner Arbeit auf die **wirtschaftliche Modernisierung** des Landes und die Erweiterung der **Europäischen Gemeinschaft.** Pompidous Nachfolger,

[>] In Bordeaux erhebt sich der einstige U-Boot-Bunker über einem Hafenbereich

Valéry Giscard d'Estaing, hielt sich 1974 bis 1981 am höchsten politischen Ruder, Zeit genug für diverse Reform- und Kernenergieprogramme. 1981 nahm der Hochgeschwindigkeitszug *TGV* seinen Betrieb auf, ein Paradepferd der französischen Hightech. Zu Beginn des 21. Jh. sollte Altpräsident *Giscard d'Estaing* als einer der Väter des **europäischen Verfassungsentwurfs** hervortreten.

Prägende Gestalt der 1980er und -90er Jahre war der Sozialist **François Mitterrand** (1916–96), während dessen zweiter siebenjähriger Amtszeit das Referendum zum **Vertrag von Maastricht** hauchdünn ausging (51 % Ja- und 49 % Nein-Stimmen). Dass *Mitterrand* ein Doppelleben mit einer geheimen Geliebten führte, wobei sich die erste Begegnung einst an der Küste Südwestfrankreichs zugetragen hatte, kam erst später so richtig ans Licht. 1995 folgte **Jacques Chirac** (1932–2019) als neuer Staatspräsident nach, ein Gaullist, der lange Jahre das Amt des Bürgermeisters von Paris inne hatte. Nach den französischen **Atomtestreihen** in der Südsee geriet er zu Beginn seiner Amtszeit ins internationale Kreuzfeuer. Nach dem Wegfall des konventionellen Wehrdienstes (1997) gab es nun Ersatzdienst auf den Gebieten Humanitäre Hilfe, Internationale Kooperation und Sicherheit. In den letzten Jahren des Jahrtausends gab es einen steten Wirtschaftsaufschwung zu verzeichnen – Frankreich als Konjunkturlokomotive in der EU.

Frankreich im dritten Jahrtausend

2002 wird Staatspräsident *Jacques Chirac* von seinen Landsleuten wiedergewählt; im selben Jahr beginnt Frankreich seine Ära als Euro-Land und führt die 35-Stunden-Woche ein.

Eine stärkere bilaterale Zusammenarbeit mit Spanien führt zu zahlreichen Festnahmen von Mitgliedern der Terrororganisation ETA. 2005 brechen Sozialkrawalle, Schüler- und Studentenproteste gegen den sogenannten „Ersteinstellungsvertrag" *(Contrat première embauche)* aus; nach langen Protesten muss sich die Regierung dem Druck der Straße beugen und ersetzt das umstrittene Gesetz durch eine Initiative zur **Berufsförderung benachteiligter Jugendlicher.**

Bei der Wahl zum Staatspräsidenten 2007 sticht der Konservative **Nicolas Sarkozy** seine sozialistische Widersacherin *Ségolène Royal* aus und folgt auf *Chirac.* Der quirlige, umtriebige *Sarkozy*

744swf ad

(Jahrgang 1955) macht nicht nur durch seine eiserne, selbstgerechte Art und die Einführung umstrittener Steuermaßnahmen auf der Politikbühne von sich reden. Nach seiner Scheidung heiratet er das einstige Fotomodell *Carla Bruni* – ein Fest für die Regenbogenpresse.

In die Amtszeit *Sarkozys* fallen Massenstreiks, die Massenabschiebungen illegaler Einwanderer, die Einführung des Rauchverbots in öffentlichen Gebäuden, der Anstieg der Arbeitslosigkeit, die Auswirkungen der Finanz- und Wirtschaftskrise, die u.a. das Konsumverhalten, den Immobiliensektor und nicht zuletzt die Absatzmärkte der Bordeaux-Weinbauern empfindlich trifft.

Die Präsidentschaftswahlen 2012 zeitigen zunächst einen Linksruck. *Sarkozy* hat das Nachsehen gegenüber dem Sozialisten **François Hollande** (geb. 1954), der umfangreiche Pläne zur Sanierung seines Landes vorlegt und Steuererhöhungen für Besserverdienende einführt. Massive Probleme bleiben die Schuldenkrise der Euro-Zone sowie die Arbeitslosigkeit, die in Frankreich die Drei-Millionen-Marke durchbricht.

2015 steht die Nation nach islamistischen **Attentaten** in Paris unter Schock, zunächst zu Jahresbeginn auf die Redaktion der Satirezeitschrift *Charlie Hebdo,* dann im November u.a. auf die Konzerthalle *Bataclan.* Seither hat Frankreich landesweit die Sicherheitsvorkehrungen erhöht, stehen muslimische Mitbürger stärker unter Beobachtung.

Politisch ist ein Zulauf zur Ultra-Rechten zu beobachten, der 2017 einen ersten Höhepunkt erreicht. Bei den Präsidentschaftswahlen gelangt die Rechtspopulistin *Marine Le Pen* von der **Front National** bis in die Stichwahl um das höchste Staatsamt, muss sich aber dort dem jungen, unabhängigen Kandidaten **Emmanuel Macron** (geb. 1977) beugen. *Le Pen* hatte im Falle ihrer Wahl einen EU-Austritt Frankreichs in Aussicht gestellt, doch der sozial- und wirtschaftsliberale *Macron* setzt fortan auf europäischen Zusammenhalt. Auch bis zum Beginn der Corona-Krise 2020 bleibt Frankreichs **Staatsverschuldung** ein großes Problem; und die massive Bürokratie lässt die Mühlen ohnehin langsam mahlen, falls überhaupt. Gegen diese Politik formiert sich die Bürgerbewegung der **„Gelbwesten“.** Doch auch Frankreichs Gewerkschaften reden traditionell ein Wörtchen mit und initiieren ihre eigene Protestwelle.

2020/21 wurde das Land – ebenso wie in Europa Italien und Spanien – besonders hart von der Corona-Krise getroffen. „Wir sind im Krieg“, erklärte Präsident *Macron* in einer legendären Ansprache an die Nation bezüglich des Virus. Was folgten, waren Besorgnis erregende Anstiege der Infektionen und Todesopfer, der Lockdown des Landes bis Mitte 2020 und massivste Eingriffe in die Freiheitsrechte. Sah man von triftigen Gründen ab, war es den Bürgern über Wochen hinweg nur erlaubt, sich maximal einen Kilometer von der eigenen Wohnung oder dem Haus wegzubewegen; bei Zuwiderhandlung drohten drakonische Strafen.

Diverse Regionen, auch Neu-Aquitanien, wurden durch die Anstiege von Neuinfektionen vorübergehend zu Risikogebieten erklärt. Der Fremdenverkehr brach 2020/21 ein.

Auf die Corona-Krise folgte ab 2022 eine schrittweise Rückkehr zur Normalität. Überall waren die Preiserhöhungen, um Verdienstausfälle auszugleichen, erschreckend, zusätzlich beeinflusst durch die Folgen des Ukraine-Krieges. Im Wesentlichen stand jedoch die Profitgier der Wirtschaft dahinter; die Tendenz setzte sich 2023/24 fort.

Bei der Präsidentschaftswahl 2022 hieß das entscheidende Duell abermals *Emmanuel Macron* gegen die rechtspopulistische *Marine Len Pen*; *Macron* wurde wiedergewählt, auf ihn entfielen 58,5 % der Stimmen.

2022 und 2023 wüteten im Südwesten Frankreichs schwere Waldbrände.

2023 boxte Präsident *Macron* eine unpopuläre Maßnahme durch: die Rentenreform, die vorsah, das Renteneintrittsalter schrittweise von 62 auf 64 Jahre anzuheben. Dagegen tobten monatelang Proteste im ganzen Land, doch das drohende Defizit in der Rentenkasse ließ dem Präsidenten kaum eine andere Wahl. Dabei war das Alter von 64 Jahren im internationalen Vergleich noch tief gegriffen.

Innenpolitisch gab es überdies eine anderweitige Maßnahme: Seit Beginn des Schuljahres 2023/24 ist es Schülern untersagt, in langen Übergewändern, die typisch für Muslime sind, zum Unterricht zu erscheinen; Kopftücher sind schon seit langen Jahren verboten.

Sportlich richten sich in Frankreich 2024 die Augen auf ein Großereignis: die Sommerolympiade in Paris.

Wirtschaft

Langjährige Misswirtschaft mit gigantischer Verschuldung, überkommene Privilegien und das Beamtentum mit einem unmäßig aufgeblähten behördlichen Wasserkopf haben in Frankreich Zustände geschaffen, aus denen es so schnell kein Entrinnen gibt – welche Programme auch immer erarbeitet werden. Positiv für die Gesamtwirtschaft ist die stets solide Binnennachfrage. Und wenn man klagt, so klagt man sicher auf einem hohen Niveau ... Zum Glück für die Zukunft des Landes liegt Frankreich nicht nur beim Haushaltsdefizit im EU-Spitzenbereich, sondern auch bei den

790swf_ad

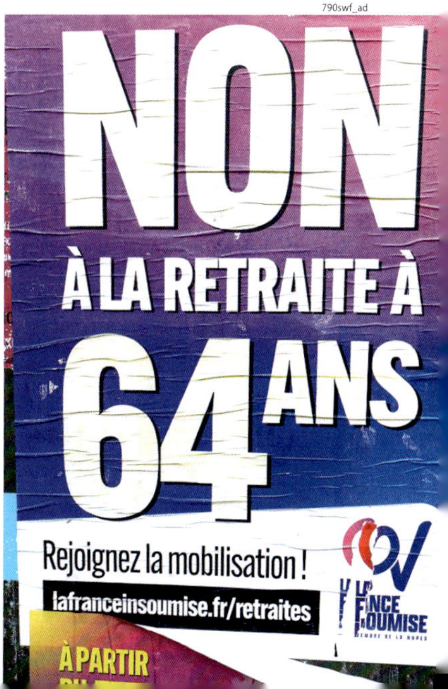

Protestplakat gegen Macrons Rentenreform 2023 und den Anstieg des Renteneintrittsalters auf 64 Jahre

Geburtenraten. Nicht zuletzt die ausgezeichnete finanzielle Unterstützung von Familien macht dies möglich.

Größter demografischer und wirtschaftlicher **Ballungsraum** in Südwestfrankreich ist **Bordeaux.** Ein florierender Weinhandel und ein ausgiebiger Dienstleistungssektor gehören ebenso zum Gepräge wie Fahrzeug-, Maschinen-, Apparate-, Nahrungsmittel- und chemische Industrie. Dort, wo es Arbeit gibt, herrscht dichte Besiedlung: eben im Großraum Bordeaux. Der jährliche Zuzug ist beachtlich.

Über den **traditionellen Weinhandel** hinaus haben im Südwesten des Landes pfiffige Geschäftsleute neue Geldquellen erschlossen, u.a. durch **Kaviarproduktion.** In der Landwirtschaft pflanzt man oft **Mais und Sonnenblumen** an, im Hinterland (vor allem in den Pyrenäen) spielen **Rinder- und Schafzucht** noch eine wichtige Rolle. Fischfang hat an Boden verloren, viele Gründe sind schlichtweg überfischt.

Größere **Fischerhäfen** findet man noch in Arcachon, Capbreton/Hossegor und Saint Jean-de-Luz. Eine lukrativere Einnahmequelle bedeutet der **Tourismus,** auf den nicht zuletzt viele Menschen auf dem Land setzen.

Die **Arbeitslosigkeit** schwankt gewöhnlich zwischen und 7 und 10 %; Prognosen zufolge soll sie bis 2027 leicht sinken. Ein Problem bleibt die **Jugendarbeitslosigkeit.** Maßnahmenpakete, auch millionenschwere Maßnahmen mit EU-Geldern, haben bis heute nicht entscheidend gegriffen. Jungen Leuten bleibt oft nichts anderes übrig, als sich bis auf Weiteres als Paketboten, Verkäufer o. Ä. zu verdingen.

Die Corona-Krise löste die schwerste Wirtschaftskrise seit dem Zweiten Weltkrieg aus. Der quartalsweise Einbruch der Wirtschaft lag bei 11–14%. Der Staat

745sf ad

war gezwungen, milliardenschwere Rettungspakete zu schnüren.

Seit 2022 liegt Frankreich wieder auf dem Kurs der Normalität und Erholung. Die Inflationsrate 2023 lag im Schnitt bei etwa 5 %.

Bevölkerung

Über Neu-**Aquitanien** verteilen sich etwa **6 Mio. Menschen,** was einer Bevölkerungsdichte von etwa 70 Einwohnern pro km² entspricht. Im Département Gironde konzentrieren sich allein 800.000 Menschen auf den Großraum Bordeaux. Zum Vergleich: Pau, Hauptstadt des Départements Pyrénées-Atlantiques, bringt es gerade einmal auf etwa 85 000 Einwohner.

Erhebungen zufolge verteilen sich rund 3,7 Mio. Ausländer über ganz Frankreich, was einem Bevölkerungsanteil von etwa 6 % entspricht. Besonders stark sind Portugiesen, Algerier und Marokkaner vertreten, ferner Italiener, Spanier und Tunesier. Ganz deutlich erkennbar wird das Multikulti-Miteinander in der südwestlichen Metropole Bordeaux, wesentlich stärker indes in der Hauptstadtregion Ile-de-France.

Ein Randvölkchen besonderer Art sind die **Basken,** die im westlichen Teil des Départements Pyrénées-Atlantiques leben. Schätzungen zufolge kann man von **etwa 100.000 Basken** ausgehen, wobei etwa fünf- bis sechsmal so viele auf der spanischen Seite des Baskenlands leben. „Eingefleischte“ Basken pflegen nach wie vor ihre **eigene Sprache und Volkskultur.** Weitere sprachliche Besonderheit ist das nach wie vor in der Gascogne anzutreffende **Gascognisch.**

◁ Sieht man von privaten Fischerhütten wie hier an der Gironde ab, ist das professionelle Fischerhandwerk an der Atlantikküste in stetem Rückgang begriffen

Annäherungen an die Mentalität

Die Mentalität der Franzosen im Südwesten des Landes entspricht gemeinhin jener in den gemäßigteren Breiten Mitteleuropas – doch sollte man sich hüten, Millionen Menschen samt ihren Empfind- und Befindlichkeiten über einen Kamm zu scheren! Manche geben sich herzerfrischend offen, andere verschlossen und unzugänglich. Ältere sind oftmals häuslich und finden sich allenfalls zu einem gesetzteren geselligen Beisammensein bei Rotwein und guter Küche ein, während sich Jüngere gern in ihren Disco- und Fiesta-Rausch stürzen – vor allem während der Sommermonate, wenn es aus einigen regelrecht herausbricht.

Franzosen sind eines bestimmt nicht: verkrustet, verklemmt oder prüde. *Plaisir* (Vergnügen) und *amour* (Liebe) sind vielbesungen und werden handfest praktiziert, ob in längerer Beziehung oder als One-night-stand. Vor der Ehe tobt man sich nach Herzenslust aus und fackelt nicht lange, bis das Sofa wackelt. Oder die Zeltwand vibriert.

Der **französischen Freizügigkeit** entsprechen die Gepflogenheiten an manchen Stränden, wo man raushängen lässt, was – der Ästhetik wegen – besser in Hose und Badeanzug gehörte. Ande-

Traditionen der Basken – Kraftsport, Pelota und eingängige Rhythmen

Die spinnen, die Basken – mag man meinen, wenn man als Zaungast archaische Landsportwettbewerbe dieser Kraftmenschen erlebt. Zu den befremdlichen Disziplinen gehören Steinestemmen und Baumstammzerlegen, Tauziehen und Milchkannenlaufen. Warum solch wunderliche Dinge, die man gern mit den Worten „force basque" („baskische Kraft") bündelt und als große Veranstaltung ankündigt? Weil die Basken Naturmenschen und traditionsgemäß in bäuerlichem Umfeld aufgewachsen sind. Klar, dass man sich dereinst im Anschluss an vollbrachtes Tageswerk nach Freizeitgestaltung sehnte. Waren die Bäume gerodet, die Felder bestellt und die Tiere im Stall, kamen Fragen nach Freizeitspaß und Zeitvertreib auf. Wer konnte am besten mit Milchkannen sprinten, wer die dicksten Steine heben, wer am schnellsten sensen? So wurden sportliche Wettstreits geboren, die bis heute ihr neugieriges Publikum finden. Im Sommer fechten die baskischen Provinzen sogar ihr **Force-basque-Championnat** aus ...

Die sonderbare Spezies der **Steinestemmer** (bask. *harrijasotzailes,* franz. *leveurs des pierres*) gehört nicht gerade zu den Federgewichten. Wer sechs Zentner und mehr auf die Schultern wuchten will, muss selbst gut im Futter stehen und ähnelt mit seinen Fleisch- und Muskellandschaften einem Verschnitt aus Mister Universum und Sumo-Ringer.

Filigraner als die *harrijasotzailes* kommen die **Baumstammzerleger** (bask. *aizkolaris,* franz. *coupeurs des troncs*) daher, die meterlange Stämme zu Kleinholz zertrümmern. Millimetergenau hämmern sie die messerscharfen Klingen zwischen ihren Füßen ins vorab gerindete Holz und stehen dabei auf Trittbrettern, die in den Stamm eingelassen sind – ein kurioser Anblick, denn sie arbeiten sich Schlag für Schlag und Span für Span von oben nach unten. Was bedeutet, dass sie ein paar Meter über dem Boden in schwindelnden Höhen beginnen, während die Fußstützen bedrohlich vibrieren. Holzfällerakrobatik *à la basque* ...

Zur schweißtreibenden Force-basque-Show zählen ferner der Wettkampf der **Milchkannenläufer** (bask. *txinga,* franz. *course de bidon de lait*) mit ihren bleischweren Gewichten an Händen sowie das **Tauziehen** (bask. *soka-tira,* franz. *tir à la corde*) zwischen zwei Teams.

Schmuggel im spanisch-französischen Grenzgebiet und Flucht vor den Zöllnern sind die Ursprünge des kuriosen **„Schmuggler-Crosslaufs"** *(cross des contrebandiers)* am dritten oder vierten Sonntag im August im Pyrenäendorf Sare. Heute schicken die Dörfer der Grenzregion ihre besten Läufer an den Start – jeder ausstaffiert mit einem acht Kilogramm schweren „Schmugglersack"! Dem entgegen steht andernorts die Softie-Variante des weniger ernst gemeinten *lancer de bérets,* **Weitwurf der Baskenmütze** ...

Haudraufdisziplin par excellence ist der baskische Nationalsport Pelota (franz. *pelote*), ein **Schlagballspiel,** das in mehreren Variationen mit Gummi- oder Lederbällen praktiziert wird: mit einem Handschuh samt bananenförmiger Fang- und Wurfröhre aus Weidengeflecht und Leder *(chistera),* diversen knochenschweren Holzrackets *(pala, pala corta, paleta)* oder gar mit der blanken Hand *(main nue).* Pelota ist eine (Sport-)Wissenschaft für sich, das Fachvokabular gewöhnungsbedürftig und an dieser Stelle längst nicht zu Ende! Die bis zu 900 Gramm

060sf ad

schwere Handschuh-Röhren-Kombi z.B. kann groß oder klein sein *(petit chistera* bzw. *grand chistera)* und wird bei unterschiedlichen Spielarten wie *cesta punta, chistera, joko garbi* und *rebot* eingesetzt.

Fast jedes Dorf verfügt über ein eigenes Spielfeld, den **Fronton.** Die Spezialisten unterscheiden diverse Stätten, die den unterschiedlichen **Spieldisziplinen** dienen: die einfache Open-air-Mauer auf dem freien Platz *(place libre;* hier u.a.: *pala, main nue),* das überdachte Feld mit Einbezug aller vier Wände *(trinquet;* hier u.a. *main nue, paleta),* den kleineren überdachten oder unüberdachten Drei-Wand-Fronton *(mur à gauche;* hier u.a. *pala, joko garbi, main nue)* sowie den größeren überdachten Drei-Wand-Fronton *(jaï alaï;* hier u.a. *cesta punta* und *main nue).* Alles klar? Falls nicht: einfach ansehen und auf den Seitentribünen mitjubeln! Oder mitleiden. Kein Match *main nue* geht schmerzfrei ab, die Bälle wiegen knapp hundert Gramm. Pflaster mögen da allenfalls das Gröbste lindern! Hier glühen die Handflächen rot, nach Jahren gnadenloser Matches haben sich bei Pelota-Profis – auch die gibt es, und zwar gut bezahlt – längst die Finger gekrümmt! In manchen Spielanlagen ist der Boden ein wenig gefedert bzw. mit Holz ausgelegt, ansonsten hat man es mit einer knallharten Betonspielwiese zu tun.

Das **Pelota-Spielprinzip** ist denkbar einfach und dem des **Squash vergleichbar.** Man nehme einen Ball und schleudere ihn zwischen die markierten Linien der Stirnwand. Nun ist der Gegner gefordert und befördert ihn nach maximal einer Bodenberührung auf die gleiche Fläche zurück, wobei er sämtliche Wände mit einbeziehen kann – ein kräftezehrendes Hin und Her bis zum Punktgewinn. Pelota spielt man auch im Doppel. Manch einer spricht vom baskischen Nationalsport als dem **schnellsten Ballspiel der Welt.** Mit der *chistera* erreichen die Bälle die höchsten Geschwindigkeiten von bis zu über 300 km/h, die Spieler tragen daher Helme.

Auf der Suche nach den **Wurzeln des Pelota-Spiels** spannt sich der Bogen der Geschichte weit zurück. Zu Zeiten der Römer nannte man

⌃ Der baskische Traditionssport Pelota wird je nach Disziplin in großen Hallen gespielt

den Sport *pila,* im alten Frankreich *jeu de paume.* Schon der römische Dichter *Vergil* und Frankreichs König *Heinrich IV.* sollen exzellente Spieler gewesen sein. In früheren Zeiten bekriegte man sich mit Bällchen aus Leder und Wolle, meist unter freiem Himmel und mit der bloßen oder handschuhbedeckten Hand. Später wurden Gummibälle eingeführt, die Weiterentwicklung brachte Mitte des 19. Jh. die *grand chistera* ans Licht. Pelota ist bei mehreren Olympiaden Demonstrationssportart gewesen. Überdies ermittelt man regelmäßig seine Weltmeister, die nicht selten aus Nord-, Mittel- und Südamerika kommen. Im Zuge baskischer Emigration hat sich das Spiel dorthin ausgedehnt – von den USA über Mexiko bis Argentinien.

Pelota-Spieler gehören durchweg zur Kategorie der grobmotorischen Dauerknüppler. Mit sanften Stoppbällchen gewinnt man hier die wenigsten Punkte, allenfalls beim *main nue.* So steht die raue Disziplin – ähnlich wie der Landsport – gleichsam als **Sinnbild für ein grobes baskisches Wesen.** Doch dahinter verbirgt sich nicht selten ein weicher Kern, den wiederum Tänze und samtig-weiche Gesänge symbolisieren mögen. So wie der grazile Begrüßungs- und Ehrentanz *(aurresku)* und der Auftritt eines Verseschmieds *(bertsulari).* **Verseschmiede** sind seit Urzeiten bekannt und tragen in sanften, eingängigen Tönen improvisierte Sprechgesänge vor, die zwischen Schalk und Sozialkritik pendeln. Dabei folgen sie strengen Reim- und Metrikregeln und haben bei der mündlich tradierten Überlieferung der baskischen Sprache eine ganz besondere Rolle gespielt.

Der Gebrauch der **Sprache** (→ Exkurs: „Euskera – baskische Sprache im Baskenland"), ist ebenso als Ausdruck baskischer Eigenständigkeit zu verstehen wie das Hissen der **eigenen Fahne,** der *ikurriña.* Auf rotem Hintergrund, Symbol für das Volk, sieht man ein grünes und ein weißes Kreuz, die als Sinnbilder für Gesetz und christlichen Glauben stehen.

Auf **musikalischem Gebiet** heben sich die baskischen Traditionen ebenfalls bewusst von anderen ab. Mit dem *txistu* zaubert man hohe Flötenklänge hervor, mit seiner *trikitixa* gibt der Akkordeonspieler den rhythmischen Ton an.

rerseits pflegen viele Franzosen **Stil und Eleganz,** man denke nur an die Einkehr in feine Schlemmertempel.

Allen Franzosen ist gemein, dass sie ihren **Hauptferienmonat August** regelrecht zelebrieren und während der Urlaubszeit nicht unnötig sparen. Dann genießt man besonders sein Gläschen Rotwein oder Pastis, den Kaffee oder das frisch gezapfte Bier zwischendurch. Endlich kann man sich Zeit nehmen für die Familie, für die umfangreichen Freizeitaktivitäten – während man übers Jahr genauso unter Strom und Stress steht wie in anderen Teilen Europas.

Gern schaltet man von den Schnelllebigkeiten des Alltags ab, trifft sich im Café oder in der Brasserie auf einen Espresso oder Wein. Auch die Gabe, sich lange zum Tafeln niederzusetzen und in der ausgedehnten Speisefolge zwischen Aperitif und Käse nicht zu knausern, versinnbildlichlicht das **Savoir-vivre.** Ob ein Zusammenhang besteht zwischen diesem typisch französischen Lebensstil und der außerordentlich hohen Lebenserwartung, kann allerdings nur vermutet werden. Wie dem auch sei: Frankreichs Männer werden durchschnittlich 80 und Frauen gar 86 Jahre alt – europäische Spitzenwerte! Kinder schließt man ins Herz, der Nachwuchs ist gern gesehen und trifft vielerorts vorzügliche Spielplätze an.

Kaum einem Reisenden dürfte entgehen, dass Franzosen mit Talent und Geschmack ihr besonderes Faible für die **Ausgestaltung ihrer Orte** pflegen: mit reichlich Blumentöpfen und bunten Blütengehängen an Fassaden, Plätzen und Brückengeländern. In ausgiebiger Dekorationsfreude kleidet man Garageneinfahrten und ganze Häuserfassaden in einen grünen Mantel, pflegt Türklopfer alten Stils und setzt ein Plätzchen oder eine Gasse mit verschnörkelten Laternchen ins rechte Licht.

Das majestätische Schloss Roquetaillade datiert aus dem Mittelalter

Kunst und Architektur

Für Kunst- und Kulturschübe hat seit jeher der zum Weltkulturerbe ernannte Jakobsweg gesorgt, an dessen verschiedenen Achsen sich bedeutende **Abteien und Kirchen** wie an einer Perlenschnur aufreihen. Als einer der Höhepunkte der romanischen Kirchenbaukunst sticht die Kirche des Hôpital Saint Blaise hervor. Auf dem von Soulac-sur-Mer nach Hendaye verlaufenden Küstenweg nahm das von seiner gotischen Kathedrale überragte Bayonne die Jakobspilger auf, während Bordeaux als bedeutende Station auf der Inlandsachse „Via Turonensis“ lag. In der größten Stadt im historischen Aquitanien trieben die Kirchenfürsten

746swf ad

einst monumentale Bauten voran: zwischen dem 11. und 15. Jh. die Kathedrale Saint André, im 14. und 15. Jh. die Basilique Saint Michel, im 18. Jh. den Erzbischofspalast Palais Rohan.

Andernorts legen gigantische **Festungsanlagen** Zeugnis von kriegerischen Zeiten ab – aber auch von einer einzigartigen architektonischen Blüte! Allen voran jener von Baumeister *Sébastien le Prestre de Vauban* (1633–1707), dessen Aufstieg 1678 mit der Ernennung zum Generalinspekteur des Festungswesens begann. Auf Vauban gehen ausgeklügelte Zitadellen wie Blaye zurück. Vielfältige **Burgen und Schlösser** runden die architektonischen Bilder vergangener Zeiten ab – ob Roquetaillade, das im 14. Jh. begonnene Château von Pau oder eine kleinere Anlage wie das von *Eugène Viollet-le-Duc* um 1860 konzipierte Château d'Antoine d'Abbadie bei Hendaye. Ebenfalls auf die zweite Hälfte des 19. Jh. geht die Wallfahrtsbasilika in Lourdes zurück. Zu den Zeugnissen **moderner Architektur** zählen die *Cité de l'Océan* in Biarritz und die Hingucker in Bordeaux, angeführt vom Museumskomplex *La Cité du Vin,* dem Meeresmuseum und der hoch aufsteigenden Flussbrücke Jacques Chaban-Delmas.

Adobe.Stock ©Philipimage

Mit Bordeaux sind einheimische Maler wie **Odilon Redon** (1840–1916) und **Albert Marquet** (1875–1947) verknüpft. Vier Jahre vor seinem Tod kehrte der spanische Maler, Lithograf und Radierer **Francisco José de Goya** (1746–1828) seiner spanischen Heimat den Rücken und fand im Zentrum von Bordeaux eine neue Bleibe: am Cours de l'Intendance Nummer 57. Zeitgenossen, die sich, wie König *Fernando VII.* in seinem Spanien, grenzenlose Autorität anmaßten, widerten ihn an. Konsequent distanzierte er sich von den Auswüchsen des Absolutismus, innerlich und geografisch. Das bekannteste Werk aus seiner französischen Epoche schuf er ein Jahr vor seinem Tod: das impressionstisch anmutende „Milchmädchen von Bordeaux", *La Laitière.* 1919 wurden *Goyas* sterbliche Reste nach Spanien überführt.

Mit dem bei Langon gelegenen Château de Malromé ist der Maler und Grafiker **Henri de Toulouse-Lautrec** verbunden, der auf dem Schloss im Jahre 1901 sein junges Leben aushauchte.

Toulouse-Lautrec, einem alten Adelsgeschlecht entstammend und durch eine Erbkrankheit gezeichnet, wurde nicht einmal 37 Jahre alt.

In Bayonne machte später der Maler und Kunstsammler **Léon Bonnat** (1833–1922) von sich reden, auf den sich die Sammlung des Musée Bonnat gründet.

Gebürtig aus Mont-de-Marsan war der Bildhauer **Charles Despiau** (1874–1946), der jahrelang mit *Auguste Rodin* zusammenarbeitete; ein Teil seiner Werke ist in seiner Heimatstadt im Musée Despiau-Wlérick zu sehen. Dieses Museum trägt gleichermaßen den Namen eines weiteren Bildhauers aus Mont-de-Marsan, Robert Wlérick (1882–1944). In der Tradition der Impressionisten sah sich **Georgette Dupouy** (1902–92), der ein Kunstzentrum in der Thermalstadt Dax gewidmet wurde. Aus Dax stammte auch der Maler **Léon Gischia** (1903–91). Heutzutage sticht insbesondere Bordeaux mit Museen, aber auch mit ambitionierten Kunstinitiativen hervor.

◁ Das Schloss von Pau zählt zu den trutzigsten Anlagen in Frankreichs Südwesten

Literatur

Zu den frühen literarischen Aushängeschildern des französischen Südwestens zählen der aus Burdigala (Bordeaux) gebürtige römische Dichter **Decimus Magnus Ausonius** (310–95) sowie der aus der Dordogne stammende Schriftsteller und Philosoph **Michel de Montaigne** (1533–92), der sogar einige Jahre lang das Bürgermeisteramt von Bordeaux bekleidete. Darüber hinaus kam im Mittelalter die **Troubadourdichtung** auf, zu deren wichtigsten Vertretern der aquitanische Herzog *Wilhelm IX.* (1071–1127) gehörte.

Auf dem südlich von Bordeaux gelegenen Château de La Brède kam 1689 **Charles de Montesquieu** zur Welt (gest. 1755), der sich im Laufe des 18. Jh. einen Namen als Schriftsteller, Aufklärer und Staatstheoretiker machte. Auch einem guten Tropfen seiner Heimat schien er nicht abgeneigt zu sein und schrieb: „Die Luft, die Trauben und der Wein von den Ufern der Garonne sind ein ausgezeichnetes Gegenmittel gegen Melancholie.“

Untrennbar mit Cambo-les-Bains verbunden ist der französische Dramatiker **Edmond Rostand** (1868–1918; „Cyrano de Bergerac“), der lange Jahre in der heute besuchbaren und von herrlichen Gärten umgebenen Villa Arnaga lebte und arbeitete. Hendaye ist als Sterbeort des aus Rochefort gebürtigen Romanciers und Marineoffiziers **Pierre Loti** (eigentlich *Julien Viaud,* 1850–1923; „Roman eines Kindes“, „Islandfischer“, „Madame Chrysanthème“) verzeichnet, während der aus Pau stam-

791swf_ad

mende Erzähler und Lyriker **Paul-Jean Toulet** (1867–1920) in Guéthary verstarb. In Ciboure stößt man auf die letzte Ruhestätte des Schriftstellers **Pierre Benoit** (1886–1962; „Das Fräulein von La Ferté“, „Der Jakobsbrunnen“), dem in Saint Paul-les-Dax ein eigenes kleines Museum gewidmet ist.

In der moderneren literarischen Reihe stehen gleich mehrere aus Bordeaux stammende „große Tiere“ des französischen Kulturbetriebs: der Dramatiker **Jean Anouilh** (1910–87; „Becket oder die Ehre Gottes“, „Seltsame Vögel“), der Lyriker, Drehbuchautor und Romancier **Jean Cayrol** (1911–2005; „Die Fremdkörper“, „Die kalte Sonne“) sowie **François Mauriac** (1885–1970). Mauriac verfasste Romane wie „Natterngezücht“ und „Der Aussätzige und die Heilige“ und erhielt 1952 den Literatur-Nobelpreis; sein Sohn **Claude Mauriac** (1914–96) trat als Journalist, Romancier und Kritiker hervor.

Blumenmeere vor Häusern im baskischen Socoa

Stimmen der Begeisterung

Immer wieder hat Reisende und Literaten gerade Frankreichs Südwesten in ihren Bann gezogen. Im Deutsch jener Ära zeichnete der deutsche Philosoph **Wilhelm Freiherr von Humboldt** (1767–1835) im Jahre 1801 sein poetisches Bild von Biarritz: „Was man von einer schönen Meeresansicht erwarten kann, findet sich hier vereint, mahlerische Gestalten eines felsigen Ufers in der Nähe und ein unbeschränkter Blick auf die ungeheure Fläche." Später schwärmte der Franzose **Henri Beyle Stendhal** (1783–1842) in Bordeaux vom „Schauspiel der Hafentätigkeit und all den vielen Schiffen, die jeden Tag aus allen Teilen der Welt einlaufen".

Sein Landsmann und Zeitgenosse **Victor Hugo** (1802–85) lobte sowohl Bayonne („Die Stadt könnte nicht anmutiger gelegen sein") als auch Biarritz („Ich wüsste keinen Ort, der reizvoller und herrlicher wäre") und schwärmte auch von Bordeaux in höchsten Tönen: „Das moderne Bordeaux strahlt Größe aus wie Versailles, das alte Bordeaux atmet Geschichte wie Antwerpen." Selbst Vergleiche mit Paris brauchte die Stadt nicht zu scheuen, folgt man den 1870 entstandenen Notizen von **Émile Zola** (1840–1902): „Hier im Café de Bordeaux und auf den Bürgersteigen am Theater geht es zu wie auf dem Boulevard des Italiens in Paris."

Mit einer speziellen weingespeisten Bordeaux-Begeisterung hielt der US-Amerikaner **Henry James** (1843–1916) nicht hinterm Berg: „Als Umschlagplatz des besten Weines der Welt ist es wahrhaftig eine heilige Stadt – geweiht dem Kult des Bacchus in diskretester Form." Den begnadeten deutschen Schriftsteller **Kurt Tucholsky** (1890–1935) ließen die Bergblicke andernorts nicht los: „Von der Terrasse der Place Royale in Pau über die Ebene zu sehen – auf die Gebirgskette der Pyrenäen: das ist wie eine Symphonie in A-Dur." **Wolfgang Koeppen** (1906–96) wiederum hatten es „schöne Straßen und charmante Plätze" in Bordeaux besonders angetan.

170sf ad

9 Anhang

< Häuserfassade
mit trocknenden Paprika in Espelette

Literatur- und Filmtipps

Essen und Trinken

- **Die Gourmet-Bibel Frankreich,** von *François-Régis Gaudry* und Freunden, Christian Verlag, neue Auflage 2022. Der Untertitel „Absolut alles über die französische Küche" drückt die Ansprüche aus. Innovatives Layout, mit 375 Rezepten und reichhaltigen Illustrationen, auch preislich ein starkes Stück.
- **Schlemmerlexikon für Gourmets, Wörterbuch Französisch – Deutsch,** von *Peter W. L. Weber,* Reise Know-How Verlag, Bielefeld. Der Untertitel „Endlich essen wie Gott in Frankreich" ist Programm und wertvolle Hilfe bei der Verständigung und Bestellung.

Frankreich allgemein

- **Frankreich, ein Länderporträt,** von *Günter Liehr,* Ch. Links Verlag, 4. Auflage 2017. Der Autor leuchtet Klischees und Alltag, Mentalität und deutsch-französische Unterschiede aus.
- **So sind sie, die Franzosen. Die Fremdenversteher,** von *Nick Yapp, Michael Syrett,* Reise-Know-How-Verlag Bielefeld, 2017. Knapp, bissig und voll überraschender Antworten auf die Fragen nach dem Franzosen-Sein. Online als E-Book erhältlich.
- **Frankreich muss man lieben, um es zu verstehen,** von *Ulrich Wickert,* Piper Taschenbuch, 2021. Eine Hommage an Land und Leute des legendären deutschen Fernsehjournalisten.

Geschichte, Gesellschaft, Gegenwart

- **Eleonore von Aquitanien: Königin des Mittelalters,** von *Ralph V. Turner,* Verlag C. H. Beck, München, Neuauflage 2023. Gut recherchiertes Standardwerk zur 1204 gestorbenen *Eleonore von Aquitanien.*
- **Emmanuel Macron: Ein Visionär für Europa – eine Herausforderung für Deutschland,** von *Michaela Wiegel,* Europa Verlag, 2022. Betrachtungen eines Staatschefs, seiner Ideen, seines Charakters.
- **Geschichte Frankreichs** von *Matthias Waechter,* Verlag C. H. Beck, 2023. Kurz und bündig.

Belletristik

- **Bordeaux, mon amour: Eine Liebe zwischen Résistance und Wehrmacht,** von *Erich Schaake,* CreateSpace Independent Publishing Platform, 2014. Im Zweiten Weltkrieg kommt ein deutscher Feldwebel nach Bordeaux, verliebt sich und stellt Gefühle und Verantwortung über Befehle.
- **Die Dichterin von Aquitanien,** von *Tereza Vanek,* Kindle Edition. Historischer Roman um Intrigen und Liebe am Hof der *Eleonore von Aquitanien.*
- **Das Grab im Médoc,** Bordeaux-Krimi, von *Maria Dries,* Aufbau Verlag, 2020. Einbrüche und Morde im Weinbaugebiet – Fälle für *Pauline Castelot,* die in der Folge auch bei „Der Fluch von Blaye" (2021) und „Schatten in der Gironde" (2022) in Aktion tritt.
- **Literarischer Führer Frankreich,** *Hans Georg Bauner,* Insel-Verlag, Frankfurt/Main und Leipzig, 2002. Bis heute eine wahre Fundgrube an literarischen Informationen, mag das Publikationsjahr auch weit zurückliegen. Quer durch die Republik öffnet sich eine aufschlussreiche, regional gegliederte Spurensuche. Was schrieben einst *Kurt Tucholsky* über Biarritz und *Victor Hugo* über Bayonne, was beeindruckte *Stendhal* an Pau, welche Dichter und Dramatiker stammten aus Bordeaux?
- **Die Löwin von Aquitanien,** *Tanja Kinkel,* Goldmann, München, Neuauflage 2021. Historischer Roman über *Eleonore von Aquitanien,* flüssig und ansprechend geschrieben.
- **Ein Pyrenäenbuch,** *Kurt Tucholsky,* Rowohlt Verlag, Reinbek. Eindrücke von *Tucholskys* legendärer Pyrenäenreise, erstmals erschienen 1927.
- **Winteraustern: Luc Verlains dritter Fall,** von *Alexander Oetker,* Verlag Hoffmann und Campe,

2020. Krimireihe mit Lokalkolorit aus Neu-Aquitanien, Schauplatz hier: das Becken von Arcachon. Spannend! Weitere Unterhaltung für Krimifans: „Baskische Tragödie: Luc Verlains vierter Fall" (2020), „Sternenmeer: Luc Verlains delikatester Fall" (2021) und „Revanche: Luc Verlains geheimnisvollster Fall" (2023).

Reise

- **Reiseführer Pyrenäen,** von *Michael Schuh* und *Lucia Vallerius,* Reise Know-How Verlag, Bielefeld, neue Auflage 2024. Ideal für alle diejenigen, die diesseits und jenseits der französisch-spanischen Grenze in die Pyrenäen eintauchen wollen.
- **Wohnmobil-Tourguide: Die schönsten Routen entlang der Französischen Atlantikküste,** von *Ines Friedrich,* Reise-Know-How-Verlag, 2023. Umfasst auch die Gebiete um La Rochelle und bis hoch nach Saint-Nazaire.
- **Lourdes: Ort der Hoffnung und Begegnung,** von *Irmgard Jehle,* Heinrichs Verlag, neue Auflage 2023. Ein Wegbegleiter für den Marienwallfahrtsort.

Sprache

- Aus der **„Kauderwelsch"-Reihe** des Reise-Know-How-Verlags bieten sich folgende Titel an: *Französisch – Wort für Wort, Französisch Slang, Baskisch – Wort für Wort* sowie *Schlemmerlexikon für Gourmets.*

Filmklassiker

- **Lourdes,** von *Jessica Hausner,* 2009. Spielfilm um eine junge Frau, gespielt von der dafür preisgekrönten *Sylvie Testud,* bei der auf der Wallfahrt nach Lourdes plötzlich eine wundersame Heilung eintritt.
- **Saint Jacques – Pilgern auf Französisch,** von *Coline Serreau,* 2005. Der bis heute schönste Film über den Jakobsweg, aufgezogen um eine kleine, ungleiche, skurrile Pilgergruppe.

Filme und Filmschauplätze

Zu den in Neu-Aquitanien gedrehten Filmen zählen u. a.: **Pakt der Wölfe** (2001), **Cool Waves – Brice de Nice** (2005; mit dem späteren *Oscar*-Preisträger *Jean Dujardin*), **Camping** (2006), **Kleine wahre Lügen** (2010) und **Kleine wahre Lügen 2** (2019; mit *François Cluzet* und Oscar-Preisträgerin *Marion Cotillard*). In Bordeaux entstanden Szenen des französischen Dramas **Mehr denn je** (2022) von Regisseurin Emily Atef. Die französische Miniserie **Die Bestie von Bayonne** (in Deutschland erstmals ausgestrahlt 2022) dreht sich um die Rätsel verschwundener Kinder.

Blick über Bordeaux

711swf ad

Kleine Sprachhilfe

Französisch – Deutsch

Diese kleine Sprachhilfe soll das Lesen und Verstehen der wichtigsten französischen Begriffe erleichtern, denen man unterwegs begegnet.

Begriffe aus Geografie, Kunst und Kultur

abbaye	Abtei
avenue	Allee
baie	Bucht
barrage	Staudamm
bassin	Becken
bastide	alter bewehrter Ort
boulevard	breite Straße
bourg	Marktflecken
cap	Kap
carrefour	(Straßen-)Kreuzung
cascade	Wasserfall
cathédrale	Kathedrale
chais	Weinlager/-kellerei
chapelle	Kapelle
château	Schloss, Burg, Weingut
chemin	Weg
chemin de Saint Jacques	Jakobsweg
citadelle	Zitadelle
clocher	Kirch-/Glockenturm
cloître	Kreuzgang
côte	Küste
cours	Promenade
couvent	Kloster
donjon	Wehr-/Festungsturm
dune	Düne
école	Schule
église	Kirche
ermitage	Einsiedelei
esplanade	(großer) Vorplatz
étang	Teich, See
ferme	Bauernhof
fontaine	Springbrunnen
forêt	Wald
fort	Fort
forteresse	Festung
fronton	Spielanlage für Pelota
golfe	Golf (geografisch)
gorge	Schlucht
grotte	Höhle
halles	Markthallen
hôtel de ville	Rathaus
île	Insel
impasse	Sackgasse
jardin	Garten
jardin public	öffentliche Parkanlage
jetée	Hafendamm, Mole
lac	See
lande	Heideland
mairie	Rathaus
maison	Haus
marais	Moor
marché	Markt
mer	Meer
monastère	Kloster
montagne	Berg, Gebirge
moulin	Mühle
musée	Museum
parc	Park
parc national	Nationalpark
parvis	Vorplatz (vor Kirchen)
passage	Durchgang
phare	Leuchtturm
place	Platz
plage	Strand
pointe	Landspitze
pont	Brücke

port	Hafen
port de plaisance	Sporthafen
port de pêche	Fischerhafen
porte	Tor, Stadttor
quai	Kai, Bahnsteig
quartier	Stadtviertel
remparts	Stadtmauern
rivière	Fluss
rocher	Fels
rond-point	Kreisverkehr
route	Landstraße
rue	Straße
ruelle	Gässchen
ruines	Ruinen
sentier	Pfad
tour	Turm
trinquet	Pelota-Spielfeld
vallée	Tal
vignobles	Weingärten/-berge
village	Dorf
ville	Stadt
voie	Weg, Straße

Kleines Festvokabular

bal	Tanzball
cirque	Zirkus
compétition	Wettbewerb
concert	Konzert
concours	Wettbewerb
corso fleuri	Blumenkorso
course de taureaux	Stierkampf
danse	Tanz
défilé	Parade
dégustation	Verkostung
festival	Festival
fête	Fest
feu d'artifice	Feuerwerk
foire	Messe, Jahrmarkt
force basque	baskischer Kraftsport
guignol	Marionettentheater
kermesse	Kirmes
marché	Markt
marché aux puces	Flohmarkt
marché de Noël	Weihnachtsmarkt
marché de nuit	Nachtmarkt
musique	Musik
pèlerinage	Wallfahrt
pelote basque	baskisches Pelotaspiel
procession	Prozession
récital	Liedervortrag
soirée	Abendveranstaltung
spectacle	Schau, Schauspiel
théâtre	Theater
tournoi	Turnier

Essen und Trinken

abricots	Aprikosen
agneau	Lamm
ail	Knoblauch
amandes	Mandeln
anchois	Sardellen
anguille	Aal
à point	durchgebraten
Appellation d'Origine Contrôlée	geschützte Herkunftsbezeichnung bei Wein und Käse
artichaut	Artischocke
asperge	Spargel
aubergine	Aubergine
axoa	Kalbsfleisch mit grünem Pfeffer (baskisch)
baguette	Stangenweißbrot
bar	Barsch
béchamel	weiße Sahnesauce
beignet	Krapfen
beurre	Butter
bière	Bier
bière blonde	helles Bier
bière noire	dunkles Bier
boudin	Blutwurst
bouillabaisse	Fischsuppe

bouteille Flasche
brochette Spießchen
brut herb, trocken
café au lait Milchkaffee
café décaféiné koffeinfreier Kaffee
café noir schwarzer Kaffee
cagouilles grillées gegrillte Schnecken
calvados Apfelschnaps
canard Ente
carafe Karaffe
carottes Möhren
cassis schw. Johannisbeeren, Johannisbeerlikör
cèpes Steinpilze
cerises Kirschen
charcuterie Wurstaufschnitt, Metzgerei (Wurstwaren)
chèvre Ziege
chevreuil Reh
chipirons Tintenfische
chocolat Schokolade
chorizo Dauerwurst mit Paprika und Knoblauch
cidre Apfelwein
citron Zitrone
coings Quitten
concombre Gurke
confit de canard eingekochte Ententeile
coquill(ag)es Saint Jacques Jakobsmuscheln
cornichons Gewürzgurken
côte Kotelett, Rippenstück
courgette Zucchini
couvert Gedeck
crabes Krabben
crème Sahne
crêpe dünner Pfannkuchen
crevettes Garnelen
cru roh
crudités Rohkost
crustacés Krustentiere
déjeuner Mittagessen
demi-sec halbtrocken
digestif Schnaps, Digestif
dinde Pute
dîner Abendessen
dorade Goldbrasse
eau de vie Branntwein
eau minérale Mineralwasser (still)
eau minérale gazeuse Mineralwasser mit Kohlensäure
épinards Spinat
escalope Schnitzel
escargots (Weinberg-)Schnecken
fermeture hebdomadaire wöchentlicher Ruhetag
figues Feigen
foie gras Stopfleber
fraises Erdbeeren
framboises Himbeeren
fromage Käse
fromage de brebis Schafkäse
fromage de chèvre Ziegenkäse
fromage frais Speisequark
fruits Obst
fruits de mer Meeresfrüchte
fumé geräuchert
galettes herzhafte Pfannkuchen, Salzgebäck
gâteau Kuchen
gâteau basque bask. Mandelkuchen
gaufres Waffeln
glace Eis
grenouille Frosch
grillade Grillgericht
groseilles Johannisbeeren
haricots verts grüne Bohnen
herbes Kräuter
homard Hummer
huile Öl
huile d'olive Olivenöl
huîtres Austern
jambon cuit gekochter Schinken
jambon de Bayonne luftgetrockneter Bayonne-Schinken
jambon fumé geräucherter Schinken

jarret	Haxe
jus	Saft
jus d'orange	Orangensaft
lait	Milch
lait demi-écremé	halbfette Milch
lait entier	Vollmilch
langue de boeuf	Ochsenzunge
lapin	Kaninchen
légumes	Gemüse
lentilles	Linsen
lièvre	Hase
loup de mer	Seewolf
macédonie de fruits	Obstsalat
maïs	Mais
maquereau	Makrele
marmelade	Marmelade, Kompott
marmitako	Thunfischragout (bask.)
marron	Esskastanie
matière grasse	Fettgehalt, Fettstufe
melon	Melone
menu d'enfant	Kindermenü
menu du jour	Tagesmenü
merlu	Seehecht
miel	Honig
morilles	Morcheln
moules	Miesmuscheln
moutarde	Senf
mouton	Hammel, Schaf
myrtilles	Heidelbeeren
noisettes	Haselnüsse
noix	Walnuss
oeuf	Ei
oie	Gans
oignons	Zwiebeln
orange	Orange
pain	Brot
palourdes	Venusmuscheln
pastis	Anislikör, Anisgebäck
pâté	Pastete
pêche	Pfirsich
petit déjeuner	Frühstück
petits pois	Erbsen
pièce	Stück
piments	Paprikaschoten
pineau des Charentes	Aperitif aus Traubenmost und Cognac
piperade basquaise	baskisches Gemüseomelette
plat	Gericht, Teller
plat d'enfant	Kinderteller
plat du jour	Tagesgericht
plateau de fromage	Käseplatte
poire	Birne
poireau	Lauch
poisson	Fisch
poivre	Pfeffer
pomme	Apfel
pomme de terre	Kartoffel
porc	Schwein
porrusalda	Kartoffel-Lauch-Suppe (bask.)
poulet	Brathähnchen
prune	Pflaume
raisin	Weintraube
riz	Reis
rondelle	Scheibe (z.B. Wurst)
rôti	gebraten
salade	Salat
sardines	Sardinen
saucisses	(Grill-)Würstchen
saucisson	Wurst
saumon	Lachs
sel	Salz
service non compris	Bedienung nicht inbegriffen (im Restaurant)
sirop	Fruchtsirup
sole	Seezunge
soupe	Suppe
steak haché	Hackfleischsteak,
sucre	Zucker
suggestion du chef	Empfehlung des Kochs
tarte	Torte
thé	Tee
thon	Thunfisch

tomate	Tomate
tranche	Scheibe (z.B. Fleisch)
truffes	Trüffel
truite	Forelle
veau	Kalbfleisch
verveine	Eisenkraut (Kräutertee)
viande	Fleisch
vinaigre	Essig
vin blanc	Weißwein
vin de pays	Landwein
vin de table	Tafelwein
vin fin	Spitzenwein
vin mousseux	Schaumwein
vin rouge	Rotwein
yaourt	Joghurt

Deutsch – Französisch

Diese kleine Sprachhilfe macht mit wichtigen französischen Grundbegriffen bekannt und hilft im touristischen Alltag, ob im Hotel oder beim Einkaufen, im Restaurant oder auf der Suche nach Sportmöglichkeiten. Außerdem soll der kleine Sprachführer die Kontaktaufnahme zu Einheimischen erleichtern. Vielleicht animiert er den einen oder anderen ein wenig zum intensiveren Französischlernen.

Allgemeine Verständigung und Orientierung

guten Tag, Abend	bonjour, bonsoir
hallo	salut
auf Wiedersehen	au revoir
ja	oui
nein	non
bitte	s'il vous plaît (Sie), s'il te plaît (Du)
danke	merci
vielen Dank	merci beaucoup
Entschuldigung	pardon
Entschuldigen Sie bitte	Excusez-moi
Sprechen Sie Deutsch/ Englisch?	Parlez-vous allemand/ anglais?
Ich verstehe nicht.	Je ne comprends pas.
Ich spreche kein Französisch.	Je ne parle pas français.
Ich heiße ...	Je m'appelle ...
Ich komme aus Deutschland.	Je suis d'Allemagne.
Wie geht es Ihnen?	Comment allez-vous?
danke, gut	bien, merci
wer?	qui?
was?	que?, quoi?
wann?	quand?
wo?	où?
wie viel?	combien?
wie lange?	combien de temps?
Wie viele Kilometer sind es bis ...?	Combien de kilomètres y a-t-il ...?
Wo ist ...?	Où est ...?
Ich suche ...	Je cherche ...
weit	loin
nah	proche
rechts	à droite
links	à gauche
geradeaus	tout droit
Norden	nord
Süden	sud
Osten	est
Westen	ouest

Zahlen

eins	un
zwei	deux
drei	trois
vier	quatre
fünf	cinq
sechs	six
sieben	sept

acht	huit
neun	neuf
zehn	dix
zwanzig	vingt
hundert	cent
tausend	mille

Jahreszeiten und Monate

Monat	mois
Frühjahr	printemps
Sommer	été
Herbst	automne
Winter	hiver
Januar	janvier
Februar	février
März	mars
April	avril
Mai	mai
Juni	juin
Juli	juillet
August	août
September	septembre
Oktober	octobre
November	novembre
Dezember	décembre

Tage und Tageszeit

Tag	jour, journée
Feiertag	jour férié
Montag	lundi
Dienstag	mardi
Mittwoch	mercredi
Donnerstag	jeudi
Freitag	vendredi
Samstag	samedi
Sonntag	dimanche
morgens	le matin
mittags	à midi
nachmittags	l'après-midi
abends	le soir
heute	aujourd'hui
gestern	hier
morgen	demain
heute Abend	ce soir

Unterkunft

Haben Sie ein Zimmer für ein/zwei Personen?	Avez-vous une chambre pour une/deux personnes?
Badezimmer	salle de bain
Campingplatz	camping
Doppelbett	grand lit
Dusche	douche
Hotel	hôtel
Jugendherberge	auberge de jeunesse
Zelt	tente
Zimmer	chambre
zwei getrennte Betten	deux lits

Öffentliche Verkehrsmittel

Abfahrt	départ
Ankunft	arrivée
Ankunftzeit	heure d'arrivée
Bahnhof	gare
Bahnsteig	quai
Buslinie	ligne d'autobus
Busterminal	gare routière
Fähre	bac
Flug	vol
Flughafen	aéroport
Flugzeug	avion
Hafen	port
Hochgeschwindigkeitszug	TGV (train de grande vitesse)
Ticket (Fernverkehr)	billet
Ticket (Nahverkehr)	ticket
Zug	train

Mit Auto, Fahrrad und Co. unterwegs

Ich möchte ein Fahrrad/Auto/Kanu Stehpaddel/Surfbrett. mieten Je voudrais louer une/un bicyclette/voiture/canoé/ stand-up paddle/planche de surf
Abschleppdienst service de dépannage
Ausfahrt sortie
Auto (Pkw) voiture
Autobahn autoroute
Autowerkstatt garage
Benzin essence
Bremsen freins
Diesel gazole
Fahrrad vélo, bicyclette
Fahrrad-/ Fahrzeugverleih location de vélo/ véhicules
Fahrradweg piste/voie cyclable
Führerschein permis de conduire
Kindersitz siège d'enfant
Kreisverkehr rond-point
Landstraße route
Maut péage
Motorrad moto
Mountainbike VTT (vélo tout terrain)
Nationalstraße route nationale
Parkplatz parking
Parkscheinautomat horodateur
Radfahren, Radsport cyclisme
Reifen pneu
Tankstelle station d'essence
Umleitung déviation
Motorroller scooter

Bank, Post und Kommunikation

App application, abgekürzt: appli
App herunterladen télécharger l'application
Bank banque
Brief lettre
Briefmarken timbres
Computer ordinateur
Einschreibebrief lettre recommandée
E-Mail courrier électronique
Geldautomat guichet automatique, distributeur de billets
Handy portable
Laptop ordinateur portable
Paket paquet
Post poste
Postkarte carte postale
Telefonnummer numéro de téléphone
Wlan Wifi

Krankheit und Notfälle

Apotheke pharmacie
Arzt médicin
Bauchschmerzen mal de ventre
Erste Hilfe premiers secours
Feuerwehr pompiers
Kopfschmerzen mal de tête
Krankenhaus hôpital/clinique
Krankenwagen ambulance
Magenschmerzen maux d'estomac
Polizei gendarmerie, police
Spritze injection
Tablette comprimé
Unfall accident
Zahnarzt dentiste
Zahnschmerzen mal de dents

Reisen mit Kindern

Babynahrung (Glas) nourriture-bébé
Ball ballon
feuchte Tücher lingettes
Fläschchen biberon
Hochstuhl chaise haute
Kind enfant
Kinderbett lit d'enfant
Kindermenü menu d'enfant

Kinderspielplatz	terrain de jeux
Kinderteller	plat d'enfant
Kinderwagen	poussette
Lätzchen	bavette
Schnuller	tétine, sucette
Wickelecke	coin bébé
Windeln	couches

Essen und Trinken

Ich hätte gern ...	Je voudrais bien ...
Was können Sie uns empfehlen?	Qu'est-ce que vous nous conseillez?
Es hat gut geschmeckt.	C'était délicieux.
Abendessen	dîner
Apfel	pomme
Apfelsine	orange
Aprikose	abricot
Artischocke	artichaut
Aubergine	aubergine
Auster	huître
Bier	bière
Birne	poire
Bistro	bistro, bistrot
Bohnen	haricots
Branntwein	eau de vie
Brot	pain
Butter	beurre
Ei	œuf
Eis	glace
Ente	canard
Erbsen	petits pois
Erdbeeren	fraises
Essig	vinaigre
Fenchel	fenouil
Fisch	poisson
Flasche	bouteille
Fleisch	viande
Frosch	grenouille
Frühstück	petit déjeuner
Gabel	fourchette
Gans	oie
Gemüse	légumes
Gericht	plat
Getränk	boisson
Glas	verre
Gurke	concombre
Hase	lièvre
Himbeeren	framboises
Honig	miel
Honigmelone	melon
Huhn	poulet
Hummer	homard
Kaffee, schwarzer	café noir
Kalb	veau
Kaninchen	lapin
Kartoffel	pomme de terre
Käse	fromage
Kastanie	marron
Kellner, Kellnerin	garçon oder serveur, serveuse
Kirschen	cerises
Knoblauch	ail
Kohl	chou
Lachs	saumon
Lamm	agneau
Lauch	poireau
Linsen	lentilles
Löffel	cuillère
Mandel	amande
Marmelade	confiture
Meeresfrüchte	fruits de mer
Messer	couteau
Miesmuschel	moule
Milch	lait
Milchkaffee	café au lait
Mineralwasser (mit/ ohne Kohlensäure)	eau minérale (gazeuse/ plate)
Mittagessen	déjeuner
Möhre	carotte
Nachtisch	dessert
Nuss (Walnuss)	noix
Obst	fruits
Öl	huile
Olive	olive

Paprika	poivron
Petersilie	persil
Pfeffer	poivre
Pfirsich	pêche
Pflaume	prune, pruneau
Pute	dinde
Rechnung	addition
Reis	riz
Reservierung	réservation
Restaurant	restaurant
Rind	bœuf
Rohkost	crudités
Rotwein	vin rouge
Saft	jus
Salat	salade
Salz	sel
Schinken	jambon
Schnecke	escargot
Schokolade	chocolat
Schwein	porc
Sellerie	céleri
Senf	moutarde
Spargel	asperge
Speisekarte	carte
Spinat	épinards
Suppe	soupe
Tagesgericht	plat du jour
Tasse	tasse
Tee	thé
Teller	assiette
Tisch	table
Tomate	tomate
Trinkgeld	pourboire
Vegan	végan
Vegane Küche	cuisine végane
Vegetarisch	végétarien
Vegetarische Küche	cuisine végétarienne
Vorspeise	entrée
Wassermelone	pastèque
Weintrauben	raisins
Weißwein	vin blanc
Wurst	saucisson
Zitrone	citron
Zucchini	courgette
Zucker	sucre
Zwiebel	oignon

Einkaufen

Wie viel kostet das?	Combien ça coûte?
Nehmen Sie Kreditkarten?	Acceptez-vous des cartes de crédit?
Wo findet man ...?	Où est-ce qu'il se trouve ...?
Haben Sie ...?	Avez-vous ...?
Antiquitäten	antiquités
Bäckerei	boulangerie
bezahlen	payer
Groß-Supermarkt	hypermarché
Kleidergröße	taille
Konditorei	pâtisserie
Laden	magasin
Lebensmittelladen	épicerie
Markt	marché
Markthallen	halles
Metzgerei	boucherie
(für Wurstwaren)	charcuterie
Preis	prix
Supermarkt	supermarché
Trödelmarkt	marché aux puces
Zeitung	journal

Sport und Freizeit

Angeln	pêche
baden	se baigner
Bergsteigen	alpinisme
Bootsanlegeplatz	embarcadère
Bootsausflug	promenade en mer
Bootsverleih	location de bateaux
Fallschirmspringen	parachutisme
Fitnesscenter	salle de gym
Fußball	football

Gezeitentabelle	table des marées
Golf	golf
Kanu	canoë
Paragliding	parapente
Pelota	pelote
Reiten	équitation
Schwimmbad	piscine
schwimmen	nager
Segeln	voile
spazieren	se promener
Sport	sport
Sporthafen	port de plaisance
Strand	plage
Strandsegeln	char à voile
Surfen	surf
Tauchen	plongée
Tennis	tennis
Tischtennis	tennis de table
Tretboot	pédalo
Wanderung	randonnée
Wanderweg	sentier (de randonnée)
Wasserski	ski nautique
Wassersport	sports nautiques

Besuche und Veranstaltungen

Animationsprogramm	programme des animations
Ausstellung	exposition
Blumenpark	parc floral
Botanischer Garten	jardin botanique
Ferienkurse	stages
Fest	fête
Festival	festival
Führung	visite guidée
geöffnet	ouvert
geschlossen	fermé
Haus	maison
Innenstadt	centre ville
Jahrmarkt	foire
Kathedrale	cathédrale
Kino	cinéma
Kirche	église
Kloster	monastère
Konzert	concert
Museum	musée
Öffnungszeit	heure d'ouverture
Parade	défilé
Park	parc, jardin public
Platz	place
Rathaus	hôtel de ville, mairie
Schloss	château
Stadt	ville
Straße	rue
Tanz	danse
Theater	théâtre
Touristeninformation	office de tourisme, syndicat d'initiative
Turnier	tournoi
Viertel	quartier
Vortrag	conférence
Wettbewerb	concours
Zirkus	cirque
Zoo	jardin zoologique

Weitere Sprachhilfen

Ergänzend zu unserer kleinen Sprachhilfe finden sich auf den folgenden Seiten im Buch weitere hilfreiche Vokabeln.

- **S. 289:** Französische Hinweisschilder
- **S. 351:** Wellness-Glossar
- **S. 353:** Baskisch-Sprachhilfe

REISE
KNOW-HOW
@ReiseKnowHow
@reiseknowhowverlag
@Reise_KnowHow
auf www.reise-know-how.de
für den Newsletter anmelden
Zugspitze, Foto: Aneta Niemitz
Kauderwelsch | MeinTrip | InselTrip | Soul Places

Register

A

B

Schreiben Sie uns!

Wir hoffen, dass Ihnen dieser Reiseführer gefällt und er Ihnen ein guter Begleiter auf einer außergewöhnlichen und spannenden Reise ist.

Weil ein Reiseführer von Erfahrungen lebt, sind wir an Ihren Erlebnissen interessiert: Haben Sie in unserem Buch ein Restaurant entdeckt, das es nicht mehr gibt, eine Sehenswürdigkeit, die wir noch nicht aufgeführt haben, oder eine falsche Adresse? Dann schreiben Sie uns! **Wir nehmen jeden Hinweis und jede Kritik ernst und arbeiten kontinuierlich daran, die Bücher aktuell zu halten und immer weiter zu verbessern.** Jede Mail wird gelesen und beantwortet. Auch wenn wir nicht jeden Wunsch erfüllen können, machen wir uns immer Gedanken über Ihre Anmerkungen.

Schreiben Sie uns:
per Mail an info@reise-know-how.de oder an
Reise Know-How Verlag Peter Rump GmbH, Postfach 140666, 33626 Bielefeld

Wenn sich Ihre Infos direkt auf das Buch beziehen, würde uns die Angabe der Seitenzahl und der Auflagenzahl bzw. des Erscheinungsjahres Ihrer Ausgabe die Arbeit sehr erleichtern. Besonders hilfreiche Beiträge und Ergänzungen zu den Büchern belohnen wir mit einem Sprachführer Ihrer Wahl aus der über 240 Bände umfassenden „Kauderwelsch"-Reihe.

Herzlichen Dank und gute Reisen
Ihr Reise Know-How Verlag

Der Autor

Andreas Drouve stammt aus dem Rheinland und hat seinen zweiten Wohnsitz an der französischen Atlantikküste. Bei allen Neuerungen ist er stets im Bilde. Im Reise Know-How Verlag sind von ihm zudem der Reiseführer „Nordspanien und der Jakobsweg“ und „Soul Places Spanien“ erschienen. Drouve arbeitet als freiberuflicher Autor und Journalist. Seine packenden Reisereportagen erscheinen u.a. auf *Welt online* und werden international über die *Deutsche Presse-Agentur* verbreitet. Drouves Reiseblog mit Reportagen, Reisetipps, Glossen, Videos und Bilderreisen heißt: http://traveller 50plus.eu.

Kartenlegende

- **Übernachtung**
- **Essen und Trinken**
- **Einkaufen/Sonstiges**
- **Nachtleben**
- **Sport- und Freizeitaktivitäten**

- Touristeninformation
- Sehenswürdigkeit
- Museum